दिल्ली दरवाज़ा

वाणी प्रकाशन

21-ए, दरियागंज, नई दिल्ली-110002

फोन : 011-23273167, 23275710, 41562622

फैक्स : 011-23275710

e-mail : vani_prakashan@yahoo.com

दिल्ली दरवाज़ा

(उपन्यास)

ज्ञानप्रकाश विवेक

वाणी प्रकाशन का लोगो
विख्यात चित्रकार मकबूल फिदा हुसेन
की कूची से

ISBN : 81-8143-540-0

वाणी प्रकाशन
21-ए, दरियागंज, नयी दिल्ली-110002
द्वारा प्रकाशित

प्रथम संस्करण : 2006

आवरण : वाणी चित्रांकन
जय भारत प्रिंटर्स, दिल्ली-110032
द्वारा मुद्रित

मूल्य : 300.00

DELHI DARWAZA
by Gyanprakash Vivek

दिल्ली दरवाज़ा

पाठकगण, एक फिलासफर का यह सवाल बड़ा अजीब था कि जब आप सुबह सवेरे उठते हैं तो सबसे पहले किस चीज़ को देखते हैं? उसने यह सवाल शहर के कई लोगों से पूछा। एक ने कहा कि वह उठकर, बिस्तर के पास रखी, चप्पलों को देखता है। दूसरे ने कहा कि वह घड़ी देखता है। घड़ी इसलिए देखता है कि उसने सोकर कितने घण्टे बेकार किए। आख़िर, ज़िन्दगी का रिश्ता सोने से कम, जागरण से ज़्यादा है। जागा हुआ मनुष्य ही तो धूप, पानी, आकाश, दरख़्त, परिंदे, पहाड़, दरिया, बंजर, फूल, खुशबू वगैरा वगैरा से रिश्ते जोड़ता है।...जागा हुआ मनुष्य ही तो प्रेम करता है और नफ़रत भी। अगर दुनिया सोई रहे तो कारोबारे-इश्क और ग़मे-रोज़गार, सब खत्म हो जाएँ। कैसा लगेगा, तब, जैसे पूरा ब्रह्माण्ड गहरी नींद में सो गया हो।

तो साहब, जिसने यह जवाब दिया कि वह सबसे पहले घड़ी देखता है, मेरा ख़्याल है, उसका जवाब, चप्पल ढूँढने वाले आदमी से ज़्यादा सटीक था। चप्पल से इन्सान का गहरा रिश्ता नहीं होता, वक़्त से होता है। विवशता मनुष्य को, नंगे पाँव बर्फ़ की सिल्लियों पर खड़ा कर दे! क्या करेगा कोई? विवशता का हम कुछ बिगाड़ नहीं सकते, और वह चाहे तो हमारे पर कतर ले और सामने रख दे आसमान!

इन्सान के ज़्यादा करीबी रिश्ते वक़्त से होते हैं। लेकिन वक़्त अव्वल दर्जे का अहंकारी है। हम इस ख़ुशफ़हमी में जीते हैं कि हमने वक़्त को अपनी-अपनी मंहगी-सस्ती घड़ियों में क़ैद कर रखा है। क्या यही सच है? क्या यह सच नहीं कि वक़्त की घड़ी में हम सब क़ैद हैं। क़ैद बा-मश्शक्त और उम्रभर की!

घड़ी की बात पर एक बात याद आई। मेरा दूर का एक दोस्त था। चूँकि वह बहुत अमीर था। चुनांचे, दोस्ती दूर की थी। कभी-कभी वह मिलता तो वह बहुत बड़ा अफ़सर नज़र आता और मैं बहुत मामूली दफ़्तरी...या चपरासी!...हमारी दिल्ली में, बहुत सारे दोस्ती के रिश्ते, कुछ-कुछ इसी किस्म के भी होते हैं। उसकी हैसियत थी, मेरी औक़ात! हमारी आपसी अण्डरस्टैंडिंग ग़ज़ब की थी। वह मुझे तू कहकर बुलाता, मैं उसे आप! मैंने कहा न, कि हमारी अण्डरस्टैण्डिंग ग़ज़ब की

थी। उसने मुझे समझा दिया था कि 'औक़ात' कम्पार्टमेण्ट के पायदान को कहते हैं, मैं वहीं तक रहूँ। औक़ात की इस उत्तर आधुनिक व्याख्या पर मुझे खुशी हुई। मैंने उसका शुक्रिया अदा किया और उसने होस्ट में मुझे ब्लडीमैरी पिलाई। बिल दिखाते हुए उसने कहा कि वह क्रेडिट कार्ड से पेमेण्ट करेगा। बिल दो हज़ार रुपए का था। उसने बिल इसलिए दिखाया था कि मैं बिल एमाउण्ट देख सकूँ और उसकी सम्पन्नता के पेपरवेट के नीचे थोड़ा और दब जाऊँ। मैं दब गया। उसे अच्छा लगा। मुझे भी।

उसके पास अहंकार और स्नॉबरी के अलावा, बहुत सारी चीज़ें थीं। मोंटब्लॉक के पेन, क्रॉस की कमीज़ें, मँहगे सूट, इत्र, लड़कियों की नंगी तस्वीरें, बी.एम. डब्ल्यू कार, राडो, और रोलैक्स घड़ियां।

जिस दिन उसने रोलैक्स घड़ी खरीदी, उस दिन वह बहुत खुश था। उसने बड़ी अहंकारी मुद्रा में कहा कि वक़्त को उसने इस क़ीमती घड़ी में क़ैद कर लिया है। (कम्बख़्त, रावण भी ऐसे जुमले फेंका करता था, क्या हाल हुआ उसका?)

इधर मेरे दोस्त ने कीमती घड़ी में वक़्त को क़ैद किया, उधर वक़्त अपनी पे उतर आया। मुझे तो यह वक़्त भी दिल्ली के बाशिन्दों जैसा लगता है—या तो बहुत ज़्यादा इमोशनल या फिर बहुत ज़्यादा तटस्थ!

वक़्त इमोशनल हो गया। वक़्त की यही बुरी बात है जब इमोशनल होता है, आगा-पीछा नहीं देखता। रावण जैसे जत्ती-सत्ती को मरवा दिया और लंका की सत्ता परोस दी गोबरगणेश विभीषण को!

मुझे तो ऐसा गुमान होता है कि वक़्त, ऊपरी तौर से बेशक संजीदा-रंजीदा-कशीदा नज़र आए, अपने भीतर से खिलंदड़ा भी है। खेल खेलता है।...रोलैक्स घड़ी के मालिक, यानी मेरे दोस्त के साथ भी उसने खेल खेला।...एक ट्रक, जिसके पीछे, ओ.के, टाटा और 'छोरा गूजर का' लिखा था। तथा लिखा था—बुरी नज़र वाले तेरा मुँह काला—उसी ट्रक ने रौंद दी नई, चमचमाती, बी एम डब्ल्यू! उसके भीतर बैठे मेरे दोस्त ने चार-छः सांस लीं। दम तोड़ दिया।

हर चीज़ रुक गई—बी एम डब्ल्यू! रोलेक्स घड़ी और मेरे दोस्त की साँस!...चलता रहा वक़्त!

तो साहब, जिस शख़्स ने यह कहा कि वह सुबह उठकर, सबसे पहले घड़ी को देखता है, उसने ग़लत नहीं कहा था। सारी कायनात इसी वक़्त से जुड़ी है। वक़्त हबीब! वक़्त रक़ीब!

इस शहरे-दिल्ली को ही देख लीजिए। वक़्त ने इस शहर के साथ, क्या-क्या छेड़छाड़ नहीं की? आप कहेंगे-वक़्त नहीं, बादशाओं के कारनामे थे। बादशाह! अँग्रेज़ी के तीन डब्ल्यूओं में गर्क़, यानी वोमेन, वाइन, वेल्थ!...बादशाहों की बात

मत कीजिए। सबके सब वक़्त के प्यादे थे। फ़र्जी थे।

पाठकगण, आपको उलझाए रखना मेरी मंशा नहीं है। मैं तो यह कहना चाहता था कि बात अपने-अपने नज़रिए की है। कोई पैर की चप्पल ढूँढता है तो कोई वक़्त!

लेकिन मेरी रचना के किरदार को देखिए वह दिल्ली ढूँढना चाहता है। मेरी रचना के पन्नों से बाहर निकलकर, उसकी ज़िद है कि वह दिल्ली देखे।...मैं कहता हूँ दिल्ली मत देख। वह कहता है दिल्ली देखूँगा। मैं कहता हूँ दिल्ली गुमान का दूसरा नाम है। वह कहता है, मैं इस बदली हुई दिल्ली के यथार्थ से टकराना चाहता हूँ। मैं कहता हूँ, लहूलुहान होने का शौक़ है तो कोई पत्थर उठाकर अपने सिर में दे मार! दिल्ली का यथार्थ भी तेरे साथ यही कुछ करेगा। वह मेरा प्रतिवाद करता है। कहता है—ऐ लेखक, तू पलायनवादी है।...समझौतापरस्त है। सच के मुकाबिल खड़ा होने की तुझमें ताब नहीं है।

मुझे रचना के किरदार पर गुस्सा आता है कि वह सिरफिरा हो गया है। तरस आता है कि वह इमोशनल होने लगा है। दुःख होता है कि पहले मेरी लड़ाई, बाहर के संसार से थी। समाज से थी।...अब, खुद अपनी रचना के किरदार से है।

वह मेरी रचनाओं की क़ैद से मुक्त होकर बाहर निकलना चाहता है। मैं उसे बाहर निकलने नहीं दूँगा। आप कहेंगे यह ग़लत बात है। मुझे किसी की आज़ादी छीनने का कोई हक़ नहीं। मैं भी मानता हूँ। लेकिन एक कूटनीतिक रहस्य से अवगत कराऊँ आपको?...आज़ादी अच्छी लगती है सिर्फ़ अपनी। आप इस बात से तो यकीनन सहमत होंगे कि हर पुरुष एक अदद स्त्री को, उसके माथे पर पत्नी का लेबल लगाकर, मंगलसूत्र, मांघ, सिन्दूर, अँगूठियाँ, अग्नि के सात फेरे जैसे गुलामी के प्रतीकों में जकड़ लेता है। वो एक ऐसे परिन्दे की तरह हो जाती हैं, जो उड़ तो सकता है, लेकिन पिंजरे के अन्दर!

रचना का किरदार बेवकूफ़ है। चीज़ों को समझता नहीं। दिल्ली, दिल्ली कहाँ है? माया है। जो माया है वह भ्रम है। मिथ्या है। माया को पकड़ सका है कोई? सब ज्ञानी-ध्यानी इसी माया के चक्कर में, चक्करघिन्नी खाते रहे। हाथ कुछ भी न आया।

कुम्भ के मेले में हज़ारों नागा साधु नंगे घूम रहे थे। वे मोह से दूर थे, माया से भी। माया महाठगनी ठहरी। उन्होंने बनावटी बाना यानी वस्त्र उतार दिए। एक तरह से माया को उतार दिया उन्होंने।...माया से सचमुच इसी तरह टक्कर ली जा सकती है। जो सब त्याग चुका, माया उसका क्या कर लेगी?...लेकिन दोस्तो, क्या यह भी माया नहीं कि कपड़े उतारकर साधू ईश्वर को ढूँढ रहे हैं? माया यानी

जादू। किसी के कपड़े उतरवा देना क्या यह जादू नहीं?

वैसे दोस्तो, एक तथ्य मेरे हाथ लगा ज़रूर है। आदमी नग्नावस्था में ईश्वर को जल्दी ढूँढ लेगा। क्योंकि ख़ुद ईश्वर भी इसी अवस्था में ही रहता है—नंग-धड़ंग! वह जहाँ बैठा है, वहाँ न रेमेण्ड, न रिलायंस! न लीकूपर, न लिवायस! न वैनहुसैन न ऐरो! न पार्क ऐवेन्यू न लुई फिलिप्स!

यकीनन वह नग्नावस्था में ही रहता होगा। इसका एक अन्य सबूत भी है। उसने जिस ऐडन गार्डन में आदम और हव्वा को अवतरित किया, वे किस अवस्था में थे भला? उस पहले पुरुष ने, उस पहली स्त्री को शायद सैक्सी नज़र से देखा हो। वैसे 'सैक्स' जैसा बाज़ारू शब्द उन दिनों कहाँ रहा होगा? तब बाज़ार ही नहीं था तो शब्द कैसे बाज़ारू होते। यूँ कहने को यह भी कहा सकता है कि तब, शब्द भी नहीं थे। पूरी दुनिया में दो जन थे—स्त्री-पुरुष! अच्छा था, तब समाज नहीं था। वरना वह इन दो प्राणियों के रिश्तों पर कई सकैण्डल खड़े करता।

यानी ईश्वर नग्न और उसकी औलाद भी! दरिद्र कहीं का! कपड़े नहीं थे तो फूल-पत्ते लिपटा दिए होते दोनों की देह पर। देह थी। नग्न थी। आवरण रहित थी। कुदरत की नुमायाँ आवाज़ थी। शेर, चीते, हाथी यहाँ तक कि परिन्दों ने कभी कपड़े नहीं पहने। इसलिए वे बनावटी नहीं हुए। उनमें मनुष्य जैसी मक्कारी नहीं आई। उनका स्वभव नहीं बदला। और आदमी! कपड़े पहनकर ज़्यादा बेशर्म हुआ।

पाठकगण, आपने कभी स्त्रियों की फैशन परेड देखी है? मैंने देखी है। फ़ैशन परेड क्या थी? मांस का दरिया था। मैं कमअक़्ल यह नहीं समझ पा रहा था कि रैंप पर, चलती, मटकती स्त्रियाँ, अपनी देह की नुमाइश कर रही हैं या फिर कपड़ों की?

ईश्वर ने अच्छा ही किया कि ज़मीन पर भेजे अपने कारिन्दे, यानी स्त्री-पुरुष, नंगे भेजे। ईश्वर की यही तो बेवकूफ़ी है। और उसने जिस आदमी नाम के जानवर की संरचना की, ज़रा सोचो उसके बारे में। अँग्रेज़ी की एक कोटेशन याद आ रही है मुझे। मुलाहिज़ा फ़रमाएँ—मैन ड्रैसेज़ वोमेन, सो दैट ही मे अनड्रैस हर!

सारे का सार वितंडा यही है साहब!

लेकिन मेरी रचना के किरदार ने तीखी प्रतिक्रिया व्यक्त की है। उसे इस अँग्रेज़ी की कोटेशन पर घोर आपत्ति है। वह कहता है कि यह किसी अँग्रेज़ी लेखक की बीमार मानसिकता की खुराफ़ात है। उसने अपनी भारतीय संस्कृति का हवाला दिया है। वह महाभारत तक जा पहुँचा है। उसने कृष्ण और द्रोपदी के रिश्ते का प्रसंग याद दिलाया है। जब द्रोपदी का चीरहरण हो रहा था तो कृष्ण ने द्रोपदी को उरियानी से, यानी नग्न होने से बचाया था। तब, कृष्ण के मन में कोई स्वार्थ था? रचना का किरदार पूछता है। उसका सवाल वाजबी है। जो अँग्रेज़ी कोटेशन

की ख़ूबसूरती से काट करता है।

लेकिन मैं किरदार को (बार-बार रचना का किरदार लिखना अच्छा नहीं लग रहा। एक तो मेरी भाषा वैसे भी नामाकूल है। ऊपर से रचना का किरदार...रचना का किरदार लिखते रहने से जैसे मैं अपनी भाषा के शब्दों को पत्थरों में बदल रहा हूँ।...चुनांचे, अब मैं किरदार शब्द का इस्तेमाल करूँगा।...कहीं-कहीं रचना का या रचनाओं का किरदार भी लिख जाऊँ तो पाठकगण आप अपनी महानता और उदारता का परिचय देते हुए, मुझे क्षमा कर देना)

तो मैं पुनः अपनी बात पर लौटता हूँ। मैं...किरदार को कैसे समझाऊँ कि कुछ रिश्ते (ख़ासतौर से स्त्री-पुरुष के बीच) भावनात्मक होते हैं। जज़्बाती होते हैं। वे गाढ़े दुःख और गाढ़े सुख के बीच, स्पन्दन की तरह मौजूद होते हैं। वे होते हैं। इसलिए होते हैं, कि संवेदना को होना होता है। वे होते हैं, इसलिए होते हैं कि प्रेम को होना होता है। वे होते हैं, इसलिए होते हैं कि उन रिश्तों का कोई नाम नहीं होता। वे होते हैं, इसलिए होते हैं कि संसार को होना होता है। वे होते हैं तो इसलिए होते हैं कि त्याग जैसे ग़ैरज़रूरी वाकयात भी होते रहें। वे होते हैं, इसलिए होते हैं कि कमज़ोर की आवाज़ कहीं पूरी तरह न दब जाए।...दुर्योधनों के बीच कृष्ण तो मात्र प्रतीक था। महज़ एक चुनौती! एक भावनात्मक प्रेम की अनुभूति!

पाठकगण, किरदार-मेरा मतलब है रचना के किरदार की बात को डस्टबिन में डालें। उसी तरह डालें जैसे लोग डीटीसी की टिकटों के अतिरिक्त, उसूल, ईमान, सदाकत को डालते हैं, बड़ी बेपरवाही से। जैसे इनसे पिण्ड छुड़ाकर, भारमुक्त हुए हों। वैसे दिल्ली जैसे बड़े शहर के, बड़े वास्तुविद भी कहने लगे हैं कि घर में कबाड़ जमा करना, घर की सेहत और मनुष्य के अपने स्वस्थ के लिए हानिकारक हो सकता है। चुनांचे, सदाकत को लोगों ने सबसे पहले फैंका है डस्टबिन में। दूसरे नम्बर पर जिस चीज़ को डस्टबिन में डाला गया वह शायद संवेदना थी।

तो जनाबेआली, किरदार की बातों को डस्टबिन में डालिए। मुझे सिर्फ़ एक सवाल का जवाब दीजिए कि चैनेई, कोलकत्ता, सूरत, बड़ौदड़ा, उदयपुर, दार्जिलिंग, चम्बा, किन्नौर, मैसूर श्रीनगर...इन सबकी अपनी तहज़ीब है। अदाब हैं। कल्चर हैं।...दिल्ली का कौन-सा कल्चर है?

मुझे पता था कि आप चकरा जाएँगे। मैं भी बहुत मुद्दत तक चकराता रहा। मैं उनदिनों दिल्ली में नया-नया आया था। दिल्ली उन दिनों शालीन थी। इतनी बत्तमीज़ नहीं हुई थी। उसने एक टपोरी को कहकर मेरे लिए, साफ पटरी पर रहने-सोने की व्यवस्था करा दी थी। यही एहतराम क्या कम था? लोग कहते थे कि दिल्ली ऊँचा सुनती है। तब ऊँचा नहीं सुनती थी। अब सुनती है। या यूँ कहूँ

कि अब वह सुनती ही नहीं। जब सभी बोल रहे हों तो फिर कौन किसकी सुनता है?...प्रेस क्लब का मंज़र इसी तरह का होता है। शराबी बोलते हैं। शराबी हँसते हैं। शराबी कच्छे के नीचे वाले 'जोक' सुनते-सुनाते हैं। फिर हँसते हैं। बिन्दास लड़कियाँ वोदका पीती हैं। सिगरेट के धुएँ में अपनी मुहब्बतों के किस्से सुनाती हैं। नशीली हँसी हँसती हैं।...ताज्जुब होता है कि इतने शोर के बावजूद, प्रेस क्लब की छत अभी तक नहीं गिरी।

पाठकगण, मैंने आपसे दिल्ली के कल्चर के विषय में पूछा था। आप चिढ़ गए। हमारे पास सवालों के जवाब न हों तो हम चिढ़ जाते हैं। पर आप तो मुझे सुसंस्कृत, और ज़हीन-तरीन इन्सान लगे थे। गुणीजन लगे थे।...मुआफ़ करना दोस्तो। दिल्ली का कोई कल्चर है ही नहीं। जिस शहर का कोई कल्चर नहीं, आप उस शहर के बारे में क्या कहेंगे? चुप रहेंगे न!...

लुत्फ़ामेज़...नहीं, लुत्फ़ामेज़ नहीं, दर्दआमेज़ बात यह है कि जिस शहर का अपना कोई कल्चर न हो, वह एक ऐसी किताब की तरह होता है, जिसकी जिल्द तो शानदार हो लेकिन उसके अन्दर टैक्सट यानी पाठ यानी कागज़ नादारद हों।...क्या यह अजीब इत्तेफ़ाक नहीं कि दिल्ली शहर का इतिहास भी डराता है और भूगोल भी!

इतिहास की छोड़िए साहब! वह तो किताबों में दफ़्न हो गया। खण्डहरों में सर पटककर सो गया। कुछ ज़ईफ़ इमारतों में अपनी निशानियाँ छोड़ गया।...सो जनाबेआली, इतिहास तो स्कूलों मदरसों में पढ़ाया जानेवाला, वाहियात स्बजेक्ट है, उसकी छोड़िए।...भूगोल की बात कीजिए।

इस शहर में एक नदी थी न! यमुना नाम था उसका! कुछ बा-तहज़ीब, दिल्ली के बाशिन्दे इस नदी को जमुना जी भी कहते थे। जुमनाजी कहते तो नदी अपनी हज़ारों-हज़ार बाहें, पानी से बाहर निकालती, ख़ैरमक़दम करती।

वही जमुनाजी अब लगभग गन्देनाले में तब्दील हो गई है।

शहरे-दिल्ली अपनी एक नदी को नहीं बचा सका, उस नदी को जो संभावनाओं के गीत गाती थी, उस नदी को, जो इस शहर के खेतों में, दुआओं की तरह फैल जाती थी। उस नदी को जो इस शहर का गहना थी। उस नदी को जो इस शहर की आँख का पानी थी। उस नदी को जिसमें जीवन राग था—शहरे-दिल्ली, उस नदी को नहीं बचा सका, मेरी रचना के किरदार की क्या ख़ाक हिफाज़त करेगा?

लेकिन किरदार बा-ज़िद है। कहता है मैं इस दिल्ली को देखूँगा। मैं पूछता हूँ किस दिल्ली को? वह कहता है, मैं इस बदली हुई दिल्ली को देखूँगा। मैं कहता हूँ—कौन-सी दिल्ली को? वह मेरे सवाल पर हैरान होता है। पूछता है—कौन सी

दिल्ली मतलब? मुझे उसकी मूर्खता पर तरस आता है। मैं बताता हूँ कि इस दिल्ली में सैकड़ों दिल्लियाँ हैं। हज़ारों दिल्लियाँ हैं। वह भौंचक-सा मुझे देखता रहता है। मैं अपनी रौ में बोलता रहता हूँ—दिल्ली जो इन्द्रप्रस्थ थी। सम्राटों की थी। दिल्ली जो मुगलों की थी। शाहनशाहों की थी। शायरों की थी। तवायफ़ों की थी। अमीरज़ादों की थी। फ़कीरों की थी। कंगालों की थी। हुक्मरानों की थी। रागदरबारी गाते चापलूसों की थी। कारिन्दों की थी। अहलकारों की थी। वायसरायों की थी। ईस्ट इण्डिया कम्पनी की थी।...रघुपति राघव गाते-महात्मा गाँधी की थी। सपने देखती जनता की थी।

दिल्ली!...दिल्ली यानी माया! यानी मोहभंग! दिल्ली यानी सपना!...हज़रात, आप दिल्ली के किसी चौराहे पर खड़े होकर, महज़ तमाशाई की तरह, लोगों को देखते रहें। सिर्फ़ देखते रहें। आपको ऐसा लगेगा कि हर शख़्स, अपने गुम हुए सपनों को ढूँढ रहा है।

शहरे-दिल्ली! यानी गुम हुए सपनों का शहर!

पूरी दिल्ली को मैं जब किसी तलाश में मसरूफ़ देखता हूँ तो मुझे बचपन के दिन याद आने लगते हैं। स्कूल में जब मेरी पंजी या दस्सी या चवन्नी, जेब से गिरकर, कहीं गुम हो जाती तो मैं उसे दीवानावार ढूँढता रहता।

मेरे मन में कई बार आया है कि मैं दिल्ली से पूछूँ-क्या उसकी कोई चवन्नी या अठन्नी गुम हो गई है, जिसे वह मुद्दतों से ढूँढ रही है।

पाठकगण, मैंने आपसे पूछा था कि इस शहर का कल्चर क्या है? आप ख़ामोश रहे। ख़ामोशी के अर्थ समझना बिल्कुल वैसे ही मुश्किल होता है, जैसे ख़ामोशी का संगीत!

एक वीरान चर्च की ख़ामोशी में जो संगीत होता है, उसकी लय को आप न समझते हुए भी उदास हो सकते हैं। यादों के सूखे पत्तों पर नंगेपाँव टहल सकते हैं। आँख के सूखे जज़ीरे में किसी आँसू की हलचल महसूस कर सकते हैं। यहाँ तक कि आप जीवन की निस्संगता पर हँस भी सकते हैं।

ख़ामोशी नायाब शय है जनाब!

लेकिन मेरा सवाल अब भी अपनी जगह मौजूद है। दिल्ली का कल्चर!...मेरी रचना का किरदार उसी कल्चर की तलाश में, मेरी रचनाओं की क़ैद से आज़ाद होकर, बाहर निकलना चाहता है। मैं चाहता हूँ, वह रचनाओं में रहे। रचनाओं के भीतर रहनेवाले चरित्र यदि कागज़ों की सरहद पार करते हुए, सचमुच ज़मीन पर उतर आएँ तो क्या उनकी भूमिका बदल नहीं जाएगी?

वैसे भूमिका की बात छिड़ी है तो आप ज़रा इतना बता दीजिए कि आप और हम यानी हमसब जो-जो भूमिका निभा रहे हैं, क्या सचमुच वे हमारी भूमिकाएँ

हैं?...कई बार ऐसा नहीं लगता कि यह जो हँसी, हम हँस रहे हैं, किसी और की थी? या फिर, यह ग़रीब-सी उदासी जो हमारे दिल के किसी वीरान कोने में चटाई बिछाकर बैठ गई है, कितनी अजनबी है वह!...जैसे उससे हमारा कोई रिश्ता ही न हो।...एक वक़्त के बाद क्या ऐसा नहीं लगने लगता कि मैं जो हूँ, वह कोई और है।

इसे आप मज़ाक मत समझों दोस्तो! मुझे तो भूमिकाएँ भी हैंगर में टंगी कमीज़ों की तरह लगती हैं। जैसे हम सबने एक-दूसरे की, हैंगर में टंगी शर्टों के बदले, भूमिकाएँ पहन ली हों।

भूमिका की बात जब-जब चलती है मुझे एक छोटी सी फिल्म की कहानी याद आ जाती है। फ़िल्म बेहद छोटी-सी थी लेकिन उस छोटी-सी फ़िल्म की संवेदना का क़द बहुत बड़ा था–

एक फ़िल्म डायरेक्टर, एक नई, खूबसूरत अभिनेत्री का स्क्रीन टेस्ट ले रहा है। वह इधर-उधर देखता है। चाहता है कि अभिनेत्री कुछ बोले। लेकिन वह बोलना बनावटी होगा। वह अभिनेत्री के लिए किसी कथासूत्र की तलाश कर रहा है। अचानक वह अभिनेत्री से कहता है कि तुम मेज़ से पर्स उठाओ। खोलो। बताओ कि उसमें क्या-क्या सामान है। अभिनेत्री पर्स खोलती है। चीजें निकालती है। हर चीज़ को उठाते हुए उसके चेहरे के भाव और आवाज़ का लहज़ा बदलता जाता है। उसमें दवाई का स्ट्रिप है। वह कहती है कि माँ बीमार है। दवाई उसके लिए है। फिर ग्रीटिंग कार्ड निकलता हे। वह कहती है कि सहेली के लिए है। आँखें नम करके बताती है कि वह अपनी सहेली से बहुत प्यार करती है। फिर एक ख़त निकलता है। वह बताती है कि उसके प्रेमी का है। दोनों वीकएण्ड पर मिलते हैं। उसे चाकलेट बहुत अच्छी लगती है। इसलिए वह चाकलेट का पैकेट भी ले आई है। पर्स में से चाकलेट निकालते हुए बताती है और ज़रा-सा मुस्कराती है।

स्क्रीन टेस्ट ख़त्म होता है। डायरेक्टर सिगरेट पीने लगता है और अपनी सहयोगी को कहता है कि वह स्क्रीन टेस्ट के लिए दूसरी लड़की को बुलाए।

इस बीच उसे मेज़ पर रखे पर्स का ध्यान आता है। वह चौंककर कहता है कि वह लड़की अपना पर्स यहीं छोड़कर चली गई।

लेकिन असिस्टेण्ट कहती हैं, ''सर, यह पर्स तो मेरा है।''

डायरेक्टर सारा काम छोड़कर उस लड़की को ढूँढने के लिए कमरे से निकलता है और वह सड़कों पर बदहवास भाग रहा है।

किसी अजनबी के, अनजाने पर्स को खोलकर, जो इतने दिलचस्प किस्से सुना गई, वह कितनी टेलेण्टेड होगी, इस बात को जाने दीजिए। उसकी भूमिका पर विचार कीजिए। पराई भूमिका उसने ऐसे निभाई जैसे कि वह उसकी अपनी

हो।

क्या आप इस बात से सहमत नहीं कि शोकसभा में, ग़मगीन मुद्रा अख़्तियार किए हुए लोग, किसी दूसरे की भूमिका निभा रहे होते हैं।

कुछ अदाकार नाटकों में इस अदा से मरने का अभिनय करते हैं कि दर्शक दीर्घा में बैठी मौत भी चकरा जाती है कि अभिनेता कहीं असल में तो नहीं मर गया?

इसके एकदम विपरीत, कुछ लोग हक़ीक़त में इस बे-लज़्ज़त और बेहिस तरीके से मरते हैं कि जी करता है उनकी मौत का री-टेक ले लिया जाए।

लोगों की भूमिकाओं पर मैं क्यों सर खपाऊँ? आपभी इस पचड़े में क्यों पड़ें? यह काम सिरफिरे लोगों का है। यानी रचना के किरदार का। कहता है—मैं तो दिल्ली की भूमिका का पता लगाऊँगा। निरा आहमक है। और नहीं तो क्या? लोगों को अपनी जान की पड़ी है। भूमिका जैसी भी हो, चलेगी। बस, ज़िन्दगी चलती रहनी चाहिए।

भूमिकाएँ, कई बार बड़ी रंजीदा भी होती हैं। सच्ची। साफ। मार्मिक! जज़्बाती।

मैंने एक लड़की को देखा था कि एक दिन। दिल्ली में। दिल्ली की आलीशान दूकान पर।...दूकान अँगूठियों की थी और लड़की के दोनों हाथों की उँगलियाँ नहीं थीं। किसी एक्सीडेण्ट में कट गई थी। बिना उंगलियों वाली लड़की, अँगूठियों की दुकान पर!

लोग उसे अचरज से देख रहे थे और वह हसरत से अँगूठियाँ!

अचानक उसने लोगों से सवाल किया, "जिसके पैर न हों, क्या वह रास्तों का पता लगाना छोड़ दे?"

लोग उसके सवाल पर अवाक् थे।

मैं उसकी भूमिका पर हतप्रभ था।

पाठकगण, क्षमा करेंगे। सवाल महज़ भूमिका का नहीं, सरोकार का भी है। रूझान का भी है। एक मिट्टी के दीये को देखिए। मिटने की हद तक जलेगा। अपनी शिकस्त जानते हुए भी तेज़-तुन्द हवाओं से टकराएगा। उसके टकराने के नतीजे बड़े साफ हैं और उसके सरोकार भी। रौशनी देनेवालों की यही दिक्कत होती है। अन्ततः वे ख़ुद, अन्धेरों की दुनिया में समा जाते हैं। वैसे अन्धेरे की भी अपनी ख़ूबी है जनाब! वह पहचान के संकट ख़त्म कर देता है। सबको अपना रंग अता करता है। जो उसमें शामिल होता है, उस जैसा हो जाता है।

दिल्ली भी कुछ-कुछ, इसी नामुराद अन्धेरे की तरह है। अपने जैसा बना देती है। कुछ-कुछ कठोर! कुछ-कुछ चालाक। कुछ-कुछ ज़मानासाज़। कुछ-कुछ

मनुष्य।...कुछ-कुछ मनुष्यहीन। कुछ-कुछ जीव। कुछ-कुछ जड़!

हादसा यह भी होता है कि वह मनुष्यों को स्वार्थ के बन्द कमरों में बदल देती है। ओर विडम्बना देखिए। जज़्बात के सारे दरीचे छीन लेती है।

लोग फिर भी दिल्ली से मुहब्बत करते हैं। इस मुअम्मे को मैं आजतक समझ नहीं पाया।...'किरदार' शायद समझ पाए। वैसे वह क्या समझेगा? कोई चेहरा हाथ आएगा, तब न! चेहरे तो 'प्याज़' की मानिन्द हो चुके हें। परत-दर-परत, छिलके उतरते जाएँगे। सिर्फ़ छिलके। हाथ कुछ भी नहीं आएगा।

सब कुछ बेमानी है। बेलौस! जड़! ताप रहित! दाख़िल-ख़ारिज से बाहर। होने न होने के बीच, अटका-ठिठका। उपस्थित से ज़्यादा अनुपस्थित!...एक भ्रम। एक गुमान! एक ख़लिश। एक वहम! आँखों में सपने। चेहरे पर खौफ़।...जैसे लोग बेतहाशा आगे आगे भाग रहे हों और उनके पीछे-पीछे, हादसों का गैंग!

दिल्ली!...भागती हुई भीड़ और जमी हुई संवेदना का शहर!

इसके बावजूद कोई एक अमूर्त, पतली-सी अदृश्य तार है ज़रूर, जिसने पचास मील के रक़बे में फैले शहर को कहीं-न-कहीं आपस में गून्थ रखा है। क्या यह कमाल नहीं कि इतनी सारी दिल्लियों का नाम एक दिल्ली है। दिल्लियाँ बिखरती नहीं, यही आश्चर्य है। यही सुख भी है। यही दुःख भी है। आखिर, दिल्ली एक, और उसकी ज़मीन ऊबड़खाबड़!...दिल्ली समतल क्यों नहीं? हमवार क्यों नहीं? यह सवाल मुझे बेचैन करता है। मुझसे ज़्यादा मेरे किरदार को। वह असमानता की वहजें ही नहीं, असमान धरातल के पेचीदा मंज़र देखने का ख़्वाहिशमन्द है।

मैं चाहता हूँ कि वह अपनी निश्चित भूमिका में रहे तो अच्छा है। ऊपरी सतह पर जीनेवाले लोग यहाँ खुश तबीयत रहते हैं। ब्रेड-पकौड़े, छोले-भटूरे, समोसे टिक्की खाते-पीते लोग, इतने ठोस हो जाते हैं कि इमोशनल होने का रोग उन्हें नहीं लगता। इस शहर में जो इमोशनल नहीं, वह सुखी है। क्योंकि यह जो दिल्ली है, ऊपरी सतह पर जीनेवालों और मौजमस्ती लेनेवालों का ख़ासतौर से एहतराम करती है।...दिल्ली को हस्तक्षेप पसन्द नहीं।

लेकिन मैं किरदार का क्या करूँ? वह निरन्तर मुझसे बहस कर रहा है। उसकी बहस, श्रीराम सेण्टर में बैठे जीनियस लोगों जैसी नहीं कि बहस को च्युइंगम की तरह चबाते रहो—यानी बेस्वाद ओर बेलज़्ज़त बहस!...उसकी बहस में तर्क है। आज़ादी की कामना है। उसने यह भी विश्वास दिलाया है कि वह कुछ दिन बाद, वापिस कागज़ों में लौट आएगा। रचना में उतर जाएगा। यानी अपनी पुरानी भूमिका में। पुरानी क़ैद में। मुझे ऐन इसी वक़्त यह भी अहसास हुआ है कि जिसे हम भूमिका कहते हैं, वह भी कोई अमूर्त, अनाम क़ैद है—अना की क़ैद।

पाठकगण, आप अपनी जगह सही हैं। कौन इतनी देर तक किसी की बकझक

सुनता है? आप सुनते रहे। मैं आपका शुक्रगुज़ार हूँ। अब आप उठकर जा रहे हैं, चाय पीने के लिए।...यह टी-ब्रेक भी दरहक़ीकत, ज़िन्दगी का ख़ूबसूरत वाकया होता है। ज़िन्दगी के तमाम ज़रूरी काम छोड़कर, एक अदद चाय का कप लिए, आप ख़ूबसूरत मंज़र क्रिएट करते हैं। आप छत पर हों तो आसमान आपके चाय के कप में उतर आता है। धूप, चाय के कप में अपनी तपिश छोड़ जाती है और हवा की उँगलियाँ, आपके चाय के कप में जलतरंग बजाती हैं।

अगर आप कमरे में बैठे चाय पी रहे हों तो कमरे की ख़ामोशी में, चाय एक मीठे शोर की तरह होती है।...चाय पीते-पीते कई बार मन करता है अपने आपसे बातें करें। बारिशों के दिनों में चाय का घूँट भरते हुए अचानक खिड़की का पट खुल जाए और बारिश की हल्की बौछार, आपके चेहरे को भिगो दे।...खुला हुआ खिड़की का पट। भीगा हुआ चेहरा और हाथ में चाय का कप!

कुछ लोग चाय को यादों के त्यौहार की तरह भी मनाते हैं। मेरा एक दोस्त, हमेशा दो कप चाय के मँगवाता था। घर में। दफ़्तर में। रेस्तराँ। हर कहीं दो कप चाय!

एक कप उठाकर चाय पीता। दूसरा कप अपने सामने रख लेता। लोग उसे इस मामले में सिरफिरा समझते थे। वह चुप रहता। किसी को कोई जवाब नहीं देता था। एक दिन वह दीर्घ श्वास लेकर बोला, "मेरी प्रेमिका थी। बहुत खूबसूरत थी। बहुत अच्छी बातें करती थी। चाय की शौकीन थी। हम अक्सर चाय पीते। चाय पीते-पीते कप बदल लेते। वह मुस्कराकर कहती," इसे जश्ने-चाय कहते हैं।...लेकिन", मेरा दोस्त थोड़ा रुका। कुछ सोच रहा हो जैसे। फिर बोला, "उसे लुकेमिया हुआ और वह मर गई।...पता नहीं क्यों मैं अब भी उसके लिए चाय का कप ले लेता हूँ। जानता हूँ वह कभी वापिस नहीं आएगी। फिर भी...। उसका चाय का कप मेज़ पर रखता हूँ तो लगता है, वह मेरे सामने बैठी है।"

मेरा ख़्याल है,...वैसे ज़रूरी नहीं कि आप मेरे ख़्याल से सहमत हों...कि टी-ब्रेक ज़िन्दगी से बात करने का एक दिलकश बहाना है।

और इसके बिलकुल विपरीत टी.वी. के कर्मिशियल ब्रेक! बाज़ारों से चिढ़कर घर पहुँचो तो यह नामुराद टी.वी. अपना ही बाज़ार खोलकर बैठ जाता है। डेंड्रफ़ पर इतना ज़्यादा चिन्तित नज़र आता है टी.वी., जैसे कि यह महामारी हो और इसकी चपेट में आकर सबको मर जाना हो।

टी.वी. का एक चैनल, नचनियों का चैनल है। उसमें सब नाचते रहते हैं। सिर्फ नाचते हैं। जैसे इस दुनिया में वे नाचने के लिए आए हों। कइयों का नाचना बड़ा विचित्र प्रतीत होता है—जैसे गली का ख़राशज़दा कुत्ता ख़ारिश करता है, वे ऐसे नाचते हैं। यह ख़राशज़दा डांस, शायद डांस की कोई नई ढब हो।...नाचनेवालों

के साथ, कुछ गानेवाले भी होते हैं। वे बड़े अजीब ढंग से गाते हैं। जैसे बहुत गुस्से में हों और हवा को गालियाँ दे रहे हों।

❑❑

पाठकगण, आप चाय पी चुके हों तो मैं आपसे एक सलाह ले लूँ। दिल्ली में, जो सबसे ज़्यदा मुफ़्त बँटती है, वह सलाह ही होती है।

सब सलाह देने वाले होते हैं। पर मेरी सद्इच्छा देखिए कि मैं आपसे सलाह माँग रहा हूँ। एक बार तो आप भी डर गए होंगे कि मैं आपसे सलाह के साथ-साथ, उधार भी मांग लूँगा। नहीं, निश्चिन्त रहें आप!

मुझे सिर्फ सलाह चाहिए।...क्या मैं अपनी रचना...यानी अपनी कहानी के चरित्र...या किरदार को, कागज़ों से बाहर आने दूँ?...शब्दों के आडम्बर से बाहर निकलने दूँ? घूमने दूँ उसे शहरे-दिल्ली में?...छानने दूँ ख़ाक गली-कूचों की?...क्या ख़्याला है आपका? वह भटक तो नहीं जाएगा?...आपकी यह बात भी ठीक है कि भटकने के बाद ही हासिल होता है।

अगर कोई अमूर्त चरित्र, मूर्त रूप धारण करके नश्वर संसार में विचरण करना चाहता है तो इसमें किसी का क्या बिगड़ जाएगा? न आसमान गिरेगा, न धरती फटेगी। ग्रह भी वैसे रहेंगे। नक्षत्र भी पहले जैसे।...

मैं आपकी बात से सहमत हूँ कि मेरा चीज़ों को देखने का नज़रिया, पुराना ही नहीं जड़ भी हो चुका है।...कहानी का चरित्र (किरदार शब्द अच्छा है) दिल्ली को भिन्न, नज़रिए से देखेगा।...यहाँ तो लोग काले चश्मे लगाकर धूप की रंगता को काला बताते हैं।

आप ठीक कहते हैं पाठकगण! कहानी का लेखक तो कमरे में बैठकर टी. वी. देखता रहे। किताब पढ़ता रहे या चाय पीता रहे। उसकी कहानी का किरदार, दिल्ली की ख़ाक छानता फिरे।...अनुभव नया होगा और रोमांचक भी। मैं उसे घूमने की आज़ादी दूँगा। उसके किसी काम में मेरा कोई दख़ल नहीं होगा।

कहानी के किरदार से मेरा एग्रीमेण्ट हुआ है कि वह कुछ दिन बाद लौट आएगा मेरी कहानी में...मेरी रचना में। वैसे यह मैं यह बात दावे से तो नहीं कहता, लेकिन शुबह ज़रूर है कि वह सही सलामत आएगा।

यह शहर बाहर से ठीक-ठाक रखता है, भीतर से तोड़ता है। यह शहर लेमिनेशनों का शहर है जनाब! हर चेहरे पर लेमिनेशन। सुख का...दुख का...चिन्ताओं का...आध्यात्मिकताओं का लेमिनेशन! लोग कुछ ज़्यादा ही आध्यात्मिक हुए हैं इस दौर में। अचानक, इस कदर धार्मिक हो उठना, ख़तरे पैदा करता है। एक ज़माना पहले, रिटायर लोगों का शगल होती थी आध्यात्मिकता! अब नौजवान

भी इस क्षेत्र में कूद पड़े हैं। जैसे आध्यात्मिकता भी 'कैरियर' हो। वैसे पाठकगण, एक रहस्य यह भी है कि आप शब्दों का प्रपंच रच सकते हैं तो इसे कैरियर के तौर पर भी आज़माया जा सकता है।

मेरी बात में आपको सिनिसिज़्म जैसी कोई चीज़ नज़र आई हो। आपने कुछ मुँह बिचका लिया है। आप मुझे करख़्त नज़रों से देख रहे हैं। आप मुझे समझा रहे हैं कि मैं अपनी औक़ात में रहूँ।...क्षमाप्रार्थी हूँ साहब! मुझे किसी की फीलिंग हर्ट करने का कोई शौक नहीं।...यह धार्मिक मामला ही कुछ ऐसा है। संवेदनशील। दबी हुई राख़ है यह। ऐसा भ्रम देती है। नीचे उसके ज़िन्दा चिंगारियाँ होती है। ज़रा-सी छेड़छाड़ की तो भड़क उठती हैं।

वैसे बुरा मत मानना। यह बात भी ख़राब लगेगी आपको। इधर, धर्म बहुत बड़े बाज़ार में बदल गया है। कथावाचकों ने अपने लिए मार्किट रिसर्च विंग खोले हुए हैं। सर्वे होते हैं। सलाहकार, उनको सलाह देते हैं—मार्किट के बारे में। मार्किट जमती देर से है। उखड़ती जल्दी है। मार्किट जमी रहे, इसके लिए कथावचक चिन्तित रहते हैं। उनके भक्तगण 'ईश्वर' की प्राप्ति में चिन्तित और वे स्वयं मार्किट के लिए!

बात कहीं की कहीं जा पहुँची। मैं तो यह कह रहा था कि यह शहर...शहरे-दिल्ली, लेमिनेशनों का शहर है। हर चमकदार वस्तु ज़रूरी नहीं कि सोना हो। लेकिन हर चमकदार चेहरा लेमिनेटिड ज़रूर होता है।

इस बड़े शहर की यही तो ख़ूबी है कि यह रोते हुए लोगों से नफ़रत करता है। उन्हें अकेला छोड़ देता है। यह शहर हँसते हुए, या फिर हँसते हुए नज़र आनेवाले लोगों का शहर है।

क्या यह विडम्बना नहीं कि इस शहरे-दिल्ली की आधी आबादी उदास रहती है। लेकिन यह शहर खुशबाश, खुशमज़ाक, खुशपौशाक लोगों का शहर नज़र आता है।

लेकिन यह आधा-सच है।

कहानी का किरदार कहता है कि मैं बाक़ी बचे आधे सच की तलाश में निकलना चाहता हूँ। कम्बख़्त, बुद्ध होना चाहता है। तथागत होना चाहता है। इस शहर के लोग आधे सच से काम चला रहे हैं। जिनके पास आधा-सच नहीं, वे आधे झूठ या पूरे झूठ से काम चला रहे हैं। इस शहर में (यूँ तो पूरी दुनिया में) सबसे ज़्यादा भद्द, सच की पिटी है। सच की औक़ात।...जैसे कोई ग़रीब बच्चा, अपना दयनीय चेहरा लेकर, क्लास रूम में, सबसे पीछे बैठा हो।

सचमुच, सच का पता लगाना मुश्किल काम है। इसलिए इस शहर के लोग, सच-झूठ के मामले में पड़ते ही नहीं। दूसरों की पॉकेट में झाँकते हुए, अपनी जेब

में पड़े खोटे सिक्के नज़र आने लगते हैं।

पाठकगण, कहानी का किरदार कहता है कि मैं सच की तलाश करूँगा। मैं जानता हूँ वह मुँह के बल गिरेगा।

इस शहर में, इस शहर की वास्तविकता को तलाश करना, समन्दर में ग़र्क हुए टाइटेनिक को ढूँढने जैसा है।

आप खुद ही सोचिए, एक करोड़ की आबादीवाला यह शहर, कोई रहस्य नहीं प्रतीत होता?...शहर बड़ा और रिश्ते?...रिश्ते इस कदम सिमटे कि लोगों ने उनको पाउचों और सेशों में रख लिया है।

कहानी का किरदार न इस शहर के भूगोल से वाकिफ़ है, न मिज़ाज से। मुझे यह भी डर है कि किरदार की वैसी फज़ीहत होगी, जैसे किसी शहर में, किसी नए पागल के पहुँचने पर होती है। वह जिस गली से गुज़रता है, लोग उसे देखकर घबरा जाते हैं। कुत्ते भौंकने लगते हैं। बच्चे हूटिंग करते हैं। और पागल, जब शहर से बाहर निकलता है तो वह पहले से ज़्यादा पागल हो चुका होता है।

मुझे अक्सर उस पागल लड़के का ध्यान आता है जो हर किसी को देखकर हँस पड़ता था। वह शायद इसलिए हँसता था कि लोग उसकी हँसी में शामिल हो जाएँ। वह शायद इसलिए हँसता था कि रोते हुए वह समझदार नज़र आने लगता था। वह शायद इसलिए हँसता था कि हँसी, कई बार संवाद भी बन जाती है।...एक रात इतनी सर्दी पड़ी कि वह फुटपाथ पर बैठा दाँत किटकिटाता रहा। लोग समझते रहे कि वह इतनी सर्दी में भी हँस रहा है। अगली सुबह, उसका शरीर ऐंठ गया। वह मर गया।...मरने के बाद, वह शहर में चर्चित हो गया...फलाँ पागल हँसते-हँसते मरा।

उसके पथराए शरीर के पास हज़ारों आँसू भी जमा थे। उसपर किसीकी नज़र नहीं पड़ी थी।...किसी के आँसुओं से रिश्ता जोड़ना बहुत बड़ी बात होती है साहब!

यही बात मैं किरदार से कहता हूँ। लेकिन किरदार तर्क देता है। कहता है—एक आदमी का, दूसरे आदमी के साथ, अगर रिश्ता आँसुओं का हो, तो वह रिश्ता कभी मरता नहीं।

❑❑

इधर मैंने एक बात नोट की है। कहानी का किरदार मेरे साथ बहस में उलझ जाता है। मैंने उसे जिस रूप में ढाला था, वह अब उस रूप में नहीं रहा। उसने कोई नई शख़्सियत अख़्तियार कर ली है। अब वह मेरे मुक़ाबिल खड़ा होता है। फिर जुमले सुनाता है—मुझको पैदा करके अपना नुक्ताचीं पैदा किया।

बहस करते हुए लोग मुझे अच्छे नहीं लगते। वे झाड़ियों की तरह सबसे

उलझ जाते हैं। बहस करने के लिए किसी वजह की तलाश करना, कोई ज़रूरी नहीं। वजहें निकल आती हैं।

आप इस शहर को देखिए। दो हिस्सों में तक़सीम हुआ लगता है। एक ऐसा तबका जो ज़रूरत से ज़्यादा ख़ामोश रहता है। दूसरा, ज़रूरत से ज़्यादा बोलता है। ख़ामोश रहनेवाला तबका, ख़ास तरह की तहज़ीब ओढ़ता-बिछाता है। वह अभिजात होता है। यानी एलीट! एलीट लोगों का कम बोलना उनकी विशिष्टता होती है। उन्हें हँसना हो तो वे बॉथरूम में जाकर हँसते हैं। उन्हें बोलना हो तो वे शब्दों को अभिजात्यता के चिमटे से चुनते हैं। वे हमेशा तिलिस्म में रहते हैं। तिलिस्म रचते हैं।

दूसरी ओर शोरोशर! बहसें। बातें। गुफ़्तगू ट्रेन। बस। स्टेशन, अस्पताल। सड़क। दुकान। बाज़ार।...हर कहीं बातें। बोलते हुए लोग। बहस करते हुए लोग!

बहस में मुब्तिला लोगों को देखकर, मुझे अक्सर अपने एक पुराने दोस्त की याद आ जाती है। वह चाय के कप, पानी के गिलास, जलती हुई सिगरेट, बुझती हुई उम्मीद, गुज़रते हुए वक़्त, गिरे हुए मूल्यों, रुकी हुई घड़ियों, रेंगते हुए विकास, कस्बों, शहरों, भीड़...लोग...वह किसी भी चीज़ पर बहस कर सकता था। यहाँ तक कि सड़क किनारे पड़ी लावारिस लाश को देखकर भी वह बहस पर अमादा हो जाता था।...एक दिन तो वह उस लावारिस लाश से बहस करने लगा था, जो उसके साथ बहस करने के काबिल नहीं थी। न वह सुन सकती थी। न बोल सकती थी।

मेरा दोस्त जब लावारिस लाश से बहस कर रहा था तो मैं हैरान था। मेरे लिए यह अनुभव नायाब था। ज़िन्दा लोगों की बहस झगड़े में बदल जाती है। लाश के साथ बहस करने का यह ख़तरा नहीं होता। वह चुपचाप पड़ी रहती है—पथराई हुई। उसकी रूह परवाज़ पर निकल जाती है। और देह के ज़ख़्मों से रिसता, ख़ून पानी बन चुका होता है।

लावारिस लाश की बात छिड़ी तो मुझे पुलिस का एक दर्दनाक बयान याद आ गया। दिल्ली के बाशिन्दे पुलिस से आज़िज आ चुके हैं और दिल्ली की पुलिस लावारिस लाशों से। दिल्ली पुलिस के इस दर्द को कोई नहीं समझ सकता। यह दर्द इतना मौलिक है कि इसे सिर्फ़, दिल्ली की पुलिस ही महसूस कर सकती है।

यह जो यमुना नदी है। और यही नदी जो वज़ीराबाद के पुश्ते के बाद गन्देनाले में तब्दील हो जाती है, दिल्ली में इसका जो भी रिश्ता रहा हो, दिल्ली पुलिस का इस दरिया के साथ रिश्ता कभी साज़गार नहीं रहा।

हफ़्ते-पद्रहवें, दो-तीन लाशें, यमुनाजी के पुश्तों पर अटकी हुई मिलती हैं। दिल्ली पुलिस का यह दुख भी है और सिरदर्द भी। दूसरा-तीसरा सामान हो तो

पुलिस मालख़ाने में जमाकर ले। एक बार तो दिल्ली पुलिस ने चोरी की बरामद हुई बर्फ़ की सिल्लियों को भी मालख़ाने में जमा कर लिया था। लेकिन लाशें? लाशों का जमा करना थोड़ा मुश्किल काम है। लाशें सड़ जाती हैं और सड़ी हुई लाशें, ज़िन्दा लोगों पर सवालिया निशान खड़े करती हैं।

दिल्ली पुलिस कहती है कि ये लाशें, जो हफ़्ते-पन्द्रहवें, पुश्तों पर अटकी हुई मिलती हैं, हमारी नहीं हैं। यू. पी. की हैं। दिल्ली पुलिस कहती है कि हम ज़िन्दा क़ैदियों का तो नहीं, लेकिन लाशों का सही-सही हिसाब रखते हैं। यही बात यू. पी. पुलिस भी कहती है कि यहाँ लाशों के साथ सम्मानजनक व्यवहार होता है। उन्हें लावारिस नदियों में नहीं छोड़ा जाता। और कई तौर-तरीके हैं। यू. पी. में बीहड़ हैं। जंगल हैं। लाशें कहीं भी ठिकाने लगाई जा सकती हैं।

लाशें अगर बोल सकतीं तो बतातीं कि हम कहाँ से आई हैं? हमें किसने लाश बनाया? हमें किसने दरिया में बहाया? लाशों का अगर टिकट लगता। तब भी उनके प्रस्थान का पता लगाया जा सकता था कि वे कहाँ से टिकट लेकर आई हैं

लाशों के साथ यही दिक्कत है कि एक बार पथरा जाएँ तो फिर लाख कोशिशों के बावजूद, वे नहीं बोलतीं। दिल्ली पुलिस अपनी थर्ड डिग्री से अच्छों-अच्छों के पसीने छुड़वा दे, लेकिन लाशों का क्या करे?

दिल्ली में हर शख़्स की अपनी दिल्ली है। और हर शख़्स के अपने दुःख हैं।

इसके बावजूद, लोग यहाँ एक दूसरे की ज़ीरोक्स कॉपी लगते हैं। एक जैसा जीते। एक जैसा सोचते। एक जैसा खाते एक जैसे फ़्लैटों में रहते। एक जैसे सिरिलय देखते। उनपर एक जैसी सामूहिक चर्चा करते। एक जैसा बोलते। एक जैसा सुनते एक जैसा फ़ैशन। एक जैसे कपड़े। पिज़्ज़ा खाते लोग। हैमबर्गर खाते लोग। कोक पीते लोग। भीड़ बनते लोग।...सिर्फ लोग।...एक जैसे लोग!

पाठकगण, मुझे डर इस बात का है कि मेरी कहानी का किरदार, कहानी से बाहर आकर दिल्ली में गुम न हो जाए। एक जैसी भीड़ में दूसरों की तो बात छोड़िए, अपनेआपको ढूँढ़ना, मुश्किल हो जाता है। भीड़ जब बदहवास होकर भाग रही हो तो रूकने का अर्थ होता है, कुचले जाना।...किरदार, पता नहीं, इस भीड़ संस्कृति को जानता भी है या नहीं?

मेरा डर वाजबी है। वह मेरी क्रिएशन है और मैं उसे ख़त्म होते नहीं देख सकता।

मेरा ख़्याल है किरदार, मेरी रचना से बाहर आकर, सुसभ्य दिल्ली के नागरिक

की तरह किसी के फट्टे में टाँग नहीं अड़ाएगा। न किसी के ज़ख़्म को रेलिश करेगा। दिल्ली के लोग, जिस तरह क्लासीफाइड विज्ञापनों वाले पेज खोलते तक नहीं, उसी तरह वह लोगों की वेदना को नहीं खोलेगा। नहीं पढ़ेगा।...यानी दिल्ली का शरीफ़ बाशिन्दा बनकर, साहिल के तमाशाइयों की तरह, डूबनेवालों पर अफ़सोस तो करेगा, इमदाद नहीं।

और तो और, दिल्ली के मौसम पर अपनी कोई टिप्पणी नहीं देगा। दूरदर्शन, उसे जैसा तापमान बताएगा, वह शहर के मौसम और मिज़ाज का हाल मालूम कर लेगा।

नपुसंकता का पाठ पढ़ाती, सिखाती दिल्ली में, वही कामयाब और सफल नागरिक होता है जो कहीं भी प्रतिवाद नहीं करता क्योंकि जीवन जीने के लिए मिला है।...दिल्ली के शरीफ़ नागरिक, प्रतिवाद की आवाज़ें कहीं गुम कर आए हैं। यही मज़ेवादी जीवन कल्चर है...बगुला भगत संस्कृति!

मैंने अपने किरदार से कहा है कि वह दिल्ली को सैलानियों की तरह देखे। जैसे दिल्लीवाले, जेबों में नोट भरकर, गले में कैमरा लटकाए, पहाड़ों को 'देखते' हैं।

पाठकगण, मैंने किरदार की ज़िद और आपकी सलाह पर, किरदार को कुछ दिन के लिए स्वतन्त्र छोड़ दिया है।

कहानी के अन्दर वह मौजूद ज़रूर था, लेकिन था तो वह अमूर्तन में ही। अब वह मूर्त रूप धारण कर चुका है। मुझसे ज़्यादा ख़ूबसूरत, कद्दावर, संजीदा और पुरकाशिश नज़र आता है।

क्या आपने कभी नोट किया है कि मूर्तियाँ तराशने वाले संगतराश, ख़ुद ख़ूबसूरत नहीं होते। उनके हाथ खुरदरे, शक्ल अजीब हो जाती है। लेकिन वे जिस मूर्ति को तराशते हैं, वह कमाल दर्जे की ख़ूबसूरत होती है।

किरदार को मुझसे ज़्यादा ख़ूबसूरत होना ही था। क्योंकि मैं ख़ूबसूरत नहीं। बल्कि एक हद तक बदशक्ल हूँ। लोगों की छोड़िए। आईना भी हिकारत की नज़र से देखता है। गुज़रता हुआ वक़्त, बहुत सारी निशानियाँ छोड़ गया है और बहुत सारी ताज़गी भी छीन गया है मेरी! गुज़रता हुआ वक़्त, इन्सानों को भी पुरानी इमारतों में बदल देता है। जैसे कि मुझे!

किरदार खूबसूरत है। संवेदनशील है। ज़िन्दादिल है। मेरी तरह अड़ियल, सड़ियल और कड़ियल नहीं। यह अच्छी बात है और बुरी भी। ऐसे लोग तटस्थ नहीं रहते। इंवाल्व हो जाते हैं। पर मैं क्या करूँ? किरदार, फ़ितरतन ऐसा ही है। मैं भी कुछ आरोपित नहीं करना चाहता। वह जैसा है, वैसा रहे। दिल्ली को अपनी दृष्टि से देखे। मेरे चश्मे से नहीं।

मैंने मज़ाकन पूछा है कि वह अपना नाम क्या रखेगा? उसने भी उसी लहज़े में जवाब दिया है कि नाम के होने या न होने से कोई ज़्यादा फ़र्क नहीं पड़ता। जिनके नाम हैं, उनकी क्या सचमुच कोई पहचान है?

उसके प्रतिप्रश्न ने मुझे हतप्रभ कर दिया है। डरा भी दिया है और आश्वस्त भी किया है कि किरदार, चीजों को समझने की सलाहियत रखता है।

यह शहर...यानी कंक्रीट का जंगल! एक दश्त!...बदहवासियों का दश्त!...शोर! बेतरह शोर! जैसे ख़ामोशी के जिस्म से ख़ून रिस रहा हो।...यह शहर...शहरे दिल्ली। अपने अन्दर यादों के लाखों बुझे चरागों को सीने से चिपकाए! इतिहास के गुम्बद में ज़ख़्मी गूँगी आवाज़ों की सरगोशियों को महसूस करती दिल्ली।...अपने वर्तमान से खेलती। ठहाकों के खाली गुबारे उड़ाती।...गुर्बत को छुपाती और अमीरज़ादों पर कुर्बान होती दिल्ली।...दिल्ली एक हाट। जहाँ हर शय वाजिबी दामों पर बिक सकती है। तिजारत स्त्री देह से लेकर आँसुओं तक की होती है। उसूलों से लेकर असलहे तक की।...खून बेचकर गंदुम खरीदना पुराने लोगों का शगल था। अब नए बाज़ार विकसित हुए हैं। किडनियों की ख़रीद-फरोख़्त का बाज़ार बिल्कुल नया है।

आप परेशान न हों पाठकगण।...लोग!...इस दिल्ली के लोग, सिलबट्टे पर जुगनुओं को पीसकर, रोशनी के जलसे करते हैं। लतीफ़ों की बज़्म में ठहाके लगाते हैं और दश्ते तन्हाई में फूट फूटकर रोते हैं।

दिल्ली लोगों को भीड़ में बदल देती है या फिर आदमी को निपट अकेला! दिल्ली लिहाज़ नहीं करती किसी का। जो व्यर्थ होता है यहाँ, फेंके जाने लायक होता है।

❑❑

दिल्ली की एक सुबह!...फरवरी की सुबह! खिली हुई। खुली हुई। ख़ूबसूरत सुबह।...सुबहें खूबसूरत ही होती हैं यूँ तो! क्योंकि वे रोशनी के साथ आती हैं। क्योंकि वे उम्मीद की तरह आती हैं। क्योंकि वे सूरज की चिट्ठियों जैसी प्रतीत होती हैं।...क्योंकि सुबहें, धूप के पानी से, मैली हो चुकी नींद का मुँह धोती हैं!

दिल्ली की खूबसूरत सुबह! राजघाट के आसपास असीम शान्ति! कुछ चिड़ियाँ। परिन्दे। घास। फूल। खुशबू। हल्की ठण्ड। मन को रोमांचित करता वातावरण।...अहिंसा किसी प्रार्थना की तरह मन में वास करती। गाँधी का दर्शन जीवन शिल्प की तरह! लेकिन इस जीवन शिल्प से दिल्ली बेसरोकार यहीं खड़ा है किरदार!

यहीं खड़ा है किरदार!

राजघाट पावर हाउस की चिमनी से निकलते घने काले धुएँ को देखता।

यहीं खड़ा है किरदार!

गाँधी को महसूस करता।...

दूर तक चुप पसरी है। गाँधी की समाधी पर सीस निवाया है उसने। बैठा रहा है कुछ देर मौन! मौन जैसे प्रार्थना हो। मौन जैसे श्रद्धांजलि हो। मौन जैसे संवाद हो किरदार और राष्ट्रपिता के बीच।

घूमता रहा वह राजघाट के परिसर में। काफी समय व्यतीत करने के पश्चात वह बाहर राजघाट मार्ग पर चल पड़ा है। दिशाहीन और खाली मनुष्य के लिए, मन्ज़िल का चुनाव भी मुश्किल होता है, और उसकी पहचान भी।

वह (यानी किरदार) जा रहा था। सड़क किनारे। पटरी पर। जिसपर लाल रंग की बजरी थी। चलने पर कई सारी आवाजें उठतीं। एक ताल, एक लय-सी बन गई थी किरदार के पैरों की आवाज़ से। सड़क पर तेज़ गति से मोटरें-कारें-स्कूटर गुज़र रहे थे। वाहन गुज़रते। शोर होता। हर वाहन अपने हिस्से का धुआँ और शोर छोड़ जाता। किरदार के मन में, वाहन ज़रा-सा हस्तक्षेप पैदा करते। लेकिन दिल्ली का यह जीवन था। रफ़्तार, विकास की प्रतीक थी। हर वाहन रफ़्तार का अहसास कराता हुआ निकल जाता।

लेकिन...

लेकिन किरदार देखता-सा रह गया। वह न तेज़ रफ़्तार वाहनों को देख रहा था न चमचमाती कारों को। उसकी नज़र एक ग़रीब आदमी के साइकिल पर टिकी थी। साइकिल के पीछे कैरियर था और जो कैरियर से बन्धा था, वह किरदार को भौंचक कर रहा था।

साइकिल के कैरियर पर लाश बँधी थी। दो बाँसों के बीच उसने लाश को रस्सी से बाँध रखा था। लाश स्त्री की थी। उसपर सफेद रंग का कपड़ा था। शायद यही कफ़न हो। स्त्री उसकी पत्नी थी, ऐसा प्रतीत होता था। लाश को उसने साइकिल के कैरियर के बीचों बीच रखा हुआ था। जैसे लकड़ी का फट्टा या स्लीपर रखते हैं संतुलन बनाते हुए।

कपड़ों से वह बेहद ग़रीब लगता था। वह ग़रीब ही नहीं, अजीब भी लगता था। दिल्ली में निकलनेवाली यह ऐसी पहली शवयात्रा थी, जो साइकिल पर थी। जिसे, किसी के कन्धे नसीब नहीं हुए थे। वह कैरियर पर थी। उस शवयात्रा को ले जानेवाला, एक अकेला आदमी था, उसका पति!...लोग नहीं थे जो राम नाम सत बोलते। लोग नहीं थे, श्मशान घाट तक, शव की अन्तिम यात्रा में शरीक होते।

कुछ दूर तक साइकिल खींच ले जाने के बाद, वह आदमी, अपनी साइकिल

को रोक लेता। अपनी आस्तीन से आँसू पोंछता। साइकिल के पीछे बँधी लाश को देखता। उस उजड़े हुए आदमी का चेहरा, और ज़्यादा उजड़ा हुआ नज़र आता। वह कुछ देर यूँ ही अनमना, कुछ सोचता, कुछ ढूँढता, कुछ देखता-सा खड़ा रहता। उसकी आँखें फिर भर आतीं। वह अपनी मैली कमीज़ के आस्तीन से आँसू पोंछता। चल पड़ता।

पति-पत्नी के बीच, यह सफ़र अजीब सफ़र था। जीवन और मृत्यु के बीच, किसी रिश्ते जैसा। एक था। एक नहीं था। जो नहीं था। वह कैरियर पर बँधा था। शव बनकर। जो था। वह इस साइकिल के कैरियर से बँधे शव को, अन्तिम मुक़ाम तक पहुँचाने के लिए जा रहा था।

वह फिर खड़ा हो गया था। उसने अपनी सूनी आँखों से पलटकर देखा था। नज़रें शव पर टिकी हुई थीं। वह गहरी साँस ले रहा था। चेहरे पर विषाद था आँखों में अतीत। वह कुछ याद कर रहा हो जैसे। वह इन्तज़ार कर रहा हो जैसे किसी आवाज़ का। अपनी पत्नी की आवाज़ का। जो मर चुकी थी। पार्थिव हो चुकी थी। लेकिन जो अब भी उसके साथ थी। इस यात्रा में। शवयात्रा की तरह।

वह रूकता तो पीछे, साइकिल के कैरियर पर रखे शव को देखता। उसका हाथ अनायास उस तरफ चला जाता। शव की तरफ। पार्थिव हो चुकी देह पर वह अपना हाथ रखे रखता। जैसे वह इस आख़िरी सफ़र में स्पर्शों के नज़राने पेश कर रहा हो। जैसे वह शव पर हाथ रखते हुए, उन दिनों को याद कर रहा हो, जब वह ज़िन्दा थी। अपने आदमी के स्पर्शों से चौंक जाती थी। सिहर जाती थी। लिपट जाती थी। उससे हँस पड़ती थी। झुका लेती थी आँखें। प्रेम की कोई तरंग उठती दोनों के बीच।...

वह हाथ रखे रहता। शव में कोई हलचल पैदा नहीं होती। वह फिर भी हाथ रखे रहता। जैसे उसकी पार्थिव देह को सहला रहा हो। अपनी तमाम भूलों के लिए क्षमा की याचना कर रहा हो। जैसे ज़िन्दगी भर के बचे तमाम स्पर्श उस शव पर रख देना चाहता हो। जो कुछ देर बाद राख में बदल जाएगी। नहीं रहेगी। हो जाएगी अग्नि को समर्पित! पाँच तत्व में लीन!...लौटती दफ़ा वह और भी अकेला होगा। बहुत ज़्यादा अकेला। तब साइकिल तो होगी उसके साथ, लेकिन कैरियर खाली होगा। काश, वह उसकी इन श्रद्धांजलियों को महसूस कर सकती।

लोग कौतुक की तरह देखते हैं इस शव यात्रा को। बसों-कारों से सिर निकालकर।...ऑटो रिक्शावाले तो अपना ऑटो भी आहिस्ता कर लेते हैं। आश्वस्त होना चाहते हैं कि साइकिल के कैरियर पर रखा शव है, या कुछ और। शवों को इस तरह साइकिल के पीछे बाँधकर, शमशान तक ले जाने का रिवाज दिल्ली में कभी नहीं रहा। दिल्ली खुद हैरान होकर देख रही है इस अनोखी शवयात्रा को।

जिसमें कुल दो यात्री हैं। एक ख़ुद शव। दूसरा शव को ले जानेवाला।

शव ले जानेवाला दुनिया का सबसे बड़ा बदकिस्मत हो या न हो, दुनिया का सबसे ज़्यादा अकेला आदमी ज़रूर नज़र आता है। उसके साथ कोई नहीं, कोई भी नहीं। जो साथ है, वह ख़ुद शव है। शवयात्राओं में शामिल लोग तेज़-तेज़ चलते हैं। ऐसा अक्सर होता है। लोग जल्दी में होते हैं। मर चुके व्यक्ति से ज़िन्दा लोगों का रिश्ता, तुरन्त ख़त्म हो जाता है। वे उसे तुरन्त फूँकने या दफ़नाने निकल पड़ते हैं।

एक अकेला व्यक्ति जल्दी में नहीं है। शायद वह भी जल्दी में हो। मुक्त होना चाहता हो। लेकिन बार-बार वह अपनी साइकिल रोककर खड़ा हो जाता है। उसके यूँ बार-बार खड़े होने का अर्थ समझ नहीं आता। ऐसा लगता है जैसे वह थक गया है। थकान उतारने के लिए खड़ा हो जाता है। ऐसा भी लगता है, जैसे वह थका नहीं, मर चुकी पत्नी के साथ, ज़िन्दगी के बचे-खुचे रिश्ते तोड़ने में वक़्त लगा रहा है।

वह इतना अकेला क्यों है? चार लोग साथ होते तो हौसला मिलता। हौसले के अतिरिक्त, शव को काँधा मिलता। कन्धे पर रखे हुए शव को, बड़े सम्मान के साथ, वह आग के हवाले करता।...और अब कैरियर पर रखा शव!

क्या उसका कोई सगा सम्बन्धी नहीं होगा इस महानगर में? कोई पास-पड़ोस?...कोई दोस्त?...कोई हमदर्द? यह भी सम्भव है कि वह दिल्ली के किसी निर्जन इलाके में रहता हो-निपट अकेला। यह भी सम्भव है, वह जहाँ रहता हो, उसे वहाँ कोई जानता ही न हो। यह भी सम्भव है कि वह इतना ग़रीब हो कि कोई उसकी मदद करने के लिए आया ही न हो।

दिल्ली अपनी निस्संगता पर शर्मसार नहीं हो रही थी। हैरान ज़रूर थी।

एक फोटोग्राफ़र अपनी बाइक पर तेज़ रफ़्तार से जा रहा था। उसे संपादक ने तत्काल वहाँ पहुँचने के आदेश दिए थे, जहाँ झोपड़ियों में आग लगी थी। उसे जलती हुई झोंपड़ियों के 'लाइव' चित्र लेने थे। वह जल्दी में था। लेकिन ऐसी विचित्र शवयात्रा को देखकर उसने अपनी बाइक के ब्रेक लगाए। कैमरे का अपर्चर खोला। फोक़स किया। और तीन शॉट लिए। ऐसे नायाब फोटो खींचने के लिए, वह मन ही मन बहुत प्रसन्न हुआ। कल इस फोटो को वह मैट्रो में छपवाएगा। मैट्रो सिटी के 'मैट्रो' लोग इस फोटो को देखकर चौंक जाएँगे।...कितनी सनसनी है इस फोटो में। यह तो कल पता चलेगा।...कुछ दिन बाद उसकी रवीन्द्र भवन में फोटो प्रदर्शनी है। उसमें वह ज़रूर इन फोटुओं को लगाएगा। प्रतियोगिता के लिए बाहर भी भेजेगा। क्या पता कोई आवार्ड मिल जाए।

शव को ले जानेवाला अकेला आदमी, ऐसा लगता है जैसे थक गया है।

बहुत दूर से पैदल आ रहा है। साइकिल को घसीटते हुए। इस साइकिल को जिसके पीछे शव रखा है।...ज़िन्दा लोगों के साथ रिश्ते निभाते हुए इतनी थकान नहीं होती। लेकिन शव के साथ, यह थोड़ा-सा सफ़र, उसे थका गया है।...वैसे थकान तो ज़िन्दा लोगों के साथ रिश्ते निभाते हुए भी होने लगती है। रिश्तों का थक जाना बिल्कुल ऐसा होता है, जैसे किसी नदी पर खड़े पुल का गिर जाना।

वह फिर चलने लगा है। साईकिल पुरानी है। साइकिल चलती है तो कई सारी आवाज़ें निकलती हैं। जैसे पुराने वक़्तों की आवाज़ें, साइकिल के अन्दर जमा होती गई हो। साइकिलवाले का इन आवाज़ों के साथ पुराना रिश्ता है। वह जब साइकिल की गद्दी पर बैठकर, पैडल मारता होगा। सांकिल चलती होगी। उसके सुर के साथ-साथ, आवाज़ों का सुर भी जारी रहता होगा।

सब आवाज़ें उसकी परिचित आवाज़ें हैं। बस एक आवाज़ कम पड़ गई है—पत्नी की आवाज़! वह उसकी आवाज़ों को याद करता हुआ चल रहा है। जब वह बर्तन मांजती थी।...आटा गूँथती थी...उसके पैर दबाती थी...जब वह स्टोव जलाती थी...वह कितनी सारी आवाज़ों के साथ ज़िन्दा थी। आदमी अपने साथ सारी आवाज़ें भी ले जाता है। बची रहती हैं प्रतिध्वनियाँ! अनुगून्जें।

वह पलटकर देखता है। जैसे शव से आवाज़ आई हो—थक गया होगा। दम साध ले।

वह ऐसे ही कहा करती थी। मजूरी करने जब वे दोनों साथ-साथ जाते। बार-बार कहती, "दो घड़ी सुस्ता ले।...बीड़ी का दम मार ले।" ख़ुद जुटी रहती काम में। हार नहीं मानती थी। पर आखिरी दिनों में हार गई। पड़ गई बिस्तर पे।...पैसा नहीं था तो इलाज कैसा?...पता नहीं किस रोग से मरी? अस्पताल में कौन पूछता है ग़रीब की?

रेड एलर्ट था शहर भर में। सड़कों पर अवरोधक खड़े किए गए थे। पुलिस वाले मुस्तैद थे। पुलिस जिप्सी के अतिरिक्त, कई सारे वर्दीधारी एक माकूल जगह पर खड़े थे। वाहन आढ़े-तिरछे होकर निकलते। पुलिसवाले शिनाख़्त करते। पैनी नज़र से देखते। आश्वस्त होने के बाद वाहन को निकलने देते।

जब वह बैरीकेडों के बीच से निकलने लगा तो पुलिस वाले चौंक गए। पुलिसवालों ने बहुत सारी शवयात्राएँ देखी थीं। लेकिन यह शवयात्रा विचित्र थी। इतनी अकेली की रहस्य पैदा करती। इतनी अकेली कि दुख पैदा करती। इतनी अकेली कि अकेले होने का अहसास शिद्दत से जगाती।

एक पुलिसवाले का चेहरा सख़्त हो गया था। दूसरे ने अपने बैंत को संभाल लिया था। तीसरा धमका कर कोई सवाल पूछता कि चौथे पुलिसवाले ने अवरोधक सरका दिया था। शवयात्रा के लिए उसने रास्ता बना दिया था।

इस थोड़े-से व्यवधान के बाद, उसने साइकिल को पुनः चलाना शुरू किया। पुलिसवाला एक तरफ हटकर खड़ा हो गया। उसने अपने सिर से कैप उतारी। सिर झुका लिया। फिर दूसरे पुलिसवाले ने भी ऐसा किया। फिर तीसरे ने...। चार पुलिसवाले, अपनी टोपियाँ उतारकर, सिर झुकाए, शवयात्रा को ससम्मान रवाना कर रहे थे। साइकिलवाला, कैरियर के पीछे रखे, अपनी पत्नी के शव को श्मशान भूमि तक के लिए जा रहा था।

पुलिसवाले, सचमुच मनुष्य लग रहे थे। वैसे, पुलिसवाले, मनुष्य होने के बावजूद, मनुष्य नहीं लगते। कुछ और ही लगते हैं। लेकिन जब वे मनुष्य लगते हैं तो दोस्त जैसे लगते हैं। हमदर्द जैसे लगते हैं। अपनों जैसे लगते हैं

पुलिसवालों ने न कोई फूहड़ मज़ाक किया था। न ग़ैरज़रूरी सवाल पूछे थे। खिंची हुई खामोशी के बीच वे तनकर खड़े रहे थे, लेकिन सिर को झुकाए...ससम्मान! शवयात्रा को विदा करते।

❑❑

पत्नी के शव को श्मशान भूमि में अग्नि के हवाले करके जब वह वापिस आ रहा था तो निपट अकेला था। जाती बार शव का साथ था। लौटती दफ़ा वह साथ भी छूट गया था। अब वह अकेला था। बिल्कुल अकेला। खाली। उजाड़। दश्त!...किसी निर्जन प्रदेश जैसा लगता था वह!

वह बहुत देर तक श्मशान भूमि में बैठा रहा था। देखता रहा था चिता को। आग की लपटें। धुआँ। गन्ध। ख़ामोशी।

दरख़्तों के साये जब ज़मीन पर गिरने लगे तो वह उठ आया। दरख़्त के पास खड़ी साइकिल को देखता रहा। इसी पर रखकर आया था अपनी पत्नी का शव! कैरियर अब खाली था।...साइकिल को देखता रहा कुछ देर। फिर अचानक क्या हुआ कि उसकी रुलाई फूट पड़ी। साइकिल की गद्दी पर सिर टिकाकर वह फूट-फूटकर रोया। शायद वह साईकिल को अपना हमदर्द समझ रहा था।

सड़क पर तेज़ दौड़ते वाहन थे। लारियाँ थी। नई लम्बी, लक्ज़री कारें थीं। बाइक थे। रफ़्तार थी। आधुनिकता थी। विकास था। सब जल्दी में थे।

वह बहुत आहिस्ता-आहिस्ता वापिस जा रहा था अपने घर की तरफ। पैदल। साइकिल को घसीटते हुए। नितान्त अकेला। विचारों में गुम। भावों में डूबा।...घर अब घर कहाँ होगा? एक मकान ही तो होगा वह! अब इन्तज़ार करनेवाला कोई भी नहीं होगा। इन्तज़ार करने वाले को वह दाग आया है।

अपने निर्जन में डूबा वह व्यक्ति, साइकिल को मज़बूती से पकड़े हुए था। शायद साईकिल उसका हमदम था और दोस्त भी।

कहानी के किरदार को मालूम नहीं था कि वह दिल्ली के अन्दर किसी ऐसे निर्जन से टकराएगा कि ख़ुद सकते में पड़ जाएगा।

❑❑

शाम गहराने लगी थी। डूबते-सूरज का वक़्ते-शाम था। शहर के दफ़्तर बन्द हो चुके थे। शराबख़ानों में भीड़ बढ़ने लगी थी। न्योन लाइटों के जगमग संसार में, लोग अपने अँधेरों को उठाए आ-जा रहे थे। ऐसा लगता था जैसे वे रोशनी से भी डरते हैं और अँधेरे से भी। यह शहर रोशनियों का शहर था तो अँधेरों का भी था। सड़कों पर मरकरी बल्ब थे। चौराहों पर होर्डिंग थे। उनकी जलती-बुझती रोशनियाँ थीं। दूकानों के साइनबोर्ड थे। उनकी रोशनियाँ थीं। यातायात था। हेडलाइटों की दूर तक मार करती रोशनियाँ थीं।

यह शहर रोशनियों का शहर था। ऐसा लगता था जैसे रोशनी का सैलाब आ गया हो इस शहर में।...लेकिन यह शहर बड़ी नफ़ासत से अपने अन्धेरे छुपा लेता था। कोशिशों के बावजूद, अँधेरे छुपते नहीं थे। नुमायाँ हो जाते थे। रोशनियों के बीच अँधेरे, ग़रीब के पुराने, अधफटे कम्बल जैसे लगते थे। शहर के कोनों में दुबके हुए अन्धेरे, इस शहर का ज़ख़्म थे। इस शहर की हक़ीकत भी थे। शहरे-दिल्ली, अपनी हक़ीकत को छुपाने की भरसक कोशिश करता था।

अजीब विडम्बनाओं का शहर था यह! शहरेदिल्ली! यहाँ ऐसे भी लोग रहते थे जिनके लिए रात सबसे संगीन होती। ऐसे भी थे, जिनके लिए यहाँ की रात सबसे ज़्यादा रंगीन...सबसे ज़्यादा हसीन होती थी।

बेघरों के लिए, बेघरी का मातम थी यहाँ की रातें!

जिनके पास घर नहीं होता वे कितने लाचार नज़र आते हैं!

किरदार खड़ा सोच रहा था।

लालक़िले के सामने खड़ा था वह! सामने जामा मस्जिद के बुर्ज़ नज़र आते थे। लालक़िले का वह प्राचीर भी, जहाँ से मुल्क के वज़ीरे-आज़म, हर साल, शब्दजाल फेंकते थे।...चाँदनी चौक की ओर जाती हुई सड़क पर भीड़ थी। सीसगंज गुरूद्वारे के सामने श्रद्धालु मत्था टेक रहे थे। सीसगंज गुरुद्वारे के चौराहे के पास (पता नहीं इसे चाँदनी चौक क्यों कहा जाता था) मेजेस्टिक सिनेमा हाल होता था। अब सिनेमाहाल ख़त्म कर दिया गया है। यहाँ फोरसीटर रुका करते थे कभी।...अब झटपट सेवा उपलब्ध थी। लेकिन किरदार के लिए समस्या रात बसर करने की थी।

किसी छत के नीचे रात बसर करना सबसे बड़ी ज़रूरत थी और छत न मिलना सबसे बड़ी लाचारी! विवशता शायद इसी को कहते हैं। वह हाथ पाँव

बाँधकर, ऊँचाइयों के ख़्वाब सामने रख देती है। वह जाड़े की सर्द रातें फैलाकर, बेघरी के मुश्किल सवाल भी परोस देती है। विवशता ऐसे खेल खेलती है। पहले वह ज़िन्दगी को बनाती है गुम्बद! फिर लगा देती है उस पर प्रतिबन्ध गूँजने का।

किरदार की व्याकुलता बढ़ती जा रही थी। लालक़िले के चौराहे से लेकर चाँदनी चौक तक के वह कई चक्कर लगा चुका था। दस बज गए थे। भीड़ कम होने लगी थी। दूकानें, क्रमशः बन्द होते-होते, बन्द बाज़ार में बदल गईं थीं। लेकिन पनवाड़ियों और हलवाइयों की दूकानें अब भी खुली थीं। दूध के कढ़ाह के गिर्द दूध पीते लोग खड़े थे। शराब की दूकानें बन्द हो चुकी थीं लेकिन पियक्कड़ लावारिस पशुओं की तरह, गिरते-पड़ते, यहाँ-वहाँ घूम रहे थे। मोती सिनेमाहाल का आख़िरी शो, शुरु हो चुका था। गौरीशंकर मन्दिर में अब पहले जैसी भीड़ नहीं थी। फूलों की दूकानें भी बन्द होने लगी थीं।

लाजपत राय मार्किट के सामने जो पटरियाँ थीं, वहाँ पर लोग डेरा जमाने लगे थे। पता नहीं ये मैले गिच्च आदमी कहाँ से आ गए थे। उनके शरीर पर कई तरह का मैल था। वक़्त का मैल। दुःख का मैल! गुर्बत का मैल। फ़ाकाकशी का मैल! लेकिन सबसे गाड़ा मैल था—ज़िन्दगी के प्रति उदासीनता का। ऐसा लगता था, वे जीना नहीं चाहते। मरना भी नहीं चाहते। वे मरने और जीने के बीच किसी स्थिति में अटके हुए थे। वे यहीं कहीं अटके रहना चाहते थे। ऐसा लगता था, इस शहर के अँधेरों का वे भी एक हिस्सा हैं जो रोशनी से कतराकर, अन्धेरों में उतर जाने के लिए अभिशप्त हैं।

रिक्शा पर लदी मैली-कुचैली रजाइयों के गट्ठड़ से वे एक रजाई उठाते। रिक्शा के साथ बैठे आदमी को पाँच का नोट या सिक्का देते और पटरी के किसी हिस्से पर पसर जाते। वे रजाई के भीतर अपने आपको इस तरह समेट लेते कि पटरी की ठण्डक पसलियों में न उतरे। लेकिन ऐसा था नहीं। जाड़ा सबकी अंतड़ियों में उतर चुका था। उनमें ज़्यादातर, दमे-टी.बी. के मरीज़ थे। वे हाँफते। खाँसते। थूकते। ढेर सारा बलगम अपने आसपास उगल देते।

ऐसा लगता था, वे मनुष्य न होकर, कुत्ते, बिल्ली होते, तब भी वे यूँ ही जीवन जीते। जीवन के प्रति तब भी उनका यही भाव होता—पेट भरना। सोना।...जागकर फिर पेट भरने का जुगाड़ और फिर पटरी को घर बनाकर, मैली गिच्च रजाई के भीतर, नामुराद सपनोंवाली-टूटी-फूटी नींद!

देखते-ही-देखते पटरी पर, मैली गिच्च रजाइयों की कतार पसर गई थी, जिसके भीतर, जीते जागते, हाड-मांस के इन्सान थे। इन्सान न सही, कम-से-कम आदमी तो थे।

किरदार उन्हें देखता खड़ा रहा। उसका मन व्याकुल था। आज़ादी के पचपन

साल बाद भी, दिल्ली अपने तमाम बाशिन्दों को एक छत नहीं दे सकी थी।...सिर्फ़ एक छत!

इन लोगों का घर होता तो क्या सचमुच ये लोग इतने तटस्थ होते अपने प्रति?...घर होने का विश्वास उनको ऊर्जा देता। घर की इन्तज़ार इनको, बेचैनी देती। घर, उम्मीद की तरह होता। घर सपने की तरह होता।

इन लोगों के घर नहीं थे। इन लोगों के पास घर जाने की जल्दी नहीं थी। कोई शख़्स इनकी इन्तज़ार में देर तक जागता नहीं था। ये लोग, अपने आपमें सिमटे हुए थे। अकेले थे। ज़िन्दगी बोझ की तरह थी, जिसे वे ढोते थे। रातें भयानक थीं, जिनसे वे लड़ते रहते। नींद, बेहद ज़रूर थी, जो बहुत कम आती। सपनें...ऐसा नहीं लगता था, कि वे रात को सपने भी देखते होंगे।

शुरू-शुरू में वे मन्दिर, मस्जिद या गिरजाघर में बड़े एतिकाद के साथ एक घर भी माँगते होंगे...दुआ करते होंगे कि एक छत नसीब हो उन्हें भी।...साल-हा-साल तक वे कामना करते रहे होंगे एक छत की।...धीरे-धीरे आस बुझती गई होगी। धीरे-धीरे उन्होंने भी इस महानगर के पाखण्ड को समझ लिया होगा कि इस चकाचौंध में आकर्षण हैं और निमर्मता भी।...धीरे-धीरे फुटपाथ और असमान के साथ, रिश्ता जुड़ता गया होगा इन लोगों का।

ये लोग...

दिल्ली इन्हें हिकारत से देखती थी

अमीर लोगों के लिए ये दिल्ली का नासूर थे और मध्यमवर्गीय लोगों के लिए—चोर! उचक्के! कंगले! जेबकतरे! मवाली। टपोरी। गुण्डे।

इन्हें न दीवारों की ज़रूरत थी न छत की।...रात से लड़ने का हुनर सीख लिया था इन्होंने। किराए पर ली गई मैली-कुचैली, गन्धाती रजाई से वे पूरे दिसम्बर से लड़ते। पूरी जनवरी से लड़ते। वे सर्द, तीखी हवाओं से लड़ते। वे शीत लहर से लड़ते। कुछेक के जिस्म पथरा जाते। वे ज़िन्दगी के कुचक्र से मुक्त हो जाते। जो बच जाते। वे अगले जाड़े के लिए तैयार रहते।

किरदार रजाइयों की मैली लम्बी, कतार को देखता रहा। सोचता रहा। कल सुबह जब उठेंगे तो फिर शून्य से शुरू होगा जीवन!...एक निश्चित संघर्ष! पेट भरने तक का।...उसके बाद फिर वही फुटपाथ...यही सिलसिला!...न महत्वकांक्षा न उम्मीद! एक चिढ़! जीवन के प्रति। अमीरों के प्रति। शहर के प्रति। अपने होने के प्रति।

उदास, वीरान, बेमकसद ज़िन्दगी जीते लोग, किस उम्मीद के भरोसे ज़िन्दा हैं? कौन-सी चीज़ हैं जो इन्हें ज़िन्दा रखती है। मरने नहीं देती। उम्रभर संघर्ष! जद्दोहजद! पेट भरने तक की। सारी यात्रा-रोटी तक।...घर हो तो कितने सामान

जुटा लेता है आदमी! कबाड़ तक को संभालकर रखता है उम्रभर!

कितने बेसरोसामां हैं ये लोग!...खाली हाथ। खाली जेब।

❑❑

किरदार बरामदे में पड़े एक तख़्तपोश पर बैठ गया। गार्ड जैसे किसी आदमी ने बैंत को तख़्तपोश पर ठकठकाते हुए कहा–"गोली हो ले।...ये तखतपोस अपनी लोकेलेटी में आता है।" किरदार को वहीं जमा देखकर गार्ड को थोड़ा गुस्सा भी आया और डर भी लगा। जो डर नहीं रहा, ज़रूर नम्बरी बदमास होगा। क्या पता रामपुरिया कड़िच करके सामने फैला दे। उसने सोचा। वहाँ रात के वक़्त हर दूसरा आदमी डरावना लगता था।

"ठीक है उस्ताद, मौजकर! पसर जा!" गार्ड के स्वर में घबराहट थी। लेकिन ऊपरी तौर से वह लापरवाही दिखा रहा था।

उसके जाने के बाद, किरदार ने राहत की साँस ली। वैसे राहत जैसे शब्द में सुविधा अधिक थी। जबकि वह सुविधा में नहीं था। सुविधा जैसा शब्द, अय्याशी प्रतीत होता था।

वह देखता रहा। सामने कोई चीज़ हिलती हुई नज़र आती थी। बाद में मालूम हुआ कि वह जिसे बोरियों का ढेर समझा रहा था, उसमें एक आदमी दुबका हुआ था। अँधेरे कोने में वह ख़ुद ज़िन्दगी के अज़हद अँधेरे जैसा लगता था। कुछ आवाज़ें उभरीं। किरदार चौंक गया। एक पिल्ला कई तरह की आवाज़ें निकाल रहा था। वह उन्हीं बोरियों के ढेर में था। बोरियों के ढेर के अन्दर पड़ा आदमी पिल्ले को अपने साथ सटाए रखना चाहता था। पिल्ला मुक्त होना चाहता था। यही कशमकश थी। आदमी, जो बोरियों के नीचे दुबका हुआ था, पिल्ले को लगातार गालियाँ दिए जा रहा था। लेकिन पिल्ला उसकी गालियों के अर्थ नहीं समझ पा रहा था। वह छटपटा रहा था। लेकिन आदमी उसे अपने से अलग नहीं करना चाहता था। पिल्ले के शरीर की गरमी से उसे ताप मिलता था। वह पिल्ले को अपने पेट और घुटनों के बीच भींच लेता था। पिल्ले को उसकी यही हरकत अच्छी नहीं लगती थी। आदमी और पिल्ले में यही द्वन्द्व था। आखिर आदमी ने तंग आकर पिल्ले को छोड़ दिया था। पिल्ला टाऊँ-टाऊँ करता दूर चला गया था। इधर उधर यूँ मारता फिरा। थोड़ी देर बाद ख़ुद, बोरियों में लिपटे आदमी के पास चला गया था। घने अभावों के बीच, आदमी और जानवर में फ़र्क ख़त्म हो जाता है।

किरदार की आँख लग गई। लेकिन आँख लगना थोड़ी देर का था। वह सोने लगता। नींद गहराने लगती। सर्द हवा का झौंका उसे झकझोर देता। नींद खुल जाती। वह हड़बड़ा जाता।

दूर कहीं गिरजाघर में सन्नाटे को चीरते तीन घण्टे बजे थे। यानी रात के तीन का वक़्त था।

ट्रैफ़िक किसी भी वक़्त नहीं रुका था। कम ज़रूर हो गया था।

फिर झपकी लगी थी। लेकिन नींद टूट गई। कोई उसे पैरों से छूकर जगा रहा था। वह जाग गया था। जहाँ, तख़्तपोश पर वह बैठा था, रोशनी कम थी। लेकिन इतना उसने पहचान लिया था कि तख़्तपोश के पास जो खड़ी है, कोई औरत है।

किरदार ने उसे सवालिया नज़र से देखा। अपने पाँव को पीछे की तरफ सरकाया। वह उसके पाँव को पकड़े हुए खड़ी थी, अबभी। किरदार उसे देख रहा था। वह अश्लील मुद्रा बनाकर उसे समझाने की कोशिश कर रही थी। किरदार अचकचा गया था। उसका मन हुआ तख़्तपोश से उठे और भाग जाए। लेकिन वह बैठा रहा। औरत खड़ी रही। फिर औरत ने उसे समझाते हुए कहा कि सिर्फ दस रुपये में।

किरदार ने हाथ के इशारे से उसे वहाँ से चले जाने के लिए कहा। लेकिन वह खड़ी रही।

दूर से गार्ड आ रहा था—बैंत खटखटाता। औरत उसे देखकर रफ़ूचक्कर हो गई। गार्ड पास आकर बोला, 'चलती-फिरती बीमारी थी। अच्छा किया भगा दिया।...मैं एक राउण्ड लेकर आता हूँ। नींद आए तो सो जा। पर एक बात है। ओढ़ने के लिए कुछ न हो तो सोना मुस्किल होता है।'' उसने कहा। दो-तीन बार दीवार से, बरामदे के स्तम्भ से बैंत खटखटाया। चला गया।

किरदार तख़्तपोश पर टाँगें सिकोड़कर बैठा था। ऐसा लगता था, आदमी नहीं, कोई गठड़ी पड़ी है तख़्तपोश पर!

वह लालक़िले की दीवारों को देखता रहा। कत्थई रंग की दीवारों पर मर्करी बल्बों की रौशनी, लालकिले की दीवारों को ज़्यादा सुर्ख़ बना रही थी।

लालक़िला! मुगालिया सल्तनत की आख़िरी निशानी! बहादुरशाह ज़फ़र! रंगून जेल। मुश्किलें! अँग्रेज़ों के जुल्म! बादशाह को गदागर बनाने की कोशिशें।

हुकूमतें, मनुष्यता से कितना नीचे उतर आती हैं। बीमार और बेकस बादशाह को चैन से मरने भी कहां दिया था? बहादुर शाह ज़फ़र की नज़्म की शायद अब भी लालक़िले में अनुगूंजें बाक़ी हों—

वो जो शहर दिल्ली का था चमन
वहाँ हर तरह की थी अंजुमन
वो जो नाम था सो मिटा दिया

फ़कत अब तो उजड़ा दयार है

एक सौम्य बादशाह के अन्तिम दिन इतने मर्मांतक और यातनाभरे होंगे—किसने सोचा था?

क़िरदार लालक़िले को देखता रहा। सोचता रहा। तवारीख़ आख़िर तवारीख़ ही होती है। हत्याएँ! साजिशें! युद्ध! सत्ता का उन्माद!...बेचारे सिपाही! बादशाहों/हुक्मरानों के पागलपन की ख़ुराक बनते! युद्धों में कत्ल होते।

शेष...शेष रहता भी क्या है? महलों के अवशेष! बादशाहों के स्मारक! क़िलों की खण्डित दीवारें!

तवारीख़!...किसी बूढ़े, ज़ईफ़ वक़्त का पुराना, जंगखाया सन्दूकचा! खोलो तो किस्से! पढ़ो तो चिढ़।

❑❑

सुबह!

अजान के स्वर! मन्दिर की घण्टियाँ! परिन्दों का चहकना।

अभी धूप नहीं निकली थी।

दिल्ली जाग रही थी। धीरे-धीरे। रफ़्ता-रफ़्त !

साइकिल-रिक्शाओं की घण्टियाँ। बसों की आमदरफ़्त! बरामदे में सिकुड़े सिमटे जिस्मों में हरक़त होने लगी थी। लाजपत मार्किट के सामने के फुटपाथ पर, कतारबह पड़ीं रजाइयों के भीतर से चेहरे झाँकने लगे थे। उनके चेहरों पर डरावनी रात के भयानक सपनों के साये अब भी मौजूद थे। वे सर्द रात से युद्ध लड़ चुके थे। अब, दिन की जंग बाक़ी थी। जंग-रोटी की!

उनमें से कुछ उठ बैठे थे। आँखे मलते। जम्हाइयाँ लेते। थूकते। खाँसते। उठते।

धूप अभी ज़मीन पर नहीं उतरी थी। लेकिन सूरज की पहली किरण, जामा मजिस्द के बुर्ज को चूम रही थी।

मैली-गिच्च रजाइयों में लिपटी वह बस्ती, ज़िन्दा लोगों की बस्ती-जाग रही थी।

न उत्साह था न सुबह का ख़ैरमक़दम! जैसे एक दश्त से निकलकर, उन्हें दूसरे किसी दूसरे दश्त में उतर जाना हो।

वे उठते। साइकिल रिक्शा पर रजाई फेंकते। ऐसा लगता, जैसे उन्होंने रजाई नहीं फेंकी, ज़िन्दगी के मुँह पर थूक दिया है।

संड़ाध मारते पेशाबघर में पेशाब करते। पिच्च करके थूकते। खाँसते।

खखारते। ख़ारिश करते। फटी-अधफटी, मैली-कुचैली पैण्टों के बटन...ज़िपें बन्द करते। चाय की रेहड़ियों के पास जा खड़े होते। गुटखे फाँकते। चाय के घूँट गले के नीचे उतारते। गालियाँ बकते। बीड़ियाँ फूँकते। धुआँ उगलते।

रजाई लपेटते एक आदमी से किरदार ने सहजभाव से पूछा था, "यहीं सोते हो?"

"कोए अन्धा बी ये सवाल नई पूछेगा?" उस आदमी ने चिढ़कर कहा। जैसे वह ज़िन्दगी के हर सवाल से तंग आ चुका हो।

किरदार को उम्मीद नहीं थी कि उसके सवाल की इतनी तीखी प्रतिक्रिया होगी।

वह आदमी रिक्शा पर रजाई फेंककर, धूप के टुकड़े को ढूँढ़ने निकल पड़ा था। धूप का, छोटा-सा चौकोर टुकड़ा, पटरी पर बिछा था। वहाँ पहले से तीन आदमी खड़े थे। जगह कम थी। वह लौट आया और पेशाबघर की तरफ चला गया। रास्ते में उसकी हवाई चप्पल का स्ट्रैप टूट गया। उसने चप्पल की तरफ देखा। उसके काले रूखे पैर, फटी हुई ऐड़ियाँ, ऊँगलियों के बढ़े हुए नाखून...हवाई चप्पल की टूटी हुई स्ट्रैप!

उसने चप्पल को भद्दी-सी गाली दी। पैरों को देखता रहा। पेशाब की तलब लगी थी। लेकिन पाँव उठाता तो चप्पल, ज़मीन पर रह जाती। सर्दी से पहले ही उसकी देह सिकुड़ती जा रही थी। ऊपर से चप्पल का टूटना!

उसने एक और गाली दी। चप्पल के अतिरिक्त इस बार, पूरी कायनात को गाली दी हो उसने जैसे!.. चप्पल को वह पहले ही गाली दे चुका था।

उसे एक आइडिया सूझा। उसने रस्सी को ढूँढा और रस्सी उसे मिल भी गई। चप्पल के तले और पैर को उसने रस्सी के साथ बाँध दिया। पेशाब की हाजत मिटाई। वहीं खड़े-खड़े उसने बीड़ी का बण्डल-माचिस जेब से निकाले। बीड़ी सुलगाकर, सुट्टा मारकर धुआँ छोड़ा।

"रात को सर्दी तो लगती होगी?" किरदार ने दूसरे किसी आदमी से पूछा।

"बेबकूप हुआ का? सर्दी क्यों लग्गेगी?...देक नीं रा हमारे कूँ...लोंहू के बने हैंगे।...सरद्दी क्यूँ लग्गेगी?"

दो बच्चे अलग-थलग बैठे थे। पाँव नंगे थे।

उन्होंने अपने पैरों की ऊँगलियों को सिकोड़ रखा था। वे दोनों खुद में सिमटे-से बैठे थे। उनकी देह पर कमीज़ थी और फटा हुआ स्वेटर! कमीज़ के बटन खुले थे।

किरदार को दोनों बच्चे बहुत शरीफ और दयनीय लग रहे थे। वह उन दोनों के पास जाकर खड़ा हुआ। दोनों बच्चे किसी गहरी सोच में गुम थे।

"तुम दोनों भी यहीं सोए थे रात को?"

"तेरे कू मतलब?"

"वैसे पूछ रहा था।"

"जुरमाना वसूली करेगा क्या?"

"मैं तो भाई इसलिए पूछ रहा था कि..."

"किसलिए?" बड़े वाले बच्चे ने सवाल की बन्दूक उसके सामने तान दी।

"मैं तो ये पूछना चाहता था कि तुम जब रात को सोते हो...तो क्या नींद आ जाती है?" किरदार ने सफाई देनी चाही।

"कब्बी सो के देक!...मालूम पड़ जाएगा तेरे को।" इस बार छोटेवाला बच्चा बोला।

किरदार भौंचक-सा उन दोनों लड़कों को देख रहा था। इस बीच वे दोनों अपनी जेबें टटोलने लगे थे। कागज़ों के पुर्जे। फटा हुआ पर्स। जिसकी सारी जेबें खाली थीं। गुटखे का पाउच। बीड़ियों के झुकड़े। कुछ चिल्लर!

दोनों अपनी-अपनी जेबों के चिल्लर को गिनने लगे।

"तुम्हारे माँ-बाप कहाँ हैं?" किरदार ने पूछा।

"तनैं देक्का नईं? खीसे में वोई ढूढँ रे थे—माँ-बाप।" छोटेवाले ने कहा। दोनों हँस पड़े।

"अकेले रहते हो?" किरदार ने फिर सवाल किया।

"इन्टरब्यू ले रिया ऐ क्या?...बोत हो गई दिल्लगी।...जान बकस!...सुबेरे-सुबेरे बोंणी खराब कर रिया ऐ।"

दोनों ने किरदार को करख़्त नज़र से देखा। फिर वे आपस में उलझ गए। अन्ततः दोनों में फैसला हो गया। दोनों ने अपनी-अपनी जेबों का चिल्लर इकट्ठा किया। दो कप चाय ली। चाय पीने लगे। चाय वे दोनों इस अन्दाज़ से पी रहे थे कि वह कभी ख़त्म नहीं होगी और ये दोनों उसे पीते रहेंगे-ता उम्र!

लालक़िले की दीवारों पर धूप उतर रही थी। परिन्दों की अस्पताल के पक्षी चहचहा रहे थे।

मेहतर और मेहतरानियाँ अपने अपने क्षेत्र की सफाई में जुटे हुए थे। अपने लम्बे-लम्बे झाडुओं से वे सड़क, फुटपाथ, बरामदे...हर कोने-कुन्जे की सफाई कर रहे थे। कागज़, पोलीथीन, दरख्तों से टूटकर गिरे पत्ते, बीड़ी सिगरेट के टोटे, गुटखों के रैपर...शराब की खाली शीशियाँ...छोले भटूरों के पत्ते...बहुत कुछ था। जिसे वे ढेर की शक़्ल में इकट्ठा करते। ठोस चीज़ों को निकालते। बाकी ढेर को जला देते।

एक मेहतरानी कुछ देर से आई थी। पुलिस बीट के पास चबूतरा था। वहाँ उसने अपना कटोरदान कपड़ों में समेटकर रख दिया था। फिर झाड़ू उठाकर बड़ी

तत्परता से सड़क पर झाड़ू लगाने लगी थी। झाड़ू लगाते-लगते वह दूर तक चली गई थी। पुलिस बीट अभी खाली थी। झाड़ू लगाते-लगाते, कभी-कभी वह गुनगुनाने लगती। कभी अपने बच्चों को गालियाँ देने लगती, जिनकी वहज से वह देर से पहुँची थी। कभी-कभी ट्रैफ़िक को देख लेती तो कभी, सड़क के उस पार झाड़ू लगा रहे मेहतर रामओतार से बोलने लगती।

दोनों लड़के चाय पीकर कहीं चले गए थे। दरअसल, वे दोनों, पुलिस बीट के अन्दर बैठे, दूर झाड़ू लगाती मेहतरानी को देख रहे थे।

इस बीच रद्दी बीनने वाले बच्चों का झुण्ड उधर से गुज़रा। वे रद्दी बीनते-बीनते, खुद भी इस महानगर की रद्दी प्रतीत होते थे। उनके कपड़े फटे-अधफटे , हवाई चप्पलें, या फिर नंगे पाँव। चेहरे निस्तेज। आँखें ज़र्द। सूखी। सूनी।

वे बड़ी तत्परता से पोलीथीन के लिफाफे, प्लास्टिक का सामान, शराब की खाली शीशियाँ अपने बोरों में डाल लेते। आगे बढ़ जाते। उनकी नज़रें फैले हुए कूड़े पर जमी हुई थी। वे बड़ी तेज़ी से देखते। उतनी तेज़ी से कूड़ा बीनते और अपनी ज़रूरत का सामान बोरे में डालते।

वे बच्चे थे। मुद्दतों से ज़मीन पर बिखरे कूड़े को देखते रहने के कारण, उनकी नज़रें, ऊपर कम ही उठती थीं। जैसे ऊपर देखने की आदत ख़त्म हो गई हो। या जैसे ऊपर देखना उनके लिए या उनकी ज़िन्दगी के लिए व्यर्थ हो। या जैसे ऊपर देखने की जुर्रत, उनमें रही ही न हो। या जैसे वे सिर्फ़ नीचे देखने के लिए पैदा हुए हों।

वे जल्दी में थे। हड़बड़ी में थे। वे आपस में बतियाते हुए आगे निकल गए थे।...जागती हुई दिल्ली, इन्हें देखकर व्यथित नहीं हुई थी। इनके होने पर शर्मसार जरूर हुई थी। उनका रिश्ता दिल्ली से नहीं था। दिल्ली के कूड़े से था। उनका रिश्ता दिल्ली के मँहगे रेस्तराओं, लम्बी खूबसूरत कारों, शोरूमों से नहीं था। अभावों से था। तंगदस्ती से था।

उनके तन पर जो कपड़े थे, वे पुराने, अधफटे, थे। ये बच्चे थे। लेकिन नए कपड़े पहनने का उनमें न शौक़ नज़र आता था इच्छा! वे कूड़ा चुनते थे। चीथड़े पहनते थे। ताज्जुब था, वे सब बतियाते, हँसते-हँसते, दूर चले गए थे।

किरदार हैरान-सा उन्हें देखता रहा। मुश्किल मौसमों से मुकाबला करने की ज़िद, उन बच्चों में काफी परिपक्व हो चुकी थी।

तभी एक शोर सुनाई दिया। शोर क्या था, मेहतरानी की आवाज़ें थीं—ऊँची! बेतरतीब आवाज़ें!

दोनों लड़के जो खाली पड़ी पुलिस बीट में बैठे थे, मेहतरानी का कटोरदान

उनके निशाने में था। वे ताक में थे कि मेहतरानी ग़फ़लत में आए।

वही हुआ। मेहतरानी झाड़ू लगाते हुए किसी ख़्याल में खो गई।

दोनों लड़के, जो उम्र में नौ-दस साल के रहे होंगे, बीट बाक्स से बाहर निकले। चबूतरे पर, कपड़े में लिपटे कटोरदान को बड़ी फुर्ती के साथ खोलकर, रोटियाँ और आलू की सब्जी को निकालकर, ज्योंही उठकर भागने लगे, मेहतरानी ने देख लिया। मेहतरानी झाड़ू छोड़कर उनके पीछे भागी। उसे भागता देखकर, रामओतार मेहतर भी भागने लगा। दोनों लड़के लालक़िले की तरफ भाग रहे थे। दूर तक खाली मैदान था और उन लड़कों को भागते हुए देखा जा सकता था।

मेहतरानी और राम औतार दोनां लड़कों के पीछे भाग रहे थे।

अचानक मेहतरानी थम-सी गई। राम औतार ने हैरान होकर उसे देखा। वह हाथ का इशारा करके बोली, "रुक जा रामे!"

"के होया सान्ती?" राम औतार ने ताज्जुब भरी नज़र से शान्ति मेहतरानी को देखा।

"कुछ बी न होया।" शान्ति ने कहा। वह कुछ-कुछ हाँफ रही थी।

"सान्ती, बेमतलब रोक्या तनैं।...दोनों हरामी पकड़ में आ जाते।" राम औतार गुस्से में था।

"जाणूँ सूँ।"

"फेर...फेर के बात होगी?...तरस खा गी?"

"हाँ, न्यूँए समझ ले रामे।"...बालक थे। बूके होंगे बिचारे।...रामे न्यूँ सोच! रोटी की चोरी कौण करता है? वोए जो बूका होगा।...रोटी की चोरी बी कोए चोरी होया करे?" शान्ति की आवाज़ में नर्मी थी।

वह अपनी झाड़ू की तरफ लौट रही थी। उसके साथ राम औतार भी था। हैरान परेशान!

लालक़िला सिर उठाकर खड़ा था। उसके सामने अल सुबह रोटी की चोरी हुई थी। उसके सामने एक झाड़ू लगाने वाली औरत ने क्षमादान किया था। रोटी चुराकर भागते हुए बच्चों को उसने भाग जाने दिया था।

लालक़िले की प्राचीर पर तिरंगा लहरा रहा था। गौरीशंकर मन्दिर में पुजारी घण्टियाँ बजा रहा था। फूलों की दूकानों पर खिले-खिले फूल-अपनी मुस्कान और खुशबू बिखेर रहे थे।

ऐसा लगता था आज फूल मेहतरानी के लिए मुस्कराए हैं। ऐसा लगता था आज तिरंगा भी मेहतरानी के लिए लहराया है। ऐसा लगता था, आज मन्दिर के पुजारी ने मेहतरानी के लिए घण्टियाँ बजाकर हर्षनॉद किया है।

मेहतरानी अपना झाड़ू उठा चुकी थी। झाड़ू लगाने से पहले उसने एक बार

लालक़िले की तरफ देखा था। लालक़िला भी शायद उसे ही देख रहा था।

वह झाड़ू लगाने में जुट गई थी।

किरदार हतप्रभ-सा मेहतरानी को देखता रहा।

कुछ अच्छी चीज़ें, ख़ामोशी के साथ घटित हो जाती हैं। वे शहर का न इतिहास बनती हैं न गज़ट!

मेहतरानी झाड़ू लगा रही थी।

धूप फैल गई थी—हर तरफ। सड़कों। दूकानों। इमारतों। मैदान।...दरख्तों के पत्तों और घास के तिनकों पर भी धूप डेरा जमा रही थी।

धूप, जैसे खुशआमदीद की तवील नज़्म!

धूप जैसे उम्मीद का सुनहरा पानी!

धूप, जैसे भीतर बाहर के अँधेरों से लड़ने की इच्छा शक्ति!

धूप, जैसे सूरज के कारोबार का ख़ूबसूरत हस्तक्षेप!

धूप, जैसे पस्ती की ग़र्द झाड़कर, उठकर खड़े होने का वक़्त!

भिखारी अपने ठीये तलाश कर रहे थे। दूकानें खुल रही थीं। शोर बढ़ रहा था।

कुछ लोग ता-उम्र शरणार्थियों की तरह ज़िन्दगी जीते हैं—खुद अपने वतन में शरणार्थी! जैसे भिखारी!...वे हमेशा डरे-डरे, सहमे-सहमे बैठे होते हैं—यहाँ-वहाँ! सिक्कों की भीख के साथ-साथ, जैसे ज़िन्दगी भी उन्हें भीख में मिली हो। वे, शहर की हलचलों के बीच, थकी हुई, इच्छा रहित और बेसरोकार ज़िन्दगी जीने के लिए अभिशप्त थे।

बे-सरोसामां!

किरदार ने अख़बार देखा और एक आह के साथ उसकी जुबान से यह शब्द निकला।

दयाबस्ती स्टेशन के पास जो झोंपड़पट्टी थी। वहाँ आग लगी थी और सैंकड़ों झुग्गियाँ जलकर राख हो गई थीं।

उजड़ चुके घर को अपनी आँखों से देखना मर्मांतक था। अखबारों में राख हो चुकी झुग्गियों के फोटो छपे थे। फ्रण्ट पेज पर एक फोटो था सात आठ साल की लड़की का। उसके हाथ में जस्ती का खाली कटोर था। वह निर्निमेष राख़ हो चुकी अपनी झोंपड़ी को देख रही थी। राख उसकी आँखों में भी थी। राख सामने भी बिखरी थी। घर की राख़!

वक़्त बच्ची के हाथ में खाली कटोरा थमाकर, आगे सरक गया था।

जलकर राख हो चुकी झोंपड़ियों पर कुछ खबरें थीं।

लोग अपने-अपने घर को बचाने के लिए जूझते रहे। अन्त में हार गए।

आग से टकराना, आसान होता है क्या? चट्टान से टकराया जा सकता है, लेकिन आग की लपटों से? नामुमकिन! वे जितनी मूर्त होती हैं, उतनी अर्मूत!

धीरे-धीरे आग फैलती गई। घर राख होते गए। उम्मीदें, झुलसती चली गईं। जिन्होंने बल्लियों, बासों, टाट और फूस को जोड़कर घर बनाए थे, वे अपनी आँखों के सामने घर को मरता हुआ देख रहे थे–

बड़े शौक़ से मैंने तिनके चुने थे
बड़ी शान से जल गया आशियाना!

कितनी छोटी-छोटी झोपड़ियाँ थी! चार फुट...छः फुट...पाँच फुट! बस इतनी-सी! यही घर! यही इच्छा। आसमान और ज़मीन के बीच एक छत! बहुत कमज़ोर छत! लेकिन छत!...बहुत बोसीदा दीवारें। लेकिन दीवारें!...एक छोटी-सी सुरक्षा। एक सहमा हुआ सपना-घर!...आग उस घर को लील गई। ग़रीब के सहमे हुए सपने को भी छीन गई।

जिनके पास पहले से ही कुछ नहीं था। वे और ज़्यादा खाली हो गए। उजड़ा हुआ व्यक्ति और किस हद तक उजड़ सकता है–आग शायद यही इम्तेहान लेने आई थी इनका।

आग कितनी चालाक होती है। जिन घरों के नम्बर और पते होते हैं, उन्हें छोड़ देती है। वह उन्हें सम्मानित करती है और रहनेवालों को सभ्य नागरिक का ख़िताब अता करती है।...वह फूँकती है अक्सर झोपड़ियाँ! जो शहर में किसी 'लावारिस' की तरह होती हैं। जो नम्बर-पते बगैर होती हैं। आग इन्हीं से खेलती है। राख करती है। आग हैरान होती है। जिन्हें राख़ कर गई थी वे फिर उठ खड़ी हुईं, कुछ अरसे बाद! आग का अपना काम। आदमी का अपना। हाथ-यानी घर तामीर करने का हौसला!

दया बस्ती स्टेशन के सामने बनी झोपड़ियाँ, स्टेशन के समतल थीं। दूर जाने पर वे ढालान की तरफ उतरती चली जातीं और आखिर में तालाब के बिल्कुल पास जाकर ख़त्म होतीं। तालाब का सड़ चुका पानी। तैरते हुए पोलीथीन। कबाड़। और उसके बिल्कुल पास झोंपड़ियाँ! रेलगाड़ी में बैठे लोग खिड़कियों से देखते। जैसे ये झोंपड़ियाँ खरपतवार हों। उग आई हों। जैसे इन्हें न उगना हो। लेकिन उग आई हों। शहर की बिल्कुल उपेक्षित जगह पर। ग़ैर-ज़रूरी। ग़ैर-ज़रूरी लेकिन 'अन्यों' के लिए। शहर के सबसे कमज़ोर घरों के प्रतीक में खड़ी ये झोंपड़ियाँ। खड़ी या अधलेटी। जैसे कोई सहमकर खड़ा हो ज़मीन पर! अपने बोझ को उठाता। ज़मीन पर रखने से डरता।

रेलगाड़ी में बैठे लोग इन झोपड़ियों को देखकर मुँह बिचका लेते। हैरान हो जाते। कैसे जीते हैं ये लोग! हर मौसम दुश्मन जैसा। फिर भी जीवन! फिर भी

हँसी। फिर भी संघर्ष।

गर्मियाँ होतीं तो ये लोग रात गए दयाबस्ती स्टेशन के प्लेटफ़ार्म पर पसर जाते। खरंजे का प्लेटफ़ार्म। सुकून भी देता। चुमता भी। लेकिन नींद तो फिर नींद ठहरी। चली आती।...सर्दियों में ये लोग धूप का इन्तज़ार करते।...सबसे बुरी बारिशें होतीं। हाल बेहाल। कीचड़ बाहर। कीचड़ झोंपड़ी में। कीचड़ दुःख का। वेदना का। कीचड़ आँसुओं-आँखों में...

और अब...

सब राख़!

बिलख बिलखकर रोती स्त्रियाँ। बुत्त की तरह खामोश पुरुष! अपने ख़त्म हो चुके घरों को देखते। फैली हुई, धुआँती या सर्द पड़ चुकी राख़ के अन्दर अपने अधजले ट्रंक, कनस्तर, बर्तन को ढूँढते...किसी-किसी वक़्त सूखी आँखें गीली हो जातीं। किसी-किसी वक़्त वे सर्द साँस लेकर रह जाते।

बेबसी और गाड़ा दुःख!...केवल दुःख!

दिल्ली की यह विशेषता है कि वह ग़रीब के दुःख में दुःखी नहीं होती। यूँ तो वह किसी के दुःख में नहीं होती विचलित। सब कुछ चलता रहता है यथावत्!

उपभोक्ता। दूकानें। डिपार्टमेण्टल स्टोर। खरीदारी। रेस्तराँ। हँगामे। पार्टियाँ। पॉप संगीत। थिरकते युवा। बाज़ार। बरामदें। आमदरफ़्त। खुशबाश सब। दुख रहित सब।...खरीदते हुए। खाते हुए। हँसते हुए। गोरे-चिट्टे। साँवले। भरे-भरे जिस्मोंवाले। खूबसूरत स्त्रियों को अपने साथ सटाए। ताप महसूस करते। स्त्री देहगन्ध को अपने अन्दर जज़्ब करते। ब्यूटी पार्लरों से आइसक्रीम पार्लरों तक! भीड़! खुशियाँ बाँटती। जश्न मनाती भीड़! जश्न खरीदारी का। जश्न अपने होने का। मस्ती...उमंग... जोश...नशा!...नशा धन का। नशा सुख का...भोग का!

स्वाह हो चुकी झोंपड़ियाँ! मर चुके घर! राख-राख सपने!...बच्चे सहमे हुए। सिसकती स्त्रियाँ! बेज़ार-लाचार आदमी!

❑❑

इस शहर की यही तो ख़ूबी थी कि यह उदास नहीं होता था। शायद उदास होता भी था। लेकिन अपनी तमाम उदासियाँ छुपा लेता था। ज़ाहिर नहीं होने देता था। यह शहर अपने बाशिन्दों से भी यही उम्मीद रखता था कि वे खुलें नहीं। वे अपने अर्धसत्य को ज़ाहिर होने दें। जो हैं वे, वही न दिखें। अपने होने के अतिरिक्त, चाहे जो दिखें।

इस शहर के पुराने नागरिक, इसके चरित्र से परिचित थे। वे इसके तिलिस्म को तोड़ना जानते थे। उन्हें मालूम था कि दिल्ली, जिसे सिटी ऑफ़ वाल्ज़ यानी

दीवारों का शहर कहा जाता है, दीवारों की तरह निस्संग है। चुनांचे, पुराने, कदीमी लोग दुख-सुख में संगत पैदा कर लेते। दूसरों के दुःख में दुःखी होने के हुनर उन्हें आते थे। दूसरे के सुख में खुश होने का फ़न भी वे जानते थे।...एक वक़्त था, जब इस शहर के दुःख-सुख, राग-विराग, यकसां थे। वह वक़्त गुज़र चुका था। नयी नस्ल की दिल्ली, 'सिलिकोन दिल्ली' थी। कम्पीटीशन की दिल्ली थी। तेज़-रफ़्तार की दिल्ली थी। औपचारिकताओं की दिल्ली थी।

लोग मिलते। लेकिन बीच में पारदर्शी आवरण होते। लोग मिलते, लेकिन फासले रखकर मिलते। लोग मिलते लेकिन आशंकाओं के दस्तानें डालकर मिलते।

यह शहर अपने नागरिकों पर खुश था। यही तो चाहता था यह शहर! सबके सब मनुष्य कैलकुलेटर बन जाएँ। बदल जाएँ गणित की किताबों में।

यह शहर उस दिन बहुत खुश हुआ था जब उसने देखा कि घर 'फ्लैटों' में बदल गए हैं और मुहल्ले, पाकेटों में।...सबके पास संक्षिप्त, बँधी हुई भूमिका रह गई थी।...इस शहर ने हर शख़्स को सरहद अता की थी। यही इस शहर का लहज़ा था।

समझदार नागरिक जानते थे, अकेलापन इस शहर के रग-रेशे में है। यह इस शहर का दुखान्त था। लेकिन इस शहर के अकेलेपन को कम करने के टोटके भी उपलब्ध कराए थे। नतीजा यह कि हर शख़्स मसरूफ़ नज़र आता था। अपने गणित में धंसा। व्यस्त।...यही व्यस्तता प्रपंच थी।

लालक़िले के चौराहे पर खड़ा किरदार जाग चुकी दिल्ली के बदहवास लोगों और बेतहाशा दौड़ते वाहनों को देख रहा था। उसे कुछ समझ नहीं आ रहा था कि किधर जाए?

फरवरी महीना फूलों का महीना होता है। लेकिन यहाँ, आसपास फूल नहीं थे। पुलिस बीट बॉक्स के पास कुछ गमले रखे थे। लेकिन उनमें कैक्टस थे। पुलिसवालों ने क्या जानबूझकर कैक्टस लगाए थे?...अजीब मंज़र था। लालक़िला, जामामस्जिद, चाँदनी चौक, भगरीरथ प्लेस और लाजपत मार्किट-दूकानें...इमारतें। कोई तितली, उधर भटकती हुई चली आए तो कितनी परेशान हो जाएगी? किसी एक फूल का नाम लो-इमारतें कहेंगी। और तितली, इमारतों की दीवारों से सर पटक-पटककर मर जाएगी।

फरवरी का महीना रेशमी धूप का महीना होता है। धूप का रेशमीपन ग़ायब था। शहर की बदहवासी ने धूप के रेशमीपन को छीन लिया था। लालक़िले के चटियल मैदान के आसपास घास भी थी। धूप, अपने रेशमीपन को शायद वहाँ रख आई हो छुपाकर।...धूप, हवा...तितलियाँ–शायद फूलों को ढूँढ रही हों...हरियाली को ढूँढ रही हों।...इमारतों के दश्त में शोर था। इमारतों के दश्त में लोग थे। इमारतों

के दश्त में बेचैनी थी। बेचैनियों का दश्त, शायद इमारतों का दश्त था।

किरदार, लालक़िले के दूर तक फैले मैदान की तरफ बढ़ चला। मैदान में ट्राँसपोर्टरों की बसें खड़ी थीं—आढ़ी-तिरछी! रंग-बिरंगी! बच्चे क्रिकेट खेल रहे थे। कुछ बड़े बूढ़े ताश की बाज़ी जमा रहे थे।...कुछ दिन पहले यहाँ सर्कस लगा रहा। अब उसके तम्बू उखड़ चुके थे। लेकिन उखड़े हुए तम्बुओं के निशान बाक़ी थे।

❑ ❑

एक साफ जगह पर उस्तादनुमा आदमी खड़ा होकर निरन्तर बोलता जा रहा था। ज़मीन पर उसका जमूरा लेटा हुआ था। उसपर काला कपड़ा था। काले कपड़े पर सफेद रंग में दो हड्डियों के निशान थे। हड्डियां लम्बी थीं और आपस में काटे का निशान बनाती थीं।

जमूरा उस्ताद को नहीं देख सकता था और उस्ताद जमूरे को। वे एक दूसरे की आवाज़ सुन सकते थे। सिर्फ़ आवाज़! फिलहाल, दोनों में रिश्ता-उस्ताद और जमूरे का था। और एक रिश्ता, आवाज़ से आवाज़ का भी था।

जमूरा, पता नहीं कैसा था। लेकिन उस्ताद लम्बा, सांवला और पतला आदमी था। उसका चेहरा भी लम्बा था और गाल के पास बड़ा-सा निशान था।

उसकी आँखों की पुतिलयाँ बड़ी तेज़ी से घूमती थीं। आँखों में चील जैसी तेज़ थी। आवाज़ में खनक थी। किसी-किसी वक़्त, आवाज़ में लरज़िश-सी महसूस होती। फिर वह जल्दी आवाज़ को साध लेता। आवाज़ के साथ-साथ वह अपनी उँगलियों को घुमाता। सिकोड़ता। नचाता। आवाज़ के ज़रिए, वह किसी बाज़ीगर की तरह शब्दों में नेज़े उछालता। हाथों की उँगलियों को ड्रामाई अन्दाज़ में नचाता। आँखों की पुतलियाँ तेज़ी से घूमने लगतीं।

जासूसी अंग्रेजी फिल्मों के अभिनेता जैसा हैट डालते हैं, उसके सिर पर वैसा हैट था। बेशक वह सस्ते क़िस्म का था। उसने पैंट कमीज के ऊपर काले रंग का चोंगा भी पहना हुआ था। सचमुच वह जादूगर नज़र आता था। लेकिन वह बड़ी साफगोई से कहा करता था कि वह जादूगर नहीं है। मिसमिरेजम है।

उस्ताद के पास फ़न था—ज़ुबान का फ़न। वह धाराप्रवाह बोल रहा था। और सामने लेटे हुए और काले कपड़े से ढके हुए जमूरे के सिवा दूसरा कोई भी नहीं था। बोलते-बोलते वह बच्चों से सम्बोधित होता। बड़ों से सम्बोधित होता। बुज़ुर्गों से सम्बोधित होता। ...मज़े की बात थी। सामने न बच्चे थे न बड़े। ...लेकिन उस्ताद पूरे यकीन और आत्मविश्वास के साथ बोल रहा था।

किरदार कुछ दूर खड़ा यह मंज़र देख रहा था। हैरान होने के बावजूद, मन ही मन मुस्करा भी रहा था।

उस्ताद बोल रहा था। उस्ताद में ग़ज़ब की चुस्ती थी, ग़ज़ब का हौसला था। सामने जो शून्य था, जो खालीपन था, वह उसे भीड़ समझ सकता था। भीड़ को पुकार सकता था। भीड़ के साथ संवाद कर सकता था...भीड़, जो दरअसल थी ही नहीं। किसी अनुपस्थित को उपस्थित की तरह महसूस कर सकता था। संकोच उसके चेहरे पर दिखाई नहीं देता था। ऐसा लगता था, संकोच जैसी किसी शय को वह कहीं पिछले पड़ाव पर छोड़ आया है। पहले पहल शायद वह शरमाता रहा हो। अटक-अटककर बोलता हो। शब्दों को ढूँढ़ता हो। लेकिन अब ऐसा नहीं था। शब्द, जैसे उसकी चाकरी करते थे। शब्द किस लय और नाटकीयता की दरकार रखते हैं, इसका उसे इल्म था।

वह निस्संकोच बोल रहा था। बोलते वक़्त वह हँस पड़ता। ख़ामोश-हो जाता। शे'र सुनाने लगता। जमूरे के गिर्द घूम जाता। झोले से खंजड़ी निकालकर बजाता। खंजड़ी रखता तो माउथ आर्गन होठोंपर लगा लेता। खंजड़ी की आवाज़ कर्कश होती लेकिन माउथ आर्गन वह सुरीले ढंग से बजा लेता।

उसकी बातों में ठसक थी। चाल में नाटकीयता। आवाज़ में लोच। आँखों में तेज़ी। बातों में हास्य। जुबान में रवानी।

उसे देखकर कोई भी हैरान हो सकता था। हैरानी इस बात की भी थी कि इतनी देर से अकेले, लगभग शून्य को सम्बोधित करते हुए, वह न पस्त हुआ न त्रस्त!

उसे अपनी अदाकारी पर भरोसा था।

जमूरा लेटे-लेटे कसमसा रहा था। वह कुछ-कुछ व्याकुल लगता था। उस्ताद उसकी व्याकुलता समझता था।

इस बीच उसने माउथ आर्गन निकाला। बजाया। खंजड़ी को ताल दिया। अचानक रुक गया। थोड़ा सख़्त लहज़े में बोला, "बच्चो, शोर मत करो...गोल दायरा थोड़ा बड़ा कर लो।...एक बार सब बच्चे ताली बजाओ...।"

किरदार कुछ दूर खड़ा था—अवाक्! भौंचक!

उस्ताद बोल रहा था—"हाँ तो साहेबान...मेहरबान...क़द्रदान!...ये ख़ाकसार...ये मुहब्बत का बेकरार...ये आप सबका ताबेदार आपका ख़ैरमक़दम करता है।...दिल्ली में रहता है लेकिन...दिल्ली से डरता है।"

"उस्ताद!" जमूरे की आवाज़ उभरी।

"जमूरा!" उस्ताद बड़ी अदा से बोला।

"उस्ताद!...दिल्ली को कान लगा के सुन!...वह गुनगुनाती है। साउथ एक्स में खड़ा होके देख...दिल्ली मुस्कराती है।...कोई हँसना चाहे तो दिल्ली हँसाती है। लेकिन उस्ताद...।" इतना कहकर जमूरा चुप हो गया।

उस्ताद बोला, "जमूरे!...बोल!...बात को खोल।"

"उस्ताद, सच-सच बता! दिल्ली क्या सचमुच तुझे डराती है?"

"हाँ जमूरे! दिल्ली मुझे डराती है।...मेरी खाली जेब को चिढ़ाती है।... मैं रोटी माँगूँ तो मुझे गोल चाँद दिखाती है।"

"उस्ताद!"

"बोल जमूरे।"

"उस्ताद! मेरे को लगता है, आज फिर तू 'दिल्ली-दिल्ली' खेलने के मूड में है?"

"जमूरा!"

"उस्ताद!"

"जमूरे 'मूड' शब्द को तू ऐसे बोल रहा था। जैसे तू मेरी हैसियत को तोल रहा था।...जमूरे...तू मेरी मुफ़लिसी के शिगाफ़ खोल रहा था।...जमूरे! ग़रीबों का मूड नहीं होता...मजबूरी होती है। जो एक ही बिस्तर पर...मुफ़लिस के साथ सोती है।...हा...हा...हा! दिल्ली की बात जुदा है।...दिल्ली से अपना रिश्ता भी क्या है?"

"उस्ताद!"

"जमूरे!"

"उस्ताद! अगर दिल्ली से अपन का कोई रिसता नईं। तो फिर दिल्ली से रिसता किसका है?"

"दिल्ली....हा! हा! हा!...जमूरे! मत पूछ कि रिश्ता किसका है?...पैसे से रिश्ता मिलता है।...जमूरे! पूछता है तो बताता हूँ।...दिल्ली धनवानों की दिल्ली!...बड़े-बड़े कारनामों की दिल्ली!...शीशे के शामियानों की दिल्ली।...जमूरे!...दिल्ली बेगरज़ दिल्ली!...बेमुरव्वत दिल्ली।...इसके बावजूद हमारी मुहब्बत दिल्ली!"

"उस्ताद!"

"जमूरे!"

"उस्ताद! यूँ लग रिया ऐ जैसे कि बब्बन खाँ के डिरामे अदरक के पंजे का कोई एक्टर बोल रिया ऐ!...खूब उस्ताद! खूब खेल रिया है दिल्ली!"

"जमूरे!"

"बोल उस्ताद!"

"जमूरे! दिल्ली से कोई नहीं खेलता।...दिल्ली खेलती है सबसे!...लेकिन थोड़ा ढब से!"

उस्ताद हँसा। उसने खंजड़ी बजाई। माउथ आर्गन बजाया। आसमान की तरफ हाथ उठाकर सबकी ख़ैर माँगी।

इस बीच कुछ बच्चे और कुछ बड़े लोग आकर खड़े हो गए। उसने माउथ

आर्गन बजाया। कुछ और लोग आ गए। भीड़ बढ़ने लगी।

उसे अपनी अदाकारी पर भरोसा था। वह जानता था कि भीड़ जुटेगी। भीड़ जुटने लगी थी। लेकिन इस बीच, काला कपड़ा ओढ़कर लेटे हुए जमूरे ने दो-तीन बार सिर झटका। उस्ताद ने देखा। एक पल को ऐसा लगा जैसे उसकी सारी अदाकारी छन्न-से जमीन पर आ गिरेगी। कुछ पल वह अन्यमनस्क खड़ा रहा। जैसे वह सारा पाठ भूल गया हो। सारी नौटंकी, ज़ुबान की रवानी, उर्दू के अश्आर और लतीफ़ेबाज़ी भूल गया हो। कुछ क्षण बाद जमूरा बोला–

''उस्ताद!''

उस्ताद को होश आया। जैसे उसकी चेतना लौट आई हो। जैसे वह, अपने सारे वुजूद के साथ पुनः खेल में लौट आया हो।

''जमूरे!''

''उस्ताद!...खेल में थोड़ा कमरसियल ब्रेक है।...क्योंकि आज हमारे सिर में हेड एक है।''

जमूरे की बात पर लोग हँस पड़े। उस्ताद थोड़ा परेशान हो गया। जिसे जमूरा बनाकर उसने लिटा रखा था, वह उसका सबसे बड़ा बेटा था। आज उसे बुखार था। बुखार तो उसे पिछले चार दिन से था। आज वह जैसे-तैसे उसे ले आया था उस्ताद समझ गया था कि जमूरे के सिर में दर्द है। जिस बात पर लोग हँसे थे। उसी बात पर उस्ताद परेशान हो गया था।

''उस्ताद!''

''जमूरे!''

''बोल उस्ताद, बोल! कमरसियल ब्रेक खतम हुआ।''

उस्ताद ने गहरी साँस ली। खुद को मज़बूत किया। जमूरे की हिम्मत पर उसने मन ही मन दाद दी। बोलना शुरू किया।

''मेहरबान!...कद्रदान!''

बीच में से किसी नौजवान की आवाज़ उभरी–''उस्ताद, रोशनदान काफ़िया रह गया।''

''नौजवान! तुम्हारा ख़ैरमक़दम!...मुझे मालूम नहीं था कि रोशनदान (नौजवान की तरफ इशारा करते हुए और हँसते हुए) पहुँच चुका है।''

उस्ताद की बात पर सब हँस पड़े।

उस्ताद ने हैट उतारकर लोगों की हँसी को स्वीकार किया। फिर बोलने लगा।

''साहेबान!...दिल्ली अमीरों के लिए दिल है। लेकिन माफ़ करना दोस्तो!...यही दिल्ली, ग़रीबों के लिए...धूप में रखी बर्फ़ की सिल है।''

उस्ताद की बात पर लोगों ने तालियाँ बजाईं। उस्ताद ने हैट उतारकर उन

तालियों का ख़ैरमक़दम किया।

"दिल्ली...ज़ौक की थी।...दिल्ली शौक़ की थी।...दिल्ली शमशीर की थी।...दिल्ली मीर की थी।...दिल्ली इतिहास का पन्ना थी।...दिल्ली एक तमन्ना थी।...दोस्तो...मेरे अज़ीज़ो...मेरे बुजुर्गों...दिल्ली का रिवाज़ बदला है, ढब वही है लेकिन मिज़ाज बदला है।

उस्ताद यक-बक-यक चुप हो गया।

लोग हैरानकुन उसे देखने लगे।

उस्ताद ने चोगे की जेब में रखा माउथ आर्गन निकाला। बजाने लगा। माउथ आर्गन से दर्द आमेज़ सुर निकलते रहे।

भीड़ जुड़ रही थी। जैसे एक साथ बहुत सारे लोग, अचानक कहीं से निकले हों। या जैसे माउथ आर्गन के सुर उन्हें खींच लाए हों।

उस्ताद ने माउथ आर्गन बजाते हुए, एक बार चोर नज़रों से जमूरे को देखा। वह स्थिर लेटा हुआ था। ख़ुदा ख़ैर करे! उस्ताद ने मन ही मन कहा। माउथ आर्गन मुँह से हटाया। ऊँचे सुर में बोला—

कद्रदान!...मेहरबान!...दिल्ली के बाशिन्दो!...मेरी मुहब्बत के नुमाइन्दो!...दिल्ली कभी गाँव की गोरी जैसे शरमाती थी।...दिल्ली किसी प्रेमिका की तरह गाती थी।...दिल्ली का दुख भी त्यौहार लगता था...कमबख़्त आँसू...अदाकार लगता था! दोस्तो...तब दिल्ली में मल्टीनेशनल चालाकियाँ नहीं थीं।...दिल्ली के बदन पर झूठ की वर्दियाँ नहीं थीं...दिल्ली...हाय, क्या रोग बन गया जीना...

'कट!...कट उस्ताद, कट!" जमूरे की आवाज़ उभरी। वह फिर बोला, "उस्ताद! इमोशनल होना नहीं माँगता।"

"जमूरे ठीक कहता है तू!" उस्ताद गरजकर बोला, "लेकिन क्या करूँ दिल तो आखिर दिल है ना!...थोड़ी-सी मुश्किल है ना!"...दिल ही तो है न संगो-ख़िश्त...दर्द से भर न आए क्यों...रोएँगे हम हज़ार बार...कोई हमें मनाए क्यों?"

उस्ताद ने इमोशन होने की सफाई दी। लोगों ने शे'र सुनाकर तालियाँ बजाईं। उस्ताद ने हैट उतारकर, थोड़ा झुककर उन सबका अभिवादन किया।

फिर हैट को उल्टा करके बोला, "साहेबान, अदाकार की अदाकारी पर कोई मेहरबान खुश हुआ तो कोई सिक्का कोई नोट...आपका मुहब्बतनामा होगा...नज़राना होगा...

कुछ सिक्के हैट में गिरे। किसी ने दो का नोट डाला और एक ने पाँच का भी। उस्ताद ने हैट में से सिक्के बटोरते हुए चोगे की जेब में डाले।

खंजड़ी निकाली। बजाने लगा। गाने लगा—रिश्तों की बस्ती में तन्हा, तू भी

है...और मैं भी हूँ।

भीड़ ज़्यादा हो गई थी। दायरा बड़ा हो गया था। उस्ताद मन ही मन खुश हो रहा था। लेकिन उसे जमूरे की बीमारी की भी फ़िक्र थी।

उस्ताद फिर बोलने लगा था—"दिल्ली...साहेबान...ये नए मिज़ाज का शहर है...यहाँ फासले से मिला करो।"

"उस्ताद!"

"जमूरे!"

"उस्ताद...मुझे अब मालूम हुआ है तेरे दिल का राज़ कि तू है दिल्ली से बहुत ज़्यादा नाराज।"

"जमूरे...दिल्ली से नहीं...दिल्ली के नए इस्टाइल से नाराज़गी है अपुन की।"

"इसी बात पर एक शे'र याद आ गया।"

"उस्ताद!"

"जमूरे!"

"उस्ताद सुना शेर! दायरे की शक्ल में खड़ी पब्लिक दानिशमंद है।...शे'र सुनकर दाद देगी।...ईनाम देगी। खुशी होकर बहुत कुछ देगी।"

उस्ताद ने दायरे में खड़े लोगों को देखा। बोला, "ग़रीबनवाज़ दोस्तो!...ये शे'र गुज़श्ता वक़्त के नाम है। ...ये शे'र दिल्ली के क़दीमी बाशिन्दों के नाम है।...ये शे'र दिल्ली की नए इस्टाइल पर अफ़सोस ज़ाहिर करता है।"

उस्ताद ने गहरी साँस ली। बोला, "शेर अर्ज़ करता हूँ—

इक दौर था जब सोचता था
कोई मेहमान आए तो खाना खाऊँ
इस दौर पे लानत कि खड़ा सोचता हूँ
ये शख़्स चला जाए तो खाना खाऊँ

लोगों ने जमकर तालियाँ बजाईं। बुजुर्गों को यह शे'र बहुत पसन्द आया। उन्होंने शे'र को दुबारा सुनने की फ़रमाइश की। उस्ताद ने शे'र दुबारा पेश किया। फिर हैट उतारकर उनकी दाद कुबूल की और ईनाम भी!

उस्ताद खंजड़ी बजाने लगा। उस्ताद, ऐसा लगता था, पूरी तरंग में है। जबकि यह आधा सच था। यह तो महज़ उसकी अदाकारी थी। उसका ध्यान अब भी जमूरे पर था। किसी-किसी वक़्त वह कसमसाता तो उस्ताद का कलेजा धक्का रह जाता। इसके बावजूद वह कभी ठठ्ठाकर हँसता। कभी लतीफ़ा सुनाता, कभी फड़कता हुआ शे'र...

एक नौजवान लगातार उस्ताद को देखता जा रहा था। उस्ताद ने ग़ौर किया।

फिर उसी नौजवान को देखते हुए बोला, ''मेरी आँखों की तलाशी मत ले...इनमें सपनों के सिवा कुछ भी नहीं।''

एक ठहाका गूँजा–समवेत स्वर में। वहाँ खड़े लोगों का। नौजवान मुस्कराने लगा। उस्ताद माउथ आर्गन बजाते हुए बोला–''साहेबान, घर एक सपना होता है और वह सपना कभी नहीं मरना चाहिए।''

लोगों को यह इमोशनल जुमला अच्छा लगा था। लेकिन उस्ताद सप्तम सुर में बोला, ''लेकिन...'' इस लेकिन के बाद वह ख़ामोश हो गया। लोग एकटक उसे देखने लगे। जैसे उसकी लेकिन की कील पर अटक गए हों सबके सब!

''लेकिन...'' उस्ताद फिर बोला। आवाज़ में दर्द भरते हुए उसने बड़ा जज़्बाती शे'र सुनाया–

मेरे ख़ुदा मुझे इतना तो मोतबर कर दे
मैं जिस मकान में रहता हूँ उसको घर कर दे

शे'र इस अन्दाज़ और इस लहज़े में सुनाया गया था कि वह दिल्लीवासियों के दिल में तड़प पैदा करता था। लोग शे'र के निहीतार्थ समझ रहे थे। दर्दमन्द होने के बावजूद तालियाँ बजा रहे थे।

उस्ताद ने हमेशा की तरह हैट उतारा। झुक-झुककर शुक्रिया अदा किया। कइयों ने उसके हैट में सिक्के डाले। सिक्कों को उसने चोगे के जेब में डाला और हैट को सिर पर रखते हुए बोला, ''दोस्तो, अपना सिर्फ सपना होता है। और सपने देखनेवाली आँखें हमेशा खूबसूरत होती हैं...आप सबकी आँखें ख़ूबसूरत हैं हज़रात! क्योंकि आप सबने रात को सपने देखे होंगे....दोस्तो! मेरी दुआएँ हैं कि आप सबके सपने ज़िन्दा रहें...मैं जानता हूँ ग़रीब के सपनों का कोई मोल नहीं होता। फिर भी...''

ऐसे लग रहा था जैसे उस्ताद का गला रुँधने लगा है। पता नहीं यह अदाकारी थी या सच था। अदाकारों के साथ यही दिक्कत होती है। वे सच बयान कर रहे हों तो नाटक लगता है। वो नाटक को इतनी जीवन्तता के साथ करते हैं कि वह सच लगने लगता है।

कुछ देर के लिए उसने माहौल संजीदा बना दिया था। ऐसा लगता था जैसे वह इमोशनल हो गया है और अपने मन की बात कह गया है।

लेकिन एक झटके के साथ उसने वातावरण बदल दिया।

''जमूरे!'' उस्ताद संजीदगी का छद्म तोड़ते हुए, नाटकीयता से बोला। उसकी आवाज़ में पहले जैसा लोच था खिलंदड़ापन भी!

"उस्ताद!" जमूरे की आवाज़ उभरी। जैसे वह सोते से जागा हो।

"जमूरे!" उस्ताद फिर बोला। जैसे जमूरे को सचेत कर रहा हो।"

"उस्ताद!" जमूरा इस बार खनकती आवाज़ में बोला। उस्ताद थोड़ा आश्वत हुआ।

"जमूरे...इदर आओ।"

"आ गया।"

"मेरे पास...?"

"आ गया।"

"इनके पास...?"

"आ गया।"

"मियांजी के पास?"

"आ गया।"

"इनकी जेब में?"

"बटुआ।"

"बटुए में क्या?"

"नोट!"

"नोट में क्या?"

"नम्बर!"

"नम्बर बताएगा?"

"बताएगा।"

"इनकी कलाई में?"

"घड़ी।"

"इनकी घड़ी का टाइम?"

"ग्यारह बजकर पच्चीस मिनट...बीस सेकेंड।"

"साहब घड़ी का टाइम देखिए।" उस्ताद बोला, "जमूरा गलत तो नहीं बोलता?"

साहब ने टाइम देखा। वही था, जो जमूरे ने बताया था। इस बात पर दायरे की शक्ल में खड़े लोगों ने तालियाँ बजाई। फिर जमूरे ने नोट के नम्बर बताए। कपड़ों का रंग बताया। शर्ट के बटन बताए। उसने बहुत सारे सवालों के जवाब सही-सही दिए। उस्ताद ने हैट उतारा। सबका अभिवादन किया। हैट में सिक्के गिरे। उस्ताद ने चोगे की जेब में रखे। वह फिर बोलने लगा।

"जल तू जलाल तू आई बला को टाल तू!" फिर रुककर बोला, "जमूरे!"

"उस्ताद!"

"मैं कौन?"

"आमिल!"

"तू कौन?"

"मामुल!"

"जमूरे!"

"उस्ताद!"

"जमूरे! जो पूछेगा बताएगा?"

"बताएगा।"

"गर्व से कहो..."

"हम भारतीय हैं।"

"शर्म से कहो..."

"हम स्वार्थी हैं।"

"नागरिकता कहाँ से शुरू होती है?"

"कब्रिस्तान से...श्मशान से।"

"क्या बकता है जमूरे। सोचकर बता।"

"सोचकर बता रहा हूँ उस्ताद। कब्रिस्तान और श्मशान ही ऐसी जगहें हैं, जहाँ पर लोग थोड़ी देर के लिए नागरिक बने रहते हैं।"

जमूरे की बात सुनकर लोग ज़रा-सा हँसे। उस्ताद भी हँसा। लेकिन खेल जारी रखते हुए बोला।

"दिल्ली क्या ओढ़ती है?"

"परपंच!"

"नेताओं को क्या चाहिए?"

"मंच!"

"दिल्ली की रफ्तार ने लोगों को क्या दिया?"

"फास्टफूड।"

"जमूरे! शाबास! तेरे जवाब हैं खासमखास! अच्छा जमूरे ये बता कि दिल्ली के लोगों को कौन बेवकूफ बना रहा है?"

"दूरदर्शन!"

"उससे क्या मिला है?"

"रिश्तों का खाली बरतन!"

"दिल्ली का लाइफ इस्टाइल?"

"ब्रेक फ्री।"

"दिल्ली की हैरान करनेवाली ख़बर?"

"पूरी दिल्ली में आज परापरटी डीलरों का कहीं भी झगड़ा नहीं हुआ।"

जमूरे की इस बात पर लोग हँस पड़े। तालियाँ बजीं।

"जमूरे!"

"उस्ताद!"

"दिल्ली का फलता-फूलता वयोपार?"

"फिरौती!...उस्ताद फिरौती वसूल करना सबसे बड़ा बिजनेस है।"

जमूरे की बात पर लोग फिर हँसे।

उस्ताद तालियों की आवाज़ के बीच खड़ा था, आनन्दमग्न। उसने हैट उतारकर, सिर झुका अभिवादन किया। हैट में कुछ सिक्के गिरे। उस्ताद ने सिक्के चोगे की जेब में रखे। फिर कड़क, दमदार और आवाज़ को लट्टू की तरह घुमाते हुए बोला—"जमूरे।"

"उस्ताद!" जमूरे ने उसी लहज़े में जवाब दिया।

"जमूरे! सवाल पूछता हूँ। सोचकर बताएगा?"

"बताएगा।"

"दिल्ली की सड़कों पर दौड़ता आवारा जानवर?"

"ब्लू लाइन बस!"

"दिल्ली का सबसे बड़ा झमेला?"

"दिल्ली के मेले में हर आदमी अकेला।"

इस तुक पर फिर तालियाँ बजी थीं। उस्ताद दिल्ली-दिल्ली का खेल, लगभग ख़त्म कर चुका था। वह अपने हैट को उलटा करके लोगों के बीच घूम रहा था। लोग सिक्के डाल रहे थे। नहीं भी डाल रहे थे। वह सबका शुक्रिया अदा कर रहा था।

लोगों का खूब मनोरंजन हुआ था। उस्ताद और जमूरे के सवाल-जवाब का लहज़ा बेशक मज़ाकिया था। लेकिन इसके पसेमंज़र दिल्ली की वेदना भी शामिल थी। जिसे तमाशाइयों ने बहुत नहीं तो कुछ-कुछ ज़रूर महसूस किया था।

उस्ताद सिक्के बटोर रहा था।

जमूरा अब भी ज़मीन पर पड़ा था। काले कपड़े के अन्दर पड़ा जमूरा कसमसा रहा था। फरवरी की धूप दिन के बारह बजे के करीब तीखी हो गई थी। उस्ताद बोलता जा रहा था, "साहेबान...मेहरबान...जमूरा बीमार है...उसे आपकी दुआओं का इन्तज़ार है...ये खेल नहीं साहेबान हक़ीक़त है...घर में भारी मुसीबत है।"

हैट में सिक्के गिर रहे थे।

जमूरा कसमसा रहा था।

भीड़ छंट रही थी।

सड़क किनारे पुलिस जिप्सी में बैठे सिपाही और ए एस आई इस खेल के मध्यान्तर की प्रतीक्षा कर रहे थे। खेल का समापन तो उन्होंने करना था। किया भी। वे जिप्सी से उतरे। धीरे-धीरे उस तरफ चल पड़े जिधर उस्ताद अपनी अदाकारी के ज़रिए सिक्के बटोर रहा था।

एक सिपाही ने जेब से मुड़ा-तुड़ा सा फोटो निकाला। दूसरे ने बैंत को अपने हाथ में घुमाया। तीसरे ने गाली दी। गाली हवा में उछली। वातावरण में फैली।

वे दायरे को चीरते उस्ताद के बिलकुल पास पहुँचे। एक सिपाही ने फोटो दिखाते हुए कहा, "तेरा है न!"

"नहीं...नहीं...मेरा नहीं है।" उस्ताद अकबकाकर बोला। हैट उसके हाथ में था। हैट में सिक्के थे।

"तेरा नईं?" तीसरे ने पूछा।

"नहीं...जी...मेरा नईं।"

भीड़ छँटने लगी थी। जमूरा अब भी ज़मीन पर पड़ा था।

"फोटो तेरा नईं?" दूसरा सिपाही बोला, "हरामजादे, फोटो तेरा है...कैता है मेरा नईं... ।" उसने चिढ़ानेवाले लहज़े में कहा और तड़ातड़ दो बैंत उसकी पीठ पर जमाए। उस्ताद कराह उठा। उसके चेहरे पर भय की लकीरें नज़र आने लगी थीं। वह सारी अदाकारी भूल गया। भीड़ छँट गई। ज़मीन पर कसमसाता जमूरा था और पुलिस के सामने गिड़गिड़ाता उस्ताद! कुछ देर पहले यही उस्ताद, शब्दों को कठपुतली की तरह नचा रहा था। ज़च्छेदार बातों से मुग्ध कर रहा था सबको।...वही उस्ताद था। लेकिन लगता नहीं था कि वही उस्ताद है। ख़ौफ़ज़दा, गिड़गिड़ाता हुआ कोई दयनीय इन्सान लगता था।

एक पुलिस वाले ने उसे कॉलर से पकड़ रखा था। दूसरे ने उसके चोगे को खींचते हुए कहा, "जादूगर बनके खड़ा है ससुरा। जादूगरी काढ़ देंगे आज तेरी।...हरामजादे तेरी हमें बोत दिन से तलास थी।...सातिर चोर है तू।

उस्ताद हाथ जोड़े खड़ा था। गिड़गिड़ा रहा था। दया की भीख माँग रहा था।

दोनों सिपाहियों ने उसे घेर रखा था। हैट उसका ज़मीन पर गिर पड़ा था और उस पर एक सिपाही इत्मीनान से खड़ा था।

ए.एस.आई., जो अब तक खाली-खाली खड़ा था। ज़मीन पर लेटे जमूरे को देखने लगा। जमूरे का यूँ लेटे रहना उसे अपनी तौहीन लगी। उसने बूट का ठुड्डा ज़ोर से जमूरे की पसलियों में मारा। जमूरा बिलबिला उठा। इस अप्रत्याशित वार के लिए वह बिलकुल तैयार नहीं था। वह हड़बड़ाकर उठ बैठा। रोने लगा। सिपाही ने उसे फटकारा—"चुप हो जा। नईं तो साँस खींच लूँगा।"

दस बारह साल का दुबला-पतला, बीमार छोकरा रोए जा रहा था। खाँस रहा था। हाँफ रहा था। पसलियों में बूट के ठुड्डे का प्रहार शिद्दत का दर्द पैदा कर गया था। जमूरा अपनी पसलियों पर हाथ रखकर कराह रहा था। रो रहा था। उस्ताद विनीत स्वर में, हाथ जोड़कर कह रहा था कि वह चोर नहीं है। सिपाही बाज़िद थे। कह रहे थे कि वह चोर है। इस बीच एक सिपाही ने उस्ताद के गाल पर तड़ातड़ कई थप्पड़ मारे। उस्ताद सिहर उठा। उसकी आँखों से निरन्तर आँसू बहने लगे थे। गालों पर उँगलियों के निशान छप गए थे। जमूरा अपने बाप की हालत देखकर सहम गया था। अपना दर्द तो वह भूल-सा गया था। भयभीत नज़रों से बाप को देख रहा था। बाप जो दो सिपाहियों से घिरा था। उसकी आँखों से आँसू बहे जा रहे थे।

"चोप!...चोप कुत्ते के पिल्ले! आँसू!...आँसू नईं। नौटंकी बन्द।"

उस्ताद ने भरसक कोशिश की थी कि आँसू थम जाएँ। आँसू थे कि थम नहीं रहे थे। सिपाही ने उसे कॉलर से झिझोड़ा। झटका दिया।

"ठगी करता है हरामजादे।"...लूटता है पब्लिक को।" ए.एस.आई. बोल रहा था।

"नईं सॉब ठगी नईं...सॉब खेल दिखाता हूँ। लोग खुश होकर ईनाम देते हैं।" उस्ताद सफाई दे रहा था।

"निकाल तो जेब से...कित्ते की ठगी की है कित्ते की जेब तरासी है आज तनैं।...साले, बन्द करेंगे आज तेरे को। ससुरे लालकिले के सामने दिल्ली को गाली देता है।"

"हुजूर...सॉब जी, माफ करो। इदर अब नईं आऊँगा।...यकीन करो जी।"

"सुणीं नीं तनैं...कित्ते की ठगी करी?...लिकाड़ जेब से।" सिपाही का लहज़ा करख़्त था।

उस्ताद हील-हुज्जत कर रहा था। हाथ जोड़ रहा था। गिड़गिड़ा रहा था। सिपाही उसे फोटो दिखा रहा था कि यही वह शातिर चोर है। कि इसे आज बन्द कर देंगे। कि इसकी हवालात में मरम्मत करेंगे।

उस्ताद ने चोगे के जेब से रेज़गारी निकाली। रेज़गारी के साथ कुछ मुड़े-तुड़े नोट भी थे। सिपाहियों के आगे अपने हाथ पर फैला दी।

"और देक।" दूसरा सिपाही बोला। दूसरे जेब में होगी...साले, छुपाता है हम तै।"

उस्ताद ने दूसरे जेब में हाथ डाला। कुछ चिल्लर, कुछ नोट निकले। सिपाही ने झपट लिए। उस्ताद को कॉलर से झिंझोड़ा। दूसरा सिपाही जिसके हाथ में, मुड़ा-तुड़ा, पुराना मटमैला, पासपोर्ट साइज़ का फोटा था, बोल रहा था",चोरी ऊपर

तै सीना जोरी।...कमींण के बीज, लालकिले के सामने, दिल्ली का मजाक उड़ाता है। अपणी औकात देक!...आज के बाद, नजर आ गया इस जानिब तो बैंत घुसेड़ देंगे पीछे से।

उस्ताद हाथ जोड़कर खड़ा था।

ए.एस.आई. ने इशारा किया था चलने का। उस्ताद का कॉलर पकड़कर खड़े सिपाही ने उस्ताद को झटका देते हुए कहा, "मजमेबाजी लिकाड़ दूँगा सारी की सारी।...चल फूट! सुसरे दिल्ली में पैले कम परदूसण है, आ ग्या परदूसण फैलांण!"

जिप्सी में वे तीनों बैठ गए। जिप्सी के स्टार्ट होने की आवाज!! चलने की आवाज़।

जिप्सी के पीछे लिखा था—दिल्ली पुलिस आपकी दोस्त।

सिपाही जा चुके थे। जिप्सी जा चुकी थी। भीड़ जा चुकी थी।

उस्ताद खड़ा था। उसके चेहरे पर दुःख की हज़ारों-हज़ार लकीरें थीं। विषाद था। आँसू थे कि थमते नहीं थे। ऐसा लगता था जैसे वह अपमान की ग़र्द में लिपटा हुआ है।

ज़मीन पर झोला पड़ा था। हैट पड़ा था। माउथ आर्गन का संगीत मर चुका था। खंजड़ी ख़ामोश थी। जमूरा बेबसी के आलम में अपने बाप को देख रहा था। बाप, जो कहीं से भी उस्ताद नहीं लगता था। वह निरीह और दुःखी इन्सान लगता था।

उस्ताद धीरे-धीरे जमूरे के पास गया। उसके पास जाकर बैठ गया। दोनों ने एक-दूसरे को देखा। दोनों की आँखों से पानी रिसने लगा।

उस्ताद ने जमूरे को गले से लगाते हुए उसकी पीठ सहलाई। उसे पुचकारा। जमूरे की देही तप रही थी। पसलियों में जूते के प्रहार का दर्द अब भी था। चुभता हुआ। टीस पैदा करता।

"चल चलें।" उस्ताद ने कातर स्वर में कहा। उसकी आवाज़ में ज़ख़्म थे। बेबसी थी। थकान थी।

लच्चेदार बातें करनेवाला, शब्दों को लट्टू की तरह नचानेवाला उस्ताद, दो लफ़्ज—"चल चलें" बड़ी मुश्किल से बोल पाया था। जैसे सारी ताकत छिन गई हो। जैसे सारी अदाकारी धूल चाट रही हो।

उस्ताद उठकर झोले के पास आया। चोग़े को उतारकर झोले के पास पटका। खंजड़ी...झोला...आर्गन...चोग़ा! और इन सबके बीच उस्ताद!

उस्ताद ऐसे बैठा था जैसे बे-सरोकार हो। जैसे बे-सरोसामां हो। जैसे विरक्त हो। जैसे दुनिया की तमाम हलचलों से बेख़बर हो। जैसे कोई दरख़्त हो और खिज़ां जिसे लूट गई हो। वह बैठा था। अपने झोले के पास। माउथ आर्गन, खंजड़ी के

पास। उसका मन नहीं कर रहा था कि किसी चीज़ को उठाए।

उसने अचानक सिर उठाया। देखा। जमूरा खड़ा था। जमूरे ने उस्ताद की पीठ पर हाथ रखा। बहुत ग़मज़दा आवाज़ में बोला, "बापू!"

उस्ताद ने उसे देखा। मुस्कराने की कोशिश की। मुस्कराया नहीं गया।

"बापू घर चलें।" जमूरे ने उस्ताद की पीठ पर हाथ रखते हुए कहा।

"हाँ। चलते हैं।" तेरी दवा लेनी है। आटा भी खत्म हो गया था।"

"पैसे तो पुलसिये ले गए सारे।" जमूरा उदास स्वर में बोला।

"उस्ताद ने पैण्ट के जेब से चिल्लर और नोट निकालकर जमूरे को दिखाते हुए कहा, "देख, मेरी जादूगरी का कमाल।...पच्चीस तीस तो होंगे।" उस्ताद इस बार मुस्कराया। जमूरा भी उसके साथ मुस्करा पड़ा। उस्ताद ने चोग़े को झोले में डाला। खंजड़ी को उठाया पैण्ट से साफ किया। फिर माउथ आर्गन को साफ किया।

"बापू, ज़रा बजा तो।" जमूरा बोला।

उस्ताद ने जमूरे को देखा। जमूरा बापू को देख रहा था।

"बजाऊँ?" उस्ताद ने पूछा।

जमूरे ने हाँ में सिर हिलाया।

उस्ताद माउथ आर्गन बजाने लगा था। उदासी में डूबे स्वर उभर रहे थे।

न भीड़ थी न अदाकारी थी। सिर्फ दो जन थे—उस्ताद और जमूरा। उदासी के स्वर थे। माउथ आर्गन का संगीत।

उस्ताद बड़ी तन्मयता के साथ माउथ आर्गन बजाता रहा। उसकी आँखें सजल होती रहीं। वह फिर भी बजाता रहा। धुन में दुःख था। धुन में उदासी थी। धुन में अपनी दीनता का अहसास था। धुन में पराजय का बोध था। धुन में शिकायत थी—ईश्वर से शिकायत।

उस्ताद तो माउथ आर्गन बजाते-बजाते डूब-सा गया था। ऐसा लगता था, जैसे वह यहाँ बैठे-बैठे, उम्रभर माउथ आर्गन बजाता रहेगा।

जमूरे ने उसकी पीठ पर हाथ रखा। जैसे सिहर उठा हो उस्ताद! जैसे अपने अवचेतन से लौट आया हो। उसने आर्गन बजाना बन्द किया। संगीत थम गया। उसने पलटकर जमूरे को देखा। मुस्कराने की कोशिश की। सजल आँखें। होठों पर क्षीण-सी मुस्कान।

उस्ताद ने झोला सँभाला। उठ खड़ा हुआ। दीर्घ श्वास लेकर उसने लालक़िले की तरफ देखा। जमूरे का हाथ पकड़कर बोला, "चल चलते हैं।"

दोनों जा रहे थे।

एक दृश्य उपस्थित हुआ था। वह घटना में बदल गया था। फिर वह धूमिल होते-होते, अस्पष्ट हो गया था।

किरदार रेलिंग के पास खड़ा देखता रहा था लुटपिट कर, थकहार कर, अवसाद, उपेक्षा और तिरस्कार के बावजूद, लोग जीने की कला नहीं भूले थे।

उस्ताद के चले जाने के बावजूद, ऐसा लगता था, कोई है जो माउथ आर्गन बजा रहा है। कोई है जो खंजड़ी बजा रहा है। कोई है जो अपनी अदाकारी के साथ शेर सुना रहा है—ज़िन्दगी ज़िन्दादिली का नाम है...

❑ ❑

किरदार रेलिंग के पास खड़ा था—भौंचक! एक घटना घट गई थी उसके सामने। वह महज़ तमाशाई की तरह खड़ा रहा था। क्या वह तमाशाई बना रहेगा? उसने अपने आपसे पूछा। जवाब उसके पास नहीं था। जवाब तो पूरी दिल्ली थी। वह तटस्थ रहना सिखाती थी। इमोशन छीनकर, आदमी को प्रेक्टिकल बनाती थी। प्रेक्टिकल शब्द कितना मानीखेज़ हो गया था! यानी सिर्फ़ और सिर्फ़ अपना सोचो। दिल्ली रफ़्तार का दूसरा नाम था। आगज़नी, क़त्लोगारत, लूटपाट के बावजूद, दिल्ली की भूमिका में कोई तब्दीली नहीं आती थी। वही हस्बेमामूल! वही हंगामे। वही रफ़्तार। वही पार्टियाँ। वही जलसे। वही उपभोक्ताओं की खरीदारी के सात्विक भजन-कीर्तन।

लालक़िला ख़ामोश था। लाल रंग की पत्थर की दीवारें बोलती नहीं थीं। बोलती तो आदमी से ज़्यादा बोलतीं। ज़्यादा अच्छा बोलतीं। प्रतिवाद में गूँगी दीवारें अपनी आवाज़ बुलन्द करतीं—अगर उन्हें आवाज़ मिल जाती।...अगर उन्हें आवाज़ मिल जाती तो वे ठिठुरती रातों को, पटरी पर पसरे, कुंकुआते, ज़िन्दगी जैसी किसी चीज़ को जीते लोगों को हौसला देतीं।...लालक़िले की दीवारें ख़ामोश थीं। दिल्ली के शोर के बीच, लालक़िले की ख़ामोशी अजीब लगती थी। जैसे यह ख़ामोशी किसी दूसरे शहर की हो। इस शहर में बोलना जैसे अपने हक़ में लड़ाई लड़ना हो। लेकिन यह बोलना या इस तरह का बोलना, निरर्थक साबित हो गया था। बसों के हार्न बोल रहे थे। हाथ ठेलेवालों, रिक्शेवालों से बोल रहे थे। ट्रैफ़िक के सिपाहियों की सीटियाँ बोल रही थीं। उपभोक्ता दूकानदारों से और दूकानदार सेल्ज़मैनों से बोल रहे थे। मन्दिरों की घण्टियाँ और मस्जिदों की अज़ानें बोल रही थीं।

उस्ताद और जमूरा चुपचाप चले गए थे। उस्ताद की आवाज़, तीन नामाकूल सिपाहियों ने छीन ली थी। आवाज़ के साथ-साथ सिक्के भी छीन लिए थे। उसकी 'दिहाड़ी' छीन ली थी एक तरह से।...हर बड़ी आवाज़, छोटी आवाज़ को छीन लेती थी। दिल्ली का तन्त्र, कमोबेश, समन्दर के तन्त्र जैसा था। जहाँ बड़ी मछलियाँ, छोटी मछलियों को अपना चारा बना लेती हैं।

उस्ताद शायद अपने घर चला गया हो। या फिर, किसी दूसरी जगह, अपनी

उदासी को धो-पोंछकर, हिम्मत जुटाकर, कहीं मजमा दिखा रहा हो।...दिल्ली, आदमी को हौसलाकुन बनाती है। एक हाथ में अज़हद तक़लीफ़ें, दूसरे हाथ में जीने की ज़िद!

किरदार रेलिंग के सहारे खड़ा, बहुत देर तक सोचता रहा। उसका मन बेचैन था। सवाल यह भी था कि वह किधर जाए।

❑❑

किरदार की दृष्टि अनायास लालक़िले की तरफ से आते एक भद्र पुरुष पर गई। वृद्ध पुरुष ख़रामा-ख़रामा चलते आ रहे थे। पूरा शहर जल्दी में था। लेकिन उन्हें कोई जल्दी नहीं थी। वे इत्मीनान में थे। शायद नहीं थे। वे ऊँचे, लम्बे, शानदार नज़र आते थे। उनकी क़मर थोड़ी झुक गई प्रतीत होती थी। जैसे गुज़िश्ता वक़्त, जाते-जाते कमर में ख़म दे गया हो।

लालक़िले के खाली सपाट मैदान में जहाँ कहीं-कहीं बसें खड़ी थीं। लोग थे। उखड़े हुए तम्बुओं के निशान थे। पगडण्डियाँ थीं। खिली हुई धूप। हंगामाख़ेज़ दोपहर। बेतरतीब शोर। बेहिस आवाज़ें।

वे एक पगडण्डी पर चुपचाप चले आ रहे थे। वे और पास आ गए थे। उनके सफेद लिबास पर शेरवानी थी। सिर पर लम्बी, ऊँची टोपी थी। चेहरे की रंगत साफ थी। उसपर हल्की, काली सफ़ेद दाढ़ी...किरदार उस शख़्सियत को देखता रहा। पूरे शहर में एक यह शख़्स था जो भिन्न था। बेशक किरदार ने अभी इस शहर को देखा कहाँ था? लेकिन इस शख़्स के व्यक्तित्व में ऐसी कोई बात थी ज़रूर, जो न सिर्फ़ आकर्षित करती थी, बल्कि कोई रहस्य-सा भी बुनती थी। किरदार उस शख़्स को अच्छी नज़रों से देखता रहा। किरदार के पास थोड़ा-सा सामान था। झोला, डायरी। पर्स। पर्स में पैसे...यानी काफी सारे नोट। डायरी में कुछ नहीं था। कोरी थी। कुछ पते थे। यानी वह चाहता तो उन पतों को ढूँढ़ता हुआ, वहाँ के बाशिन्दों से मिल सकता था।

फिलहाल वह सामने से आती ख़ास तरह की शख़्सियत को देख रहा था। वह शख़्स फ़िक्र में डूबा मालूम देता था। जैसे वह किसी गहरी सोच में मुब्तिला हो। इतनी गहरी सोच में डूबा इन्सान, शहर के बीच होने के बावजूद, शहर से बाहर नज़र आता था। बिल्कुल उसी तरह जैसे वह अपने आपमें होने के बावजूद, अपने आपमें नज़र नहीं आता था। दूर से आते किसी इन्सान के लिए कोई राय कायम करना, जल्दबाज़ी थी।

वह शख़्स रुका। किरदार हैरान नज़रों से देखता रहा कि वह क्यों रुका होगा। वह शख़्स थोड़ा झुका। ज़मीन की तरफ़। इतना कि हाथ ज़मीन तक चला गया।

शीशे का टुकड़ा था। किसी बोतल का टूटा हुआ हिस्सा। किसी का पाँव पड़ता तो काँच पाँव में धँस जाता। उस शख़्स ने काँच के टुकड़े को उठाया। देखता रहा कुछ देर। मुस्कराया कुछ देर। कुछ ख़्याल आया हो जैसे। रुका रहा कुछ देर। फिर काँच के टुकड़े को किनारे पर जाके फेंका। जहाँ कुछ मलबा पड़ा था। वह फिर चलने लगा। किरदार एकटक देखता रहा। इसी रास्ते से और लोग भी आ रहे थे। जहाँ काँच का टुकड़ा पड़ा था, वे थोड़ा बचकर, रास्ते से हटकर निकल गए थे।

वह शख़्स काफी पास आ गया था।

किरदार अवाक था। देखता रहा एकटक! निरन्तर! हैरानकुन किरदार! जैसे अप्रत्याशित हो। जैसे होने न होने के बीच कुछ घटित हो रहा हो। अनुपस्थित जैसे उपस्थित हो रहा हो।

"ग़ालिब!" किरदार के मुख से एक शब्द उच्चरित हुआ।

सामने से गुज़रता हुआ शख़्स खड़ा हो गया था। अपने नाम के सम्बोधन ने जैसे रोक लिया हो उसे। उस शानदार और मौतबर शख़्स ने एक पल के लिए किरदार को देखा। एक महीन-सी मुस्कान होठों पर और इसी के साथ-साथ, उदासी की लकीर आँखों में खिंच गई। जैसे वह शख़्स अब भी—मैं न होता तो क्या होता—की उलझन में उलझा हुआ हो। या फिर क़ैदे-हयातो-बन्देग़म अस्ल में दोनों एक हैं—जैसी किसी दार्शनिक पहेली को सुलझा रहा हो।

"क़िबला...आप ग़ालिब!" किरदार ने पूछा।

ग़ालिब देखते रहे। हाँ में सिर हिलाया। जैसे कुछ कहना चाहते हों। लेकिन कह न पाए हों। एक उम्र के बाद कितना कुछ अनकहा छोड़ देता है आदमी।

किरदार उन्हें देखता रहा। यूँ देखते रहना बेशक गुस्ताख़ी थी। लेकिन किरदार ग़ालिब को जी भरकर देखना चाहता था। वह सोचता रहा—क्या कहे? क्या पूछे? दुनिया के नामवर शायर से सवाल करना, क्या बेअदबी नहीं होगी?

"कुछ कहना चाहते थे बरख़ुरदार...कहो, बेशक कहो।" बड़ी संजीदगी और ठहर-ठहरकर बोले ग़ालिब।

"हाँ...जनाब...बहुत कुछ!...आपसे बहुत सारी बातें करने की इच्छा है।"

"बहुत सारी बातें करने का अब वक़्त कहाँ बचा है?" ग़ालिब दीर्घ श्वास लेकर बोले, "फ़िक्रे-दुनिया में सर खपाता हूँ। मैं कहाँ और ये बवाल कहाँ?"

वातावरण में ख़ामोशी थी। अब संजीदगी भी तारी हो गई।

"एक सवाल पूछ सकता हूँ?" किरदार ने विनम्रता से कहा।

"जरूर।" ग़ालिब ने उसी विनम्र लहज़े में जवाब दिया।

"इस वक़्त आप लालक़िले की तरफ से...।" बाक़ी का सवाल किरदार ने

अधूरा छोड़ दिया।

ग़ालिब कहीं अतीत की तरफ लौट गए। साल-हा-साल पहले। माज़ी की तरफ। फिर यक-ब-यक बोले, ''अपनी तलाश में भटकता रहता हूँ। अपने-आप को तलाश करना तुम्हें अजीब लगता होगा। लेकिन हक़ीक़त यही है कि आदमी, कोने-कंतरों में, उस वक़्त की तलाश करता है, जो उसे अपने साथ ले गया।''

कुछ पल ख़मोश रहे ग़ालिब। फिर बोले, ''हुई मुद्दत कि ग़ालिब मर गया, पर याद आता है।'' इतना कहकर वे थोड़ा हँसे। उनकी हँसी में भी अतीत की गर्द थी। जिसे वे झाड़ना नहीं चाहते थे।

''कुछ मिलता है वहाँ?'' किरदार ने पूछा।

''मोमिन मिलते हैं...ज़ौक मिलते हैं...सौदा मिलते हैं।''

''और मीर...?'' किरदार ने कुछ झिझकते हुए कहा।

ग़ालिब खो गए—गुज़िश्ता वक़्तों के बियाबान में। बड़ी ग़मगीन आवाज़ में बोले—रेख़्ता के तुम ही नहीं हो ग़ालिब...कहते हैं कि अगले ज़माने में कोई मीर भी था।

''क़िबला...गुस्ताख़ी मुआफ़ करें।...लालक़िले को देखकर कैसा महसूस होता है?''

''खूबसूरत दिन याद आ आते हैं बरखुरदार! जैसे एक जुनून था...।'' कहते-कहते वे ख़ामोश हो गए।

''जुनून...जुनून किसका सुखुनवर!''

''शायरी का।''...शायरी में राग दरबारी तो था।...राग-बाज़ारू नहीं था।'' ग़ालिब ने कहा। थोड़ा मुस्कराए। जैसे अतीत के किसी पन्ने को पलटते हुए मुस्कराए हों।

किरदार उन्हें देखता रहा। वे इमरोज़ में होने के बावजूद, कहीं माज़ी के तसव्वुर में भी थे। आसमान और आसमान में उड़ते किसी परिन्दे को देखते हुए बोले, ''शायरी एक सिला था। ज़िन्दगी जीने का फ़न।...बैठे रहे तसव्वुरे-जानां किए हुए...फिर गहरी साँस लेकर वे बोले—दिल ढूँढ़ता है फिर वो ही फ़ुरसत के रात-दिन...।''

''सुखनवार! अब आप बहुत मसरूफ़ रहते हैं?''

''बेशक!...बेशक मसरूफ़! अच्छी-खासी जद्दोजहद है ज़िन्दगी जीना...।''

''बहुत तकलीफ़ में हैं आप क़िबला।'' किरदार संवेदना के साथ बोला। फिर कहा, ''बहुत ग़मज़दा नज़र आते हैं।''

''ग़म दिखाने की चीज़ नहीं होते। सीने से लगाकर, छुपाकर, एहतियात से रखने का हुनर होते हैं। वे थोड़ा मुस्कराए। उनकी आँखों में मुस्कराहट की धूप

फैल गई। वे दूर कहीं उफ़क की जानिब देखने लगे। जैसे कह रहे हों–

कोई दिन गर ज़िंदगानी और है
अपने जी में हमने ठानी और है

फिर लगा जैसे चलना चाहते हैं। किरदार ने उनके वृद्ध लेकिन भव्य व्यक्तित्व को देखा–अदब के साथ। शाइस्तगी से कहा, "मोहतरम, खड़े-खड़े आप थक गए होंगे।"

"चलते-चलते भी थक गया हूँ।" वे तुरन्त बोले। हँस दिए। उनका हँसना मासूम था। सुबह की धूप जैसा। लेकिन उसमें दुःख भी शामिल था।

"आपकी शायरी में दुःख बहुत है।"

"मेरी शायरी में दुःख...?" वे किरदार को देखते हुए बोले, "दुख शाश्वत है।...ये दुःख...मेरी शायरी का दुःख...मेरा अपना कहाँ है? समाज का है। ज़रा पलटकर तो देखो। उस दौर के समाज को।...कैसी निराशा और बेकसी में डूबा हुआ है? सियासत का पतन...इन्सानी कद्रों में गिरावट।...कोई शायर कैसे चैन से बैठ सकता है?...फिर ग़ालिब जैसा शायर, जो रूह तक बेचैन है।" वे बोलते-बोलते थोड़ा हाँफने लगे थे। बेशक उनकी आवाज़ पुरकशिश थी। बा-सलीका। हाँफना उम्र की वजह से था। वक़्त की वजह से भी...। उन्होंने शेर नहीं सुनाया था। लेकिन ऐसा लगता ज़रूर था, जैसे वे कह रहे हों–

दिल ही तो है न संगो-ख़िश्त दर्द से भर न आए क्यों
रोएँगे हम हज़ार बार कोई हमें मनाए क्यों?

"लालक़िले से गली कासिम जान तक का सफ़र तय करना आपके लिए मुश्किल हो जाता होगा।" किरदार ने सवाल किया।

"सफ़र सदियाँ तय करती हैं...मैं तो एक लम्हा हूँ...एक वक़्फ़ा!" ग़ालिब के भीतर का दार्शनिक बोला।

"सफर की मुश्किलें...मंजिलों को ज़िन्दा रखती हैं बरखुरदार।...अगर आसानियाँ हों ज़िन्दगी दुश्वार हो जाए।" वे हाँफते हुए बोले। उनकी बूढ़ी आँखों में अब भी चमक थी। चेहरे पर थकान के निशान थे। लेकिन चेहरा ख़ूबसूरत था। वह एक ऐसे शायर का चेहरा नज़र आता था, जो खामोश था। लेकिन ग़ौर से देखने पर लगता था जैसे कोई युग और उस युग की थरथराहट बोल रही है।

"वक़्त कभी हबीब लगता था।" उन्होंने कुछ सोचते हुए कहा, "अब रक़ीब लगता है। ये वक़्त ही तो है जो लम्हों से ख़ता करवाता है...सदियों को उस ख़ता की सज़ा भुगतनी पड़ती है...लम्हों ने ख़ता की थी...सदियों ने सज़ा पाई।" वे

बोलते-बोलते रुके। पूरे परिदृश्य पर नज़र डालते हुए बोले, ''हंगामा...शोरोशर। लोगवाग। आमदरफ़्त।...एक सिलसिला है कि थमता नहीं। रवां-रवां है सब।...वक़्त भी क्या अजब शय है न चैन से बैठता है...न बैठने देता है। जो उसके साथ-साथ, नहीं चल पाते। उन्हें वो किनारे लगा देता है। गुम कर देता है।...हम वहाँ हैं जहाँ से हमको भी, कोई अपनी ख़बर नहीं आती।''

''...पर आपकी शायरी तो वक़्त से हमक़लाम होती है। ललकारती है। आपने ही तो कहा है''–

होता है निहां ग़र्द में सहरा मेरे होते
घिसता है जबीं ख़ाक पे दरिया मेरे आगे

''कहा होगा।'' गहरी साँस ली ग़ालिब ने। फिर बोले, ''लेकिन अब तो...।''

''अब तो क्या?''

हो चुकीं ग़ालिब बलाएँ सब तमाम
एक मर्गे-नागहानी और है।

''मेरी एक गुज़ारिश थी?'' बड़ी झिझक के साथ कहा किरदार ने।

ग़ालिब किरदार को देखने लगे। वे हर बार बड़े ख़ुलूस के साथ देखते थे। जैसे पूर्णमाशी का पूरा चाँद ज़मीन को और ज़मीन के लोगों को देखता है–अपनी शीतलता के साथ।

''मैं...मैं दरअसल...?'' किरदार बोलते-बोलते रुक गया।

''कहो भी।...शरमाओ मत।''

''मैं आपके साथ चलना चाहता हूँ कुछ देर।''

ग़ालिब हँस पड़े। हँसते रहे। उनके हँसने में तपाक़ था। गहराई थी। सच था। उनका हँसना अपने आप पर हँसना था। या फिर यह हँसना, समाज के किसी प्रपंच पर हँसना था।

कुछ देर हँसने के बाद वे बोले, ''वक़्त मुझे बहुत पीछे छोड़ गया है...तुम मेरे साथ चलना चाहते हो।'' जैसे उनकी आवाज़ में दुःख का आहंग हो।

''वो वक़्त जो आपसे आगे निकलने की कोशिश कर रहा था। ख़ुदफ़ना हो गया है। तवारीख़ हो गया है।...आप उससे बहुत आगे निकल आए हैं क़िबला।...और आपकी शायरी आपसे से आगे...।''

''बातें अच्छी कर लेते हो बरख़ुरदार!...हम अपने तख़लिया में किसी को

शामिल नहीं करते। उसी तख़लिया में हमारी ज़ाती ज़िन्दगी का ग़म शामिल होता है और...शम्आ हर रंग में जलती है सहर होने तक, की कशमकश..जद्दोजहद...और विवशता भी।'' ग़ालिब ख़ामोश हो गए।

किरदार चुप खड़ा रहा। जैसे उदास हो गया हो। लेकिन अभी उसने हार नहीं मानी थी। कुछ सोचते हुए बोला, ''एक अज़ीम शायर क्या सचमुच अकेला होता है?...अकेला होकर चल सकता है? अपनी ज़ात के अलावा, उसके साथ उसका ज़माना भी होता है। न दिखाई देने के बावजूद होता है।''

''चलो मियाँ। लेकिन इतना ज़्यादा मत बोलना। बहस, बेमतलब लगती है हमें।''

''मुआफ़ कीजिए...इस गुस्ताख़ी के लिए।''

''ये मुआफ़ी जैसा लफ़्ज़ भी हमें अच्छा नहीं लगता।'' ग़ालिब हँस पड़े।

ग़ालिब चल पड़े। रफ़्तार में ठहराव। शाइस्तगी। जैसे मौजूदा वक़्त की बदहवासियों और सरगर्मियों से ज़्यादा लैश-गैश न हो। ग़ालिब आहिस्ता-आहिस्ता चल रहे थे। उनके साथ-साथ किरदार था। ग़ालिब की शख़्सियत, रफ़्तार-गुफ़्तार से प्रभावित होता।

अचानक ग़ालिब रुके। किरदार आश्चर्यचकित-सा ग़ालिब को देखता रहा। ग़ालिब शेरवानी की जेबें टटोल रहे थे। सामने साइल था। हाथ दराज़ किए भीख माँग रहा था। ग़ालिब पसोपेश में थे। सब जेबें शायद खाली थीं। अजीब धर्मसंकट था। ग़ालिब भिखारी के सामने रुक चुके थे। बिन कुछ दिए चल देना उन्हें अच्छा नहीं लग रहा था। लेकिन देने के लिए कुछ था नहीं। अजब मंज़र था। ग़ालिब ने गहरी साँस ली। एक बार फिर जेब टटोले। आँखें चमक उठीं उनकी। शेरवानी की जेब के नुक्कड़ में अठन्नी मिल गई थी। ग़ालिब ने साइल के हाथ पर अठन्नी रखी। और उसके दस्ते-दराज़ को अपने हाथों में भर लिया। भिखारी ग़ालिब को हैरान नज़रों से देखता रहा। देखते-देखते उसकी आँखें डबडबा गईं। ग़ालिब ने उसकी पीठ पर हाथ रखा। जैसे मन ही मन कहा हो—''ख़ुदा ख़ैर करे।''

''नाउम्मीदी बुरी चीज़ होती है बरख़ुरदार।'' ग़ालिब ने आहिस्ता से कहा। वे धीरे-धीरे चल रहे थे। फिर बोले, ''मैं उसे नाउम्मीद नहीं करना चाहता था।''

''मैं महसूस कर रहा था। जेब टटोलते हुए आप बहुत बेचैन नज़र आते थे।''

''हाँ, वो कैफ़ियत मैं बयान नहीं कर सकता। तुमने देखा था उस भिखारी को?...जब मैं जेब टटोल रहा था तो कितनी उम्मीद से वो मुझे देख रहा था। ख़ुदा का शुक्र है, अठन्नी मिल गई।...नहीं तो मलाल होता।...छोटे-छोटे वाकये भी अब कई-कई रोज़ पीछा नहीं छोड़ते।''

"लेकिन आप पूरी तरह जेब खाली हो गए।"

"बेशक!...लेकिन दिल की भी एक जेब होती है।...वो भर गई।" ग़ालिब किरदार को देखते हुए थोड़ा हँसे। किरदार भी हँसा। वह शायद ग़ालिब की मासूमियत और शायराना तबीयत पर हँसा था।

भीड़ में रास्ता बनाते हुए दोनों साथ-साथ चल रहे थे। किरदार कुछ सोच रहा था। जैसे कुछ पूछना चाहता हो। ग़ालिब दानिश्मन्द थे। चेहरा पढ़ लेते थे। बोले, "कुछ कहना चाहते थे तुम?"

"दिल्ली जैसे शहर में ख़ाली जेब...मुश्किल आती होगी? बाज़ार से गुज़रते हुए कैसा महसूस होता है?" सवाल तीखा था। किरदार को नहीं पूछना चाहिए था। किरदार सवाल करके पछता भी रहा था। लेकिन ग़ालिब सवाल सुनकर मुस्कराते रहे। चलते रहे। फिर अचानक बोले, "फ़कीरों को देखा है बरख़ुरदार?...वो हमसे...हम दुनियावी लोगों से ज़्यादा खुश रहते हैं। जेब उनकी भी खाली होती है।...जब मेरी जेब में पैसे होते हैं, मैं ग़ालिब होता हूँ।...जब नहीं होते–फ़कीर।" ग़ालिब ने किरदार की तरफ देखा। हल्के-से मुस्कराए। कुछ गुनगुनाए। जैसे कह रहे हों–हम फ़कीरों के भेस में ग़ालिब...।

कन्धा छीलती भीड़ थी। लोग। रिक्शा। ठेले। रेहड़ियाँ। दूकानें। स्कूटर। कारें। झटपट सेवा।

"इस तरह की भीड़ से आप परेशान हो जाते होंगे?" किरदार ने संवेदना व्यक्त की।

"जिन लोगों को हम भीड़ समझ रहे हैं।...क्या उनके लिए हम भीड़ नहीं होंगे?" ग़ालिब की आवाज़ में शाइस्तगी थी।

"हाँ, यह बात तो है। लेकिन मैंने ऐसा नहीं सोचा था।"

सर उठाकर देखो। लोगों का हजूम है। सर ही सर नज़र आते हैं। जैसे दरिया हो लोगों का रवां-रवां...। अब जो लोगों का दरिया बहता दिखाई दे रहा है तुम्हें।...एक ज़माना पहले यहाँ नहर थी–पानी की नहर।"

"क्या सचमुच?"

"यकीन नहीं आ रहा? दिल्ली का ग़जट पढ़िए जाकर।" ग़ालिब बोले।

किरदार अवाक-सा चलता रहा। सोचता रहा। तब कैसा लगता होगा। नहर के साथ-साथ किनारे। कभी-कभार गुज़रते लोग। बेरौनक बाज़ार। दूर तक ख़ामोशी।

अचानक किरदार को ध्यान आया। दिल्ली सम्बन्धी सवाल क्यूँ न पूछें ग़ालिब से? ज़्यादा सवाल करना कोई शिष्टाचार नहीं होगा। लेकिन दो-तीन सवाल तो पूछे जा सकते हैं। ग़ालिब करख़्त नहीं लगते। बहुत अहंकारी भी नहीं लगते।

फव्वारा आ गया था। भीड़ यहाँ छितर आई थी। ग़ालिब ठिठक गए। फव्वारे

के पास। एक तरफ सीसगंज गुरुद्वारा। दूसरी तरफ पुरानी दिल्ली स्टेशन को जाती सड़क। एक सड़क फतेहपुरी की तरफ तो आगे जाकर टाउन हॉल। नई सड़क। बल्ली मारान...गली कासिमजान।...ग़ालिब का घर...ग़ालिब की हवेली!

फव्वारे के पास खड़े ग़ालिब दातुन बेचनेवाली लड़की को देखते रहे। अख़बार बेचनेवाले आदमी को देखते रहे। चाट बेचनेवाले, आइसक्रीम बेचनेवाले को देखते रहे। वे रिक्शावालों की घण्टी की आवाज़ सुनते रहे। और घण्टेवाले हलवाई की मिठाइयों की दूकान को देखते रहे। ग़ालिब ने एक हथठेलेवाले को सिपाही के हाथों पिटते देखा। दो बच्चों को एक पोलीथीन के लिफाफे पर झगड़ते देखा। अन्ततः लिफाफा फट गया और सड़क पर पड़ा उड़ता रहा। ग़ालिब जैसे मन ही मन मुस्कराए। बोले—

बाज़ीचए अतफ़ाल है दुनिया मेरे आगे
होता है शबो-रोज़ तमाशा मेरे आगे

ग़ालिब कहीं खो गए। जैसे सचमुच, यह संसार बच्चों का खेल हो। और कोई बुजुर्ग उस खेल को देखते-देखते कहीं डूब गया हो। या फिर, जैसे वो ख़ुद इस खेल में शरीक हो गया हो। या जैसे इस खेल की तहों में ज़माने की कारगुज़ारियों को महसूस कर रहा हो।

शोरोशर और हंगामों के बीच एक ऐसा शख़्स भी था जो ख़ामोशी की इन्तहा में डूबा, संसार को बच्चों का खेल समझकर, उस खेल में खो गया था।

किरदार चुपचाप खड़ा था।

अचानक ग़ालिब लौटे। जैसे खेल से बाहर आए हों। उन्होंने न जाने क्या सोचकर, अपनी सफेद पड़ती लम्बी दाढ़ी को हाथों से दुरुस्त किया। टोपी को थोड़ा सरकाया। एक बार समूचे परिदृश्य का अवलोकन किया। बड़ी संजीदगी से बोले, "मीर ने शायद ऐसे किसी मंज़र को देखते हुए कहा होगा—

ले साँस भी आहिस्ता कि नाजुक है बहुत काम
आफ़ाक की इस कारगरे शीशागरी का

किरदार ग़ालिब को देखता रहा। शेर के अर्थ तलाश करने की कोशिश करता रहा। ग़ालिब संजीदगी से कुछ सोचते रहे।

"मिर्ज़ा, क्या आप मेरे साथ चाय पीना गवारा करेंगे?" किरदार ने झिझकते हुए कहा।

मिर्ज़ा ग़ालिब किरदार को देखकर मुस्कराए। बोले, "चाय!" बस यही लफ़्ज़ बोलकर खामोश हो गए। किरदार कुछ भी न समझ पाया कि ग़ालिब की मंशा

क्या है?

"मियां, चाय की बात पर हम ख़ामोश क्यों हो गए—तुम शायद यही सोच रहे होगे?...चाय तो बच्चों-वच्चों की ख़ुराक़ है। हम कुछ दूसरी चीज़ें पीते हैं।" ग़ालिब इतना कहकर थोड़ा हँसे। किरदार को देखने लगे। बोले, "ठीक है।...तुम्हारे साथ चाय पी लेते हैं। लेकिन चाय पीएँगे कैसे?...जेब तो खाली है मियां। आख़िरी अठन्नी भी...।" ग़ालिब ने कहा। हँस पड़े। जैसे कोई बेफ़िक्र फ़कीर हँसता है। लेकिन ऐसा नहीं लगता था कि उन्हें कोई फ़िक्र नहीं।

"मेरे पास बहुत सारे पैसे हैं मिर्ज़ा।" किरदार ने कहा। उसकी आवाज़ में उत्साह था।

"तहजीब और रवायत पर हम जान देते हैं बरखुरदार! रुतबे और उम्र की बात दरकिनार कीजिए।...आप कौन हैं, इस बात से भी हमें गरज़ नहीं। मेरी तरह आप भी ख़ुदा के बन्दे हैं। अजनबी होने के बावजूद आप हमारे मेहमान हैं। मेहमान से चाय पीना न हमारा अदब गवारा करेगा न तहज़ीब।" ग़ालिब बोले। उनकी आवाज़ में कदीमी वक़्तों की परम्पराएँ और शिष्टता की आवाज़ें थीं। वे बहुत संजीदा नज़र आते थे।

"आप तो किसी को नाउम्मीद नहीं करते।" किरदार की आवाज़ में कम्पन था। निराश हो चले आदमी की आवाज़ में जैसे शिथिलता होती है, वैसी शिथिलता थी।

ग़ालिब किरदार को देखकर मुस्कराए। जैसे उन्हें कुछ याद आया हो। बोले, "कुछ पैसे उधार दो मुझे।...अगले जनम में तो मेरा यकीन नहीं है। इसी जनम में हम फिर कहीं मिलेंगे। तुम्हारा कर्ज़ चुका दूँगा।...अगर यकीन हो तो...।"

"बेशक मिर्ज़ा! मुझे यकीन है। भरपूर यकीन है। आपके साथ चाय पीने का शर्फ़ हासिल हो—इससे अच्छा इत्तेफ़ाक और क्या हो सकता है?

जुबली सिनेमा के सामने हरदयाल लाइब्रेरी थी। और उसके पीछे कम्पनी बाग! बाग में फूल नहीं थे। पॉम के ऊँचे दरख़्त थे। टेसू-ढाक के पेड़ थे। उनके सुर्ख फूलों का आकर्षण था कि ग़ालिब देर तक ढाक के पेड़ को देखते रहे। वहाँ पर चाय का स्टाल था। बेंच पर बैठकर ग़ालिब ने गहरी साँस ली। जैसे चलते-चलते थक गए हों। बैठने से राहत महसूस कर रहे हों। किरदार को स्थल ज़्यादा अच्छा नहीं लग रहा था। लेकिन ग़ालिब ने समझाया कि यहाँ का न सिर्फ़ माहौल ख़ूबसूरत है, चाय बनानेवाला भी खुश तबीयत है। चाय वो बेशक कुल्हड़ में देता है लेकिन यही तो ख़ूबी है कुल्हड़ की। उन्होंने हल्की-सी मुस्कान बिखेरते हुए कहा—और ले आएँगे बाज़ार से गर टूट गया...सागिरे-जम से मेरा जामे-सिफ़ाल अच्छा है।"

उनकी बात से किरदार बहुत प्रभावित हुआ। मिर्ज़ा ग़ालिब का सान्निध्य

भावनाओं के आवेग से भरा-भरा था। उनकी हर बात में ज़िन्दगी के सूरज दरख़्शां होते थे।

"यह बदली हुई दिल्ली कैसी लगती है आपको मिर्ज़ा?"

किरदार ने पूछा। चायवाला रहमत किरदार को देखने लगा। ग़ालिब ने किरदार के सवाल को सुना और तुरन्त बोले, "दिल्ली कब नहीं बदली?...बदलते रहना दिल्ली की फ़ितरत में है।" वे चुप हुए। कुछ देर बाद कुछ सोचते हुए बोले, "तुम्हारे दौर के एक शायर हुए हैं फ़िराक़! उन्होंने कहा है—तमद्दुन के कदीम अकदार बदले, आदमी बदला।...मियां, जुगराफ़िया ही नहीं लोग भी बदलते रहते हैं।...बदलाव को ग़लत नजरिए से क्यों देखें?"

"गुस्ताख़ी मुआफ़ करें मिर्ज़ा।" किरदार ने कुछ कहना चाहा। मिर्ज़ा ग़ालिब तो बोलनेवाले के लहज़े को पकड़ने की कुव्वत रखते थे। बोले, "यही कहना चाहते हो बरख़ुरदार कि हमने बड़े पसमांदा शेर भी इसी दिल्ली में कहे हैं। मसलन—

रहिए अब ऐसी जगह चलकर जहाँ कोई न हो
हमनवा कोई न हो और हमज़बां कोई न हो

चाय के कुल्हड़ को बड़े सलीके से रहमत ने बैंच के पास पड़े स्टूल पर रखा। कुछ देर ग़ालिब को देखता रहा। ग़ालिब ग़मगीन मुद्रा में कुछ सोचते रहे। रहमत वापिस अपने ठीए पर जा बैठा। ग़ालिब अपनी पेशानी पर हाथ रखे रहे कुछ देर। चाय का कुल्हड़ स्टूल पर पड़ा रहा। किरदार ख़ामोश रहा। वह मिर्ज़ा ग़ालिब के चिन्तन में हस्तक्षेप नहीं करना चाहता था।

ग़ालिब ने गहरी साँस लेकर कहा, "सुखनवर अपने अन्दर ही अन्दर अकेला होता जाता है। अपने अकेलेपन से टकराकर ऐसे अश्आर पैदा होते हैं।"

"जाहिर है, आपकी ज़िन्दगी बहुत मुश्किल दौर से गुज़री।" किरदार ने कहा।

दर्द से खूगर हुआ इंसां तो मिट जाते हैं रंज,
मुश्किलें मुझपर पड़ीं इतनी कि आसां हो गईं।

ग़ालिब ने शेर सुनाया। मुस्करा दिए। अपने दुःख और अपने आप पर मुस्कराना उन्हें आता था।

उन्होंने चाय के दो-चार घूँट भरे। कुल्हड़ रख दिया। ढाक के दरख़्त और उसके सुर्ख़ फूलों को देखते रहे।

"मिर्ज़ा ग़ालिब...।" किरदार ने कुछ कहना चाहा। ग़ालिब ने ढाक के पेड़ से नज़रें हटाकर किरदार को देखा। फीकी, दर्दभरी मुस्कान उनके होठों पर तैर गई। कहा, "बरख़ुरदार, तुम घर के बारे में तो नहीं पूछ रहे थे?"...फिर गहरी

साँस लेकर कहा—

कफ़स में मुझसे रूदादे-चमन कहते न डर हमदम,
गिरी है जिसपे कल बिजली वो मेरा आशियां क्यूं हो

उन्होंने सिर को झटका। कुछ सोचने लगे। सोचते हुए ग़ालिब, बोलते हुए ग़ालिब, मुस्कराते और हँसते हुए ग़ालिब बा-कमाल लगते थे। भीतर-बाहर-एक जैसे। उनके भीतर अपार दुःख थे। फिर भी उन्हें हँसना आता था। जैसे उनके अपने दुःखों की दुनिया भी—बाज़ीचए अतफ़ाल हो। वे पैसे के अभाव में थे। माली हालत ख़स्ता थी। शारीरिक हालत जर्जर!—ग़ालिबे ख़स्ता के बग़ैर कौन-से काम बन्द हैं? दुनिया के कारोबार जारी थे। दुःख, सन्ताप, अभाव, बीमारी। इसके बावजूद महान शायर की यही तो विशेषता थी कि अपने अपार कष्टों के बावजूद, पूरी कायनात को ललकारने का दमख़म रखता था।

झुकता है जबीं ख़ाक में सहरा मेरे आगे।

बहुत देर तक गुमसुम रहने के बाद ग़ालिब ने सर उठाया। बहुत क्षीण-सी मुस्कान उनके होठों पर फैल गई। पता नहीं इतनी देर तक क्या सोचते रहे। किरदार की तरफ देखते हुए बोले, ''बरख़ुरदार, मैंने कसीदे लिखे। नौहे लिखे। ग़ज़लें लिखीं और मर्सिये भी लिखे...दिल्ली भी कमोबेश कसीदों, नौहों, ग़ज़लों और मर्सियों का शहर है।''

वे उठे। एक बार उन्होंने किरदार की तरफ देखा। रहमत चायवाले की तरफ देखा। ढाक के दरख़्तों को देखा। बिना कुछ कहे, चुपचाप चले गए।

किरदार सकते में था। भौंचक। अपने आपको टटोलता। अपने होने को महसूस करता। जाते-जाते ग़ालिब जैसे दिल्ली की किताब का पेश-लफ़्ज़ लिखकर चले गए हों।

किरदार सोच में डूबा था। जो चला गया था, सचमुच ग़ालिब था या तसव्वुर था। किरदार ने अपने आपको समझाया—क्या मिर्ज़ा ग़ालिब कभी अनुपस्थित हो सकते हैं? वे हर युग में हमारे साथ शरीक होंगे। सुख-दुःख, राग-विराग, शोक-हर्ष में। हमारे हास्य में। हमारी उदासियों में।

कहानी का किरदार उठा। उसके मन की अजीब कैफ़ियत थी। जैसे उसे ग़ालिब का शेर याद आ रहा हो—

न था कुछ तो ख़ुद था न कुछ होता तो ख़ुदा होता
डुबोया मुझको होने ने, न होता मैं तो क्या होता

किरदार बहुत देर तक कम्पनी बाग में घूमता रहा। उघड़ी हुई फैंस। कहीं-कहीं

घास। धूप-छाँव के टुकड़े। लेटे-अधलेटे लोग। निकम्मे, काहिल और नाकारा लोगों की मण्डलियाँ। झूठे पत्तलों जैसी गिरी हुई ज़िन्दगी को उठाते। ख़ुद गिरते। चरस, अफ़ीम के नशे में ग़र्क। किनारे पर बना मन्दिर और उसके बाहर भिखारियों की कतार।

किरदार घूमता रहा। पॉम के ऊँचे दरख़्त। आवारा पशु। कुत्ते। बन्दर। भिखारी।

किरदार कम्पनी बाग से बाहर निकल आया। सोच में डूबा रहा कि किधर जाए। अजगर की तरह मुँह खोलकर बैठी इस विशाल दिल्ली के न वह भूगोल से परिचित था न व्यवहार से। वह जिधर जाता, अजीब कैफ़ियत लेकर निकलता। इतनी विशाल दिल्ली में अकेला आदमी और ज़्यादा अकेला हो जाता था। खाली आदमी ऊबने लगता था। कुछ न करता हुआ आदमी, ख़ुद अपने ताईं सवालिया निशान हो जाता था। शायद यही वजह थी कि दिल्ली मसरूफ़ नज़र आती थी। अपने ठीए पर बैठा भिखारी तक, कुछ करते हुए नज़र आता था।

❑❑

किरदार पुरानी दिल्ली स्टेशन की तरफ चला आया। कोड़िया पुल के ऊपर से गुज़रते लोग। भीड़ की भीड़। बेचैन। बेकैफ़। थूकती। बोलती। पान की पीकों से दीवारों, पिलरों को रंगती। रेंगती हुई भीड़। जैसे भीड़ नहीं दिल्ली रेंग रही हो।

कोड़िया पुल भी छोटा-सा नज़र आता था। ताले बेचनेवाले। दातुन बेचनेवाले। सस्ते रूमाल, तौलिये बेचनेवाले। गुटखे और बीड़ियाँ बेचनेवाले। टार्च और सेल बेचनेवाले। इनके बीच भिखारी। कोढ़ी। लूले लंगड़े। यतीम। मुफ़लिस। कंगाल।...इनके पास से मुँह बिचकाकर, पिच्च करके थूकते, निकलते लोग।

कोड़ियापुल के नीचे रेलवे स्टेशन। लाइनों का बिछा जाल। शंट करते डीज़ल इंजन। प्लेटफार्म। गाड़ियाँ।

एक आदमी दूसरे आदमी को खड़े होकर बता रहा था, "सन् चौरासी के दंगों में यहाँ...बिलकुल यहाँ पर एक सरदार को नीचे गिरा दिया था। वो बिचारा, गिरने से पहले पुल को दोनों हाथों से पकड़े रहा। गिड़गिड़ाता रहा। रहम की भीख माँगता रहा। भीड़ के पास न दिमाग था न रहम। भीड़ तो भीड़ होती है। सोचती कहाँ है?...उसके हाथों पर जूते के प्रहार होते रहे। पूरा शरीर उसका नीचे लटक रहा था—यार्ड की तरफ। हाथ ज़ख़्मी होते रहे। वह आख़िरी दम तक बचने की कोशिश करता। कोई चाहता तो उसे अपनी बाहों का सहारा देकर ऊपर खींच सकता था। पर कौन चाहता? सब चाहते थे कि वह गिर जाए। गिर जाने का मतलब था मरना।...वह गिरा। तड़पा। मर गया। भीड़ ने उसकी मौत पर जश्न

मनाया। एक निरीह आदमी की मौत पर खुशी के जश्न।" उस आदमी ने दूसरे आदमी से कहा। जैसे उसने दिल्ली की निस्संगता को ज़रा-सा नुमायां किया हो।...वे दोनों आदमी चले गए।

किरदार उस आदमी की बात सुनकर ठगा-सा रह गया। कुछ देर खड़ा रहा। धीरे-धीरे कश्मीरी गेट की तरफ चल पड़ा। स्पेयर पार्ट्स की दूकानें। कोतवाली। सब्जी मण्डी। जी.पी.ओ.। दिल्ली इन्जीनियरिंग कॉलेज। एकान्त में बना खूबसूरत चर्च। और आगे जाकर बस अड्डा। पहले यह इन्टरस्टेट बस अड्डा था। लेकिन अब इसके साथ महाराणा प्रताप भी जोड़ दिया गया था। महानायक की याद के और भी कई तरीके थे। महाराणा प्रताप को बस अड्डे के साथ जोड़ना, किरदार को थोड़ा अजीब लगा था। बस अड्डे पर बसों का हुजूम था। लोगों का ठट्ठ था। रफ़्तार का दूसरा अर्थ विकास भी था—वह इस बात को समझ रहा था।

वह वापिस लौट आया। इस बार वह कोड़िया पुल के ऊपर से जाने के बजाए, यार्ड में से निकल आया। लाइनें, प्लेटफार्म। डीज़ल इंजन। रेलवे कर्मचारी। बोगियाँ।...वह भौंचक खड़ा देखता रहा। अद्भुत दृश्य था।

वह एक पत्थर पर बैठ गया। सोचता रहा। हज़ारों-हज़ार लोग रोज़ाना यात्रा करते हैं। ऐसी भीड़ बस अड्डे पर थी। ऐसी ही तत्परता और आमदरफ़्त वहाँ थी। यहाँ भी है। स्थिर होकर बैठना, इन्सान की फ़ितरत में नहीं। यात्राएँ, मनुष्य अपने भीतर भी तय करता है और बाहर भी। यात्राएँ रिश्ते बनाती हैं। यात्राएँ, दूरियों के भूगोल को मिटाती हैं। ख़त्म करती हैं।

किरदार जहाँ बैठा था, वह पत्थर का लम्बा-सा चबूतरा था। बहुत सारी खाली जगह थी। किरदार ने देखा वहाँ एक वृद्ध आकर बैठ गया है। किरदार ने उसे ज़रा-सा देखा। शायद उसने भी देखा हो। ख़ाकी पतलून, नीली कमीज़, कमीज़ कुछ-कुछ मैली। एक रेक्सीन का बैग। जूते पुराने ग़र्द अटे। बाल उड़े-उड़े।

वह आदमी सामने के परिदृश्य को महसूस करता रहा। अवसाद उसके चेहरे पर उभर आया था। वह कुछ देर अपने सिर को झटकता रहा। जैसे अपने साथ जिरह कर रहा हो। या अपने भीतर किसी चीज़ से मुठभेड़।

अचानक किरदार की तरफ मुँह करके बोला, "साहब, कितना कुछ बदल जाता है...कितना कुछ?"

किरदार चुप रहा। हैरान होकर उसे देखता रहा। उस आदमी के चेहरे से बेचैनी की पपड़ियाँ टूटने लगी थीं। वह दीर्घ श्वास लेकर बोला, "एक वक़्त आता है जब आदमी रेत के टीले की तरह पसर जाता है...सारी हलचलें ख़त्म हो जाती हैं।" उसने किरदार को देखा। बोला, "जैसे मैं।...हाँ मैं।" उसने हाथ को उठाया। अपनी तरफ इशारा करते हुए कहा, "आप मेरी बात समझ रहे हैं न!"

किरदार हैरानकुन उसे देखता रहा।

वह फिर बोला, "साहब, आप मुझे ग़लत मत समझें।" उसने थोड़ी करवट बदलकर कहा, "मैं कोई पागल-वागल नहीं हूँ। पूरे होशो-हवास में बात कर रहा हूँ।...आपको अजीब लगेगा कि एक आदमी आ बैठा और हो गया शुरू।...यही ख़राब आदत है मेरी। अब इस उम्र में आदत थोड़ा बदलेगी।" वह लगातार बोलता गया। चुप हो गया। सामने बने डीज़ल शेड को देखता रहा। देखता रहा। फिर बोला, "यहाँ पहले लोको शेड था...हाँ जी, लोको शेड!" नए लोगों को इस बारे में बिलकुल पता नहीं होगा।...मुझे है। मैं यहाँ ड्राइवर था साहब! लोको इंजन का ड्राइवर! इसी पुरानी दिल्ली रेलवे स्टेशन की जाखल पैसेंजर को ले जाया करता था।...कनैडियन इंजन था। बीस साल पुराना इंजन था। उसके एक-एक कलपुर्जे से वाकिफ़ था मैं।...साहब जी, मज़ाक की बात नहीं। वो भी मेरी फ़ितरत से वाकिफ़ हो गया था।"

वह बोलता जा रहा था। अपनी रौ में। अपनी धुन में। किसी-किसी वक़्त वह किरदार को देख लेता। सामने रेलगाड़ियों को देख लेता। डीज़ल शेड को देख लेता। सिर झुका लेता। सिर झटक लेता।

"आर्डर आ गए थे जी कि स्टीम इंजन बन्द कर दिए जाएँ।" पता नहीं क्या सोचते हुए वह बोला। जैसे इस वाक्य को बोलते हुए वह बहुत आहत हुआ हो। बोलते-बोलते उसने गले में अटकी थूक को सटका। फिर कहा, "इंजन चलता रहे तो उसे 'पावर' कहा जाता है साहब जी...खड़ा कर दो तो लोहा!..."

गहरी साँस लेकर, किरदार को देखते हुए बोला, "मेरा इंजन आख़िरी इंजन था, जिसे विदाई दी गई थी। फूल मालाएँ। झण्डियाँ। बैण्ड। ढोल। गुड़। बताशे। लड्डू। चाय पानी।...यार्ड मास्टर...डी.एस. साहब...स्टेशन मास्टर...बहुत सारे लोग जमा थे।...सब खुश थे। मैं उदास था। मेरा साथी मुझसे बिछुड़ रहा था न जी।...उस दुःख को कोई क्या समझता। हज़ारों मील का सफ़र तय किया था। उसे विदा किया जा रहा था।"

वह चुप हो गया। जैसे अतीत के पुराने पन्ने उसकी आँखों में फड़फड़ा रहे हों। जैसे वह एक-एक लम्हें को याद कर रहा हो।

उसकी आवाज़ में दुःख था। आँखों में नमीं। वह रुक-रुककर बोला, "अपने साथी से बिछुड़कर कोई जी सकता है भला?...नहीं न!...उस दिन के बाद मैं नौकरी पर नहीं गया। छोड़ दी नौकरी।...यहाँ आकर बैठ जाता हूँ। अपने उस इंजन को ढूँढ़ता हूँ। वैसे मुझे पता है कि वह अब आक्शन में बिक गया है। उसे खोलकर, पुर्ज़ा-पुर्ज़ा करके, उसका नामो-निशान तक मिटा दिया गया है।...लेकिन।" वह दर्दमन्द आवाज़ में बोला, " मेरा उस इंजन से बीस साल का रिश्ता था। मैं उसे

कैसे भूलूँ?''

''इंजन से रिश्ता?'' किरदार बोला। पहली बार। पहली प्रतिक्रिया।

''हाँ साहब, इंजन से रिश्ता।...रिश्तों की कैफ़ियत आप नहीं समझ सकते।...भाप, अंगारे, पानी, कोयला, यात्रा...वह इंजन मेरा दोस्त था हमसफ़र था।...चढ़ते उतरते वक़्त मैं उसके हैण्डिल को चूमता था साहब!...जिस दिन उसे विदा किया गया, सब जश्न मना रहे थे। मैं रो रहा था।...साथी के बिछुड़ने का दुःख अज़ीम होता है।'' उसने कहा। अपनी नम आँखों को पोंछा। चुपचाप उठा। यार्ड की तरफ चला गया।

किरदार उसे जाता हुआ देखता रहा। उसके जज़्बे पर मन ही मन मुस्कराता रहा।

❑❑

दिल्ली की आबादी अगर एक करोड़ है तो कम-अज़-कम पचास लाख व्यस्क! पचास लाख लोगों की अपनी रामकहानी! अपने दुःख! ज़िन्दगी जीने का अपना शिल्प और वक़्त से लड़ने का अपना तौर-तरीका।

किरदार कई दिन तक पुरानी दिल्ली के प्लेटफ़ार्म पर रहा। धीरे-धीरे उसे महसूस हुआ कि प्लेटफ़ार्म पर जब गाड़ियाँ रुकती हैं तो शहर बसता है। गाड़ी के चले जाने के बाद शहर उजड़ जाता है। प्लेटफ़ार्म पर बसने-उजड़ने का सिलसिला जारी रहता है। यहाँ रहकर उसे यह भी पता चला था कि प्लेटफ़ार्म कुछ लोगों का घर हो जाता है। सिपाहियों द्वारा पिटते। बैंत खाते। ज़लील होते। धकियाए जाते लोग फिर भी प्लेटफ़ार्म से चिपके रहते हैं। अँधेरे कोने में, पुल के नीचे, बैंचों के पास, मुसाफ़िरखानों में—लावारिस ज़िन्दगी जीते लोग अपना ठौर ढूँढ़ लेते थे।

यहाँ एक ग़रीब औरत का बच्चा भीड़ में गुम हो गया था। माँ से बच्चे का हाथ क्या छूटा कि उम्रभर का साथ छूट गया। वह ग़रीब औरत, दीवानावार प्लेटफ़ार्मों पर घूमती रहती। बच्चे को ढूँढ़ती। उसे बच्चे के बाप का नाम पता नहीं था। लेकिन बच्चे का नाम उसने तारा रखा था। तारा उसकी कोख से जाया, आँख का तारा था। आँख का तारा टूटा और ग़र्क हो गया।

उस औरत का अपना दुःख था। गश्त लगाते सिपाहियों, चौकीदारों की अपनी ज़रूरत थी—जिस्मानी ज़रूरत! वे उसके दुःख को अपने सुख में बदलने की जुगत में रहते। हत्थे चढ़ती तो किसी खाली डिब्बे में उसके शरीर को भोगते। औरत ग़रीब थी। दुःखी थी। समझदार भी थी। जानती थी प्लेटफ़ार्म टिकट मुफ़्त में नहीं मिलता। देह की कीमत चुका कर मिलता है।

इसी प्लेटफ़ार्म नम्बर तीन पर एक यतीम बच्चा फटी पतंग पकड़ने, रेल के

डिब्बे पर चढ़ गया था। बिजली की तारों ने उसे क्षणभर में झुलसा दिया था। पतंग के गिरने से पहले उस यतीम लड़के की लाश गिरी थी प्लेटफार्म पर। भीड़ इकट्ठा हो गई थी। और एक भिखारिन ने उस मर चुके लड़के का सिर अपनी गोद में रखा और फूट-फूटकर रोने लगी थी। बच्चे से उसका कोई रिश्ता नहीं था। लेकिन भूख की लड़ाई वे सुबह-शाम एक साथ लड़ते थे।

किरदार शेड के बाहर, प्लेटफ़ार्म पर देर रात तक लावारिस बच्चों को खेलते देखता। मिनरल वाटर और चाय के खाली-प्लास्टिक कपों को बेचकर कुछ कमाकर, कुछ खाकर, वे बच्चे हँसते भी थे। खेलते भी थे। लड़ते भी थे। पुलिसवालों से डरते भी थे। पीछे पीछे उन्हें चिढ़ाते भी थे। थक जाते तो वहीं कहीं पसर जाते। ढेर हो जाते। सुबह उठ खड़े होते। मसला पेट भरने का होता।

पुरानी दिल्ली का स्टेशन, अपने आपमें एक संसार था। अठहरा-बीस प्लेटफ़ार्म। दूर तक यार्ड। सैकड़ों रेलवे कर्मचारी। माल गोदाम। मछलियों की सड़ांध। बुकिंग। नगों की लोडिंग। बिल्टियाँ। चालान मोल-भाव। भ्रष्टाचार। घूस। चोरी। पोर्टर। बाबू। व्यापारी।...इधर टी-स्टाल। किताबों की दूकान। सीढ़ियाँ।...रवाना होती ट्रेनें। घोषणा। ट्रेन पकड़ते, भागते लोग।

एक दिन किरदार प्लेटफार्म नम्बर वन के एक बैंच पर बैठा था। बैंच खाली। प्लेटफ़ार्म भी खाली-खाली था। यहाँ से कम ट्रेनें रवाना होती थीं।

किरदार के पास एक विदेशी आकर बैठ गया। एक बैग। एक किट। एक मिनरल वाटर की बोतल और एक जैकेट। बैठकर उसने किरदार से हैलो की। किरदार को ताज्जुब हुआ। विदेशी नकचड़े होते हैं। बोलते कहाँ हैं इण्डियन से? वह बोला। फिर मुस्कराया। किरदार फिर हैरान हुआ। इस बार उसकी मुस्कान पर। जो सहज थी और शालीन! किरदार को तीसरा ताज्जुब तब हुआ जब उसने हिन्दी में बोलना शुरू किया। उसने हँसते हुए कहा कि आज उसका किसी ने पर्स निकाल लिया। वह अपने आपको इस मामले में बड़ा चालाक और चौकन्ना समझता था। पर आज गच्चा खा गया। पर्स निकालने वाले की वह तारीफ़ करता रहा। किरदार को यह भी हैरान करने वाली बात लगी कि एक विदेशी, जेब कतरे की प्रशंसा कर रहा था।

विदेशी ने बताया कि पर्स में वह कभी भी ज़्यादा पैसे नहीं रखता। कुल दो सौ रुपये थे। दो सौ रुपये जाने का दुःख नहीं है। लेकिन उसमें कुछ दोस्तों के पते थे। वे चले गए। इस बात का अफ़सोस है। वह बहुत देर तक किरदार के साथ बैठा रहा। बातें करता रहा। लगता था जैसे उसे कोई जल्दी नहीं है। लगता था जैसे बातें किए उसे अरसा हो गया है और वह किसी भी अपरिचित से बातें कर सकता है। लगता यह भी था कि दुःखी न होने के बावजूद, वह कुछ-कुछ

दुखी है। अपसेट है।

किरदार की तरह उसे भी कोई ट्रेन नहीं लेनी थी। जिन्हें कोई ट्रेन नहीं पकड़नी होती, प्लेटफार्म पर बैठकर, आख़िर वो किस चीज़ का इन्तज़ार करते हैं? जिन्हें कोई इन्तज़ार नहीं होती, उन्हें शायद उन ट्रेनों का इन्तज़ार होता है, जिन ट्रेनों को उन्हें कभी नहीं पकड़ना होता।

"दोस्तों के पते खो जाएँ तो ऐसा लगता है जैसे दोस्त खो गए।" विदेशी ने कहा। वह कुछ देर चुप रहने के बाद बोला था। दूर खाली डिब्बे को देखते हुए।

किरदार उसे देखता रहा। वह क्या जवाब देता? वह खुद अकेला था। उसका भी यहाँ कोई दोस्त नहीं था। शायद प्लेटफ़ार्म उसका सबसे अच्छा दोस्त था। जहाँ वह बैठा था।

"दिल्ली में मैं कई बार आया हूँ।" विदेशी ने कहा। लगता था वह अपने अनुभवों की हिस्सेदारी करना चाहता है।

उसने बताया कि वह अमरीकी है। लेकिन अमरीकी लोग बहुत प्रोफेशनल बिहेव करते हैं। उसे अमरीकियों की स्नॉबरी भी ज़्यादा पसन्द नहीं। बच्चे तक अपने बस्तों में रिवाल्वर डालकर स्कूल आते हैं। ज़रा-सी बात पर रिवाल्वर चला भी देते हैं। अभी कुछ दिन पहले, अमरीका के अखबारों में बुलेटप्रूफ जैकेटों के विज्ञापन छपे। स्कूली बच्चों के लिए।

कुछ देर के लिए वह ख़ामोश हो गया। सामने खड़े खाली डिब्बे को देखता रहा। थोड़ा हँसकर बोला, "इण्डिया अजीब कण्ट्री है। मैं इसे पसन्द करता हूँ।...और दिल्ली? कैपिटल तो नहीं लगती।...लगती है कहीं से कैपिटल? ग़रीबी बहुत बड़ा 'स्लर' है दिल्ली के लिए। फिर भी कितनी सारी अच्छी बातें हैं।...रूठना मनाना। अदब-आदाब। विनम्रता। भावुकता। इमोशन...और अकड़...ये चीज़ें मुझे अच्छी लगती हैं। शुरू-शुरू में टूरिस्ट बनकर आता था।" विदेशी बता रहा था और किरदार बड़े मन से उसकी बातें सुन रहा था।

"...अब मुझे दिल्ली होमटाउन जैसी लगती है।" वह हँसा। किरदार भी उसकी हँसी में शामिल हो गया। हँसी को रोकते हुए बोला, "फर्स्ट टाइम जब मैं आया तो घबरा गया।...कहाँ फँस गया?...लोग। भीड़। गन्दगी। शोर। जेब कतरे। उठाईगीर। ग़रीबी। बीमारी। सड़क पर पान की पीकें। थूकें। दीवार के पास खड़े होकर पेशाब करते लोग। उन्हीं दीवारों पर शीघ्र पतन और स्वप्न दोष की बीमारियों के इश्तहार।...सड़ी हुई नालियाँ। गिरते-पड़ते, तंग मकान। गली कूचे। नंगधड़ंग बच्चे।...मैं देख-देखकर हैरान होता था। ऐसी हालत में भी लोग ज़िन्दा थे। ऐसी हालत में भी लोग खुश थे। लोग हँसते थे। गाते थे। ढोल पर फोक सांग गाते

थे।" वह कुछ याद करते-करते चुप हो गया। किरदार को देखते-देखते बोला, "सॉरी मैंने अपना नाम नहीं बताया आपको। मेरा नाम थामसन है।"

उसने हाथ आगे किया। किरदार ने हाथ मिलाया। किरदार मन ही मन मुस्कराया। हिन्दुस्तानियों की तरह इसे भी दोस्त बनाने के गुर आ गए हैं।

हाथ मिलाकर वह किरदार को देखता रहा। जैसे सोच रहा हो कि अब किरदार अपना परिचय देगा। लेकिन किरदार का तो कोई नाम नहीं था। वह तो महज़ रचना या कहानी का किरदार था यानी चरित्र!

फिर भी उसने विदेशी के हाथ में अपना हाथ रखे रखा और कहा, "मेरा नाम किरदार है।"

दोनों ने एक बार फिर बड़े तपाक से हाथ मिलाया। दोनों मुस्कराए। थामसन ने अपना हाथ अलग किया। किरदार को देखते हुए बोला, "कोई चीज़ हैं जो फ़ेसीनेट करती है मुझे। मैं बार-बार आता हूँ यहाँ। यहाँ का जीवनदर्शन...लाइफ़ की फ़िलासफ़ी बड़ी अजीब है।...एक किस्सा सुनाऊँ तुम्हें?" वह कुछ याद करते हुए बोला। मन ही मन मुस्कराया। इस बीच उसने अपने बैग को ज़रा-सा खोलकर देखा। मिनरल वाटर की बोतल से पानी के दो घूँट पीए।

"एक बार मैं दिल्ली के बाहर चला गया था।" थामसन ने किस्सा सुनाना शुरू किया, "दिल्ली का ही कोई विलेज था। विलेज के बाहर खेत ही खेत थे। सरसों के खेत देखकर मैं बहुत खुश हुआ था। जैसे सब गोल्डन हो गया हो। बहुत अच्छा लग रहा था। सामने ट्यूबवैल चल रहा था। एक मुँडेर पर किसान बैठा बीड़ी पी रहा था। वह खाँसता। दम साधता। फिर खाँसता। फिर बीड़ी पीता। सरसों के खेतों के साथ-साथ बेर के दरख़्त थे। दरख़्त, पीले-मोटे बेरों से लदे हुए थे। मैं किसान को देखता रहा। वह भी मुझे देखकर चकराया। फिर बैठ जाने का इशारा किया। मैं बैठ गया। सरसों के पीले फूलों को ट्यूबवैल के पानी को देखता रहा।"

"देखते ही देखते बच्चों का हजूम आया। शोर-सा मच गया। उनके हाथ में पत्थर थे। वे चिल्ला रहे थे। एक-दूसरे को बुला रहे थे। और बेरों पर दनादन पत्थर फेंक रहे थे। बेर गिरते। बच्चे अफरातफ़री में बेर ज़मीन से उठाते। जेबों में ठूँसते। खुश होते। किलकारियाँ मारते। और इधर किसान बैठा था—बीड़ी फूँकता। जैसे कुछ हुआ ही न हो। मैं हैरान-परेशान-सा देखता रहा। बच्चे आए। पत्थर बरसाते। बेर चुनते। जेबों में भरते। भाग गए। किसान बैठा रहा। गाता रहा। बीड़ी पीता रहा। फिर गाता रहा—तेरा रामजी करेंगे बेड़ा पार, उदासी मन काहे को करे...।"

कुछ देर खामोश रहने के बाद थामसन बोला, "मुझसे रहा नहीं गया। मैंने किसान से कहा, "तुमने रोका क्यों नहीं?"

किसान मेरी हिन्दी सुनकर चौंक गया। फिर बोला, "आनन्द इसी में है। इनके आनन्द में क्यों दखल डालूँ?"

"लेकिन इस तरह तो सारे बेर झड़ जाएँगे?"

"अगले साल फिर आ जाएँगे।" किसान सादगी से बोला।

मैं किसान को देखता रहा। उसके जीवनदर्शन को समझने की कोशिश करता रहा।

थामसन उठा। उसने किट को पीठ पर लादा। बैग को बगल में दबाया। पानी की बोतल को बैग में ठूँसकर, किरदार से हाथ मिलाते हुए बोला, "चलता हूँ।...अच्छी मीटिंग रही।" हाथ मिलाते हुए थामसन बोला, "एक इंडियन फ्रेण्ड ने बताया था कि हाथ मिलाते हुए हम स्पर्शों का संगीत महसूस करते हैं।...मैं जब भी किसी से हाथ मिलाता हूँ, इण्डियन फ्रेण्ड की बात याद आती है।" थामसन ने हाथ छोड़ा। हँसा। फिर पुल की तरफ चला गया।

किरदार उसे जाते हुए देखता रहा। कई दिन से वह इसी प्लेटफार्म पर चक्कर लगाता रहा था। वह भी उठा और स्टेशन के बाहर आ गया।

❑❑

किरदार स्टेशन के बाहर आकर अन्यमनस्क-सा खड़ा रहा। पुरानी दिल्ली का स्टेशन। विक्टोरियन शिल्प। क्लॉक की घूमती सुइयाँ। गुज़रता वक़्त। छोड़ता हुआ पुरानी निशानियाँ!

किरदार ने ऑटो किया। बैठते हुए बोला, "कहीं ले चलो।...कहीं भी।"

ऑटोवाले ने हैरान होकर उसे देखा। ऑटोवाले को रीगल की तरफ जाना था। उसने मन ही मन कुछ सोचा। फिर कहा, "घूमना चाहते हो तो कनाट प्लेस अच्छी जगह है।...कहो तो वहाँ ले चलूँ?"

"ठीक है...वहाँ ले चलो।" किरदार ने कहा। ऑटोवाले ने मीटर ऑन करना चाहा। किरदार ने उसे रोकते हुए कहा, "जितने पैसे कहोगे दे दूँगा। लेकिन अपना तिपहिया धीरे चलाना मैं जहाँ रोकने के लिए कहूँ, रोक देना।"

तिपहिया चलता रहा। कोड़िया पुल। लालक़िला। जामा मस्जिद। दरियागंज। महावीर वाटिका। वाटिका के सामने सीनियर सैकेण्डरी स्कूल। स्कूल के बाहर बच्चे। कन्फैक्शनर की दूकानें। बच्चों की भीड़। कोक। पेप्सी। चॉकलेट। वैफ़र्ज़।...बच्चों ने नए संस्कार अर्जित किए थे। खाने-पीने का स्टाइल भी बदल गया था। वे लंच के बदले एक कोक एक पेटी खा लेते थे। या फिर कोल्ड ड्रिंक्स के साथ वैफेर्ज़!

रास्ते में किरदार ने कई होर्डिंग देखे। चौराहों पर होर्डिंग। आदमी के क़द को बौना सिद्ध करते। उत्पाद के क़द को ऊँचा उठाते। होर्डिंग इतने ज़्यादा थे

कि शहर, होर्डिंगों का शहर लगता था।

किरदार ने स्कूटर रुकवाया। दिल्ली गेट के पास खाली जगह थी। कबूतरों के लिए बाजरे के दाने बिखरे हुए थे। एक बड़ा-सा होर्डिंग था यहाँ भी। किरदार होर्डिंग की इबारत को पढ़ता रहा। उस इबारत पर एक चित्र था। चित्र स्त्री का था। स्त्री अनपढ़ थी। वह क से कमला लिख रही थी। या लिखना सीख रही थी। पचपन साल बाद एक मुल्क को होश आया था कि देश में अशिक्षा जैसी कोई चीज़ भी है। उसे दूर किया जाना चाहिए। अशिक्षा के अँधेरे को एक जागरुक देश की जागती हुई राजधानी ने महसूस ही नहीं किया था। या फिर अनपढ़ बनाए रखना, अपने लिए यानी तन्त्र के लिए सुविधाजनक था। इसलिए आम जनता को निरक्षर रखा गया। साक्षरता एक ढोंग की तरह थी। जिसे होर्डिंग छुपा नहीं पा रहा था। होर्डिंग के नीचे बैठी एक भिखारिन लड़की को किरदार देखता रहा। उसके चीकट बाल थे। मैले कपड़े थे। आँखों में थकान का कीचड़ था।

किरदार के सामने उसने दयनीय चेहरा बनाया था और हाथ पसार दिया था।

किरदार ने उससे पूछा कि ऊपर क्या लिखा है। वह चुपचाप बैठी रही। हाथ उसने अब भी पसार रखा था। साक्षरता उसके लिए कोई मुद्दा नहीं था। भीख थी। किरदार को उस भिखारिन लड़की का मनोविज्ञान समझने में थोड़ी भूल हो गई। उसने दो का सिक्का उसकी हथेली पर रखा। लड़की ने हथेली को माथे से छुआकर, किरदार के लिए 'भगवान जी' से दुआ माँगी।

किरदार ने फिर पूछा, "तेरे ऊपर क्या है?"

इस बार लड़की बड़ी तत्परता से बोली, "बोरड है।"

"किस चीज़ का?"

"लोह...टीन का...।"

"क्या लिखा है बोर्ड में? किरदार ने सवालों का सिलसिला जारी रखा।

"पता नहीं क्या लिखा है।...एक जनानी बैठी हैगी।"

साक्षरता अभियान को केन्द्र में रखकर, बनाया गया बोर्ड था। नीचे एक लड़की थी जो मुद्दतों से यहाँ आकर बैठती थी। उसे पता नहीं था कि बोर्ड में क्या लिखा है?

किरदार को खीझ-सी उठी। वह स्कूटर में जा बैठा। स्कूटर स्टार्ट हुआ। रेड लाइट पर रुक गया। सामने बहादुरशाह ज़फ़ा मार्ग था। अखबारों के दफ़्तर थे। यहाँ से अखबार निकलते थे। ख़बरें कूच करतीं। शहर में फैल जातीं। अख़बार, सिस्टम और जनता के बीच सेतु की भूमिका निभा सकते हैं–यदि चाहें तो। न चाहें तो सिस्टम के इश्तहार बन जाते हैं। अख़बार दूसरे पक्षों को अनावृत

करते-करते, खुद को छुपाने के तौर-तरीके सीख लेते हैं।

रेड लाइट चौराहे से लेकर जयप्रकाश नारायण अस्पताल तक कई बोर्ड थे। इश्तहार थे। ताज्जुब था। यहाँ लोग मलेरिया से मरते थे। हैज़े से मरते थे। अन्त्रशोध से मरते थे। यहाँ लोग भूख से और गन्दा पानी पीने से भी मरते थे। लेकिन जगह-जगह एड्ज जैसी बीमारी के प्रति आगाह किया गया था। जैसे एड्ज प्लेग हो और उससे तुरन्त बचना बेहद ज़रूरी हो।

रीगल के पास पहुँचकर स्कूटर रुका। किरदार उतरा। पैसे चुकाते हुए उसने स्कूटरवाले से उसका नाम पूछा।

''अहमद!'' पैसे लेते हुए स्कूटर वाले ने कहा। स्कूटर स्टार्ट किया। जाते वक़्त किरदार ने स्कूटर के पीछे लिखा स्लोगन पढ़ा—गर्व से कहो हम भारतीय हैं।

अहमद के स्कूटर के पीछे लिखा वाक्य, किरदार मन ही मन दोहराता रहा था। अहमद के चले जाने के बाद उसे अहमद याद आता रहा था। स्लोगन जैसे प्रतीक वाक्य हो। स्लोगन जैसे एक अच्छी-सी 'याद' हो—अहमद की याद!

वैसे यह देश स्लोगनों का देश था। इमरजेंसी के दौरान, दिल्ली में जे.पी. की विशाल रैली निकली थी और दिनकर की एक कविता—सिंहासन खाली करो कि जनता आती है—स्लोगन में बदल गई थी।

दिल्ली में जहाँ-जहाँ पानी के नल लगे होते हैं। कम पानी प्रयोग करें—जैसा स्लोगन भी लिखा होता है। यह स्लोगन, दरअसल, बढ़ती जनसंख्या और कम पड़ते पानी से छनकर आया हमारी दुर्दशा को व्यक्त करता है। सूखा और बाढ़ के बीच, जूझता यह देश, अपनी अदूरदर्शिता के कारण, अपने होने से कितना वंचित रहा है।

टी.वी. में एक वृद्ध स्त्री अनपढ़ स्त्रियों का आह्वान करती है—अब उठकर खड़े होने का वक़्त आ गया। ताज्जुब है, इतना दमदार और ऊर्जा से भरा वाक्य भी स्लोगन बनकर अपनी सार्थकता खो बैठा। उठकर खड़े होने का वक़्त पचपन साल बाद क्यों आया? पचपन साल तक क्या सोए रहने का वक़्त था?

दिल्ली की कैसी विडम्बना है जब मुश्किल वक़्त आता है तो वह मुश्किलों से लड़ने के बजाए, आसान-सा नारा ईजाद कर लेती है। यह ढोंग मुद्दतों से चलता आ रहा है। जैसे दिल्ली, स्लोगनों के ज़रिए, दूसरों को ही नहीं, अपने आपको भी ठग रही हो।...एडज़ जैसी खौफ़नाक बीमारी के प्रति जो विज्ञापनबाज़ी हो रही है, वह एडज़ को चुटकुले में बदल रही है और कुल मिलाकर 'कण्डोम' की 'मार्किट' बना रही है।

आखिर तंग आकर कहा गया—आज कोई नारा न होगा।

ताज्जुब ही तो कहा जाएगा कि नारों से ऊब कर कहा गया वाक्य भी अन्ततः

नारे में बदल गया।

यह दिल्ली नारों के च्युइंगम को चबाती, अपने ज़ख़्मों पर, खुशियों की ख़ूबसूरत वर्दियाँ डालकर आत्ममुग्ध रहती है। यही तो ख़ूबी है इस राजधानी दिल्ली की।

❑❑

एक या डेढ़ का वक़्त था। दिन पूरी तरह चढ़ गया था। धूप खिली हुई थी और वह हर जगह फैल गई थी। रीगल के सामने खड़ा किरदार दिन के मंज़र को आत्मसात कर रहा था। भीड़ बढ़ गई थी। भागमभाग। शोर। बदहवासी।...किरदार खड़े-खड़े सोच रहा था कि लोग इतने बदहवास क्यों हैं? भाग क्यों रहे हैं? कहाँ जा रहे हैं? कोई फ़ुरसत में क्यों नहीं? कोई किसी से बोलता क्यों नहीं? अपनी निजता की क़ैद से मुक्त क्यों नहीं होते ये लोग?

पटरी पर चलते-चलते वह एक बार खादी ग्रामोद्योग तक हो आया था। दीवार पर गाँधी की तस्वीर थी। अहिंसा का सन्देश देता गाँधी! जिन्दगी का 'दर्शन' बनता गाँधी। लाख नकारे जाने के बावजूद क्या गाँधी को नकारा जा सकता है? किरदार सोचता रहा। गाँधी की तस्वीर को देखता रहा। फिर वह लौट आया। रीगल के बरामदे में खड़ा टिकट काउण्टर को देखता रहा। टिकट काउण्टर खुला था। उस फिल्म के टिकट बिक रहे थे, जिसके उत्तेजक पोस्टर, बाहर दीवार पर चस्पाँ थे। रीगल बिल्डिंग से कुछ दूर गाँधी की तस्वीर थी। यहाँ उत्तेजक पोस्टर...उत्तेजक फ़िल्म!

किरदार बरामदे में खड़ा उस नुक्कड़ को देखता रहा जहाँ हज़ारों पान की पीकें थीं—सूखी हुई। गीली। ताज़ा। कत्थई रंग की। उन पीकों के पास भिखारी बैठा था। ऐसा लगता था जैसे दिल्ली ने पान की पीकों के साथ-साथ उसे भी थूक दिया है, इस नुक्कड़ में। यह नुक्कड़, इधर से गुज़रते लोगों का उगलदान था। उगलदान के साथ भिखारी बैठते होंगे। नीम अँधेरे में। डरे सहमे। महानगर से भयभीत!...महानगर के वमन की तरह...थूक की तरह!

किरदार अभी तक तय नहीं कर पाया था कि क्या करे? उसके पैरों में भटकाव का बवण्डर था। जिधर मन करता, उधर चल पड़ता। आवारगी का हासिल, बेशक कुछ न हो। आवारगी कई सारे नए दृश्यों को खोलती चली जाती है।

रीगल के सामने, सड़क की परली तरफ अण्डरग्राउण्ड पार्किंग थी। ऊपर पार्क था। घास का फैला, लम्बा मैदान। क्यारियाँ और तरतीब में उगे फूल। डेहलिया। एण्ट्रेनियम। पेंज़ी। सिनेरेरिया। पार्क समतल था और ख़ूबसूरत! मौसम, जैसे खुशबुओं, रंगों और तितलियों की गठड़ी खोलकर बैठ गया हो।

रीगल बिल्डिंग के बाहर, सड़क के पास खड़े होकर वह पार्क को देखता

रहा। कम लोग थे। ज़्यादा फूल थे। वह भीड़ से निजात ही नहीं पाना चाहता था, खिले हुए हज़ारों फूलों का ख़ैरमक़दम भी करना चाहता था।

सब-वे से सीढ़ियाँ उतरकर, किरदार समतल स्थान पर खड़ा होकर इधर-उधर देखने लगा। ऊपर से गुज़रता ट्रैफ़िक और नीचे, आने-जाने का रास्ता! कितने इत्मीनान से सड़क को पार किया जा सकता था यहाँ से।...ये सब-वे, महानगरीय सभ्यता का छोटा-सा जश्न ही तो हैं—तनाव मुक्ति का जश्न!

किरदार पार्क में आ गया था। यहाँ से खड़े होकर वह ताज्जुब-भरी नज़रों से इमारतों को देखता रहा। चारों तरफ इमारतें, ऊँचे भवन। अट्टालिकाएँ। गोल दायरे में कनाट प्लेस। सेण्ट्रल पार्क। कनाट प्लेस जैसे इमारतों का दश्त! जिन इमारतों को आदमी ने तामीर किया था, उनके मुकाबिले वह खुद कितना बौना नज़र आता था।

इमारतों के बीच यह फूलों से भरा पार्क सुख का दृश्य प्रतीत होता था। यहाँ पगडण्डियों पर घूमना, घास पर बैठना अच्छा लगता था। किरदार पत्थर की बनी पगडण्डी पर टहलता रहा। सुबह सवेरे इन फूल की पत्तियों पर ओस की बूँदों ने घर बनाया होगा। हवाओं ने उन घरों से छेड़छाड़ की होगी। धूप ने उन घरों को उजाड़ दिया होगा।

अब तितलियाँ अपना घर तलाश कर रही थीं। लोग घूम रहे थे। युवक-युवतियाँ खिलखिलाते, हँसते, मस्ती के आलम में घूम रहे थे। बैठे थे। वे दुनिया के सारे तनावों से मुक्त प्रतीत नज़र आते थे।

एक बूढ़ा अभी-अभी इस पार्क में आया था। घास के मैदान में कोई माकूल जगह देखकर बैठ गया था। बैठने के बाद उसने गहरी साँस ली थी। जैसे अपनी ज़िन्दगी का बोझ, ज़मीन पर रखने के बाद उसे राहत मिली हो। बैठने के बाद उसने कन्धे पर लटका झोला उतारा। झोले में जस्ती का कटोरदान था। मोटे फ्रेमवाली 'रीडिंग' की ऐनक थी। एक किताब थी। उर्दू का अख़बार था। बूढ़े के लिए यह जगह वक़्त गुज़ारने की थी और थकान मिटाने की भी। वह शायद रोज़ यहाँ आता होगा। एक माली से उसकी राम-राम हुई थी। एक कुत्ता भी दुम हिलाता हुआ आ खड़ा हुआ था उसके पास। कुत्ते अपने परिचितों को बहुत जल्दी पहचान लेते हैं। उसने कुत्ते को भगाया था—हाथ के इशारे से। बोला था, "जा। बाद में आइयो।"

कुत्ता शायद बूढ़े की आवाज़ समझता था। शायद बातें भी समझता हो। संकेत तो ज़रूर समझता होगा।...वह चला गया था।

बूढ़ा किसी सोच में गुम हो गया था। कुछ डरा-डरा प्रतीत होता था। पता नहीं अपनों से। ग़ैरों से।...या शायद अपने बुढ़ापे से।...किसी बीमारी से...या शायद

पैसे के अभावों से। वह साँस लेते हुए कराहता। या फिर कराहते हुए साँस लेता था। उसकी आँखें हमेशा नम रहती होंगी। अब भी थीं। ज़िन्दगी ज़्यादा मुश्किल हो तो वह आँखों को नम रहना सिखा देती है। बूढ़ा नम आँखों से कुछ देख रहा था—पता नहीं क्या? शायद वह घास को देख रहा हो। धूप को देख रहा हो। या फिर निर्निमेष देखते रहना उसकी आदत हो। शायद वह मन ही मन उस दृश्य को देख रहा हो जिसे वह कहीं पीछे छोड़ आया हो।

पता नहीं किस बात को सोचकर एक बार वह हँसा। हँसने के बाद उसने सिर को झटका। ग़मगीन हो गया। कुछ बुदबुदाया। पुराने, कदीमी लोगों की यह ख़राब आदत होती है। वे अपने आप बोलने लगते हैं। बूढ़ा बोलते-बोलते चुप हो गया। अपने दोनों हाथों की विचित्र-सी मुद्राएँ बनाईं, जैसे अपने आपसे कह रहा हो कि संसार मिथ्या है।

कुत्ता फिर दुम हिलाता हुआ आ खड़ा हुआ था। बूढ़े ने इस बार कुत्ते को नहीं भगाया था। उसे देखता रहा था कुछ देर। फिर न जाने क्या सोचकर उसने झोले में से कटोरदान निकाला। खोला। आधी रोटी कुत्ते की तरफ फेंकी। बोला, "ले खा। आज इतनी ही है।..."

कुत्ता आधी रोटी खा चुका था फिर भी खड़ा था दुम हिलाता। बूढ़े ने बाक़ी बची ढाई रोटियाँ देखीं कुछ सोचता रहा। फिर कुछ देर गणित में उलझे रहने के बाद उसने एक और आधी रोटी कुत्ते की तरफ फेंकते हुए कहा, "खा और जा। और नहीं है मेरे पास।...बख़्श!" उसने अपनी बाकी बची दो रोटियों को लपेटते हुए, कुत्ते को देखते हुए कहा।

कुत्ता शायद बूढ़े की नाराज़गी समझ गया था। यह भी सम्भव था कि बूढ़ा उसे आधी-आधी रोटी दो बार डालता हो। आधी रोटी डालकर थोड़ा डाँटता हो। फिर आधी रोटी और डाल देता हो।...

कुत्ता दूसरी बार फेंकी गई आधी रोटी को खाता रहा। बूढ़ा कुत्ते को देखता रहा। कुत्ता रोटी खा चुका था। रोटी खा चुकने के बाद भी थोड़ी देर खड़ा रहा। बूढ़े को देखता रहा। लगता था वह ममनून नज़रों से देख रहा है। कुत्ता दुम हिलाता चला गया। बूढ़ा अकेला रह गया।

किरदार बूढ़े को देखता रहा था। वह बूढ़े से कुछ फासले पर बैठा था। बीच में झाड़ी थी। फिर क्यारी थी। उसके बाद पार्क की छोटी-सी दीवार थी। जिससे टिककर एक युवक और एक युवती बैठे थे। दोनों इतने ज़्यादा युवा भी नहीं थे। तीस-पैंतीस की उम्र के आसपास होंगे दोनों। दोनों सुन्दर, स्मार्ट आधुनिक नज़र आते थे। लड़की ने युवक के घुटनों पर सिर टिका रखा था। वह अधलेटी मुद्रा में थी। लड़का दीवार के साथ पीठ सटाए बैठा था।...और भी कई युगल थे।

युवक-युवतियाँ। अपने-अपने कल्पना के संसार और प्रेम की भावनाओं में मस्त। खोए-खोए।

किरदार ने देखा बूढ़ा कटोरदान खोलकर, रोटी खा रहा था। उसके पास आलुओं की सूखी सब्जी थी। जिसे वह मुश्किल से सटक रहा था। निगल रहा था। झोले में पानी की बोतल भी थी। वह रोटी के दो-तीन टुकड़े खाता। पानी के घूँट भर लेता। फिर खाने लगता।

इस बीच दो गिलहरियाँ चली आई थीं। बूढ़े ने रोटी के कुछ टुकड़े छोटे-छोटे करके उनकी तरफ फेंक दिए थे। वे दोनों अपने नन्हें-नन्हें हाथों से टुकड़े उठा-उठाकर खाने लगी थीं। गिलहरियाँ तेज़ी से खातीं और तेज़ी से अपनी चमकती हुई आँखों से इधर-उधर देख लेतीं।

बूढ़े ने कुल डेढ़ रोट खाई। आधी बचाकर रख ली। शायद बाद में खाने के लिए। या फिर उसकी भूख मर गई हो—आलुओं की सूखी सब्जी के कारण!

❑ ❑

किरदार गेलार्ड में आ बैठा था। गेलार्ड में एक ख़ूबी यह थी कि यहाँ नीम रोशनी थी। ऐसा लगता था, रोशनी से डरे हुए या उक्ताए हुए लोग यहाँ बैठे हैं। ऐसा भी लगता था जैसे वे अपने आपसे छुपकर बैठे हैं। अपनी पहचान की सारी शिनाख़्तें मिटाकर, नीम रोशनी में डूबकर, बीयर या व्हिस्की के घूँट भरना, पता नहीं महानगरी अदाकारी थी या अपने भीतर की कोई विवशता!...एक वक़्त ऐसा भी आता है, जब आदमी अपने आपसे बहुत प्यार भी करने लगता है और नफ़रत भी!

यह नीम रोशनी उन लोगों के लिए भी मुफ़ीद थी जो गुज़िश्ता, नाकाम मुहब्बतों को याद करते हुए, तने-तन्हा आँखें नम कर बैठते हैं। अकेला आदमी हँसते हुए, हद-से-हद दीवाना या सिरफिरा लग सकता है। लेकिन अकेला आदमी रोते हुए बहुत कमज़ोर नज़र आता है।...दुर्बलताएँ सबकी होती हैं।...यानी वही मशहूर मुहावरा-हील ऑफ अकाइलस!

नीम रोशनी में बैठे हुए लोग धुँधली-धुँधली आकृतियाँ प्रतीत होते थे। टेबलें और सोफे की कतारों के अतिरिक्त कुछ ऐसी भी व्यवस्था थी कि लकड़ी के जालीदार पर्दों से पार्टीशन बना दिए गए थे। कुछ लोग बिल्कुल एकान्तप्रिय होते हैं। किसी का हस्तक्षेप सहन नहीं कर पाते। पार्टीशन शायद उन लोगों के लिए थे। या उन युवा-युवतियों के लिए जो प्रेम करने के लिए कोई सुनसान कोना होने की अपेक्षा रखते हैं।

लोग धीरे-धीरे बोल रहे थे। जैसे आवाज़ें, रेशमी पर्दों से लहराकर या छनकर

आ रही हों। जैसे आवाजें भी, नीम आवाज़ें हों।

ऐसा लगता था हर शख़्स सुखी है। वह और ज़्यादा सुखी होने आया है। ऐसा भी लगता था जैसे हर शख़्स ग़मगीन है। ज़िन्दगी के अँधेरों से भागकर, गेलार्ड के अँधेरे में चला आया है। ऐसा भी लगता था जैसे हर शख़्स, अँधेरे के पहाड़ पर खड़ा होकर, किसी अँधेरी खाई में छलाँग लगाने की तैयारी में है।

वेटर किरदार से आर्डर ले गया था। किरदार ने खाने के लिए बहुत कम सामान मँगवाया था। न बीयर न व्हिस्की। वेटर को अच्छा नहीं लगा था। व्हिस्की या बीयर पीने वाले अच्छा टिप देते हैं। शराब पीनेवाले शाहख़र्च हो जाते हैं। तंगदस्ती जिनका पीछा करती रहती है। शराब पीने के बाद वे भी ख्वाबों, ख्यालों में खुद को सम्पन्न समझ बैठते हैं।

किरदार जहाँ बैठा था। वहाँ भी लकड़ी का जालीदार पर्दा था। लकड़ी की नक़्क़ाशी ख़ूबसूरत थी। बेशक नीम-रोशनी में वह बहुत कलात्मक नज़र नहीं आती थी। लकड़ी के जालीदार पर्दे की दूसरी तरफ स्त्री-पुरुष बैठे थे। वे बातें कर रहे थे। बातों से वे प्रेमी-प्रेमिका लगते थे। जो पति-पत्नी होते हैं, उनकी बातें कुछ और तरह की होती हैं। प्रेमी-प्रेमिकाओं की बातें रूमान के रेशमी फ़र्श पर स्टापू की तरह फिसलती हुई होती हैं।

कम रोशनी सुख की तरह थी। वह अँधेरे के साथ बैठकर, उदास प्रार्थनाओं में व्यस्त नज़र आती थी।

लकड़ी के नक़्क़ाशीदार पर्दे की परली तरफ स्त्री-पुरुष की बातें सुनाई दे रही थीं। वे दोनों बहुत करीब बैठे थे। जैसे उनकी आवाज़ों का दोआबा, एक दरिया बनकर बह रहा हो। वे एक-दूसरे के हाथ चूम लेते या गाल चूम लेते। चूमने की बहुत हल्की आवाज़, किसी प्रकम्पित दीए की तरह झिलमिलाती।

किरदार की टेबल पर कॉफी सनैक्स रखे थे। वह किसी-किसी वक़्त कॉफी का घूंट भर लेता। कुछ खा भी लेता। लकड़ी के जालीदार पर्दे की तरफ, जिधर स्त्री-पुरुष बैठे थे बातों का विचित्र संसार था। किरदार उनकी बातों को सुन सकता था। वह उनकी बातों को सुन रहा था।

म्यूज़िक सिस्टम पर बहुत हल्की-सी धुन बज रही थी। सेक्सोफ़ोन का संगीत, नीम-रोशन गलियों से रास्ता बनाता हुआ निकल रहा था। वह मन और आत्मा को सहलाता हुआ निकल जाता था।

स्त्री-पुरुष बात करते-करते चुप हो जाते। अपनी-अपनी चिन्ताओं के संसार में डूबने लगते। कुछ देर चुप सरसराती या फिर सेक्साफ़ोन की संगीत ध्वनियाँ!

स्त्री मॉडलिंग करती थी। लेकिन मॉडलिंग में कम्पटीशन बहुत था। स्त्री मॉडलिंग में नम्बर वन होना चाहती थी। हो नहीं पा रही थी। उसे अपने ख़ूबसूरत

शरीर को सीढ़ी बनाने में कोई बुराई नज़र नहीं आती थी। शरीर उसका अपना था। वह उसे अपने ढंग से इस्तेमाल करना चाहती थी। करती भी थी। लेकिन दिक्कत यह थी कि उसके साथ की अन्य लड़कियाँ किसी भी असाइनमेण्ट के लिए किसी भी हद तक नीचे गिर सकती थीं। वैसे नीचे गिरते हुए आदमी की कोई हद होती भी नहीं।

पुरुष की चिन्ता दूसरी थी। वह एक रेपुटिड कम्पनी में डिप्टी मैनेजर था और उसने यह डिप्टी मैनेजरी दो कलीग्ज़ का कन्धा छीलते हुए, झपट ली थी। वे दोनों इस पुरुष के कई लू-पोल जानते थे। शह और मात का खेल चल निकला था। वैसे पुरुष कह रहा था कि लाइफ़ में टेंशन न हो तो मज़ा नहीं आता। पुरुष स्मार्ट, चालाक और शातिर था। यकीनन वह भी स्त्री की तरह ख़ूबसूरत भी होगा-बोल्ड एण्ड ब्यूटीफुल!

पुरुष बता रहा था कि तरक्की करने के लिए किलिंग इंस्टिंक्ट बहुत ज़रूरी है। और इमोशन-शिट! स्त्री उसकी बातों का समर्थन कर रही थी।

दोनों के गिलास में बीयर थी, जिसे वे दोनों किसी-किसी वक़्त पी लेते थे।

सेक्सोफ़ोन की संगीत ध्वनियाँ। नीम रोशनी। स्त्री-पुरुष।...और उनकी बातें सुनता किरदार!

दोनों अपनी-अपनी चिन्ताओं में धँसे हुए होने के बावजूद एक-दूसरे को प्यार कर रहे थे। वे करीब-करीब बैठे थे। मेज़ पर वे दोनों एक-दूसरे के हाथ पर हाथ रख लेते। कभी-कभी वे हाथ एक-दूसरे की कमर तक चले जाते।

"अनिरुद्ध, मैं कुछ होना चाहती हूँ।...बड़ा बनना चाहती हूँ।...आई वांट टू अर्न लॉट ऑफ मनी।...मनी मेक्स ए मीयर गो।...प्लेज़ बिग रोल... ।" स्त्री ने कहा था। बीयर का घूँट भरा था।

"अफ़कोर्स!" पुरुष बोला था। उसका नाम शायद अनिरुद्ध था।" पैसा बहुत बड़ी ताक़त है...बड़ा बनने का बहुत बड़ा फैक्टर!" उसने कहा था। बीयर का गिलास उठाकर, गिलास में बची बाक़ी की बीयर पी गया था।

वेटर को इशारे से एक और बीयर लाने के लिए कहा था। वेटर ने गिलास तिरछे करके बीयर भरी थी। बीयर की झाग गिलास के मुँह पर तैरने लगी थी।

"कल मिल सकती हो राधिका?" पुरुष ने अपने मन की बात कही थी। इतना कहकर उसने राधिका को और ज़्यादा अपने करीब कर लिया था।

लकड़ी के जालीदार पर्दे से किरदार उन्हें देखता था—टुकड़ा-टुकड़ा।...उन्हें सुन सकता था और उनकी मुद्राओं को महसूस कर सकता था। वह कभी-कभी अपनी टेबल पर रखे कॉफी के कप को उठाता। घूँट भर लेता। कॉफी ठण्डी हो रही थी।

सेक्सोफोन में मद्धम सुर वातावरण में तैर रहे थे।

पुरुष की बात सुनकर स्त्री ने कहा कि वह कल उससे नहीं मिल सकेगी।...कल वह मिस्टर 'बी' के साथ रहेगी। वह मिलना चाहे तो उससे परसों मिल सकता है।

पुरुष कुछ सोचता रहा। अचानक उसे ध्यान आया। बोला, "परसों वह मिस 'डी' के साथ रहेगा।...पूरा दिन 'डी' के साथ।"

फिर उससे अगले दिन की बात हुई। दोनों कुछ सोच में डूब गए। फिर युवती ने विचार करते हुए कहा, "उस दिन तो मिस्टर 'जे' के साथ रहेगी।...कई दिन पहले उसने यह दिन 'जे' के लिए बुक किया है। फिर लड़की ने स्पष्ट करते हुए कहा कि वैसे मिस्टर 'जे' के साथ उसका कोई इमोशनल अटैचमेण्ट नहीं है। प्रोफेशनल किस्म की बारगेनिंग है। मिस्टर 'जे' की एड एजेंसीज़ में काफी अच्छी पहुँच है। वह उसका गॉडफादर जैसा कुछ नहीं। पर उसे 'ओब्लाइज' करना ज़रूरी समझती है।

अगले आठ दिन तक दोनों व्यस्त थे। स्त्री-पुरुष के साथ।...पुरुष अन्य स्त्रियों के साथ।

लकड़ी के जालीदार पर्दे के इस तरफ बैठा किरदार भौंचक था। ऐसे उत्तर आधुनिक रिश्तों पर वह कोई टिप्पणी करने लायक नहीं था। वह सिर्फ़ ठण्डी कॉफी के घूँट भर रहा था। इस बीच वेटर से उसने एक और एस्प्रेसो कॉफी मँगवा ली थी।

कुछ देर तक स्त्री-पुरुष चुपचाप बैठे रहे। शायद उनकी बातें ख़त्म हो गई थीं। या फिर वे अपनी-अपनी चिन्ता में उतर गए थे। दोनों की चिन्ताएँ बाहर से भिन्न नज़र आती थीं। लेकिन दोनों की चिन्ताओं का चरित्र लगभग एक जैसा था—दोनों अपने-अपने क्षेत्र में, दूसरों को पछाड़कर, आगे निकलना चाहते थे। 'बड़ा' होना चाहते थे।...बड़ा वही था, जिसके पास ज़्यादा संसाधन थे। पैसा था।

दोनों बीयर पीते रहे थे। दोनों शारीरिक रूप से रेस्तराँ में उपस्थित होने के बावजूद, अपनी-अपनी आत्माओं के साथ कहीं दूर चले गए थे।

"मुझे एक बात कहनी थी।" स्त्री कुछ सोचते हुए बोली।

"हाँ कहो।" पुरुष ने कहा।

"तुम मिस 'डी' से मत मिला करो।" स्त्री बोली।

"यह मेरा पर्सनल मामला है राधिका।...प्लीज़ डोण्ट माइंड।"

"सॉरी अनिरुद्ध! मैं तुम्हारे पर्सनल मामले में इंटरफ़ेयर नहीं करना चाहती थी। लेकिन मैं मिस 'डी' की पर्सनल बायोडाटा जानती हूँ।...उसके सीक्रेट भी...शी इज़ लिस्बियन।"

"राधिका, मिस 'डी' का लिस्बियन होना उसका पर्सनल मामला है।...वह मुझे प्यार करती है। और सबसे बड़ी बात यह भी है कि वह बहुत 'रिच' है।"

राधिका और अनिरुद्ध चुप हो गए थे। बीयर पीने लगे थे।

सेक्साफ़ोन की स्वर लहरियाँ, मद्धम सुर में रेस्तराँ के नीम अँधेरे रास्तों पर होकर गुज़र रही थीं।

तीसरे या चौथे पैग तक का सफ़र तय करते-करते, यहाँ बैठकर पीते लोग, सुख के रास्तों से होते हुए, अपने-अपने दुःख में मग्न हो गए थे।

ज़िन्दगी सैराब का दूसरा नाम है शायद!

स्त्री ने बात जारी की, "अनिरुद्ध मेरे पास एक ऑफर आया था।...मैंने ज़िक्र किया था तुमसे।...तुम्हें याद आ गया होगा।...मैंने उसका एक्सेप्टेंस दे दिया है।...अप्रिल में एक बिज़नेसमैन इण्डिया टुअर पर निकल रहा है।...इण्डियन हेरिटेज पर उसे नोट्स लिखने हैं। उसे दो महीने के लिए कैजुअल रिलेशन...आई मीन...।" स्त्री कहते-कहते रुक गई। पुरुष समझ गया।

पुरुष इस बीच किसी ख़ामोशी में डूबा रहा। बीयर के घूँट भरते हुए उसने डकार-सा लेते हुए, बड़ी सहजता और अपनापन जताते हुए पूछा, "तुम बिज़नेसमैन को अच्छी तरह देख-परख चुकी हो?"

"ऑफकोर्स अनिरुद्ध!...एक्सेप्टेंस देने से पहले मैंने उसका और उसने मेरा इण्टरव्यू लिया। हम दोनों ने अपने-अपने रिज़्यूमे एक-दूसरे को दिए।...बट यू नो? सबसे बड़ा रिज़्यूमे तो वोमेन की उसकी बॉडी लेंग्वेज होती है।...वह मेरी बॉडी लेंग्वेज को ऐप्रिशिएट कर रहा था।" स्त्री बिज़नेसमैन के बारे में बता रही थी। पुरुष सुन रहा था।

पुरुष स्त्री की बात काटते हुए बोला, "तुम ब्यूटीफुल हो, ग्रेसफुल नज़र आती हो...बट, वो बिज़नेसमैन क्या है?"

पुरुष के मन में, ऐसा लगा थोड़ा कम्प्लैक्स पैदा हुआ है।

"रिलैक्स अनि...।" राधिका ने उसके गाल थपथपाते हुए कहा। फिर बोली, "सबसे बड़ी बात तो यह है कि वह बहुत रिच है।"

"और?"

"ओपन माइंडिड है।"

"देन?"

"चीज़ों को देखने की समझ है उसमें।"

"बोलती जाओ।"

"अच्छा पे मास्टर है।...स्नॉब है।"

"हूँ...।"

"ख़ूबसूरत नहीं है।...फ़ैटी है।"

"ऐसे आदमी से निभा लोगी?" पुरुष ने पूछा। पुरुष के मन को इस बात से यकीनी तौर से राहत मिली कि बिज़नेसमैन हैण्डसम नहीं है। उसने राधिका से निभाने की बात का ज़िक्र जानबूझकर किया था।

"हाँ, मुझे कोई दिक्कत नहीं आएगी अनि!...आफ्टरऑल दीज़ आर प्रोफेशनल रिलेशंस!...नो इमोशंस!"

पुरुष को इस वाक्य से और ज़्यादा सेटिसफ़ैक्शन मिली थी।

किरदार के पास दूसरी कॉफी पहुँच चुकी थी। वह सनैक्स लगभग ख़त्म कर चुका था।

"वैसे अनिरुद्ध," राधिका ने बीयर का बड़ा-सा घूँट भरते हुए कहा, "तुम्हें मैं सिर्फ इन्फार्म कर रही थी। सजेशन नहीं ले रही थी।...आफ्टरऑल, यह मेरा पर्सनल मामला है।"

"सॉरी राधिका!" पुरुष ने कहा। सफाई देते हुए बोला, "इन्टरफेयर करने या सजेशंस देने का मेरा कोई मन नहीं था।...यू नो...मैंने तो इसलिए कहा कि पिछले एक्स्पीरियन्स तुम्हारे बहुत खराब रहे।"

"हारिबल!" स्त्री बोली। "रियली, अच्छा नहीं था वह टुअर!...दैट पुअर गाई। ख़ूबसूरत तो था। बट...प्रेक्टिकल नहीं था।...इमोशनल हो जाता था।...बात पता है क्या थी?" स्त्री ने पुरुष को समझाते हुए कहा, "ग्रेनमार्किट के व्यापारी का लाडला सपूत था। पैसा बहुत था। खर्च करने निकल पड़ा।...रिलेशन 'डील' करने की समझ भी तो होनी चाहिए।...मुझे सचमुच की अपनी वाइफ़ समझ बैठा था।" इतना कहकर लड़की हँसी। खिलखिलाकर हँसी। उसका हँसना अच्छा था।

वह फिर बोली, "खजुराहो की मूर्तियों को वह ऐसे देखता था, जैसे मन्दिर में मत्था टेकने आया हो।...वह बॉडी लेंग्वेज के मीनिंग नहीं समझता था।...दो जिस्मों के बीच जो डायलॉग होते हैं...वे नहीं थे।...मैं उससे फेडअप हो गई थी। बीस दिन में एग्रीमेण्ट तोड़ दिया।...एग्रीमेण्ट तोड़ने की एक वजह यह भी थी अनि कि वो सेण्टीमेण्टल था।...रो पड़ता था।...मुझे उसका रोना अजीब लगता था। बट दिस जेण्टलमैन...इसकी साफ अप्रोच है। कम बोलता है। रियलिस्टिक है।...बहुत रिच है।"

स्त्री खामोश हो गई। सेक्सोफ़ोन की स्वर लहरियाँ मद्धम सुर में गूँज रही थीं। पुरुष भी ख़ामोश हो गया था। जैसे वे दोनों फिर अपने-अपने जहान में कूद गए हों। अपने तनावों में अपनी चिन्ताओं में।

ऐसा लग रहा था जैसे वे फिर एक-दूसरे को प्यार कर रहे हैं...चूम रहे हैं। चूमने की बहुत महीन-सी आवाज़ हवा में जलते दीप की तरह प्रकम्पित-सी महसूस

होती थी।

फिर वे दोनों उठे। बिल की पेमेण्ट शायद पुरुष ने की हो...या स्त्री ने। या फिर दोनों ने फिफ़्टी-फिफ्टी। या फिर क्रेडिट कार्ड से पेमेण्ट की गई हो...

पेसेज से निकलते हुए दोनों ज़रा-ज़रा झूम रहे थे। दोनों लम्बे, ऊँचे गोरे थे। नीम रोशनी में बेशक वे आकृतियाँ ही प्रतीत होते थे। सम्पूर्ण रोशनी में वे क्या नज़र आते होंगे–किरदार बैठे-बैठे यही बात सोचता रहा।

❑ ❑

किरदार के मन में अब भी यही दोनों स्त्री-पुरुष छाए हुए थे। उनकी बातें उसे बार-बार झिंझोड़ देतीं। बेशक वह गेलार्ड के बाहर आ गया था और प्रकाश मेहरा म्यूज़िक कम्पनी-स्टोर के पास खड़ा था।....वह इन नए, बिलकुल नए रिश्तों के अर्थ तलाश करना चाहता था। लेकिन हाथ कुछ नहीं आ रहा था। वही नीम रोशनी या फिर नीम अँधेरा! वह सोच रहा था कि आगे चलकर, क्या सारे रिश्ते इतने बेबाक स्वछन्द हो जाएँगे?...सब कुछ कैजुअल होगा या अट्टहास?

किरदार ने गहरी साँस ली। उसने अपने विचारों को झटका। क्या करे–यही सोचता रहा। खड़ा रहा। बरामदे के बाहर धूप थी। दरख़्तों से टूटते पत्ते थे। किताबों के, पत्रिकाओं के ढेर थे–जो पटरी पर रखे थे। सामने जीवन भारती बिल्डिंग थी। उसकी एक दीवार काले शीशों की थी। बिल्डिंग के अन्दर खड़े होकर देखने से धूप गहरे मटमैले रंग की नज़र आती थी। दिन-भर काम करने वाले लोगों के लिए धूप की रंगत के मानी बदल गए होंगे। वे उसे मटमैले रंग का समझने लगे होंगे। बिल्डिंग में काम करनेवाले लोगों में से क्या किसी एक का भी मन नहीं करता होगा कि वह धूप को उसके सही रूप में देखे। उसके उजलेपन को या फिर उसके तीखेपन को आत्मसात् करे।

मनुष्य ने शायद इसी तरह कुदरत के साथ अपने रिश्ते ख़राब किए होंगे।...हीनग्रन्थियों के मारे आदमी ने पहाड़ों से बुलन्दी के सबक नहीं सीखे होंगे। उन्हें काटकर बौना ज़रूर बना दिया होगा। नदियों के बहाव रोककर, बाँध बना दिए होंगे। जंगलों में रक्षित क्षेत्र और शिकारगाहों को बनाकर पर्यटकों के हाथों में तीर-तमंचे, बन्दूकें थमा दी होंगी। हवाओं में धुएँ के गुबार और ख़ामोश वातावरण में आवाज़ों के ब्लेड उछाले होंगे।

पर्यावरण के सेमिनार में बहस करता आदमी, तमाम संजीदगी के बावजूद, हास्यास्पद नज़र आने लगता है।...हत्या के तमाम सुराग छुपाकर, हत्या की तफ़तीश!

किरदार फिर भीड़ में शामिल हो गया था। भीड़ का हिस्सा बन गया था। या फिर वह ख़ुद भीड़ था। भीड़-कन्धा छीलती। ठिठकती। भीड़ पागल हाथी

जैसी—आतंक पैदा करती।...कई सारे पैरों के सहारे चलती भीड़!

हर चेहरा अलग तरह का किस्सा बयान करता था। भीड़ एक जैसी लगती थी। लेकिन भीड़ में शामिल लोगों के चेहरे अलग-अलग थे। हर चेहरा जैसे इस महानगर का अमूर्त तबसरा था।

खुश, उदास, चुप, वाचाल, हँसते, गुमसुम लोग! लोगों के बीच वह था। वह! यानी किरदार!...लोग चलते-चलते कोक के घूँट भरते। लोग चलते-चलते हैमबर्गर खाने लगते। लोग चलते-चलते अपने साथ चलती स्त्रियों को अपने साथ सटा लेते। ऐसा लगता था लोग बेफ़िक्री का जश्न मनाते चल रहे हैं। वे हैण्डसम थे। युवा थे। स्मार्ट थे। स्मार्ट न होने के बावजूद स्मार्ट नज़र आते थे। स्मार्ट होना और स्मार्ट दिखना इस शहर की ज़रूरत थी।

निरूला के बाहर भीड़ थी। अन्दर भीड़ थी। फ़ास्ट लाइफ़। फ़ास्ट फूड। सब कुछ फ़ास्ट! गतिशील!

किरदार को भूख नहीं थी। वह यूँ ही, बेवजह रेस्तराँ के भीतर चला गया। बैठने की व्यवस्था नहीं थी। खड़े-खड़े खाइए। और खाकर चलते बनिए। पानी पीना है तो ख़ुद कूलर तक जाइए। गिलास भरिए। पीजिए। अपने कूपन के नम्बर को याद रखिए। नम्बर कॉल किया जाएगा। सेल्फ़ सर्विस। सामान उठाइए। टेबल का कोई खाली कोना तलाश कीजिए।...फ़ास्ट फ़ूड पार्लर! यही व्यवस्था है, यही कल्चर! वक़्त निकला जा रहा है। पेट में ठूँसिए—पिज्ज़ा। कटलेट। हैमबर्गर। सलामियाँ। कोक। या कुछ और...। खाइए और तशरीफ़ ले जाइए।

तरक्कीयाफ़्ता शहर! आसमान को चूमती इमारतें। वक़्त को पछाड़कर आगे निकलने की कोशिशों में जुटे लोग!

ऐसा लगता था सब उपकरण हैं। ऐसा लगता था, वक़्त ने सबको किसी साँचे में बदल दिया है—इस करीने से, इस सलीके से कि किसी को इल्म तक नहीं है।...सब सक्रिय हैं। सक्रियता जीवन है।...जद्दोजहद!

निरूला के बाहर खड़ा वह सामने के मंज़र को देखता रहा। युवक-युवतियों के झुण्ड थे। फूलों की तरह खिले चेहरे। जैसे भविष्य की शुभकामनाएँ बाँट रहे हों—एक-दूसरे को। उनकी बगल में बैग थे। जिनमें किताबें होंगी और कुछ बनने या कुछ होने की उम्मीदें भी!

अचानक किरदार की नज़र बरामदे के कोने में बैठी एक भिखारिन पर पड़ी। रेस्तराँ से आठ फुट दूर के फासले पर बैठी भिखारिन ने बरामदे के फर्श पर मैली-सी चादर का टुकड़ा बिछा रखा था। जिस पर उसका बेटा कभी लेट जाता तो कभी उसकी गोद में लिपट जाता। उसके सामने खाली कटोरा था। जिसमें एक दो सिक्के पड़े थे। वह बरामदे के नुक्कड़ में बैठी थी। उसकी आँखों में खालीपन था—जैसा

कि जस्ती के कटोरे में।

रेस्तराँ के बाहर, नुक्कड़ में बैठी भिखारिन थी। भूख उसके चेहरे पर थी और भय उसकी आँखों में।

फासला कुल आठ फुट का था। लेकिन यह फासला कितना लम्बा था। जैसे यह फासला आठ फुट का न हो, आठ हज़ार फुट का हो...आठ हज़ार साल का हो...जिसे कभी ख़त्म न होना हो।...रेस्तराँ के भीतर व्यंजनों की सुगन्ध थी। बाहर भूख का पहाड़ था। याचना थी। दस्ते-दराज़ था।

रेस्तराँ के दरबान ने आकर भिखारिन को हड़काया था। वह याचक मुद्रा में उसे देखती रही। उसने बेल्ट के साथ बँधे काले डण्डे पर हाथ रखा। चेहरे की सख़्ती और ज़्यादा उभर आई। भिखारिन सहम गई। उसने झटपट चादर जैसी किसी चीज़ को लपेटा। कटोरा उठाया और बच्चे को कन्धे से चिपकाकर बुदबुदाती चली गई।

दरबान ने उसे जाते हुए देखा। उसका हाथ अब भी बेल्ट और डण्डे के पास था। मुँह में शायद कोई गाली दी जो उसने भिखारिन के चले जाने के बाद भी उगल दी थी।

वह फिर रेस्तराँ के दरवाज़े के पास जाकर खड़ा हो गया था।

किरदार कोने में खड़ा सब देखता रहा। महसूस करता रहा कि एक दिल्ली के कितने-कितने चेहरे हैं।

जनपथ के बरामदे में खड़े होकर वह सामने पालिका बाज़ार के द्वार को देखता रहा। उघड़ी-उघड़ी घास और किनारे पर छतनार नीम के दरख़्त!

जीवन भारती बिल्डिंग और उसकी शीशे की दीवार यहाँ से भी नज़र आती थी।...पत्थर के शहर में शीशे की दीवार! यह रहस्य था। लेकिन था।

किरदार खड़े-खड़े जाने क्या-क्या सोच रहा था। एक लड़का उसके पास आकर खड़ा हो गया था। उसके पास बहुत सारा सामान था। खिलौने, लकड़ी का सामान, लकड़ी और स्टील के फ्रेम, लकड़ी के पेनस्टैण्ड, गेम का सामान...और हण्टर! लड़के ने हण्टर दिखाते हुए किरदार से कहा कि वह इसे खरीद ले। इसके कई फायदे हैं। लोगों में डर पैदा होता है। लड़ाई हो जाए तो हण्टर बहुत अच्छा हथियार हो सकता है। रामपुरिया जेब में पड़ा हो तो सौ ख़तरे। चक्कू-वक्कू तो जी का बवाल होते हैं। हण्टर से कोई दिक्कत नहीं। दुश्मन की ऐसी-तैसी कर सकता है।

किरदार ने लड़के को समझाते हुए कहा कि उसका कोई दुश्मन नहीं है। लड़का हैरान होकर किरदार को देखता रहा। उसकी हैरानी की माकूल वजह थी। दिल्ली जैसे शहर में, यह कैसे सम्भव है कि किसी का कोई दुश्मन न हो?...कोई

भी...एक भी आदमी दुश्मन न हो।

किरदार उसे समझाने की कोशिश करता रहा। लेकिन लड़का जो तेज़-तर्रार था, पता नहीं उसे क्यों समझ नहीं आ रहा था कि दुश्मनहीन आदमी दिल्ली में नहीं हो सकता। लड़के ने जिरह जारी रखते हुए किरदार से कहा कि वह बेहद मामूली हॉकर है। इसके बावजूद, इसी सी.पी. (क्नॉट प्लेस) में उसकी कइयों से अदावत चल रही है। दो से तो छुरेबाज़ी हो चुकी है। लड़के ने अपने तर्क जारी रखते हुए कहा कि दो नमक बनानेवाली कम्पनियाँ, दुश्मन हो सकती हैं...दो कोल्ड ड्रिंक्स बनाने वाले आपस में लड़ सकते हैं। दो डिटिर्जिन पाउडर बनानेवालों में युद्ध छिड़ सकता है। यानी दुश्मनी का रिश्ता चलता रहता है, दोस्ती का चले न चले।...इसलिए वह उसका हण्टर खरीद ले।

किरदार ने लड़के के कन्धे पर हाथ रखते हुए कहा कि उसका हण्टर खूबसूरत होने के बावजूद भय पैदा करता है। लेकिन वह भय पैदा करने नहीं निकला। किसी को डराना उसका मक़सद नहीं। वह तो दुनिया के दुःख को महसूस करने निकला है। लड़का किरदार की बात सुनकर पहले तो हैरान हुआ था। इस बार परेशान हुआ। जब अपने ही दुःखों का पिटारा खाली नहीं हो रहा तो दूसरे के दुःखों को कोई क्या महसूस करेगा।

लड़का चला गया। किरदार अब भी निरूला के बाहर, बरामदे के अन्दर खड़ा था। जहाँ युवक-युवतियों की भीड़ थी। हास-परिहास, चुहल और छेड़छाड़ थी।

किरदार इनर सर्कल के बरामदे में चल रहा था। लोग डिपार्टमैण्टल स्टोर में 'सेल' का माल खरीद रहे थे। खुश थे। 'सेल' जश्न था। सब खुश थे। दूकानदार खुश थे। खरीददार खुश थे। सेल्समैन खुश थे। खरीदार इसलिए खुश थे कि वे सोच रहे थे कि उन्होंने दूकानदार को लूट लिया। दूकानदार इसलिए खुश थे कि वे जानते थे ठगा हमेशा कन्ज़्यूमर ही जाएगा। यानी एक-दूसरे को ठगकर वे खुश थे। एक-दूसरे को लूटकर वे सुख का अनुभव कर रहे थे।

वह कोविल के सामने रुका। नीचे रेस्तराँ था, ऊपर सी.सी.ए.—सेण्टर फार कण्टमप्रेरी आर्ट! वह ऊपर चला गया। प्रदर्शनी थी। 'फ़ोक' शीर्षक था। यानी गाँव। गाँव कहना गुस्ताख़ी थी। 'फ़ोक' में आधुनिकता का अहसास था। पाइप पीते भद्रजन थे। हुक्का उनके लिए 'क्यूट' था। चमरौधा 'क्यूट' था। छतरी क्यूट थी। चूल्हा क्यूट था। लहंगा क्यूट था। वे पाइप पीते। धुआँ उगलते। संजीदा नज़र आते।...फ़ोक की प्रदर्शनी एक डिश की तरह थी। व्यंजन की तरह थी।...शब्द उछलते थे। क्यूट! फाइन!...वंडरफुल! वे लहंगे को देखते। चकित रह जाते। चिमटे को देखते। अवाक् रह जाते। टूटी हुई खाट को देखते—दम साध लेते। उस छोटे-से हाल में वे गाँव को देखने आए थे।...शायद वे 'फोक' को रेलिश करने आए थे।

जाती दफ़ा लगता था जैसे उन्होंने गाँव को देख-समझ लिया है।

❑❑

एक तरफ गोपालदास टॉवर था दूसरी तरफ स्टेट्समेन अखबार का भवन! वास्तुकला के उत्कृष्ट प्रतीक!

बाराखम्बा रोड इन दो भवनों के बीच थी। भवन ऊँचे थे। आदमी का क़द छोटा। दोनों भवनों के मुख्य द्वार के बाहर पार्किंग स्थल में चमचमाती, नई कारें खड़ी थीं।

बाराखम्बा रोड के किनारे, रेलिंग के पास किरदार खड़ा था, अपनी औक़ात के मीज़ान लगाता।

बाराखम्बा रोड के दोनों तरफ इमारतें थीं—बहुमंज़िला। ऐसा लगता था इन बहुमंज़िला इमारतों के बीच सड़क एक नदी की तरह है जिसमें ट्रैफ़िक, शोर, धुआँ, किसी काले जल की तरह बह रहा है।

माडर्न स्कूल के बाद नीम के उम्रदराज़ दरख़्तों की कतार थी। पत्ते टूटते। हवा की हथेलियों पर नाचते रहते कुछ देर। फिर सड़क पर आ गिरते। पत्तों का दरख़्तों से टूटकर गिरना, एक खेल की तरह था। हज़ारों-हज़ार पत्ते जब एक साथ टूटकर गिरते तो टूटने की आवाज़ पैदा होती। टूटना, संगीत हो जाता। विदा का संगीत! माडर्न स्कूल से मण्डी हाउस के चौराहे तक चलना सुखकारी प्रतीत होता था। बेशक ट्रैफ़िक का क्रम थमा नहीं था। लेकिन सड़क से हटकर, पटरी पर चलना, दरख़्तों को देखना, कभी धूप तो कभी छाँव पर पाँव रखना, कभी-कभी किसी टूटते पत्ते को हवा के हाथ से उठाकर, अपने हाथ में पकड़ लेना और फिर उछाल देना...

किरदार इत्मीनान से चल रहा था—झोला लटकाए। दरख़्तों को देखता। जीवन संगीत को महसूस करता। वह सोचता हुआ चल रहा था कि यह शहर एक नए तिलिस्म को रचता है हर पल! हर पल एक नया दरवाज़ा खुलता है। दरवाज़ा खुलता है और एक नए संसार में खींच ले जाता है।

ताज्जुब था, बिलकुल अकेली पटरी, जहाँ न बाज़ार था न ज़्यादा पैदल चलते लोग, यहाँ भी एक भिखारी बैठा था। व्यस्त इलाकों में शायद उसके लिए जगह नहीं बची होगी। शायद दूसरे भिखारियों ने जगह घेर ली हो। शायद यह भिखारी जान-बूझकर यहाँ चला आया हो। जैसे अपने भिखारीपन से निकलकर, किसी निर्जन में धँस जाना चाहता हो। लेकिन भिखारी का जो पीछा करती रहती है, वह भीख ही तो होती है।...भिखारी यहाँ आकर क्यों बैठ गया होगा, यह सवाल, किरदार को परेशान कर रहा था। कई बार ग़ैर-ज़रूरी सवाल, ज़िद्दी मक्खी की तरह पीछे पड़ जाते हैं। वैसे यह भी तो भिखारी की इच्छा पर निर्भर करता है कि वह भीख

माँगने के लिए कहीं जा बैठे।...लेकिन सवाल यह भी है कि भिखारियों की कोई इच्छा होती है?

इस, लगभग अकेली और वीरान पटरी पर बैठा भिखारी, किसी बहुत पुराने, जर्जर चर्च जैसा लगता था—ख़ामोश! गुमशुदा, उदास, धुँधली प्रार्थनाओं के बीच। घण्टियों की मन्द पड़ चुकी आवाज़ों को याद करता—अकेला...बेहद अकेला चर्च!

भिखारी कुछ-कुछ वैसा लगता था—किसी कारुणिक दुनिया के बीच। ग़मज़दा, डरा हुआ। अपने ठूँठ-ठूँठ हाथों को देखता। मौसमों से निरपेक्ष। अपनी देह से त्रस्त।...कभी उसका भी कोई नाम होगा। जब उसने भीख माँगनी शुरू नहीं की होगी। जब उसके हाथों की उँगलियाँ झरनी शुरू नहीं हुई होंगी। तब, यकीनन उसका कोई नाम रहा होगा। अब नाम गुम हो गया था। अब वह संज्ञा था, विशेषण था, भिखारी था।

उसकी आँख में कोई सपना नहीं था। भिखारियों की आँखें सूनी, निस्तेज और बीमार नज़र आती हैं। वे सपनों से खाली होती हैं, शायद इसलिए। शायद इसलिए कि वे हमेशा याचनाओं से भरी होती हैं।

अकेला बैठा भिखारी जैसे शहर की व्यस्तताओं से बाहर हो या बाहर कर दिया गया हो।...अकेला बैठा भिखारी जैसे अपने दुःख की आप, शोकसभा हो।...शहर ने आँखों के रोने पर पाबन्दियाँ लगाई हों और वह मन ही मन रो रहा हो।

किरदार बाईं तरफ से मुड़ता तो फिक्की ऑडिटोरियम की बगल से निकलते हुए त्रिवेणी जा सकता था या फिर सफ़दर हाशमी मार्ग से होते हुए श्रीराम सेण्टर...। लेकिन वह दाईं तरफ मुड़ गया। नेपाल भवन की कत्थई इमारत और उसके भीतर खाली खुले दालान को देखते हुए वह फ़िरोज़शाह मार्ग पर आ गया था। उसे यहाँ खड़े होना अच्छा लग रहा था। फ़िरोज़शाह रोड अपेक्षाकृत शान्त रास्ता था। शान्त। साफ। दूर तक दरख़्तों की सफ़र। पत्थर की पगडण्डी के साथ-साथ घास की पट्टी। बंगले। उनका शान्त वातावरण। यहाँ रहनेवाले लोग दिल्ली के बारे में क्या सोचते होंगे? किरदार इस बात पर विचार करता रहा। उसका मन हुआ कि टहलता हुआ फ़िरोज़शाह रोड घूम आए। कम-से-कम वहाँ तक, जहाँ लालबत्ती दिखाई दे रही थी। या फिर जापान कल्चर सेन्टर चला जाए।

लेकिन सामने रवीन्द्र भवन की इमारत थी। उसके अन्दर पत्थर के बने मूर्ति शिल्प थे। वृक्षों के झुरमुट। अशोक के दरख़्त। इमारत आकर्षक लग रही थी। वह बहुत ऊँची नहीं थी। उसका नक़्शा कुछ-कुछ ऐसा था जैसे वह बाहें फैलाकर, दुनिया की तमाम कलाओं का स्वागत कर रही हो।

लोहे का बड़ा-सा गेट था। लेकिन वह बन्द होने के बावजूद, इस तरह खुला

था कि आदमी आढ़ा तिरछा होकर उसमें प्रविष्ट हो सके। प्रवेश, वस्तुतः दूसरी तरफ से था—कोपरनिकस रोड से। जहाँ आगे चलकर कई भवन थे—पंजाब भवन, हरियाणा भवन! इन भवनों के बाहर खड़े लोगों के भरे-भरे और कुटिल चेहरों से अन्दाज़ा लगाया जा सकता था कि ये चेहरे राजनीतिज्ञ हैं।

शुक्र था कि पुश्किन की मूर्ति, रवीन्द्र भवन के बाहर, फ़िरोज़शाह रोड के पास स्थापित की गई थी। मूर्ति आदमक़द थी। पुश्किन की मूर्ति को लगातार देखते रहने से ऐसा महसूस होता था जैसे वे कुछ कहना चाहते हैं। बहुत कुछ कहने के बावजूद, हर लेखक का कुछ-न-कुछ ऐसा ज़रूर होता है जो अनकहा रह जाता है। पुश्किन क्या कहना चाहते होंगे? वे, यहाँ के अदीबों से कुछ कहना चाहते होंगे?...यहाँ के सड़ते जा रहे सिस्टम पर कोई मार्मिक-सी टिप्पणी करना चाहते होंगे?...वे उदारीकरण, पूँजीवाद के ख़तरों के प्रति आगाह करना चाहते होंगे?...वे कोई कविता सुनाना चाहते होंगे...या फिर बोलने की मुद्रा के बावजूद, वे कुछ भी नहीं बोलना चाहते होंगे।

रवीन्द्र भवन की छोटी-सी चारदीवारी, दीवार के ऊपर लोहे के सरिए...किरदार उन सरियों के पास काफी देर तक खड़ा रहा। पुश्किन की मूर्ति को देखता। पुश्किन की मूर्ति के कन्धे पर, (पुश्किन ने ओवरकोट पहन रखा था) एक परिन्दा बैठ गया था। पता नहीं क्या बात है कि बुत्तों का जीते-जागते लोगों से वास्ता हो या न हो, शहर के परिन्दों से ज़रूर हो जाता है।

अन्ततः वह रवीन्द्र भवन के भीतर चला गया। उसी गेट से जो ज़रा-सा खुला था। वह चलता गया। उसे समझ नहीं आ रहा था कि किधर जाए? एक ओर रवीन्द्र भवन की तिमंज़िला इमारत थी। बीच में खाली दालान था। फर्श था। मूर्ति शिल्प रखे थे। दूसरी तरफ रवीन्द्र भवन के समानान्तर ललितकला अकादमी का प्रदर्शनी कक्ष था। अपनी दुविधा का त्याग करता हुआ वह प्रदर्शनी कक्ष की तरफ बढ़ चला। वह थोड़ा संकोच में भी था कि उसे अन्दर प्रविष्ठ होने दिया जाएगा या नहीं। लेकिन ऐसा कुछ भी नहीं था।

वह स्वागत कक्ष के पास बहुत बड़े हाल को देखता रहा। स्वागत कक्ष नीचे था। पहली और दूसरी मंज़िल पर प्रदर्शनी कक्ष थे। स्वागत कक्ष के पास सीढ़ियाँ थीं। वातावरण शान्त था।

वह सीढ़ियों के ज़रिए पहली मंज़िल पर पहुँचा। यहाँ आकर उसे महसूस हुआ कि वह तसव्वुर की दुनिया में आ खड़ा हुआ है। कल्पनाशीलता, बुरूश, रंग—कैनवास पर सृजन का संसार था।

हॉल में असीम शान्ति थी। कुछ लोग थे चित्रों को देखते। बहुत होले से बोलते। वे चलते, रुकते, कदमों की हल्की-सी चाप सुनाई देती।

किरदार पहले घबराया हुआ था। कोई टोक न दे। कोई रोक न दे। कोई बाहर न निकाल दे। लेकिन ऐसा नहीं हुआ था। अब वह इत्मीनान से चित्रों की प्रदर्शनी देखने लगा था। पहली तीन पेंटिंग्स में प्रकृति थी—जैसे कि वह मनुष्य के हस्तक्षेप से व्यथित हो। लेकिन बाक़ी चित्रों में 'स्त्री' थी। आधी दुनिया समझी जानेवाली स्त्री की दुनिया कितनी विकट थी? संघर्षरत! पुरुषों के समाज से हताश। या वह देवी या पतिता!...!

किरदार नारी के विभिन्न रूपों को उन चित्रों में देखकर विचलित होने लगा था।

एक पेंटिंग को वह देखता रहा एकटक! रात्रि का समय। घना अन्धकार! घर के बाहर, बगल में पोटली दबाकर खड़ी स्त्री। लेम्पपोस्ट की ज़र्द रोशनी।...घर के भीतर, सांकल बन्द करने की अवस्था में खड़ा पति!...शायद उसने अपनी पत्नी को घर से निकाल दिया था। बाहर अँधेरा था। घना अँधेरा। लैम्पपोस्ट की रोशनी कितना बड़ा फ़रेब थी। जो था, वह अँधेरा था। किसी अजगर जैसा। जो था, वह अँधेरा था, अनन्त में। स्त्री के मन में...स्त्री की आँखों में। स्त्री की आँखों में याचना थी। प्रश्न भी था कि वह कहाँ जाए...

एक अन्य पेण्टिंग थी। कॉलेज परिसर में एक गुण्डे ने अपनी जीप के नीचे एक लड़की को कुचल दिया था। पूरा कॉलेज तमाशाई नज़र से लड़की के कुचले हुए शरीर और युवक की जीप को देख रहा था।

एक स्त्री...नग्न देह और सिर्फ़ आँखों पर काली पट्टी। कुछ कामुक आँखें। देह को ताकती...ताड़तीं और जिन्स में बदलतीं...

तीखी धूप में पत्थर तोड़ती स्त्री और कीकर की छाँव में खेजड़ी के फल को चबाता बच्चा।

स्त्री! फटा हुआ छाता और नम आँखों से किसी वीरान रास्ते पर खड़ी, इन्तज़ार करती अपने प्रेमी का...उम्र के पचासवें साल में भी!...ज़िन्दगी, शायद इन्तज़ार के बुझे हुए चराग़ों का नाम होता है।

स्त्री! झुलसा हुआ चेहरा। अपने आप से डरती।...मुँह को छुपाती...अँधेरों में पनाह ढूँढ़ती...

चित्रों में नारी थी। अनेक दुःख थे उसके। अनेक कष्ट थे। चित्रों में दुःख अमूर्त थे। कुछ प्रतीकात्मक! बिन्दी, सुर्खी, लिप्स्टिक, सिन्दूर, मंगलसूत्र, सात फेरे जैसे सामाजिक जंजालों में जकड़ी स्त्री! सेनेटरी नैपकिन से लेकर प्रसाधनों का बाज़ार बनती स्त्री! ब्लेड से लेकर सिगरेट और शराब से लेकर कण्डोम तक के विज्ञापनों में, उत्पादकों द्वारा परोसी गई देह-स्त्री!...स्त्री कामगार। मज़दूर।...स्त्री अपने शरीर की संरचना से आप भयभीत! उत्पीड़ित! अकेली। बन्दिशों में जकड़ी।

पुरुष की खेती।...अपनी दीनता, दुर्दशा को छुपाती...हँसने की कोशिश करती स्त्री...

किरदार हाल के आखिरी सिरे तक पहुँच गया था। वह किसी गाढ़े अवसाद और अजीब-सी बेचैनी में घिरा हुआ प्रतीत होता था। वह जहाँ पहुँच गया था, वहाँ से थोड़ा आगे जाकर एक दरवाज़ा था। वहाँ से दूसरे हाल में प्रविष्ठ हुआ जा सकता था।

दूसरे हाल में जाते-जाते अचानक वह ठिठक गया। कुर्सी और मेज़ थी। मेज़ छोटी-सी। कुर्सी पर एक स्त्री बैठी थी। उसके हाथों में एक किताब थी। हाथों पर सफेद रंग के दस्ताने थे। मेज़ पर विज़टर्ज़ बुक रखी थी।

वह पेण्टिंग देखते-देखते उसे देखने लगा। या फिर वह जाते-जाते, कभी किसी पेण्टिंग को देख लेता तो कभी स्त्री को। स्त्री ने भी महसूस किया कि सामने खड़ा, 'विज़टर' उसे देख रहा है।

स्त्री ने किताब से नज़रें हटाईं। पूछा, "कुछ कहना चाहते हैं आप?"

"कहना?..पूछना चाहता हूँ।"

"क्या?"

"आप इस प्रदर्शनी के बीच हैं...इन चित्रों के बीच!...फिर भी आप इन्हें देख नहीं रहीं...किताब पढ़ रही हैं।"

"मैं इन्हें देख चुकी हूँ।"

"एक पेण्टिंग को कितनी बार देखा जाना चाहिए?"

"कम से कम एक बार... ।"

"क्या सिर्फ़ देखा जाना काफी है...मेरा मतलब है कि...?"

"जो प्रदर्शित किया गया है...वह देख जाने के लिए ही तो किया गया है।"

"ठीक है।...लेकिन देखने का सामर्थ्य आँखों के पास न हो तो?"

"मतलब?"

"मतलब कि देख लेना किसी चित्र को काफी नहीं होता। जब तक कि..."

स्त्री चुपचाप किरदार को देखती रही। उसकी बात के आख़िरी सिर तक खड़ी थी कि वह बात पूरी करे। फिर बोली, "जब तक कि... ।"

"जब तक कि देखना घटना न बन जाए।" किरदार ने कहा। स्त्री ने प्रशंसात्मक दृष्टि से उसकी तरफ देखा।

"कैसी लगी प्रदर्शनी?" स्त्री ने पूछा।

"मार्मिक!" किरदार ने कहा।

"कला समीक्षकों ने बहुत कुछ लिखा है इस प्रदर्शनी पर...मार्मिक शब्द किसी ने नहीं कहा।" स्त्री बोली।

"मैं कला पारखी नहीं हूँ।...कला समीक्षक भी नहीं।...सम्भव है, मेरे पास

वह दृष्टि न हो, जिस दृष्टि से इन चित्रों को देखा जाना चाहिए।...यह एक आम, बेहद सामान्य दर्शक की टिप्पणी है।''

''कई बार केवल एक शब्द, कला समीक्षकों के लम्बे-चौड़े वृतान्त से भारी पड़ जाता है।...लफ़्फ़ाज़ियां'' कई बार आतंक पैदा करती हैं।'' स्त्री ने किरदार की तरफ देखा। बहुत हल्के से मुस्कराई। उसका मुस्कराना अच्छा था। पर कहीं न कहीं वह उदास भी नज़र आती थी। शायद किरदार का यह वहम हो और वह अभी चित्रों को देखने से पैदा हुई अनुभूति से मुक्त न हो पाया हो।

कुछ देर ख़ामोशी छाई रही। स्त्री के हाथ में अब भी किताब थी। अभी उसने खोलकर पढ़नी शुरू नहीं की थी। लेकिन उसकी उंगली किताब के उस हिस्से में खुँसी हुई थी जहाँ से आगे उसने पढ़ना था।

''दरअसल...।'' किरदार कुछ सोचकर बोलने लगा।

स्त्री ने किरदार की तरफ देखा।

''मुझे...दरअसल...इन चित्रों को देखते हुए ऐसा महसूस हुआ कि मैं दर्द की बहुत बड़ी दुनिया में खड़ा हूँ।...स्त्री की पीड़ाएँ अनन्त हैं...।''

''आप ठीक कहते हैं।...चित्र बनाते हुए मेरे मन में भी कुछ-कुछ ऐसी बातें थीं—यही स्थितियाँ।...तब मैं एक स्त्री थी और हज़ारों स्त्रियों में बँटी हुई थी मैं।''

''ये चित्र आपने बनाए हैं?'' किरदार ने हैरान होकर पूछा। उसके चेहरे पर कई रंग आए, गए।

''हाँ।'' स्त्री ने संक्षिप्त-सा जवाब दिया। जैसे सृजन ने उसे विनम्र बनाया हो और वह तमाम अहंकारों से बचना चाहती हो।

''अब मैं महसूस कर रहा हूँ कि आपके अन्दर कितनी सृजनात्मक बेचैनी और तनाव होंगे।...अब मैं समझ रहा हूँ कि आपके हाथ कितने सुन्दर होंगे? सुन्दर, कलात्मक और...।''

''और क्या?'' स्त्री ने पूछा।

''और आकर्षक।''

स्त्री किरदार के चेहरे की तरफ देखती रही। बीच में शून्य पसरा रहा। वह हतप्रभ थी। हतप्रभ किरदार भी था कि ऐसा क्या कह दिया उसने। स्त्री की आँखें जैसे नम हो गई हों, ऐसा प्रतीत होता था।

स्त्री ने कुछ देर तक यूँ ही किरदार को देखा। बहुत आहिस्ता से किताब को मेज़ पर रखा। बड़ी सहजता से हाथों पर चढ़े दस्ताने उतारे। हाथ किरदार के आगे बढ़ा दिए। किरदार हाथ देखकर सिहर उठा। देखता रहा स्त्री के हाथ। एकटक!...ख़ामोश निगाहों से। कोई विचलन तैरने लगा हो जैसे आँखों में। आँखें ख़ामोश थीं। जैसे आँखों की ख़ामोशी फड़फड़ा उठी हो। तड़प उठी हो।

किरदार आगे बढ़ा। स्त्री के हाथों को और ज़्यादा करीब से देखता रहा—झुलसे हुए, स्याह हाथ! बदरंग। बदज़ेब! किरदार थोड़ा झुका। उसने स्त्री के दोनों हाथ अपने हाथ में भर लिए। स्त्री उसे देखती रही। नम आँखों से देखती रही। किरदार स्त्री के दोनों हाथों को अपने हाथों में भरकर खड़ा रहा। उसकी आवाज़ जैसे से भीग गई हो। उसी स्वर में उसने कहा, "आपके हाथ बहुत सुन्दर हैं...बहुत सुन्दर!"

स्त्री ने मुस्कराने का यत्न किया। उसकी आँखें डबडबा गईं।

किरदार ने अपने हाथों को स्त्री के हाथों से अलग किया। गहरी साँस ली। जैसे पूछना चाहता हो कि हाथ कैसे झुलसे। लेकिन सवाल करना अनुचित लगा हो उसे। जैसे सवाल न पूछकर ख़ामोश रहना, उसके मन की इच्छा हो।

कुछ पल बाद किरदार फिर बोला, "आपके हाथ सचमुच सुन्दर हैं।...संवेदना है इनमें।"

"मेरे हाथ सुन्दर...?" स्त्री ने प्रतिप्रश्न किया।

"हाँ...सुन्दर और जज़्बाती...।" किरदार बोला।

कुछ देर चुप रहने के बाद वह बोला, "आपसे मिलना अप्रत्याशित था और आवेग-भरा।"

"प्रदर्शनी तीन दिन और चलेगी।" स्त्री बोली। ज़रा-सा मुस्कराई, "आप फिर आना किसी दिन...।"

किरदार ने स्त्री को देखा। मुस्कराया। प्रदर्शनी कक्ष से बाहर आ गया।

❑❑

प्रदर्शनी कक्ष से बाहर निकल आया किरदार! बाहर, जहाँ मूर्ति शिल्प रखे थे, खाली जगह थी। कुछ देर वहाँ खड़ा रहा। सामने रवीन्द्र भवन की दीवार थी। दीवार पर पोस्टर चिपकाए हुए थे। नाटकों के, प्रदर्शनियों के, सभाओं और गोष्ठियों के।

एक पोस्टर इसी रवीन्द्र भवन के सेमिनार हॉल में होने जा रही शोकसभा का था। एक लेखक की मृत्यु हो गई थी। दिल्ली के लेखकों ने उस लेखक की मृत्यु पर संवेदना व्यक्त करने का सोचा था। वे इकट्ठा हो चुके थे।

किरदार जब सेमिनार हॉल में प्रविष्ठ हुआ, शोक सभा जारी थी। सेमिनार हॉल भर चुका था। इसके बावजूद, लोगों को जहाँ-जहाँ जगह मिली, वे वहाँ खड़े हो गए, या बैठ गए। किरदार भी एक कोने में जाकर खड़ा हो गया।

कैमरा टीमें दो थीं। किरदार को इस बात पर थोड़ी-सी हैरानी हुई कि शोक सभा में कैमरा टीमों का क्या मतलब? लेकिन वहाँ उपस्थित, शोक व्यक्त करने आए लोगों को इन कैमरा टीमों से न कोई दिक्कत हुई थी न परेशानी।

कोई था जो अपनी संवेदना व्यक्त कर रहा था। वह दिवंगत लेखक के पुराने मित्रों में से था। यह उसका कहना था। उसने अपने दिवंगत मित्र की मृत्यु को समाज के साथ जोड़ते हुए कहा कि लेखक की आवाज़ इतनी कमज़ोर और अकेली हो चुकी है कि हर लेखक, धीरे-धीरे अपने अन्दर के अँधेरों में उतरने लगा है। दिवंगत मित्र भी अकेला हो गया था। उसके हज़ारों दोस्त थे। लेकिन अन्ततः वह अकेला ही था। बाहर से वह बहुत खिलन्दड़ा और खुशबाश नज़र आता था...लेकिन मन ही मन वह बेचैन था। टूट-फूट चुका था।...भविष्य, जैसे उसका था ही नहीं। भविष्यहीन व्यक्ति, अपने जीवन से हारने लगता है। जीवन के प्रति अनास्था उसकी मृत्यु का सबसे बड़ा कारण थी।

दूसरे लेखक ने खड़े होकर दिवंगत मित्र के योगदान की सराहना करते हुए कहा कि वह बहुत अच्छा चित्रकार भी था। उसका हाथ बहुत साफ था। विज़न था उसके पास! दो चीज़ों ने उसका उम्रभर तक साथ निभाया...उसकी खाँसी ने...और लकीरों ने। वह हमेशा खाँसता रहता था। अन्त में वह अपनी खाँसी से हार गया था। खाँसते-खाँसते बेदम हो जाता था। अपने साथ बैठे किसी दोस्त के सामने जैसे उसकी खाँसी ने उसे शर्मसार कर दिया हो।...खाँसी थमती। वह अपने कुर्ते की आस्तीन से मुँह, आँखें साफ करता। हँसने की कोशिश करता। स्पष्टीकरण देता, "हर वक़्त साँस लेना आसान होता है।...हर वक़्त खाँसते रहना मुश्किल!"

मरने से कुछ देर पहले जब वह खाँसते-खाँसते बेहोशी में चला गया था और बेहोशी से लौटने के बाद उसने बिस्तर पर रखे कोरे कागज़ पर आढ़ी-तिरछी लकीरें खींची थीं। वे लकीरें, जैसे मृत्यु का चेहरा हों...वे लकीरें जैसे उसके अपने अवसाद का चेहरा हों...जैसे उसके अन्त की पूर्व सूचना हों...

बोलनेवाले ने गहरी साँस ली। वह फिर बोलने लगा, "वह चित्रकार था...अपनी लकीरों के साथ मरा।...दर्द की लकीरें छोड़ गया...ज़िन्दगी की लकीरें ले गया।...वह लेखक था। लेकिन उसके शब्द धीरे-धीरे ख़ामोश होते चले गए थे।...लेकिन यह बात विचार करने लायक है कि उसके शब्द, पीछे क्यों छूट गए?...वह अपने शब्दों से क्यों हार गया?"

एक अन्य लेखक ने दिवंगत लेखक पर अपनी संवेदना व्यक्त करते, वहाँ से बात उठाई जहाँ से पूर्व वक्ता ने बात छोड़ी थी। वह बोल रहा था, "यह सवाल...अगर गहराई से विचार करें तो भाषा से जुड़ा है।...हिन्दी की अपनी कोई औक़ात नहीं, तो इसी भाषा में लिखनेवाले लेखक की क्या होगी?...अंग्रेज़ी में लिखनेवाला तीसरे दर्जे का लेखक भी अपनी पहचान बना लेता है...लेकिन हिन्दी लेखक उम्रभर कलम घिसता है। हाथ कुछ नहीं आता।...यहीं से फ्रस्ट्रेशन पैदा होती है और यहीं से यह भाव भी कि लिखने में कुछ नहीं रखा। ऐसा उन लेखकों के

साथ ज़्यादा हुआ, जिन्होंने लेखन को अपने जीवन और व्यक्तित्व से जोड़ कर देखा।''

''हमें कुछ अन्य बातों पर सोचना चाहिए।'' एक बुज़ुर्ग वक्ता बोल रहे थे। उनकी आवाज़ भारी थी। उन्होंने काला चश्मा पहना हुआ था। वे किसी पत्रिका के सम्पादक थे। लोग उनकी बातों को ध्यान से सुन रहे थे–हिन्दी का यह चौथा लेखक है, जिसकी अकाल मृत्यु हुई है।...सभी लेखक पैंतालीस और पचास के बीच मरे हैं। वे क्यों मरे हैं? यह समय मृत्यु समय है?...मृत्यु जीवन के समानान्तर है।...बहुत बड़ा सच है मृत्यु। उसे आना है।...लेकिन सोचना यह है कि वह किन रास्तों से आई है?...आप ग़ौर करें।...हिन्दी के चारों लेखक जो थोड़े-थोड़े अन्तराल में मरे हैं...चारों में एक जैसी प्रवृत्ति मिलती है...सुसाइडल टेण्डेन्सी! यह चिन्ता का विषय है कि समाज को जो अपने शब्द और आवाज़ देने का संकल्प लेकर निकले थे, उनमें आत्महत्या की प्रवृत्ति पैदा होने लगी।''

कैमरामैन तेज़ रोशनियाँ फेंकते रहे। कैमरे मूव करते रहे। शूट करते रहे।

कुछ लोग उठकर चले गए। उनके उठकर चले जाने से कइयों को बैठने की जगह मिल गई।

एक अन्य वक्ता खड़ा हुआ। उसने बोलने की कोशिश की। गला रूँद्ध गया। फिर बोलने की कोशिश की। शब्द मुँह से नहीं निकले। ऐसा लगता था जैसे वह अतीत में भटक रहा है कहीं, अपने दिवंगत मित्र के साथ।

''नाटक कर रहा है।'' कुर्सी पर बैठे एक बुद्धिजीवी ने बहुत होले से दूसरे बुद्धिजीवी से कहा।

''मुझे भी लगता है।...लेकिन प्रफ़ार्मेंस देख कितनी अच्छी है।'' दूसरे ने कहा।

वह बिना बोले अपनी कुर्सी पर जाकर बैठ गया। हॉल में कुछ देर तक सन्नाटा खिंचा रहा। सब ख़ामोश थे। सिर्फ़ कैमरे वाचाल थे। वे अब भी उस लेखक का पीछा कर रहे थे जो बिना बोले, रूँद्धे गले के साथ, वापिस अपने स्थान पर जा बैठा था।

इस बीच कोई वक्ता बोलने के लिए खड़ा हुआ था और ऐन इस बीच एक स्त्री ने हॉल में प्रवेश किया था। लोग उसे देखने लगे थे। खुसुर-पुसर भी हुई थी। वह कुछ क्षण दरवाज़े के पास खड़ी रही। शायद किसी खाली कुर्सी की तलाश में हो। उसे खाली कुर्सी मिल गई थी। वह बैठ गई। वक्ता बोलने लगा था।

''आप लोग श्रद्धांजलि देने आए होंगे...मैं सवाल उठाने आया हूँ।...आप कह सकते हैं कि यह वक़्त सवाल उठाने का नहीं।...लेकिन क्या यह वक़्त श्रद्धांजलि का है?...श्रद्धांजलि देते हुए आप उस बीहड़ से मुक्त नहीं हो सकते जिस बीहड़ में दिवंगत धँसता चला गया...जो बीहड़ आपके अन्दर भी है...श्रद्धांजलि पाखण्ड

है दोस्तो!...हक़ीक़त यह है कि हम अपने आपको श्रद्धांजलि के कवच में छुपा रहे हैं।"

थोड़ी आवाज़ें उठी थीं। वक्ता बोलते-बोलते ख़ामोश हो गया था। इधर-उधर देखने लगा था।

"आप कहना क्या चाहते हैं?" कोई आवाज़ उभरी।

"मैं...मैं क्या कहना चाहता हूँ?...दिवंगत लेखक की मृत्यु...क्या सिर्फ एक मृत्यु है?...उस मृत्यु का ज़िम्मेदार कौन है?...क्या हम सब नहीं?...हम सब!...एक जमाना था जब उसके हज़ारों दोस्त थे। तब अखबारों में और टी.वी. में उसे काम मिल रहा था। पैसा था उसके पास। लेकिन जब कोई काम न रहा उसके पास, तो वह नकारा हो गया।...हम सब उससे मिलने से डरते थे कि कहीं वह उधार न माँग ले।...हमें इस बात पर विचार करना चाहिए कि हमारे बीच रिश्ते क्यों छोटे हो गए...पैसा क्यों बड़ा हो गया?"

हाल में ख़ामोशी छा गई थी। वक्ता कुछ देर ख़ामोश खड़ा रहा। गहरी साँस लेकर बोला, "आखिरी दिनों में वह बहुत पीने लगा था।...आप उस सवाल से क्यों बच रहे हैं कि वह बहुत ज़्यादा क्यों पीने लगा था?...क्या यह सच नहीं कि उसके मरने से पहले उसका घर मर गया था?"

बोलते-बोलते वह रुक-सा गया। डायस पर कोहनियाँ टिकाए खड़ा रहा। पता नहीं वह क्या सोच रहा था?...क्या याद कर रहा था?

"कहना तो मुझे बहुत कुछ है," वह बोला। अपनी ख़ामोशी से बाहर निकला वह, "कहना तो सचमुच मुझे बहुत कुछ है। लेकिन...बस...यही एक वाक्य कि इस परिदृश्य से...यही, यही परिदृश्य जो हमारे बीच है...कोई इससे सन्तुष्ट हो तो हो, मैं नहीं हूँ...।" उसने कहा।

वक्ता चुपचाप अपनी कुर्सी पर बैठ गया।

फिर कोई और वक्ता बोलने के लिए खड़ा हुआ। "क्षमा करना मित्रो!...पूर्व वक्ता की बातों से मैं पूरी तरह सहमत हूँ।...यह परिदृश्य हमें मार देगा।...समाप्त कर देगा हमें।...हम अपने-अपने निर्जनों में क़ैद हुए जा रहे हैं। क्यों होते जा रहे हैं हम इतने अकेले?...आप सब को मालूम होगा। एक बुर्जुग उपन्यासकार की शवयात्रा में सिर्फ़ पाँच लेखक मौजूद थे।...ये हमारी व्यस्तताओं का समय है या..."

"हम यहाँ श्रद्धांजलि देने के लिए इकट्ठा हुए हैं।" किसी ने बीच में टोका।

"क्योंकि किसी मर चुके व्यक्ति को श्रद्धांजलि देना ज़्यादा सुविधाजनक होता है।"

"मुश्किल क्या होता है?" बीच में फिर किसी ने सवाल किया।

"मृत्यु से पैदा हुए प्रश्नों से टकराना।"

"आप कहना क्या चाहते हैं?" कोई बोला।

"आत्महत्या की प्रवृत्ति लेखकों में क्यों पैदा हो रही है?...ये बुरे संकेत हैं। साहित्य यदि समाज का दर्पण है तो साहित्यकार भी समाज का आईना है।...आईना दरकने लगा है।...आपको ऐसा लगेगा कि मैं अपने मूल विषय से भटक रहा हूँ। लेकिन ऐसा है नहीं।...मैं तो कहना चाहता हूँ कि कहीं न कहीं लेखक आत्मकेन्द्रित होने लगा है। पहले जैसी बेबाकी, मिलना जुलना, हास-परिहास...वो सब जैसे ख़त्म हो गया है। कहीं न कहीं हम सब बाज़ारवादी शक्तियों की गिरफ़्त में हैं।...पुरस्कार...सम्मान...प्रकाशन...रचना का महत्व नहीं रहा। रचनाकार के सम्बन्धों का महत्व...दिवंगत लेखक, चित्रकार भी था मेरा मित्र था मिलनसार था। खिलंदड़ा था। लोगों के बीच वह हमेशा चीयरफुल मूड में रहता था। हँसता हुआ। खाँसता हुआ। ज़माने भर के किस्से सुनाता हुआ। लेकिन मैंने उसे फूट-फूटकर रोते देखा है। जब वो रोता था तो ऐसा लगता जैसे उसके अन्दर कोई बच्चा रो रहा है। वह बच्चों जैसा था। ऐसे बच्चे जैसा जो अपने खिलौने ख़ुद तोड़ लेता है...मैं, बस इतना ही कहना चाहूँगा।" देर तक बोलता हुआ वक्ता ख़ामोश हुआ। वहीं पास खड़ी कुर्सी पर बैठ गया।

अब तक डायस पर कोई बोलने नहीं आया। कैमरे, श्रोताओं पर फोकस कर दिए गए थे। तेज़ रोशनी पूरे हाल में रेंगती रही।

फिर कोई वक्ता बोलने के लिए खड़ा हुआ। "वह ज़िन्दादिल इन्सान था। अकेला रहता था। घर में बिखराव आ चुका था उसके।...कहता था, दुनिया ने दो-दो महायुद्ध झेले। जापान ने परमाणु बम की विभीषिका को झेल लिया, मैं परिवार के बिखराब को सहन नहीं कर सकता क्या?...ऐसी बातें करके वह बौद्धिक बनने की कोशिश करता था।...जीदार बनने का प्रयास करता था...लेकिन था नहीं। शायद हो भी।...अकेलापन मनुष्य को इतना असहाय कर देता है कि वह अपने-आप से पराजित होने लगता है।...लेकिन सही-सही आकलन करें तो पाएँगे कि हम सब कहीं-न-कहीं अकेले हैं। इसलिए हम अपने मकानों की छतें बनवाते हैं कि शाम के वक्त डूबते सूरज को देखें। घर जाते परिन्दों को देखें। आसमान को देखें। अपने आपको देखें। अपने भीतर उतरें और फूट-फूटकर रोएँ।...मकान की छतें मुझे इसलिए अच्छी लगती हैं।"

अन्त में दिवंगत लेखक/चित्रकार का लड़का बोला। वह बोलना नहीं चाहता था। उसे कुछ भी बोलने के लिए कहा गया। वह माइक के सामने कुछ देर गुमसुम खड़ा रहा। फिर बोला, "मेरे पापा के बहुत दोस्त थे।...वो सबसे प्यार करते थे। सबका ख़्याल करते थे। लेकिन मेरा ख्याल नहीं करते थे। पर मैं अपने पापा से बहुत प्यार करता था। अब भी करता हूँ। वो नहीं हैं, तब भी, मैं उनसे प्यार करता

हूँ।

उससे आगे बोला नहीं गया। वह रोने लगा। माइक पर शब्दों के बदले रोने की आवाज़ दबी-दबी आवाज़ सुनाई देने लगी। लोगों ने उसे चुप कराया। उसे बिठाया। शोक सभा समाप्त हो गई। लोग उठकर जाने लगे।

किरदार कक्ष से बाहर निकलकर गोल चक्कर पर आ गया।

❑ ❑

सूरज डूब गया था। यह शाम मण्डी हाउस की शाम थी। गोल चक्कर से गुज़रते हुए वाहन। दरख़्तों से टूटकर गिरते पत्ते। जेबरा क्रासिंग से गुजरते लोग। बहावलपुर हाउस यानी राष्ट्रीय नाट्य विद्यालय परिसर का शान्त वातावरण। मण्डी हाउस के आसपास का हंगामाखेज़ माहौल! श्रीराम सेण्टर...उसके पिछवाड़े त्रिवेणी तानसेन मार्ग बंगाली मार्किट...नत्थू स्वीटस!...शोर...शान्ति...लोग...ट्रैफ़िक के बावजूद यह चौराहा, दिल्ली के अन्य चौराहों से भिन्न नज़र आता था।

किरदार, कोपरनिकस रोड़, भगवान दास रोड़, गोलचक्कर के साथ-साथ घूमता हुआ सिकन्दरा रोड़ पर आ गया था। उसने भव्य-सी इमारत को देखा। इमारत के चारों तरफ घास का हरा मैदान था। फिर चारदीवारी थी। लोहे का बड़ा-सा गेट था। दूसरा गेट था। वह गेट आधा खुला था। इस गेट से अन्दर जाकर दूसरे गेट से बाहर निकला जा सकता था। वैसे यह आम रास्ता नहीं था। लेकिन रास्ता था। शार्टकट रास्ता था। रास्ता न होने के बावजूद, इसे रास्ते के रूप में इस्तेमाल किया जा सकता था। घूमकर जाने से एक फ़र्लांग चलना पड़ता था। दस मिनट का वक़्त लग जाता था। किरदार गेट के पास खड़ा देखता रहा था। तीन आदमी और एक स्त्री इस रास्ते से निकल गए थे। सन्तरी ने चारों के लिए गेट को ज़रा-सा खोला था। खुलने की कई सारी आवाज़ें पैदा करता गेट खुला था। उन चारों के क्रमशः जाने के बाद सन्तरी ने गेट बन्द किया था।

किरदार ने भी शार्टकट से जाने का सोचा। उसने देखा सन्तरी कहीं दूर चला गया है। किरदार ने खुद गेट को खोलने का प्रयास किया। अभी वह गेट को खोल ही रहा था कि रौबदार और कड़क आवाज़ उभरी, "रुको!...हाल्ट!"

आवाज़ सन्तरी की थी। जाते-जाते वह लौट आया था। थोड़ा गुस्से में था। वह अपने बैंत को खटखटाता किरदार के नज़दीक आकर बोला, "क्या बात है?...गेट क्यों खोल रहे थे?"

"इधर से गुज़रना था।" किरदार ने कहा।

"इस बिल्डिंग से?" सन्तरी ने करख़्तगी से पूछा।

"हाँ।"

"किससे मिलना है?"

"किसी से नहीं।"

"किसी से नहीं मिलना...और इधर से गुज़रना है?"

"हाँ।"

"उस पार जाना है...सफ़दर हाशमी मार्ग?"

"हाँ जी!"

"कानूनन आप इस परिसर में नहीं आ सकते।...कानूनन आप इस परिसर को पार भी नहीं कर सकते।"

"कानूनन मैं नहीं जा सकता...यह मैं जानता हूँ। लेकिन ग़ैर कानूनन...तो जा सकता हूँ?"

"मेरे सामने ग़ैरकानूनी बातें कर रहे हो...पता है, मैं कौन हूँ...सुरक्षाकर्मी हूँ मैं।...इस बिल्डिंग की सुरक्षा की ज़िम्मेदारी मेरी है।...ग़ैरकानूनी बातें मुझे बिल्कुल अच्छी नहीं लगतीं।"

"इस मुल्क में क्या सबकुछ कानून के अनुसार चलता है?" किरदार ने पूछा।

"यह बात मुल्क चलानेवालों से पूछो।" सन्तरी ने कहा।

"ठीक है। यह बहस लम्बी है।...मैं तो इस नतीजे पर पहुँचा हूँ कि जो ताक़तवर है कानून उसकी जेब में है।...ग़रीब के लिए चोर का डर...पुलिस का डर...प्रशासन का डर...कानून का डर।" किरदार ने कहा।

"बोलते रहने से तुम अपनी ऊर्जा नष्ट करते रहोगे...नतीजा कुछ नहीं निकलेगा।" सन्तरी ने कहा।

"मैं जानता हूँ...मुझे उस तरफ जाने दीजिए।" किरदार बोला।

"आई कार्ड है?"

"नहीं।"

"वोटर कार्ड है?"

"नहीं।"

"राशन कार्ड भी नहीं होगा?"

"हाँ, वो भी नहीं है।"

"ड्राइविंग लाइसेंस तो होगा नहीं। होता तो यहाँ खड़े बेवजह न अपना वक़्त ज़ाया कर रहे होते, न मेरा।...अपनी कार से निकल गए होते।"

"आप ठीक कहते हैं?"

"फिर...फिर क्यों खड़े हैं आप?"

"मुझे तो इस गेट से बाहर निकल जाने दीजिए।"

"यह आम रास्ता नहीं है।...यह शार्टकट तो बिल्कुल नहीं है।" सन्तरी सख़्ती

से बोला।

"मैं इतनी देर से खड़ा हूँ।" किरदार विनम्रता से बोला।

"मेरे कहने से तो नहीं खड़े हुए थे।"

"हाँ,...लेकिन खड़ा तो हूँ...किसी उम्मीद के सहारे खड़ा हूँ।"

"आसमान तो हज़ारों सालों से खड़ा है।" सन्तरी बोला।

"खड़े होने को तो वृक्ष भी खड़े हैं।" किरदार ने कहा।

"जिरहबाज़ी बंद"

"जिरह करने का शौक मुझे भी नहीं है।"

"पर, बातों से लगता है तुम जिरह के बड़े शौकीन हो।"

"ग़लतफ़हमी है आपकी।...मैं यहाँ से सिर्फ़ गुज़रने के लिए आया था...बहस करने के लिए नहीं।"

"इधर से गुज़रने का मतलब है तुमने कानून को तोड़ा...कानून को तुमने अपने हाथ में लिया।"

"कानून...।" किरदार ने सन्तरी की तरफ देखते हुए कहा, "कानून किसके हाथ में रहना चाहिए?'''

"हमारे...। बिलाशक हमारे!...हम सुरक्षा कर्मियों के पास।" उसने आत्मविश्वास भरे लहज़े में कहा।

"भाई साहब, एक बात पूछूँ?"

"ओ, सुन बे! बात पूछ। भाई साहब मत कह।...हम सुरक्षाकर्मी किसी के भाई-वाई नहीं होते।"

"तो आपको किस नाम से बुलाऊँ?"

"दोस्ती गाँठनी है क्या?...सौ बात की एक बात...तू इधर से नहीं गुज़र सकता।"

"क्यों?"

"क्योंकि यह आम रास्ता नहीं है।"

"तो क्या यह ख़ास रास्ता है?"

"हाँ ख़ास रास्ता।"

"ख़ास लोगों के लिए?"

"यूँ ही समझ ले...ख़ास रास्ता...ख़ास लोगों के लिए।"

"कुछ देर के लिए आप मुझे ख़ास मान लीजिए।" किरदार ने सहजभाव से कहा।

"कैसे मान लें?" सुरक्षाकर्मी के लहज़े में उपेक्षाभाव था। वह कुछ सोचते हुए बोला, "तुम्हारी ज़ोरबाग...साउथ एक्स...साउथ दिल्ली में कोठी है?"

"नहीं?"

"तुम इण्डिया इण्टरनेशनल के सेटरडे क्लब के मैम्बर हो?"

"नहीं।"

"जिमखाना क्लब के?"

"नहीं।"

"किसी स्कॅण्डल में तुम्हारा नाम उछला?"

"नहीं।"

"कोई एम.पी....एम.एल.ए. कोई सी.एम. कोई केबिनेट मिनिस्टर...कोई डायरेक्ट या इनडायरेक्ट पहुँच है...कोई पुश...?"

"कुछ भी नहीं...। मुझे तो कोई भी नहीं जानता।"

"तुम्हें स्क्यूरिटी गार्ड मिले हुए हैं?"

"नहीं।...मिले होते तो क्या अकेला खड़ा होता?"

"माफ़ियाओं से साँठगाँठ?"

"वो भी नहीं।"

"कोई मर्डर किया है?...मेरा मतलब है डायरेक्ट या इनंडायेरेक्ट इनवाल्ममेंट?"

"मैं तुम्हें क़ातिल लगता हूँ क्या?"

"क़ातिल के मुँह पर नहीं लिखा होता कि उसने क़त्ल किया। आजकल के क़ातिल क़त्ल के सारे सबूत ख़त्म कर देते हैं। चश्मदीद गवाहों की आँखों पर नोटों की पट्टियाँ बाँध देते हैं...इसलिए कह रहा हूँ।"

"तुम ठीक कह रहे हो। लेकिन मैंने कोई क़त्ल-वत्ल नहीं किया।"

"ठीक है। अच्छा यह बताओ, रैलियों के लिए तुम बन्दे सप्लाई कराते हो?"

"नहीं।"

"तुम्हारे पास ब्लैकमनी है?"

"ब्लैक? वाइट भी थोड़ी-सी है।"

"फिर तुम ख़ास आदमी नहीं हो।" सन्तरी ने ऐलान किया

"ख़ास आदमी क्या ऐसे लोग होते हैं?"

"ज़्यादातर ऐसे।...कुछ और भी होते होंगे।

"और कौन?"

अचानक सन्तरी को ध्यान आया कि वह एक बेहद मामूली आदमी के हर सवाल का जवाब दिए जा रहा है। जैसे बहुत फ़ुरसत में हो। फिर उसे अपनी स्थिति का ध्यान आया। दिनभर इस गेट के पास खड़ा रहता है वह। कितना अकेला होता है। शायद इसलिए वह इतना ज़्यादा बोलता चला गया। शायद इसलिए...।

"तुम कुछ ख़ास लोगों के बारे में बता रहे थे?" सुरक्षाकर्मी को चुप खड़ा

देखकर किरदार बोला।

"हाँ बता रहा था!...लेकिन यह ज़रूरी तो नहीं कि मैं तुम्हें सारी बातें बताऊँ।"

"आप नाराज़ हो गए?" किरदार ने मुस्कराते हुए कहा।

"नाराज़...। नाराज़ नहीं गुस्से में आ गया था मैं।...और हाँ, तुम पूछ रहे थे न कि ख़ास लोग कौन होते हैं?" यानी उनकी क्या पहचान है?"

"हाँ...जी हाँ! यही पूछ रहा था मैं।"

"तो सुन! जो ख़ास लोग होते हैं, अक्सर नाराज़ रहते हैं।"

"किससे?"

"किसी से भी।"

"किसी से भी?"

"हैरान होने की क्या बात है? ख़ास लोगों की नाराज़गी, उनकी ख़ासियत होती है।...वैसे एक बात बताओ, तुम्हें अंग्रेज़ी आती है?"

"नहीं।"

"तब तो तुम बिल्कुल इधर से नहीं गुज़र सकते।"

"अच्छा?...यह तो अजीब बात हुई।"

"अजीब क्यों?"

"अजीब यूँ कि इधर से अंग्रेज़ी गुज़र सकती है, हिन्दी नहीं।" किरदार हँसकर बोला।

"बाल की खाल मत खींचो।" सन्तरी चिढ़कर बोला।

"हिन्दी हमारी राष्ट्रभाषा है।" किरदार ने कहा।

"मज़ाक मत करो।" सन्तरी के स्वर में लापरवाही थी।

"बातें ख़त्म करो। मुझे इधर से निकलने दो।"

बिल्कुल नहीं। तुम बहस करते हो।"

"वो भी हिन्दी में।" किरदार ने हँसते हुए कहा। फिर बोला, "बहुत वक़्त ख़राब चला गया बहस में...वक़्त कितना कीमती होता है?"

"तुम्हारा वक़्त कीमती था ही नहीं।"

"ख़ैर, छोड़िए...सब बातें! क्षमा कीजिए...और मुझे इधर से जाने दीजिए।. .मुझे बहुत ज़रूरी काम है।"

"इस मुल्क में जितने ग़ैर-ज़रूरी लोग हैं, उन्हें ही ज़रूरी काम होते हैं।"

"आप अपनी सीमाएँ लाँघ रहे हैं।" किरदार आवेश में आकर बोला। आख़िर सन्तरी ने भी तो उसके साथ ग़ैर-ज़रूरी आदमी जोड़ दिया था।

"मेरी सीमाएँ क्या तुम तय करोगे?" सुरक्षाकर्मी भी उसी लहज़े में बोला।

किरदार को सख़्त नज़रों से देखता रहा कुछ पल। फिर कहा, "तुम्हें पता होना चाहिए, इस वक़्त मैं ड्यूटी पर हूँ। यहाँ की स्क्यूरिटी का ज़िम्मा मेरा है।...तुम्हें पता नहीं शायद इस बिल्डिंग के अन्दर बड़े लोगों की मीटिंग चल रही है। उनकी हिफ़ाज़त का ज़िम्मा भी मेरा है।"

"किस मुद्दे पर मीटिंग है?" किरदार ने पूछा।

"मीटिंग के लिए किसी मुद्दे की ज़रूरत नहीं होती।"

"बिना मुद्दों के मीटिंग?"

"दिल्ली की एक करोड़ पापुलेशन है...मुद्दे भी एक करोड़ समझो। मुद्दों की कमी नहीं।"

"लेकिन मुद्दे तो विभागों को बाँट दिए गए होंगे।"

"हाँ...बेशक!...फिलहाल मीटिंग इसलिए हो रही है कि अगले हफ़्ते किस मुद्दे पर मीटिंग करनी है।"

"किस मुद्दे पर?"

"हाँ...वैसे मुद्दा लीक हो गया है।"

"मुद्दा क्या है?"

"दिल्ली के लोग यमुना से दो सौ चौरासी टन पानी लेते हैं और दो सौ चौतींस टन मलमूत्र सौंप देते हैं।"

"हिसाब-किताब लगभग बराबर हुआ।" किरदार हँसकर बोला।

"हाँ, हिसाब-किताब बराबर हुआ। लेकिन इसके नतीजे क्या निकलेंगे?"

"इस पर तो फिर कभी मीटिंग होगी।" किरदार ने मुस्कराते हुए कहा।

"समझदार आदमी हो। फिलहाल तो अगले हफ़्ते सिर्फ़ चिन्ता व्यक्त करने के लिए मीटिंग होगी।"

"बड़े लोगों की चिन्ताएँ बड़ी होती हैं।"

"हम छोटे लोगों की समझ में नहीं आती उनकी बातें। उनकी चिन्ता की ऊँचाई तक हम नहीं पहुँच सकते।"

इस बीच सामने से एक आदमी आता दिखाई दिया। उसने गेट में घुसने की कोशिश की।

सन्तरी कड़क लहज़े और सख़्त आवाज़ में बोला, "हाल्ट!...रुको।...यह आम रास्ता नहीं है।"

आदमी एक पल के लिए चौंका। मुस्कराया उसने सन्तरी को देखा। सन्तरी का चेहरा सख़्त था। जैसे लोहे के गेट के पास, लोहे का आदमी खड़ा हो।

आदमी ने जेब में हाथ डाला। एक रुपए का सिक्का निकाला। उसे अपनी हथेली में फँसाते हुए, सन्तरी के पास अपने हाथ को ले जाते हुए बोला, "कैसे

हो दोस्त!"

सन्तरी लोहे के गेट के उस पार था। इस पार आदमी था। जिसने अपना हाथ लोहे के गेट के अन्दर बढ़ा रखा था।

सन्तरी मुस्कराया। उसने अपना बढ़ाया और आदमी के हाथ से हाथ मिलाते हुए कहा, "दोस्त, अच्छा हूँ। बहुत दिनों बाद मिले।"

इस बीच एक रुपए का सिक्का आदमी की हथेली से फिसलकर सन्तरी की हथेली में चला गया था। फिर वह सिक्का सन्तरी की जेब में चला गया था। फिर लोहे का गेट खुला। फिर ख़ास रास्ता, ख़ास आदमी के लिए खुल गया। फिर ख़ास आदमी एक गेट से होता हुआ, दूसरे गेट के पास जा पहुँचा और फिर सफ़दर हाशमी मार्ग की तरफ निकल गया।

किरदार की समझ में सारी बात आ गई थी। वह मन-ही-मन मुस्कराया। उसने जेब में हाथ डाला। दो का सिक्का निकल आया। किरदार ने उसे अपने हाथ पर रखा। सन्तरी की तरफ देखा।

सन्तरी, किरदार के हाथ में रखे सिक्के को देखते हुए बोला, "क्यों शरमिन्दा करते हो यार।...तुम से तो अब दोस्ती हो गई है...तुमसे टौल टैक्स लूँगा?...जाओ न यार!..देख नहीं रहे मैंने तुम्हारे लिए गेट खोल रखा है।...यह आम रास्ता तो नहीं है, फिर भी...।"

किरदार ने सन्तरी को देखा। मुस्कराया धन्यवाद जैसा कोई शब्द मुँह से निकला और वह एक गेट से प्रविष्ट होकर दूसरे गेट से बाहर निकल आया।

सामने श्रीराम सेन्टर था, जहाँ नाटक होते थे।...लेकिन एक नाटक वह भी करके आया था, अभी-अभी!...लेकिन कहीं और...।

❑❑

शाम!...जैसे कोई अनुभूति! जैसे किसी बिछुड़े को याद करने का वक़्त! जैसे उदासियों के पहाड़ों से, नंगे-पाँव उतरतीं स्मृतियाँ! जैसे पक्षियों के लौटने का वक़्त! मन के बेचैन होने का वक़्त। थके हुए दरियाओं के सुस्ताने का वक़्त!

शाम!

वह भी कोई एक शाम थी। शायद सृष्टि की पहली शाम!...सूरज डूब रहा था। चिन्तातुर था कि उसके बाद, जब छा जाएगा घना अन्धेरा तो कौन लड़ेगा उस अन्धकार से?

तभी कहीं दूर बयाबाँ में जल उठा था एक दीया। नतमस्तक हो सूर्य के सामने। बोला, "आप चिन्तित न हों देव। सामर्थ्यभर उजाला मैं भी करूँगा।"

शाम होती है। डूबता है सूरज। लेकिन डूबता हुआ सूरज हज़ारों ज़ख़्मों के

बावजूद, चिन्तित नज़र नहीं आता। वह जानता है, उसका कार्यभार सँभालने हेतु कोई-न-कोई मिट्टी का दीया जल उठेगा।

जब तक चाक है। जब तक कुम्हार के हाथ हैं। मिट्टी के दीये बनते रहेंगे। सूरज निश्चिन्त रहेगा...

शाम!...भिखारियों के पनाह ढूँढ़ने का वक़्त! शाम! सुलगती हुई ख़ामोशियों को...अपनी छतों पर लेकर बैठने का वक़्त।

शाम! दफ़्तर से छूटने और सर्कूलर पकड़ने का वक़्त।...अस्पताल में मरीज़ों से रिश्तेदारों के मिलने का वक़्त।

शाम ख़ुशगवार थी...किरदार सफ़दर हाशमी मार्ग पर खड़ा था। इस मार्ग पर वाहन कम थे। बेशक लोग काफी थे। पटरियों पर बैठे लोग। पी.सी.ओ. पर फ़ोन करते लोग। श्रीराम सेन्टर के गेट के पास लोग।...पार्किंग के पास लोग। ट्रैवल एजेण्ट के पास लोग।

लोग श्रीराम सेन्टर के अन्दर भी थे रेलिंग के पास घास को देखते। न देखते।...लोग कैफ़ेटेरिया में भी थे। न ख़त्म होने वाली बातों में व्यस्त।...अस्त-व्यस्त।

किरदार पता नहीं क्यों श्रीराम सेन्टर के अन्दर नहीं गया था। उसे जाना चाहिए था। वहाँ हर चेहरा, एक कहानी कहता प्रतीत होता।...हर शख़्श रंगमंच का अभिनेता प्रतीत होता। हर मेज़ पर किसी नए सीरियल का ख़ाका तैयार मिलता।...अगर किरदार जाता तो...

लेकिन वह श्रीराम सेन्टर के बगल में बनी ख़ामोश पतली और अनजान-सी सड़क पर निकल गया था। घूमते-घूमते वह तानसेन मार्ग पर पहुँच गया था। सड़क खुली थी। दोनों तरफ नीम और शीशम के दरख़्त थे। बंगाली मार्किट तक यही सिलसिला था।

वह त्रिवेणी के बाहर ठगा-सा देखता रहा। घास की पट्टी थी। एक सिरे से दूसरे सिरे तक। बीच में रास्त था। दोनों तरफ बाँस की खपच्चियों से मेंढ़ तैयार की गई थी। फव्वारा छोटा-सा था। लेकिन चल रहा था। उठता और फैलता पानी। फव्वारों का पानी जब ऊपर उठकर, बाहें फैलाता है तो लगता है जैसे वह आसमान को दोस्ती करने के लिए बुला रहा हो।

बाहर, घास की पट्टी के बीच एक बोर्ड था उस पर चित्रकला प्रदर्शनियों की सूचनाएँ थीं। दो मूर्ति शिल्प रखे थे। त्रिवेणी सभागार का दरवाज़ा बन्द था। लेकिन त्रिवेणी का मुख्य द्वार खुला था। लोहे के गेट से मुख्य द्वार तक, पतली-सी सड़क थी। एक छोटा-सा रास्ता, बिल्कुल किनारे पर था जो 'प्रकृति' नर्सरी तक जाता था। वहाँ से घूमकर भी 'त्रिवेणी' तक जाया जा सकता था।

अचानक त्रिवेणी जैसी जगह के सामने खुद को पाकर, किरदार रोमांचित

हो उठा था। जगहों की तलाश, शायद सभी के मन में होती हो...ऐसी जगहें मिल जाएं तो मन पुलक उठता है।...किरदार अपनी इस तलाश पर खुश था। शहर की हलचलों से, यहाँ की हलचल कुछ भिन्न किस्म की थी। एक शालीन और सौम्य हलचल!

वह मुख्य द्वार में प्रविष्ठ हुआ। और फिर प्रदर्शनियाँ देखता रहा। चित्रकारों की उँगलियों ने जैसे सपनों को पैदा किया हो। चटख, ख़ामोश, अमूर्त, भयावह, शान्त रंगों की दुनिया अजीब थी। वह अपने रंग में उतार ले जाती थी।

किरदार देर तक चित्रों को देखता रहा। जैसे एक दुनिया से निकल दूसरी...या तीसरी दुनिया में आ गया हो। पर अनोखा और विचित्र संसार था, कल्पना का। रंगों का अनुभूतियों का, बिडम्बना, यथार्थ और सत्य...या सत्य की खोज!...हर कलाकार यही तो करता है।

किरदार ओपन एयर थियेटर के सामने बनी सीढ़ी नुमा दर्शकदीर्घा में बैठ गया था। थियेटर में नाटक तो नहीं था। युवक-युवतियाँ नृत्याभ्यास कर रही थीं। शायद मणिपुरी नृत्य था। ढोल की थाप पर नृत्य मण्डली नृत्य करती। लयबद्ध नृत्य। समा बन्ध जाता। सुर, ताल, गति...। अचानक कुछ गड़गड़ हो जाती। नृत्य थम जाता।

सीढ़ीनुमा दीर्घा के आसपास घास थी। गोल्डन शॉवर की लताएँ थीं। कैक्टस थे। फूल थे। माहौल में ढोलक की थाप गूँजती। गूँजती चली जाती। नृत्य जब थम जाता तो कुछपल के लिए ढोलक की थाप भी थम जाती। माहौल शान्त हो जाता।

सामने कैफ़ेटेरिया थी। कैफ़ेटेरिया के भीतर बाहर लोग बैठे थे। सब इत्मीनान में थे। जैसे जीवन को यूँ भी जिया जा सकता है—आराम से। झूलती लताओं के बीच। एक कप चाय लेकर।

शाम जैसे किसी पुराने दोस्त की चिट्ठी हो। और उसे धीरे-धीरे पढ़ा जा रहा हो।

किरदार सीढ़ीनुमा दर्शक दीर्घा से उठाकर कैफ़ेटेरिया में आ बैठा था। उसे अच्छी जगह मिल गई थी। जहाँ से बैठकर चारों तरफ़ देखा जा सकता था। माहौल का जायज़ा लिया जा सकता था।

किरदार ने चाय मँगवाई थी। वेटर चाय रखकर गमलों में पानी देने लगा था। दूसरा वेटर उसके पास आकर खड़ा हो गया था। पहला वेटर दूसरे वेटर से बोला, ''पैसे इकट्ठे हो जाएँ तो जूते खरीदूँ। अब तो मोची ने भी मना कर दिया।'' पानी लगाते-लगाते उसने अपने जूतों की तरफ देखा। ख़ुद-ब-ख़ुद हँसने लगा।

दूसरा वेटर भी थोड़ा-सा हँसा। बोला, ''मैडम देख रही हैं।'' मैडम इस

कैफ़ेटेरिया को 'रन' करती थी। पहला वेटर चुपचाप गमलों में पानी डालता रहा। दूसरा वेटर बोला, "माँ बीमार है। पैसे भेजने पड़ते हैं।" कुछ देर वेटर चुप हो गए। फिर एक वेटर पहाड़ी गीत गाने लगा। जिसका भाव शायद यही था कि पहाड़ देखने में जितने सुन्दर लगते हैं, उतने होते नहीं। वो अपने अन्दर दर्द और अभावों का चेहरा छुपाए रखते हैं।

किरदार उन दोनों की बातें सुनता रहा। वे दोनों अन्दर चले गए। किरदार सोच में डूब गया। छोटे-छोटे सुख छोटे-छोटे दुःख शायद यही जीवन है।

अचानक ऐसा वक़्त आया कि बाहर कैफ़ेटेरिया में बैठे लोग, एक-एक करके चले गए। कैफ़ेटेरिया के अन्दर लोग अब भी बैठे थे। बाहर खाली-खाली-सा था। कुर्सियाँ-मेज़ें सब खाली।

सिर्फ़ किरदार था जो बैठा था, तन्हे-तन्हा!

वेटर आया। वही, वेटर, जिसका जूता फटा हुआ था। शायद सपनों की जेब भी फटी हो। उसके पास पैसे इकट्ठे नहीं हो रहे थे। पैसे इकट्ठे हों तो तो वह जूते खरीदता...उसने आकर किरदार से पूछा कि वह कुछ और ले आए? पूछकर वह मुस्कराया। फिर चला गया।

कुछ लोग आ गए थे। अलग-अलग आए थे शायद। दो स्त्रियाँ थीं जो किरदार के सामने वाली मेज़ के पास पड़ी कुर्सियों पर बैठ गई थीं। बाक़ी कुछ दूर थे। कुछ पुरुष, कुछ स्त्रियाँ बैठने के बाद सहज होने का प्रयास करते। बातों के टुकड़े उछालते।

दोनों स्त्रियाँ, मेज़ के आमने-सामने बैठी थीं। कोल्ड ड्रिंक्स दोनों के सामने था। एक ने स्ट्रा से सिप करते हुए कहा, "बदहवास लोगों का शहर है दिल्ली।"

दूसरी स्त्री चुप रही। उसने सुना भर। जवाब नहीं दिया।

पहली फिर बोली, जैसी गहरी साँस के साथ कुछ शब्द उछल गए हों, "सब भाग रहे हैं...भागे जा रहे हैं...ज़रा बता तो...कहाँ भागे जा रहे हैं लोग?"

"जहन्नुम!" दूसरी स्त्री ने जवाब दिया।

"रीलैक्स मीता!...रिलैक्स!" पहली स्त्री बोली।

मीता एकटक पहली स्त्री को देखती रही। मीता का देखना आकर्षक था। वह स्वयं भी बहुत सुन्दर थी। लेकिन अव्यवस्थित और विचलित प्रतीत होती थी। इसके बावजूद उसकी आँखों में दर्प था और आत्मविश्वास भी।

"लोगों ने पैरों में आँधियाँ बाँध ली हैं। ऐसा महसूस होता है।" पहली स्त्री बोली। वह लोगों की बदहवास दौड़ पर जैसे बहुत कुछ कहना चाहती थी।

"जिनके पास पाँव नहीं बचे दौड़ने की ज़िद उन्हीं लोगों को है।" मीता ने कहा। उसके बोलने में चिढ़ थी और तिरस्कार भाव भी।

"मुझे लगता है," पहली स्त्री, मीता को देखते हुए बोली, "जीवन का व्याकरण बदल गया है।"

"इसे तुम लाइफ़ स्टाइल भी कह सकती हो आरती।" मीता ने कहा। पहली स्त्री का नाम आरती था। किरदार को मालूम हुआ। मीता ने रुककर कहा, "मैं जानती हूँ तुम्हारे इशारा किस ओर है?"

"मीता...मैं तुम्हारे बारे में कुछ भी नहीं कह रही।"

"तुम चाहो तो कह सकती हो।"

"मेरी ऐसी कोई इच्छा नहीं मीता।...मैं तो कह रही थी कि लोग पिरामिडों में क़ैद हैं या फिर बदहवास दौड़-दौड़ रहे हैं।"

"शीशे के घरों में बैठकर लोग जब आवाज़ें उछालते हैं तो अच्छा नहीं लगता।" मीता के स्वर में जुम्बिश थी।

"तुम परेश की बात तो नहीं कर रही?"

"हाँ उसी की।" मीता ने कहा।

"मीता...एक बात कहूँ? वह यहाँ आएगा।"

"आरती, तूने मुझे पहले क्यों नहीं बताया?...मैं यहाँ न आती।...पुरानी किताबें मैं दोबरा नहीं खोलना चाहती।"

"परेश खोलना चाहता है शायद।"

"मुझे उसका हस्तक्षेप पसन्द नहीं।"

"किरदार ने तीसरा कप चाय का मँगाया था।

अब फिर सभी कुर्सियाँ भर गई थीं। मेज़ों के इर्द-गिर्द बातों के टुकड़े उछलते बैठ जाते। सिगरेट का धुआँ। बातें। चाय।

नृत्य शायद समाप्त हो गया था। ढोलक की थाप के स्वर अब सुनाई नहीं दे रहे थे। दूर स्क्पचरल कोर्ट से कुछ आवाज़ें उठ रही थीं। किसी प्रदर्शनी का उद्घाटन था शायद!

दोनों स्त्रियाँ कुछ देर तक चुप रहीं।

किरदार उनकी चुप को महसूस करता रहा। वे किसी-किसी वक़्त कोल्ड ड्रिंक्स के घूँटे भरतीं। बोतल मेज़ पर रखतीं। अपनी-अपनी ख़ामोशी में डूब जातीं।

कहीं, किसी ने रिकार्ड प्लेयर ऑन किया था। सन्तूर की दिलकश आवाज़ का जादू, वातावरण में फैल गया था। शायद शिवकुमार शर्मा की कोई कैसेट हो...

दोनों स्त्रियाँ देर तक चुप बैठी रहीं। आरती ने उस ख़ामोशी को तोड़ना बेहतर समझा। ऐसा लगता था आरती ज्यादा देर तक चुप नहीं रह सकती और मीता को ज़्यादा बोलना अच्छा नहीं लगता।

"वे दिन तुम्हारे बड़े तनाव के थे। मीता!" आरती ने कहा।

उन दिनों को मैं याद नहीं करना चाहती आरती। लेकिन पता नहीं क्या है कि बुरे-दिन लगातार हाँट करते रहते हैं। मेरा पहला नाटक था। मैंने बहुत मेहनत की थी। लेकिन नाटक सफल नहीं रहा था।...एक ओर असफलता का तनाव दूसरी तरफ परेश का रवैया...काले दिन थे वे।'' मीता चुप हो गई। सोचने लगी। स्ट्रा को मुँह से लगाकार उसने शायद एक घूँट सिप किया।

आरती ने मीता की तरफ देखा। बालों को झटका। आरती, मीता की तरह बहुत आकर्षक नहीं थी। लेकिन बुरी भी नहीं लगती थी। उसके बाल कटे हुए थे। वह उन्हें बार-बार झटकाती कोल्ड ड्रिंक्स का घूँट भरती।

''परेश से शादी करना,'' मीता ने कहा। गहरी साँस ली। ''परेश...हारिबल! ज़िन्दगी का सबसे गलत स्टेप था उससे शादी करना।...आरती! शादी करने के बाद उसका व्यवहार एकदम बदल गया।...मुझपर फेथ नहीं रहा था उसे।...शक करता था वो।...संशय! संशय की छाया ने सबकुछ नष्ट कर दिया आरती!...वह मुझ पर शक करता था।...क्या बताऊँ तुम्हें? अपनी प्रापर्टी समझने लगा था मुझे।''

मीता ख़ामोश हो गई। बाँस की खपच्चियों से छत बनाई गई थी। और पूरी छत गोल्डन शावर की बेल से ढक गई थी। कुछ लताएँ नीचे की ओर लटकी हुई थीं। मीता ने हाथ बढ़ाकर एक पत्ता तोड़ लिया। नाखून से कुछ लिखा। शायद अपना नाम लिखा हो। या शायद कुछ भी न लिखा हो। सिर्फ़ लकीरें खींच दी हों।

''हर पुरुष अपनी पत्नी को अन्ततः प्रापर्टी ही समझने लगता है मीता!''...चूँकि यह समाज पुरुषों का है।'' आरती बोली।

मीता चुपचाप सुनती रही। उसने कहा, ''और स्त्रियाँ।''

''तुम ख़ुद सोचो मीता, स्त्रियों की क्या भूमिका है?''...या क्या भूमिका रह जाती है?''

''आरती, परेश मेरी देह को अपना उपनिवेश समझता रहा...हर बार ऐसा लगता जैसे किसी विजेता की तरह खड़ा है...मेरी देह को विजय करके।''

''मीता! पुरानी बातें किसी काले अध्याय की तरह होती हैं...और वही अध्याय बार-बार खुलता है...उन बातों पर मिट्टी डालो मीता। आज का सोचा। आज तुम्हारा है, तुम्हारा अपना।...तुम्हारा स्टेटस है। बुलन्दी हासिल की है तुमने।...इधर देखो। जितने लोग नाटकों से टी.वी. सीरियलों से जुड़े हैं, तुमसे सम्पर्क बढ़ाना चाहते हैं।

''हाँ आरती, ये सब बातें सुख देती हैं। सत्ता, अधिकार और अधिकारों का इस्तेमाल...ऐसा लगता है जैसे मुझे ज़िन्दगी जीना आ गया है।''

''अब तुम तरस खाने की चीज़ नहीं हो।''

''तरस खाने की चीज मैंने अपने आपको कभी नहीं समझा।...जिस दिन

लगेगा मुझे ऐसा...फ़िनिश कर दूँगी ज़िन्दगी।" मीता ने कहा।

इस बीच कुछ लोग आए थे। मीता ने उन्हें दूर से आता देख लिया था। वे तीन थे। तीनों मीता की टेबल के पास आए। दूर से मुस्कराते हुए। मीता उठ खड़ी हुई। खिलखिलाकर उनसे मिली। तीनों से उसने हाथ मिलाए। मुस्कराती रही। जब वह खड़ी हुई तो उसका क़द, टस्सर सिल्क की साड़ी चेहरे पर आकर्षण, आँखों की चमक और उसकी देह से उठती प्रफ़्यूम की भीनी-सी ख़ुशबू सब मिलकर उसे विशिष्ट व्यक्तित्व प्रदान कर रहे थे। कैफ़ेटेरिया में बैठे तमाम स्त्री-पुरुषों से वह भिन्न, आकर्षक और अभिजात नज़र आती थी।

मीता का मुस्कराना, बालों को झटकना विशिष्ट था। उसमें अदाकारी थी। नफ़ासत थी।

दोनों पुरुष मीता के पास बैठ गए थे। उनसे से एक ने मीता के हाथ पर हाथ रखा। मीता ने उसके हाथ के स्पर्श को महसूस किया। उसके हाथ को ज़रा-सा दबाया। थोड़ा सहलाया। मुस्कराने लगी।

कुछ देर पहले मीता बहुत तनाव में थी। जैसे अपने अन्तर्मन में कोई युद्ध लड़ रही हो। जैसे कि अतीत की स्मृतियों से पीछा छुड़ा रही हो।

किरदार हैरान था। वह समझ नहीं पा रहा था कि सच क्या है? तनाव से भरी मीता का चेहरा सच था या फिर खिलखिलाती, हँसती, पुरुष के हाथों पर हाथ रख कर बैठी यह मीता! नाटक में भूमिका करनेवाले लोग, हमेशा नाटक क्यों करते रहते हैं? किरदार सोच रहा था। हो सकता है यह भी कोई भूमिका हो। जिसे वह सामने बैठी स्त्री निभा रही हो। मंच से बाहर।

रंगमंच की कुशल अभिनेत्री मीता श्रीवास्तव ने कुछ टेली फिल्में कीं। टेली फिल्मों में उसकी भूमिकाओं की खूब सराहना की गई। फिर टी.वी. सीरियलों के ऑफर।

पुरुष ने, मीता को उसके नए सीरियल के लिए बधाई दी थी। उसकी सशक्त भूमिका की प्रशंसा भी की थी। फिर वह नए सीरियल के लिए बात करने लगा था। मीता श्रीवास्तव मन्द-मन्द मुस्कराती जा रही थी। अब भी दोनों के हाथ, एक-दूसरे के हाथ पर थे। पुरुष अपने नए सीरियल के लिए मीता को लीड भूमिका को ऑफर दे रहा था। मीता मुस्करा रही थी। वह न हाँ कर रही थी और न 'ना' कर रही थी। सिर्फ़ मुस्करा रही थी। यह गणित था। यह समझदारी थी। यह अदा थी अपने आपको छुपाए रखने और एक्सपोज़ न करने की। अदा थी या पता नहीं क्या था?

वे सब कॉफी पीने लगे थे। कोल्ड ड्रिंक्स की बोतलें एक तरफ रख दी गई थीं। आरती उन सबके बीच कुछ देर के लिए, अतिरिक्त हो गई थी।

उनमें से एक ने सिगरेट का पैकेट निकाला। इण्डिया किंग! बोला, "युअर फेवरेट ब्राँड मीता।"

"अफकोर्स!" मीता मुस्कराई। सिगरेट निकालकर थैंक्स किया। इस बीच उनमें से किसी ने लाइटर ऑन किया। लाइटर की लौ से सिगरेट सुलगाते हुए, धुआँ छोड़ते हुए उसने फिर थैंक्स किया। मुस्कराई।

किरदार हैरान था। अब मीता, कोई और मीता लग रही थी।

"सिगरेट पीते हुए रियली स्नॉब लगती हो।" एक पुरुष ने मीता की प्रशंसा की।

मीता ने सिगरेट का कश लिया। बोली, "परेश भी ऐसे वाक्य बोला करता था, जब मैं सिगरेट पीती थी। यह बहुत पहले की बात है...।" मीता सिगरेट पीती रही। मुस्कराती रही।

"बेचारा बहुत फ्रस्ट्रेटिड है इन दिनों। एक पुरुष बोला।

"फ्रस्ट्रेटिड ही नहीं...डिप्रेस्ड भी है।...मैं उसकी फ्रस्ट्रेशन को इंज्वाय करती हूँ।"

"किलिंग इंस्टिंक्ट!" तीनों में से किसी पुरुष ने कहा

"अफकोर्स!" मीता मुस्कराई।

"इसी के रहते तुम शिखर पर हो। कोई बोला।

मीता मुस्कराई। उसकी मुस्कान में शिखर पर होने का अभिमान था। वह सिगरेट के कश लेती रही। कॉफी पीती रही। मुस्कराती रही।

किरदार हैरान था। ये किस तरह के कलाकार हैं एक-दूसरे को ठगते। दूसरे की क़द को छोटा करते। प्रशंसा के जल फैंकते। नफ़रत और मुहब्बत के खेल!...इक्वेशन के खेल! समूह में बैठे हुए। लेकिन अपने भीतर से नितान्त अकेले डरे हुए। प्रशंसा से डरते। नफ़रत से डरते। हलकान होते। नाटक से निकलकर नाटक करते।

पुरुष फिर अपने नए सीरियल की चर्चा करने लगा था। कुछेक एपिसोड का स्क्रिप्ट उसके पास था। मीता ने पन्ने उलट-पुलट कर देखे। स्क्रिप्ट मेज़ पर रख दिया। पुरुष उसे उसकी भूमिका के विषय में बताने लगा। वह दूसरी सिगरेट निकाल कर पीने लगी। उसने पारिश्रमिक के संकेत दिए। उन संकेतों को मीता श्रीवास्तव ने इगनोर कर दिया। वह मुस्कराती रही। पुरुष ने कहा कि स्क्रिप्ट को वह देख ले। पारिश्रमिक की बात बाद में देख लेंगे। मीता फिर भी मुस्कराती रही।

मीता की मुस्कान निरन्तर रहस्यमयी होती गई। हर बात पर केवल मुस्कराना। सिगरेट का कश। धुआँ...।

वे तीनों उठ खड़े हुए। तीनों ने मीता से फिर हाथ मिलाया। मीता

खिलखिलाकर तीनों से मिली।

वे चले गए। मीता उन्हें जाते हुए देखती रही। उसने मेज़ के पाये से सिगरेट मसली। नीचे फ़र्श पर फेंक दी। सिगरेट फेंककर सिगरेट को देखती रही मीता। और आरती उसे देखती रही। फिर अनायास बोली, "आरती, एक बार...शायद रात का वक़्त था। मैं सिगरेट पी रही थी। ऐश ट्रे में राख़ डालने लगी तो परेश बड़ी कटुता से बोला, "मेरी ऐश ट्रे मत यूज़ करो।...बिस्तर हमारा एक था, ऐश-ट्रे अलग-अलग!"

"मीता तुम आधुनिकता का कितना लेप चढ़ा लो, रहोगी वही सेंटीमेंटल इंण्डियन लेडी।"

"मैं जब घर जाती। कपड़े चेंज करती।" मीता अपनी रौ में बोलती जा रही थी, "तो परेशा, उन उतारे गए कपड़ों को सूँघता।·इसलिए सूँघता कि किस मर्द के शरीर की गँध है इन कपड़ों में?"

"हारिबल!"

"आरती, उन दिनों तुम स्टेट्स में थी और मैं परेश की इस्टेट में...उसके रक्षित क्षेत्र में...सेंक्चरी में।"

आरती ने मीता के हाथ पर हाथ रखा। थोड़ा थपथपाया।

"आरती, वह मेरे अकेलेपन का चरम था।" मीता बाहर से आते किसी व्यक्ति को पलभर देखती रही। बोली, "एक रात परेश ने बहुत सारी शराब पी।...मेरे नए नाटक की रिहर्सल थी। मैं देर से आई थी। मेरे देर से आने के कारण वह नहीं पूछता था। कारण वह खुद खोज लेता था। बल्कि कारण तो उसने खोज ही रखा था कि मैं देर से आई हूँ तो..." मीता ने गहरी साँस ली, "देर से आने का एक ही मतलब निकलता था परेश के दिमाग में कि मैं किसी मर्द के बिस्तर में थी।"

"बुरा आदमी था परेश!"

"हमारे यहाँ परिवारों में ज़्यादातर औरत मर्द एक-दूसरे को झेलते चले जाते हैं। कोई अण्डर स्टेंण्डिग पैदा कर लेते हैं लेकिन हमारे साथ ऐसा नहीं था। हम चकमक पत्थरों की तरह थे। मिलते। रगड़ खाते। चिंगारियाँ फूटने लगतीं।"

आरती का हाथ अब भी मीता के हाथ पर था। वह चुपचाप सुन रही थी।

"जिस रात परेश ने बहुत शराब पी। मैं देर से आई थी। बहुत झगड़ा हुआ था हमारा। जानती हो क्या किया था उसने? आज भी सोचती हूँ तो काँप जाती हूँ। उसने लाइटर जलाया था और... मैं तुझे बता नहीं सकूँगी आरती।" गहरा उच्छवास छोड़ा मीता ने। सिर झटका। एकदम जड़ हो गई।

"शाकिंग...रियली शाकिंग।" आरती विचलित होकर बोली।

"उसने उसी वक़्त नादिरशाही फ़रमान सुनया कि मैं उसके फ़्लैट से निकल जाऊँ...कहीं भी जाऊँ...कहीं मरूँ गिरूँ...उसका फ़्लैट छोड़ दूँ। इसी वक़्त!...सारे रिश्ते ख़त्म।...रिश्ते तो ख़ैर बचने भी कहाँ थे?"

"फिर?"

"रूपा के साथ रही कुछ दिन...उसके होस्टल में...विमेन होस्टल था वह। रूपा ने सहारा दिया और ज़िन्दा रहने के लिए नई आग भी दी। उसने सीमान्त से मिलवाया। वह हँसमुख नौजवान था। मिलनसार। उसने मुझे उठ खड़ा होने का हौसला दिया। कहा कि मैं मरे हुए रिश्तों की राख को न भभूत बनाऊँ न तिलक।"

"ठीक कहा था सीमान्त ने।"

"हाँ ठीक कहा था उसने। उसने यह भी कहा था कि दीये को एक रात लड़ना पड़ता है, कलाकार को तमाम उम्र।

मीता चुप हो गई। दूर देखने लगी।

उस व्यक्ति को देखने लगी जिसे कुछ देर पहले देख रही थी। वह बरामदे में एक पिलर की ओट में खड़ा सिगरेट पी रहा था। काफी देर से वह वहाँ खड़ा था, बेवजह! जैसे वहाँ खड़े होकर, अपने होने की वजह तलाश कर रहा हो। फिर कुछ देर बाद एक पिलर छोड़कर दूसरे पिलर के साथ पीठ टिकाकर खड़ा हो गया था।

मीता जो सोच रही थी, वही सच था। वह परेश ही था। वह बेशक नीम रोशनी में खड़ा था। लेकिन मीता को लग गया था कि वह परेश ही है। परेश ने सिगरेट को मसला था बूट के नीचे, जैसे अपने ख़राब वक़्त को मसलने की कोशिश कर रहा हो। फिर बरामदे में धीरे-धीरे चलते हुए लिफ़्ट के पास आया था। मीता ने आरती से कहा, "आरती...जिस बात का डर था, वही हुआ न!...परेश यहीं आ रहा है। मैं इस बन्दे से...मन से नफ़रत करती हूँ आरती।"

"रिलैक्स मीता!" आरती ने कहा।"

परेश लिफ़्ट के पास खड़ा रहा बेवजह। कैफेटेरिया की तरफ मुड़ा। कैफेटेरिया की सीढ़ियाँ चढ़कर खाली जगह देखने के लिए रुका। अचानक परेश की नज़र मीता पर पड़ी। अचकचा गया। जैसे चोरी करते पकड़ा गया हो। अपनी इस अवस्था, और मन की दरिद्रता के साथ आ खड़ा हुआ मीता के सामने। मीता का सामना करने से वह कतराता था। बचता-बचाता था मीता से। मीता के ये दिन उत्थान के दिन थे और परेश के पतन के। अपने पतन से जूझता परेश, दुनियाभर का सामना कर सकता था, मीता का नहीं।

इधर मीता थी महरून रंग का ब्लाउज़ और फॉन रंग की टस्सर सिल्क की साड़ी में। महरून रंग का रिफ़्लैक्शन उसके गोरे चहरे को सुर्ख रंग में बदल रहा

था। सफलता का अनुभव और सफलता का अभिमान उसके चेहरे पर था। व्यस्तता के सुख को वह इंज्वाय कर रही थी।

परेश ने नहीं सोचा था कि यूँ आमना-सामना हो जाएगा। वह एक पराजित व्यक्ति था—हर मोर्चे पर पराजित हुआ, फ्रस्ट्रेटिड व्यक्ति!...बुझी आग के इतिहास हुए अंगारों जैसा वह ठिठका रहा। न वापिस जाने की हालत में था, न वहाँ बैठने की।

जैसे-तैसे एक खाली कुर्सी पर बैठ गया परेश!

किरदार ने उस थके-थके आदमी को देखा। उसे बैठते, कॉफी मँगाते, कॉफी पीते, सिगरेट सुलगाते देखा। धुआँ छोड़ते देखा...किरदार ने महसूस किया कि कॉफी को मेज़ पर रखे रहना, शायद उस आदमी के बैठे रहने का कोई-न-कोई बहाना है। कॉफी का कप जैसे उसके अकेलेपन का साथी हो।

परेश निरन्तर व्यस्त नज़र आने और लापरवाह होने की कोशिश कर रहा था। हो नहीं पा रहा था। उस वक़्त उसे सबसे ज़्यादा परवाह...या चिन्ता, मीता के होने की थी। वह एक के बाद एक तीन सिगरेट फूँक चुका था। कॉफी का कप अब भी मेज़ पर था। कुल तीन बार कॉफी के घूँट भरे थे उसने। वह कॉफी ख़त्म नहीं करना चाहता था। कॉफी ख़त्म होने का मतलब था, यहाँ बैठे रहने की वजह का ख़त्म होना।

इधर गहमा गहमी है। कपों की खनक। वेटरों की आवाज़ें। बातें वार्तालाप। ठहाके...।

परेश किससे वार्तालाप करें?...किसके साथ मिलकर हँसे।...कॉफी के कप के साथ?" सिगरेट के साथ?

अचानक तीन जन आए।...सीमान्त, रंजन और रूपा। मीता के पास आकर रुके। मीता उन्हें देखकर खड़ी हुई। खिलखिलाती हँसी। हाथ मिलाए। बातें कीं। परिचय कराया आरती से। खड़े-खड़े पाँचों हँसने लगे। अभी-अभी तीनों ने मीता को 'कंग्रेट' किया उसकी सक्सेस के लिए...सीरियलों में अच्छी भूमिका के लिए। फिर बैठने लगे। लोहे की कुर्सियों की आवाज़ें। कॉफी के कप। सिगरेट। धुआँ। बातें। ठहाके। मीता का खिलखिला कर हँसना। मुस्कराना।

परेश तक आवाज़ें पहुँच रही थीं। वह टूटे क़िले की पराजित दुनिया जैसा लगता था।

किरदार देख रहा था। नाटक की दुनिया का नाटक! दो छोर!...भिन्न-भिन्न संसार! सफलता और असफलता का संसार।

फिर वे पाँचों उठ खड़े हुए। किसी ने भी परेश की तरफ नहीं देखा...अन्धेरी सुरंगों की तरफ देखता भी कौन है?

वे चल पड़े। सीमान्त के हाथ में मीता का हाथ था। वे क़रीब-क़रीब थे। मुस्कराते एक-दूसरे को देखते। वे चल रहे थे खिलखिलाते। एक-दूसरे के सान्निध्य को महसूस करते।

उनके जाने के बाद परेश भी उठकर चल पड़ा। बाहर गुड़हल के पेड़ के पास वह खड़ा था।

वे पाँचों कार में किसी तरफ चले गए। शायद मीता ने गुड़हल के पेड़ के पास खड़े परेश को देखा हो। उस असफल, टूटे हुए व्यक्ति को देखकर उसे सुख मिला हो।

परेश खड़े-खड़े अपने किसी पुराने नाटक के संवाद याद करने लगा, असफलता खण्डर के बंद दरवाज़े जैसी होती है, जिसे कोई नहीं खोलना चाहता। और सफलता...उसके बंद दरवाज़े पर लोग दस्तक देते हैं...लेकिन भीतर नहीं जा सकते...

❑❑

किरदार त्रिवेणी के बाहर आकर गुड़हल के दरख़्त के नीचे खड़ा हो गया। कुछ देर पहले सूरज अपने माल-असबाब समेट समन्दर में छलाँग लगाकर, अपने पीछे अन्धेरा छोड़ गया था। सूरज होता तो धूप छाँव के रिश्ते भी होते। तब किरदार गुड़हल के नीचे खड़े होकर धूप की कोरी चादर को देखता।

किरदार ज़मीन पर फैले लाल रंग के लम्बे-लम्बे पत्तों को देखता रहा। उसने एक पत्ते को उठाया। हथेली से साफ किया। पता नहीं क्या सोचकर उसने उसे अपने झोले में रख लिया।

ये सब काम पत्ता उठाना, झोले में रखना ओर बेवजह दरख़्त के नीचे खड़े होना उसकी व्यर्थता का बोध कराते थे। खाली आदमी, गिलहरियों को पेड़ों पर चढ़ते-उतरते देखते हैं। खाली आदमी, जाते हुए वाहनों के नम्बर पढ़ते हैं और उनमें बैठी स्त्रियों के नख-शिख देखते हैं। खाली आदमी, पटरी पर खड़े होकर दुनिया बदल डालने के विचार को गेंद की तरह उछालते हैं, टप्पे खिलते हैं। खाली आदमी कुछ करें या न करें, आसमान में छेद करने का ज़रूर सोच लेते हैं।

किरदार खाली था। गुड़हल के दरख़्त के नीचे खड़े होकर कुछ वक़्त तो गुज़ारा जा सकता था, पूरी रात नहीं। रात हमेशा सवाल की तरह...उपस्थित होती है, उनके लिए, जिनके घर नहीं होते। शरणार्थियों की तरह, अपनी बेघरी की वेदना को उठाए निकल पड़ते हैं। किसी पटरी, किसी तख़्तपोश किसी छत की तलाश में। वे ला-मकाँ होते हैं। ला-पता होते हैं। वे होते हैं। महानगर की अन्धेरी कन्द्राओं में, भटकती आत्माओं की तरह।

किरदार की अवस्था इतनी बुरी तो नहीं थी लेकिन रात गुज़ारने का तनाव उसके मन में भी था।

बाबर लेन से होते हुए लेडी इर्विन कॉलेज के पीछे वाली सड़क से निकलते हुए उसने अपने-आपको रेल की पटरियों के पास खड़ा पाया। तिलक ब्रिज स्टेशन था। प्लेटफार्म का आख़िरी सिरा था जो ढलवाँ होते हुए ज़मीन को छू रहा था। किरदार वहाँ खड़ा था। अगर वह रेल की पटरियों को पार करके दूसरी तरफ चला जाता तो रेलवे क्वार्टरों से निकलते हुए गाँधी शान्ति प्रतिष्ठान जा पहुँचता। उर्दू घर और राजेन्द्र भवन सामने नज़र आते। लेकिन वह उधर जाने की बजाय तिलक ब्रिज प्लेटफ़ार्म की तरफ़ बढ़ गया था। प्लेटफ़ार्म बहुत लम्बा, फैला हुआ, शान्त और खाली-खाली था। ट्यूब लाइट के पोल, ट्यूब लाइट की प्लेटफ़ार्म पर फैलती रोशनी। इमली, शहतूत और शीशम के दरख़्त! खाली, ख़ामोश बेंच।

कुछ ग़रीब, दीन-हीन भिखारियों जैसे परिवार, अपने घर को गठड़ियों में बाँधे हुए, प्लेटफ़ार्म पर पसरे हुए थे। ऐसा लगता था ग़रीबी के लश्कर ने तिलक ब्रिज प्लेटफ़ार्म पर डेरा डाला हुआ है। ऐसा भी लगता था कि वे किसी ट्रेन के यात्री नहीं हैं—दर्द के यात्री हैं। ऐसा भी लगता था कि वे मुसाफ़िर ख़ानों के ऐसे मुसाफ़िर हैं जो रेलगाड़ियों के इन्तज़ार में थक गए हैं। ऐसा भी लगता था कि उनके पैरों में थकान का इतिहास है और गठड़ियों में में दर्द का। ऐसा लगता था कोई गुज़रे ज़मानों का कबीला है, जो वक़्त से छिटक गया है।

उनमें बच्चे थे। स्त्रियाँ थीं। युवक थे, जवान लड़कियाँ थीं बूढ़े थे। सब थे। लेकिन सबके चेहरे पर एक जैसी इबारत लिखी थी—दुःख की इबारत। सब मैले-कुचैले कपड़ों में थे। सबके बाल रूखे थे। आँखें पीली। चेहरे साँवले, फीके निस्तेज, कइयों के पैरों में चप्पलें थी तो कई नंगे पाँव थे। कई लेटे-अधलेटे थे। कुछ बैठे थे। कुछ खड़े थे कुछ पका रहे थे। कुछ बोल रहे थे। लेकिन रात कटने के इन्तजार में सब थे। सबके सब थे।

किरदार चलते-चलते चाय के स्टाल तक आ गया था। चाय के स्टालवाला केतली में बची हुई चाय और पकोड़ों की आख़री किश्त बेचने के लिए व्यग्र नज़र आता था। वह किसी-किसी वक़्त प्लेटफ़ार्म पर नज़र दौड़ाता फिर थकी हुई आवाज़ निकालता, "चाय! चाय-पकोड़े।" आवाज़ बिखर जाती। वह चुप हो जाता। शेल्टर के नीचे पड़े बैंच ज़्यादातर खाली थे। दो-तीन बैंचों पर लोग बैठे थे। वे सब या तो चाय पी चुके थे या फिर उन्हें चाय वाले की आवाज़ से कोई मतलब नहीं था। ऐसा लगता था जैसे वे अपनी-अपनी लापत आवाज़ों को, बैंचों पर बैठे-बैठे ढूँढ़ रहे हैं। वे ऊँघते, जागते, घड़ी देखते, करवट बदलते।

दूर...प्लेटफ़ार्म पर पसरे ग़रीबों को देखकर एक आदमी बोला, "ये कंजर

हैं, जनमजात चोर! चिल्लपों मचाए रखेंगे रातभर...उठाईगीर कहीं के।"

"हो सकता है वो चोर न हों।" दूसरे ने जिरह की।

"दिल्ली में रहते पच्चीस साल हो गए हैं एक-एक जाति का पता है हमें।...खुलासा करके बता सकते हैं।...वे कंजर हैं...कंजर! चोर...शातिर चोर!"

"ये बात तो अभी आपने पहले भी कही थी।...मुझे तो भिखारी टाइप के लोग लगते हैं।"

"किसी मुगालते में मत रहना। जूते तक उठाकर ले जाते हैं ये लोग।"

"पता नहीं हम ग़रीबों के बारे में ऐसी धारण क्यों बना लेते हैं...फर्स्ट क्लास वेटिंग रूम में बैठा हर आदमी हमें पवित्र नज़र आएगा। और प्लेटफ़ार्म पर पसरे लोग कंजर।"

"मैं लिखकर दे सकता हूँ ये चोर हैं।" आदमी बोला।

"तुम्हें लिखकर देने की ज़रूरत नहीं...।" दूसरे सभ्य से आदमी ने कहा।

"फिर?"

"ख़ामोश रहने की ज़रूरत है।" इतना कहकर वह आदमी बेंच से उठकर चला गया। किरदार उसे जाते हुए देखता रहा। सोचता रहा। स्वस्थ्य सोच रखने वाले अकेले पड़ जाते हैं। अक्सर! यह आदमी यकीनन उस आदमी से चिढ़ गया हो गया जो प्लेटफ़ार्म पर पसरे लोगों को कंजर कह रहा था। उसके विचारों को वह नहीं बदल सकता था।

एक अकेले बेंच पर बैठा आदमी उबासी लेते हुए बोला, "ट्रेन छूट गई। अब डेड़ घण्टा यहीं मरो।"

बेंच पर उसकी बात सुननेवाला दूसरा कोई भी नहीं था। पता नहीं यह वाक्य उसने किसे सुनाया होगा? शायद किसी को नहीं। शायद अपने आपको...कुछ लोग अपने आप से बोलते रहते हैं। बेंच पर बैठे व्यक्ति द्वारा बोला गया वाक्य, जैसे वाक्य न हो, ऊब की ग़र्द हो।

स्टेशन पर कम लोग थे। कुल दो प्लेटफ़ार्म थे। दोनों प्लेटफ़ार्म को जोड़ने वाला एक पुल था। कुछ बेसहारा लोग पुल के नुक्कड़ में भी पसरे हुए थे। नुक्कड़ों में कम हवा लगती थी, शायद इसलिए।...दोनों प्लेटफ़ार्म लम्बे, साफ और ख़ामोश थे। दूर राजघाट पावर हाउस की चिमनी से निकलता धुआँ नज़र आता था। किसी-किसी वक़्त, चिंगारी जैसी चीज़ भी नज़र आ जाती।...अप्पूघर के झूले और आई.टी.ओ. चौराहे का थोड़ा-सा हिस्सा भी नजर आता था। लेकिन बेंच पर बैठ जाने से सामने का प्लेटफ़ार्म नज़र आता था।

कोई रेलगाड़ी आकर रुकी। एक शहर बसा आवाज़ों का। एक शहर बसा लोगों का। एक शहर बसा चहल-पहल का।...कुछ देर के लिए शहर बसा रहा।

कुछ देर बाद शहर उजड़ गया। प्लेटफ़ार्म की यह बस्ती जैसे कोई पुराने अखबार का टुकड़ा हो जो उड़कर कहीं दूर चला गया हो।

पाँच सात लोग उतरे। चले गए।

चायवाला भी चला गया।

ख़ामोश प्लेटफ़ार्म कितने वीरान लगते हैं। खाली पड़े बैंच, जैसे किसी यात्री का पीछे छूट गया सामान हों...खाली पड़े बैंच, खाली प्लेटफ़ार्म को ज़्यादा वीरान बना देते हैं। बैंचों पर लोग बैठे हों तो बैंच अच्छे लगते हैं। खाली बैंच उदास कहानियों जैसे!

झूलते हुए बगनबेलिया! शहतूत और शीशम के दरख़्त! ट्यूबलाइट की रोशनी। सरसराती, बेचैन करती खामोशी।

किरदार एक बार पूरे प्लेटफ़ार्म का चक्कर लगा आया। फिर शेड के नीचे, एक खाली बैंच पर टांगें फैलाकर बैठ गया। टी-स्टालवाला जा चुका था। उसके जाने के बाद सन्नाटा और गहरा हो गया था वह था तो लगता था स्टेशन को जिन्दा रखनेवाली कोई चीज़ मौजूद है। उसका होना, स्टेशन का होना हो जैसे। वह कुछ-कुछ देर बाद आवाज़ें लगाता था।...हर शख़्स अपने हिस्से की आवाज़ों के साथ आता है। और जब जाता है तो अपने हिस्से की आवाज़ों उठा जाता है।...चाय वाला, अपनी सारी आवाज़ें लेकर चला गया था। स्टाल खाली था। बैंच खाली था। प्लेटफ़ार्म खाली था। ख़ाली-ख़ाली प्लेटफ़ार्म अपनी वीरानी के बावजूद, खूबसूरत लगता था।

थोड़े-थोड़े अन्तराल के बाद दो सुपरफास्ट रन-थ्रू गाड़ियाँ घड़घड़ाती निकल गई थीं। शोर के बाद की ख़ामोशी और ज्यादा सघन प्रतीत होती थी। बगनबेलिया के सुर्ख़ फूल ट्यूबलाइट की रोशनी में और ज़्यादा सुर्ख़ नज़र आते। हवा चलती तो ख़ुशबू-सी फैल जाती। पता नहीं किस फूल की ख़ुशबू थी वह।

लावारिस कुत्ते बैंचों के नीचे सोए हुए थे।

तभी कोई पैसेंजर गाड़ी रुकी, जो छः घण्टे लेट चल रही थी। तिलक ब्रिज स्टेशन के शेड के नीचे किसी डिब्बे से उतरकर चार लोग आए। ऐसा लगता था जैसे सिर्फ़ चार जन उतरे हों पूरी ट्रेन से।

किरदार ने एक नज़र उन पर डाली। वे चारों शेड के नीचे कोई साफ जगह तलाश करते-करते किरदार के बैंच के पास, जो खाली जगह थी, वहाँ बैठ गए। यहाँ रोशनी माकूल थी। जगह साफ थी। चारों इस तरह, पास-पास बैठे थे जैसे वे एक-दूसरे को ज्यादा-से-ज़्यादा देखना चाहते हों।

वे चारों फ़कीर हो जैसे। शायद न भी हों। लेकिन लगते फ़कीर जैसे थे।

वे ज़मीन पर बैठ गए तो किरदार ने तत्काल कहा, "आप ऊपर बैंच पर

बैठ जाओ।...बहुत जगह है।''

उनमें से एक ठट्ठाकर हँसा। बोला, ''ज़मीन का रिश्ता छूटता नहीं मिट्टी है कि बाँध लेती है। इस देह को भी तो मिट्टी कहते हैं। गुणीजन।...शायद मिट्टी से मिट्टी का सगापन है।''

फ़कीर बोला। हँसने लगा।

किरदार भौंचक-सा उसे देखने लगा।

''मिट्टी की बात खूब कही गुरुभाई!...मिट्टी की बात पर जड़ भारत का प्रसंग याद आ गया।'' दूसरा फ़कीर बोला।

''कहो तो गुरुभाई।'' तीसरे ने आग्रह किया।

''दूसरा कुछ सोचते हुए बोला, ''कथा कुछ लम्बी है।'' उसने तीनों की तरफ देखा, ''जड़ भारत को जड़बुद्धि मानकर लोग उससे घृणा करने लगे।...वह सबकुछ त्यागकर जंगल में रहने लगा। रहूगण राजा थे।...कपिल मुनि से मिलने पालकी में बैठकर जाने लगे। जंगल में पालकी का एक कहार बीमार पड़ गया।...जड़ भारत को पकड़कर जोत दिया गया। जड़ भारत उछल-उछलकर चलने लगा कि कहीं कोई जीव पाँव के नीचे आकर न मर जाए।...इस पर राजा रहूगुण ने डाँटा, ''ऐ ठीक से चल, नहीं तो सुधार देंगे।''...तो गुरुभाई, ये सुन जड़ भारत ने उत्तर दिया, ऐ राजन, तुम क्या सुधारोगे मुझे?...तुम स्वयं मृत्युधर्मा हो।''...तुम, मैं, पालकी और सभी कुछ मिट्टी का हैं...मिट्टी को मिट्टी क्या सुधारेगी?...आज तुम मेरी मिट्टी पर सवार हो।...कल मैं तुम्हारी मिट्टी पर सवार हो सकता हूँ...मिट्टी का यही खेल है।''

पहले गुरुभाई ने दूसरे गुरुभाई के मुख से कथा सुनकर समर्थन में सिर हिलाया। फिर बाक़ी दोनों ने भी।

किरदार हैरान होकर कथा सुनता रहा। उसी हैरानी से उसने पूछा, ''कौन हैं आप लोग?''

''यही जानने के लिए भटक रहे हैं कि कौन हैं हम लोग?'' तीसरा गुरुभाई बोला।

किरदार चुप रहा। उन चारों की तरफ देखता रहा।

तीसरा गुरुभाई किरदार की तरफ देखते हुए बोला, ''फिर भी जानना चाहते हैं कि हम कौन हैं? तो समझ लो कि हम राजा हैं। सम्राट हैं...बादशाह हैं।''

''लेकिन बादशाह तो वो होते हैं जिनके पास खूब पैसा हो...कई सेवक हों? किरदार ने कहा।

''सेवक तो उन्हें चाहिए जो आलसी हों।...हम आलसी नहीं हैं।'' गुरूभाई ने कहा।

''लेकिन बादशाह...सम्राट तो वो होते हैं जिनके पास सेना हो।'' किरदार

ने फिर तर्क किया।

"सेना उन्हें चाहिए जिनके शत्रु हों। हमारा इस संसार में कोई शत्रु नहीं...जब शत्रु नहीं तो फिर सेना किस लिए।"

"यह बात तो ठीक है।" किरदार कुछ सोचते हुए, कुछ उन्हें देखते हुए बोला, "लेकिन तुम सम्पन्न भी नहीं हो। तुम्हारे पास धन वगैरा भी नहीं है।"

"धन की उन लोगों को ज़रूरत होती है, जो दरिद्र हों...हम दरिद्र नहीं हैं।" तीसरे गुरुभाई ने कहा।

"तुम्हारी कपड़े भी सुन्दर नहीं हैं।...जबकि राजाओं महाराजाओं के कपड़े खूबसूरत होते हैं।" किरदार ने सवाल किया।

"सुन्दर कपड़ों की आवश्यकता उन्हें होती है जो कुरूप हों वे बढ़िया वेश धारण करते हैं ताकि अपनी कुरूपता को छुपा सकें।"

किरदार आवाक् रह गया। भौंचक-सा उन चारों को देखता रहा। वे चारों अलमस्त, बेफ़िक्र सहज और प्रसन्न नज़र आते थे। वे गम्भीर हो जाते। मुस्कराने लगते। वे शायद जागने के लिए बैठे थे। नींद उनकी आँखों में नहीं थी। शायद वे उम्रभर की नींद को जीत चुके हों या शायद वे दिन में बहुत-बहुत सोए हों।

किरदार से रहा नहीं गया। जिज्ञासा जाग उठी। उसने उन चारों से प्रश्न किया, "आप सो नहीं रहे, क्या आप दिन में सोए थे?"

चारों में एक ने बाक़ी तीन को देखा। मुस्कराया बोला, "हम दिन में नहीं सोते।...वैसे हम रात्रि में भी बहुत कम सोते हैं।"

"नींद पर एक प्रसंग याद आ रहा है। गुरुभाई।" चौथा गुरुभाई बोला।

"कहो गुरुभाई।" पहला गुरुभाई प्रसन्न होकर बोला।

"धन्यवाद गुरुभाई।" चौथे गुरुभाई ने आभार व्यक्त किया। कुछ पल मौन रहने के बाद बोला, "ऋषियों ने कई वर्षों तक तप किया।...भगवान विष्णु ने दर्शन दिए। कहा ऋषियों से मांगो क्या माँगना है?"

"ऋषियों ने भगवान विष्णु से कहा कि हम आपसे कुछ माँगने नहीं आए। यदि आप कुछ देना चाहते हैं तो आप स्वयं दीजिए।"

"फिर?" कोई गुरुभाई बोला।

"भगवान विष्णु ऋषियों की बात पर प्रसन्न ही हुए। कहा, "ऋषियों मैं तुम्हें बहुत सारा धन देता हूँ। ताकि तुम सुखपूर्वक जीवन व्यतीत कर सको।"

ऋषियों ने तत्काल कहा, "धन की हमें आवश्यता नहीं भगवान!...वह तो हम पृथ्वी से अन्न उपजाकर स्वयं अर्जित कर लेंगे।

"मैं तुम्हें शक्ति देता हूँ ऋषियो!" भगवान विष्णु ने कहा।

"शक्ति?...किसी की दी गई शक्ति से क्या कोई शक्तिशाली हो सकता

है?...हम श्रम करेंगे। श्रम करने से हम अपनी देह को कठोर और शक्तिशाली बना लेंगे।...भगवान हमें शक्ति नहीं चाहिए।...शक्तिशाली होने का लालच असुरों में हैं...उन्हें दीजिए शक्ति...।"

"फिर, फिर मैं तुम्हें क्या दूँ? चिन्तित होकर भगवान विष्णु बोले।

"ऋषियों ने निवेदन किया, "भगवान विष्णु, आप हमें दे सकते हैं तो जागरण दीजिए।...हमें निन्द्रा नहीं...जागरण की आवश्यकता है।"

चौथा गुरुभाई कथा सुनाकर चुप हो गया। पहले गुरुभाई ने उसकी पीठ थपथपाई।

किरदार उन लोगों को हैरान नज़रों से देखता रहा। सोचता रहा कि ये कौन होंगे?...प्लेटफार्म पर बैठकर क्या कर रहे हैं? क्या सचमुच ये लोग अपनी खोज में निकले हैं? ऐसा लगता है, इन्होंने अपने आपको ढूँढ़ लिया है।

अचानक बिजली चली गई। अन्धकार छा गया। पलभर के लिए मौन हुए। फिर बातचीत करने लगे। उनमें से एक ने कहा, "अन्धकार में भी हम देख सकते हैं।" शेष तीनों चुप रहे। किरदार हैरान हो गया कि अन्धार में कोई कैसे देख सकता है?

पलभर की ख़ामोशी के बाद तीसरा बोला, "एक बार राजा जनक ने पूछा, "महर्षि याज्ञवालक्य, हम किसकी रोशनी से देखते हैं?

"सूर्य की रोशनी से।" उत्तर मिला।

"सूर्य अस्त हो जाए तो?" प्रश्न

"चन्द्रमा के प्रकाश से।" उत्तर

"अमावस की काली रात हो। न चाँद हो न कोई सितारा तब?" फिर सवाल पूछा गया।

"तब हम शब्दों की रोशनी से देखते हैं।"...भटके आदमी को शब्दों की रोशनी रास्ता दिखाती है।"

"शब्द न हों तब?"

"तब आत्मा का प्रकाश मदद करता है। चूँकि आत्मा का प्रकाश ही हमारे अन्तःकरण का प्रकाश है।"

किरदार हतप्रभ था। मन-ही-मन उनके बारे में सोचता रहा। फिर उसने अनायास सवाल किया, "आप लोगों के नाम क्या हैं?"

"नाम तो सम्बोधन मात्र के लिए होता है।"

"आपका सम्बोधन?" किरदार ने पूछा।

"कुछ भी...जो आप चाहें।...जो भी नाम आपको उचित लगे, आप रख लीजिए।"

"आप ही सुझाइए।"

"हम क्या सुझाएँ? जो तुम्हें जँचे, रख लो।"

"अगर मैं तुम्हारा नाम रुपदेव रख लूँ तो कैसा लगेगा? किरदार ने एक से कहा।

"अच्छा लगेगा।" उनमें से एक ने जवाब दिया। लेकिन ऐसा लगता था जैसे उसे नाम वगैरा में कोई दिलचस्पी नहीं है।

"लेकिन आप रुपदेव होंगे कहाँ से? किरदार ने पूछा, "क्या बालों से?"

"नहीं।" उत्तर मिला।

"दाँतों से?"

"नहीं।"

"मुख से?"...माँस से?...टाँगों से...बाजुओं से?"

"नहीं।"

"तो इसका अर्थ हुआ तुम रूपदेव कहीं भी नहीं हो।...फिर जिसे मैं रूपदेव कह रहा हूँ, वह कौन है?" किरदार ने पूछा।

"अब तुम मेरे प्रश्नों का उत्तर दो। उन चारों में से एक बोला, "यह जो स्टेशन है,...क्या बैंचों का नाम स्टेशन है?"

"नहीं।" किरदार ने कहा।

"रेल की पटरियों का नाम स्टेशन है?"

"नहीं।"

"क्या प्लेटफ़ार्म...शेड और यहाँ बैठे लोगों का नाम स्टेशन है?"

"नहीं।"

"फिर स्टेशन किस चीज़ का नाम है?" उसने सवाल किया फिर उत्तर भी उसने स्वयं दिया, "इन सब चीजों के मेल का नाम स्टेशन है।...तुमने मुझे रूपदेव कहा है। जानता हूँ उपहास में कहा है तुमने मुझे रूपदेव।...लेकिन रूपदेव मैं अपने अकेले में कुछ नहीं। अपनी सम्पूर्णता में हूँ।"

"सम्पूर्ण?...सम्पूर्ण कौन है?" किरदार ने पूछा।

चारों गुरुभाई कुछ देर मौन रहे। कुछ सोच रहे हों जैसे। कुछ मनन कर रहे हों जैसे। कुछ न कर रहे हों जैसे, सिर्फ़ एक-दूसरे को देख रह हों। मुस्करा रहे हों।

फिर उनमें से एक बोला, "सम्पूर्णता...यूँ तो केवल भ्रम है।...एक प्रसंग याद आ रहा है...आखिर सम्पूर्ण है कौन?"

"कहो तो गुरुभाई?" एक ने कहा।

"बुद्ध का एक शिष्य था पूर्ण।...उसकी दीक्षा पूर्ण हुई।...दीक्षा पूर्ण हुई तो

पूर्ण ने बुद्ध से कहा, "अब आपके सन्देश को मैं उन लोगों तक पहुँचाऊँगा, जिनको इसकी ज़रूरत है।"

"लेकिन तुम जाओगे किस ओर?" बुद्ध ने पूछा।

"मैं सूखा की ओर जाऊँगा।" उत्तर दिया पूर्ण ने।

"लेकिन वहाँ के लोग बहुत बुरे हैं। उधर कोई नहीं गया कभी...वे तुम्हें गालियाँ देंगे।...परेशान करेंगे।"

"मैं उन्हें धन्यवाद दूँगा कि उन्होंने मुझे केवल गालियाँ दीं, पीटा नहीं।"

"हो सकता है वे तुम्हारे साथ मारपीट भी करें।"

"मैं उन्हें धन्यवाद दूँगा कि वे मारपीट करते हैं केवल, जान से नहीं मार डालते।"

"वे जान से भी मार देते हैं।" बुद्ध ने कहा।

"मैं फिर भी उनको धन्यवाद दूँगा कि उन्होंने मुझे जीवन से छुटकारा दिया।" पूर्ण ने शान्त स्वर में कहा।

"अब तुम कहीं भी जाओ पूर्ण।...अब इस पृथ्वी पर सब जगह, परिवार समान है। सब तुम्हारे अपने हैं। तुम सबके हो। तुम्हारे मन में कोई विकार नहीं रहा। तुम पूर्ण संन्यासी हुए पूर्ण।"

सम्पूर्णता की कथा सुनाकर गुरुभाई ख़ामोश हो गए। किरदार चुपचाप उन्हें देखता रहा। वे अपने संसार में थे। आनन्द के संसार में। भयमुक्त संसार में।

अचानक किरदार के मन में विचार उठा, क्या सचमुच मृत्युलोक में कोई भयमुक्त हो सकता है? यह प्रश्न बार-बार उससे टकरा रहा था। अन्ततः उसने प्रश्न कर ही दिया, "आप में से कोई बता सकता है कि भयमुक्त कौन होता है?"

चारों ने किरदार की ओर देखा। मुस्कराए। उनमें एक जो अधिक आयु का था, तीनों उसकी तरफ देखने लगे। वह मुस्कराता रहा। उसका चित् शान्त था। मन निर्मल।

उसने कहा, "संसार में सभी भययुक्त हैं।...भोग में रोग का भय है...अभिमान में दीनता का भय है...सामर्थ्य में शत्रुता का भय है....सौन्दर्य में बुढ़ापे का भय है।...ज्ञान में तर्कशील विवेक का भय है। गुण में दुष्टता का भय है...शरीर को मृत्यु का भय है।...संसार में सभी चीजें भययुक्त हैं।"

"तो? किरदार ने पूछा।

"वैराग्य भयमुक्त है।" गुरुभाई ने शान्त मन से कहा।

किरदार किसी बच्चे की तरह चुपचाप उसे देखता रहा। न तर्क न प्रश्न। केवल देखना भर...

गुरुभाई फिर बोले, "लेकिन एक बात सुन लो।...बन्दरगाह में खड़ा जहाज़

बेशक सुरक्षित होता है।...लेकिन क्या जहाज़ इसीलिए बनाए जाते हैं?''

इस बीच कोई मालगाड़ी गुज़री। उसके तिलक ब्रिज स्टेशन पर रुकने का कोई अर्थ नहीं था। लेकिन आगे 'लाइन क्लीयर' नहीं थी। वह रुकते-रुकते जब पूरी तरह रुकने को हुई तो उसे 'पास' का सिग्नल मिल गया। मालगाड़ी को आगे शायद तुगलुकाबाद जाना था। वहाँ बहुत बड़ा यार्ड था। ट्रेन ने फिर गति पकड़ी। उसके रुकने और चलने के बीच सैकड़ों तरह की आवाज़ें पैदा हुईं। यह मालगाड़ी का संगीत था प्लेटफ़ार्म पर बैठे, लेटे और ऊँघते लोगों के लिए यह मालगाड़ी का संगीत शोर से कम नहीं था। शेड के नीचे बैठे और ऊँघते हुए लोग जाग गए थे। शेड के बाहर, प्लेटफ़ार्म पर जिन मफ़लिसों ने डेरा जमाया था, उनमें से बहुत सारों की नींद उच्चट गई थी। बच्चे कुंकुआए थे। कोई बूढ़ा खाँसा था।

रात सरक रही थी। बहुत धीरे-धीरे! ऐसा लगता था, रात सरक नहीं रही, ठिठक गई हैं। हवा में ठण्डक थी। कुछ मच्छर भी थे। बैंचों के नीचे सोए हुए कुत्ते किसी-किसी वक़्त जाग जाते। वे कई तरह की आवाज़ें निकालते। कान फटकारते, दुम हिलाते सो जाते।

सोए हुए, ऊँघते हुए जागे हुए लोग। सबको इन्तज़ार था—सुबह का इन्तज़ार! इन्तज़ार में बेचैनी थी। इसके बावजूद, इन्तज़ार एक दिलकश शब्द था। यहाँ प्लेटफ़ार्म पर जागते, ऊँघते लोगो के पास, अपनी-अपनी इन्तज़ार के टुकड़े थे।...इन्तज़ार! सुबह का इन्तज़ार। सुबह जिसमें धूप थी। जिसमें उजाला था। जिसमें तपिश थी। रात, जो भयानक थी। अजनबी थी। काटे नहीं कटती थी...

करीब आधी रात बीत चुकी थी। बहुत सारे लोग बैचों पर लेटे-लेटे सो गए थे। किरदार जाग रहा था। वे चारों भी जाग रहे थे। एक-दूसरे को देखते हुए वे गहन विचार मुद्रा में बैठे थे।

न जाने कहाँ से एक सिपाही, जो ऊँचा लम्बा, अच्छी कद काठी का मालिक था, प्लेटफ़ार्म पर गश्त लगाता, शेड के नीचे चला आया। वह अपनी ड्यूटी पर था। इसका अहसास कराना ज़रूरी था। वह बैंत खटखटाता, सोए हुए लोगों को झिंझोड़ता, बैंत को लोगों के पेट में घुसेड़ता, मारता-पीटता, उन चारों के पास आ खड़ा हुआ था। सिपाही शायद उन्हें कुछ कहे बगैर आगे निकल जाता। लेकिन उसे गुस्सा इस बात पर आया कि वे चारों, सिपाही को देखकर न डरे न विचिलत हुए। यहाँ तक कि उन चारों ने डरने का नाटक तक नहीं किया था। यही बात सिपाही को खल गई थी। वह जाते-जाते रुका। वापिस मुड़ा। उन तक आया। आव देखा न ताव, चारों को तड़ातड़ बैंत मारने लगा। मारता चलता गया। पता नहीं इतना गुस्सा उसमे कहाँ से आ गया था? अन्त में सबसे युवा गुरुभाई ने उसके बैंत को पकड़ लिया। सिपाही से बोला, ''हम सबके पास टिकटें हैं। बेवजह

मारने का क्या अर्थ हुआ? हमने कोई अपराध किया हो तो हमें दण्ड दीजिए...लेकिन हमारा अपराध कया है? निरअपराध किसी को मारना अनुचित ही नहीं, अन्यायपूर्ण भी हैं हम उसी अन्याय का विरोध कर रहे हैं...मैंने तुम्हारा बैंत पकड़ रखा है। हिम्मत है तो छुड़ाकर दिखाओ।"

बहुत देर तक सिपाही बैंत छुड़ाने की कोशिश करता रहा। गुस्से में वह अब भी था। बल्कि पहले से ज़्यादा गुस्सा था उसमें। लेकिन उसकी हिम्मत कूच कर गई थी। उसका गुस्सा प्रचण्ड था और ताकत हाथी जैसी। लेकिन एक ज़रा-सा फटीचर साधू जैसे आदमी से वह अपना बैंत नहीं छुड़ा सका था।

बैंत को छोड़ते हुए युवा गुरुभाई बोला, "अगर मैं भी बैंत एक प्रहार तुम्हारी पीठ पर कर दूँ तो तुम मेरा कुछ नहीं बिगाड़ सकोगे। लेकिन बदला लेने का आनन्द घड़ी दो घड़ी का होगा। क्षमा का सुख लम्बी उम्र का होता है।"

"तू क्या क्षमा करेगा?...तू चीज क्या है?...सामने देख। वो जो कंगले-से पड़े हैं, वो सामने। धुनाई कर आया वहाँ, एक-एक की...सारा टीन-टप्पन फेंक मारा उनका।...उनमें से एक ने मेरे सामने आँख मिलाने की कोशिश की थी।...हुलिया बिगाड़ दिया सारों का...प्लेट फार्म पर अपनी हुकूमत चलती है।...तू के क्षमा करेगा...क्षमा मैंने किया तेरे को...।" सिपाही ने बैंत को बैंच पर खटखटाया। चला गया।

चारों ख़ामोश थे। पहले की तरह। जैसे कुछ हुआ ही न हो। वही, मुख पर पहले जैसी शान्ति। सुख। स्थिरता।

किरदार ने जानबूझकर छेड़ा। चुटकी ली, "एक सिपाही से आप पराजित हो गए।"

उनमें से एक ने मुस्कराते हुए, बड़ी स्थिरता, बल्कि दृढ़ता से उत्तर दिया, "हम कभी जीते नहीं...हम कभी विजयी नहीं हुए...जब हम विजयी नहीं तो पराजित कैसे होंगे?"

फिर उन चारों में से एक बोला, "एक उजाड़ को और कोई कितना उजाड़ेगा?...वे लोग, जिनको सिपाही मार कर आया है। उनका टीन-टप्पर फेंककर आया है; वे लोग सुबह फिर उठ खड़े होंगे। हर सुबह उनकी शून्य से आरम्भ होती है...शून्य पर ख़त्म होती है...सिपाही उनके शून्य में से क्या घटाऐगा।"

"ठीक है गुरुभाई!...एक छोटी-सी कथा ध्यान आ रही है।" एक बोला।

"कहो गुरुभाई।" शेष तीनों में से किसी ने कहा।

"सुनसान था...वीरानी थी। घनी अन्धेरी रात...डगर पर एक साधू। अपनी मस्ती में अपनी फ़कीरी में। अपने वैराग्य में। सुख में...सामने से सुनाई दिया घोड़े की टाप का स्वर। समझा गया साधू, कोई है जो सामने से आ रहा है।...घुड़सवार

साधू के सामने आकर रुका। बड़े अहंकार के साथ बोला घुड़सवार, "मुझे नहीं पहचाना?...मैं इस इलाक़े का नामी-गिरामी डाकू हूँ।"

साधू ने कहा, "ठीक है।...होंगे आप डाकू।"

डाकू ने हैरान होकर पूछा, "मुझसे डर नहीं लगता? फिर क्रोधित होकर बोला, "वह देख साधू, वह जो टीले पर घर है, उसे में पाँच बार लूट चुका हूँ।"

साधू मुस्कराया। बोला, "ज़रूर लूट चुका होगा पाँच बार उस घर को तू।...लेकिन वो सामने देख। टीले पर दीया फिर भी जल रहा है। और तू है कि अन्धेरे में भटक रहा है।"

"गुरुभाई, खूब कही कथा।" एक गुरुभाई ने दूसरे गुरुभाई को प्रोत्साहित किया।

फिर एक बोला, "न्याय-अन्याय की बात छिड़ी थी कुछ देर पूर्व...एक प्रसंग याद आ रहा है यूनान का है। सिकन्दर के देश का।...तब सिकन्दर के पिता फिलिप राजा थे। दरबार जारी था। एक सिपाही के विरुद्ध मामला दायर किया गया था। मुकदमें की कार्रवाई जारी थी। इस बीच राजा फिलिप को नींद आ गई...लेकिन मुकदमें की सुनवाई चलती रही। सुनवाई ख़त्म हुई। फिलिप की नींद टूटी। उसने सिपाही को दण्ड देने का फ़ैसला सुनाया।"

"फ़ैसला सुनकर सिपाही सकते में आ गया। लेकिन उसने धैर्य से काम लिया। दृढ़ता से बोला, "फ़ैसला ग़लत दिया गया है। मैं अपील करता हूँ।"

"राज फिलिप और उसका फैसला अटल! उसके ख़िलाफ़ यानी राजा के ख़िलाफ़ अपील? इस अपील का कोई अर्थ नहीं था।...इसके बावजूद राजा फिलिप हँसते हुए बोला, "अपील की बात तो तुम्हारी ठीक है, लेकिन अपील करोगे किससे?"

"सिपाही कुछ पल सोचता रहा। फिर बोला, "मैं...मैं सोए हुए राजा फिलिप के ख़िलाफ़, जागे हुए फ़िलिप के सम्मुख अपील करूँगा राजा फ़िलिप हैरान होकर सिपाही को देखता रहा और फिर अपने ग़लत फ़ैसले को दुरुस्त करते हुए, सिपाही बरी कर दिया।

"विवेकशील राजा को वही करना चाहिए था, जो राजा फिलिप ने किया।" इस कथा को सुनकर, उन चारों में से एक गुरुभाई बोला।

फिर वे मौन हो गए।

किसी ने, सबसे परिपक्व नज़र आने वाले गुरुभाई से पूछा, "आप चिन्तित प्रतीत होते हैं?"

"हाँ...मैं उन दरिद्र लोगों के विषय में सोच रहा था, आसमान को ओढ़कर और प्लेटफ़ार्म को बिस्तर बनाकर सोने वाले, किसी का क्या बिगाड़ सकते

हैं?...कितने निरीह, दयनीय पात्र हैं वे। सिपाही ने उन पर तरस नहीं खाया। तहस-नहस कर दिया उनके सामान को।...पुलिस को तो जनता का सेवक कहा जाता है न! ऐसे निस्संग और जड़ लोग पुलिस में भर्ती हो गए हैं, पुलिस का चरित्र ऐसे लोगों से बिगड़ा है।...मुझे एक फ़ारसी का शेर ध्यान आ रहा है–

सुफ़ल-ए-ख़ुशपोश रा बर मसनदे ख़ुद जा-मिदे,
कफ़श गर ज़र्री बुअद बरसर नमे बायद निहाद

"इसका अर्थ भी समझा दूँ–बुरे व्यक्ति ने कितनी भी अच्छी पोशाक क्यों न डाल रखी हो, उसे अपने साथ मत बिठाओ...सोने के तारों से जड़ी जूती भी पैरों के नीचे रहती है, सर पर नहीं रखी जाती।"

किरदार शेर के अर्थ सुनकर चौंक गया। उसने धीर-गम्भीर गुरुभाई को देखा। फिर बाकी तीनों को। चारों इत्मीनान में थे या गहरी मन्त्रणा में, पता नहीं चलता था।

बिजली एक बार फ़िर चली गई थी। पहली बार जब बिजली गई तो दो मिनट बाद आ गई थी। इस बार ज़्यादा देर तक बिजली गुल रही।

किरदार बैंच पर पसर गया। उसे नींद आ गई। सुबह जब वह उठा तो उसने तत्काल वह जगह देखी, जहाँ चारों बैठे थे। जगह खाली थी। चारों जा चुके थे। वह उठ खड़ा हुआ। उसने इधर-उधर देखा। वे नहीं थे। सचमुच जा चुके थे। वह सोचता रहा, क्या सचमुच वे थे या वह केवल सपना देख रहा था? वे थे तो कौन थे? गए तो किधरगए? वह इसी उधेड़बुन में खड़ा रहा कुछ देर। वह अब भी ऐसे खड़ा था जैसे किसी अबूझा रहस्य में उलझा हो।

उसने देखा, मुफ़लिसों की टोली भी अब प्लेफ़ार्म पर नहीं थी। कूच कर गई थी। किसी ट्रेन में। या फिर उठकर पैदल कहीं...किसी ठौर! किसी स्टेशन। अपमानित होने के लिए। किसी सिपाही, किसी नागरिक द्वारा निरन्तर अपमानित होने के लिए।

वे लुटे-पिटे लोग जा चुके थे। प्लेटफ़ार्म पर कुछ टाट के टुकड़े रह गए थे। कुछ चीथड़े रह गए थे कुछ सूखी लकड़ियाँ रह गई थीं। कुछ लोहे का टीन-टप्पर रह गया था।

वे जहाँ भी गए होंगे, इस दुनिया में होंगे। इस दुनिया में होकर, इस दुनिया से डरे-डरे सहमे-सहमे। जैसे जन्म लेकर उन्होंने कोई अपराध किया हो।...शायद वे अपराधी हों भी। शायद न हों। लेकिन दुनिया हमेशा उन्हें सशंकित दृष्टि से देखती रहेगी। दुनिया ने अभी साफ़-साफ देखना सीख भी नहीं।

प्लेटफ़ार्म पर उजाला फैल गया था। यात्री आने लगे थे। टी-स्टालवाला भी

आ चुका था। उसने नौकर को उठाया हड़काया। झिंझोड़ा। नौकरों को हमेशा इसी तरह उठाया जाता रहा है।

फिर सरगर्मी। चहल-पहल। यात्री। अखबार। ख़बरें। सुबह। धूप। ओस की बूँदें। रोशनी...तिलक ब्रिज स्टेशन जाग उठा है।

❑ ❑

पाठकगण, क्षमा करें। बल्कि यूँ कहूँ कि दख़लअन्दाजी के लिए क्षमा करें। आप शायद रचना के किरदार और उसके अनुभवों के साथ इंवाल्व हो चुके हों। शायद न भी हुए हों। आपकी इंवाल्वमेंट का मैं ख़ैरमक़दम करता हूँ। किरदार के साथ ट्यूनिंग न बैठने का मुझे अफ़सोस है। किरदार जो सोच रहा है, ज़रूरी नहीं कि आप सोचें। आपका सोचना हो सकता है ज़्यादा वज़नदार हो।

वैसे आप मेरी इस बात से तो सहमत होंगे कि सोच के हजारों चेहरे हैं। कितना फ़र्क है। विदुर की सोच में और धृतराष्ट्र की सोच में। ऐसा लगता है जैसे धृतराष्ट्र उस दौर के प्रोप्रर्टी डीलर के और विदुर वैज्ञानिक।

वैज्ञानिक की बात चली तो मुझे आईंसटाइन याद आ गए। वे भी हमेशा अपने सिद्धान्त (सापेक्षता का सिद्धान्त) को लेकर सोच में डूबे रहते थे। इसी सोच में डूबे हुए थे कि एक बार एक लिफ़्ट की कम्पनी से आए सेल्ज़ रिप्रिज़ेंटेटिव को लिफ़्ट का आर्डर दे दिया। उनका सचिव भागता हुआ आया, बोला, "जनाब, आपका तो मकान ही सिंगल स्टोरी है...लिफ़्ट का आप क्या करेंगे?"

सोचना पहले एक शगल की तरह होता है फिर आदत बन जाता है। जैसे ग़रीब का ज़िन्दा रहना एक आदत की तरह होता है।...सोचने वालों की सोच बहुआयामी हो जाती है। हम थोड़ा सोचनेवाले, बस की भीड़, कमीज़ का कॉलर, दफ़्तर की फाइल, डी.ए. की किश्त, बीवी से तक़रार, प्रेमिका से मनमुटाव जैसी मामूली बातों तक सोचते रहते हैं। लेकिन मेरे एक दोस्त की सोच का हल देखिए। एक दिन मैं बैठा चाय पी रहा था। आफ़िस में उसने आकर बताया कि इस सभ्य समझी जाने वाली मनुष्य की सभ्यता पाँच हज़ार वर्ष पुरानी है। लेकिन इन पाँच हज़ार वर्षों में उसने सात हज़ार युद्ध लड़े। कबीलों के युद्धों का कोई आफ़िशियल रिकार्ड उसके पास मौजूद नहीं था। इसलिए वह उनके युद्धों को इस आँकड़े में शामिल नहीं कर रहा था। फिर बोला, "पाँच हज़ार सालों में सात हज़ार युद्ध! फिर भी मुनष्य सभ्य प्राणी! सोशल ऐनीमल!..मनुष्य अपना इतिहास खुद लिख सकता है। लिखता रहा है इसलिए उसने अपने साथ सभ्य शब्द जोड़ दिया। अगर भेड़िया अपना इतिहास खुद लिख पाता तो वह भी यकीनन ख़ुद को सभ्य ही कहता।"

कहते हैं बादशाह सोचते नहीं। वो कम अक़्ल होते हैं। अक़्ल होती तो युद्ध क्यों करते? लेकिन हुमायूँ के विषय में ऐसा कहना ग़लत होगा। वह पढ़ाकू था। चिन्तक था। वह छत की मुँडेर पर चलते हुए भी सोचता रहता था। इसी सोच की वजह से वह एक दिन महल की दीवार से लुड़क गया। और मर गया। अंग्रेज इतिहासकार भी नम्बर एक के पत्थर दिल इन्सान! कोई दुःख नहीं हुआ उन्हें। उल्टा हुमायूँ के मरने के बाद भी फ़ब्ती कसी—हुमायूँ ट्रेम्बेल्ड इन लाइफ़ एण्ड ट्रेम्बेल्ड आऊट ऑफ इट।

एक सोच हमें आकश की ऊँचाइयाँ अता करती है तो दूसरी दुःख की तलहटी में ला खड़ा करती है...बुढ़ापे में जब हम आइने के सामने खड़े होकर, अपना चेहरा देखते हैं तो जवानी के विषय में भी सोचते हैं। और अपनी उस प्रेमिका के विषय में भी, जिसने हमारे चेहरे की प्रशंसा की थी और लाजवाब कहा था—

> आईना देखकर ख़्याल आया,
> तुम मुझे ला-जवाब कहते थे।

लेकिन इस दिल्ली ने सोचना कम कर दिया है। वह सोचती है तो अपने विषय में सोचती है। इसका नतीजा यह निकला है कि हर शख़्स अपने विषय में सोचने लगा है। ज़माना भी तो प्रतिस्पर्द्धा का है। कहने वाले कहते रहें कि स्पर्द्धा से ईर्ष्या पैदा होती है...वैसे अगर गहराई से देखें तो हम इस नतीजे पर पहुँचेंगे कि दिल्ली, फ़्रस्ट्रेशन, ऊब ग़ुस्से और अवसाद के अतिरिक्त, ईर्ष्या भी पैदा करती है।

हम और आप इस महानगर के पुराने मक़ीन हैं। दिल्ली की आदत और अदावत से वाकिफ़ हैं। किरदार वाकिफ़ नहीं है। हम तो इस महानगरीय तहज़ीब की पाठशाला के फ़रमाबरदार तालिबइल्म ठहरे।...शायद यही वजह है कि हमें न्योनसाइन ज़्यादा आकर्षित करते हैं, दरख़्त पर चढ़ती गिलहरी कम!

दिल्ली के लोग, दरख़्तों को कम देखते हैं। दरख्तों पर अपना नाम लिखना ज़्यादा पसन्द करते हैं। शायद यह भी पापुलेरिटी और अमरता का कोई नुस्खा हो।

आप हँस रहे हैं। पाठक गण! हँसते हुए लोग हमेशा अच्छे लगते हैं। आप भी...वैसे सारा खेल हँसने और रोने का ही तो है। सोए हुए बच्चों की हँसी, दुनिया की नायाब हँसी होती है। वह सपनों की हँसी होती है। बच्चे के सपने कैसे होते होंगे? शायद सपने में, वह अपनी छोटी-सी हथेली पर आसमान रखने की कोशिश करता होगा।

तो जनाब, खेल सारा जश्न और मातम के बीच कहीं अटका, ठिठका है। खेल मास और क्लास का भी है। खेल, कल्चर और एग्रीकल्चर के बीच भी है।

खेल पीढ़ियों के अन्तराल का भी है नई उम्र की नई फसल का अपना मिजाज़ है और अपना कल्चर। उम्र दराज़ लोग वेलेंटाइन डे से एक महीना पहले घबराना शुरू कर देते हैं और उनके साहबज़ादे (साहबज़ादियाँ भी) वेलेंटाइन डे का एक महीना पहले से इन्तज़ार करना शुरू कर देते हैं। ऐसी इन्तज़ार में, मुहब्बत की खुशबू और उसकी बेचैनी पिन्हा होती है। सन्त वेलेंटाइन डे, मुहब्बत के लिए मर मिटा। अपने देश में मुहब्बत वर्जित फल ठहरा। मुहब्त के दीवाने (और दीवानियाँ) विम्पियों, निरुलाओं, मैक्डानलों के अन्दर बैठकर या बाहर खड़े होकर, मुहब्बत का इज़हार करते हैं। गुलाब भेंट करते हैं। कई कल्चर के ठेकेदारों को लगता है कि यह नस्ल, संस्कृति का सत्यानाश कर देगी। वे तोड़-फोड़ करते हैं। प्रेम करने वाले प्रेम करते हैं। नफ़रत करनेवाले नफ़रत! जीवन चलता रहता है।

लेकिन नौजवान तबका स्पष्टवादी है। उसकी सोच क्लीयर है। उसने पुराने लोगों के दर्शन, चिन्तन को नकार दिया है। पुराने लोग नाराज़ हैं।

बुज़ुर्ग अचम्भित हैं। गुस्साए हुए हैं।। अफ़सोस की मुद्रा में हैं कि युवा-पीढ़ी रास्ता भटक गई हैं। भद्रजन, सेमिनारों में उलझे हैं। चिन्तित हैं। भद्रजन, संस्कृति के विघटन पर बहस के च्युइंगम चबाते, फ़िक्रज़दा चेहरों की डायक्यूमेंट्री तैयार करने में व्यस्त हैं।...

पाठकगण, आपने शेक्सपीयर की एक कहानी पढ़ी होगी—तीन सवाल। उसमें एक सवाल का जवाब था कि वर्तमान सबसे अच्छा समय है। यानी क्षणवाद। यानी अभीवाद!...इस व्यतीत होते पल को पकड़ो और भरपूर जीओ।

दिल्ली के भद्रजन इस बात से भी नाराज़ हैं कि अमेरिका के प्रति, युवाओं में रुझान बढ़े हैं। लेकिन भद्रजन इस सवाल का जवाब देने से कतरा रहे हैं कि अमरीकी पूँजीवाद, किसकी पीठ पर सवार होकर आया?

पाठकगण! एल्विन टाफ़लर की किताब का सूत्र वाक्य—मनी मस्लज़ एण्ड माइण्ड क्या आपको बकवास लगता है? दिल्ली के अन्दर झाँकिए साहब। यही सूत्र वाक्य यहाँ की जीवनशैली में बदल रहा है...यानी पैसे से ताकत और पैसे से दिमाग़, आप कुछ भी खरीद सकते हैं...पैसा है तो हेकड़ी है। हेकड़ी उन्माद है और हेकड़ी लाइफ़ स्टाइल भी।

और कहानी का किरदार। वह अनुभव हीन है...निकला है अनुभव हासिल करने...

❑❑

सुबह जाग रही है। स्टेशन जाग रहा है। चाय के कप खनक रहे हैं। टी-स्टालवाले ने गैस के चूल्हे को जलाकर, पानी की केतली रख दी है।

कुछ गाड़ियाँ गुज़री हैं। कुछ लोग उतरे हैं कुछ चढ़े भी हैं।

किरदार महसूस करता है कि दिन एक पौधे की तरह है—वक़्त के गमले में रखा पौधा धीरे-धीरे उगता है। पूरी कायनात के साथ उगता है तो कितना कुछ उगने लगता है। आवाज़ें। चहलकदमी, आहटें, भीड़, लोग, परिन्दे। ज़मीन पर धूप, अपनी बस्तियाँ बसाती हैं। हवाएँ दरख़्तों के पत्तों से लिपट जाती हैं।

भीड़ बढ़ने लगी है। रोज़ाना आने-जाने वालों की भीड़। डेली पैसेंजर बैग लिए। झोले लिए। खाली हाथ। लोग। अख़बार पढ़ते लोग। ताश खेलते लोग।

प्लेटफ़ार्म जैसे एक संसार हो—छोटे-छोटे टापुओं का संसार। ख़ामोशी। बातें। ठहाके। चिन्ताएँ।

सामने के नल से पानी आने लगा था। किरदार ने ढेर सारा पानी पिया। मुँह धोया। बाल गीले किए। कंघी और तौलिया झोले से निकाला। हाथ मुँह साफ किए। तरोताज़ा महसूस करने लगा।

अभी-अभी एक सरकुलर ट्रेन गुज़री है। सब लोगों को अपने अन्दर समेट लिया है उसने। कुछेक रह गए हैं—छितरे हुए। उन्हें किसी दूसरी ट्रेन की प्रतीक्षा है।

ट्रेन के जाने के बाद बहुत सारे बैंच खाली हो गए हैं। कुछेक बैंचों पर एक-एक या दो-दो आदमी बैठे हैं। ट्रेन के चले जाने के बाद, स्टेशनों के प्लेटफ़ार्म अक्सर वीरान और उदास नज़र आने लगते हैं। बगनबेलिया, खाली बैंच, शीशम के पेड़, अपने में गुमसुम न जाने क्या सोच रहे होते हैं?

इस बीच एक किशोर-सा दिखनेवाला युवक, किरदार के पास, उसी बैंच पर आकर बैठ गया था। किशोर के कपड़ों से लगता था जैसे वह स्कूल की पोशक हो। उसके पास बैग था। बैग में किताबें। ज़ाहिर था, वह किसी स्कूल का छात्र है। उसका शरीर गठा हुआ था। किशोर चुस्त-दुरुस्त और चंचल स्वभाव का नज़र आता था। कभी इधर देखता, कभी उधर। कभी सिर पर टोपी रख लेता, कभी हटा देता। उसके बाल खुश्क, शैम्पू से धुले प्रतीत होते थे। वह कैप को सिर पर रखता तो अंग्रेज़ी गाना गाने लगता—नो बॉडी कैन चैलेंज मी। कैप उतारता तो गाने की अगली पंक्ति गाता जो समझ नहीं आती थी।

"सर, ई, एम यू गई तो नहीं?..." उसने जानबूझकर किरदार से पूछा। जैसे वह सिर्फ़ पूछने के लिए पूछ रहा हो। वैसे वह पूरी तरह आश्वस्त था कि ई.एम. यू. अभी नहीं गई। फिर उसने घड़ी देखी। किरदार की तरफ मुँह करके बोला, "डोंट वरी।...अभी तो टाइम है ई.एम.यू आने में।"

किरदार ने उस युवक को देखा। देखता रह गया। सवाल और उसका जवाब तो खुद युवक ने दे ही दिया था। किरदार क्या बोलता? वह चुपचाप उसे देखता

रहा।

"सर, आपको भी ई.एम.यू. लेनी है...आई मीन इलैक्ट्रिक ट्रेन?" युवक ने पूछा।

"अभी मैं कुछ तय नहीं कर पाया।" किरदार ने कहा। वह पसोपेश में था कि क्या करे? कहाँ जाए?

युवक ने अजीब नज़रों से किरदार की तरफ देखते हुए कहा, "ट्रेन के चले जाने के बाद सोचते रहिएगा सर!...वन थिंग आई में टेल यू सर, ट्रेन किसी का इन्तज़ार नहीं करती।...मेरी मानो तो सरकुलर पकड़ लो।...आपको कहीं नहीं जाना, और फिर भी सफ़र करना है। देन सरकुलर इज़ दि बेस्ट।...दो घण्टे बाद आपको यहीं ला खड़ी करेगी।...मैंने तो अपना सजेशन दिया है आपको।...आदमी के अपने सौ काम होते हैं...मैं कौन होता हूँ...हूँ एम आई? टू पोक माई नोज़?"

कुछपल वह अपनी टोपी उछालता रहा। अब उसने गाना बदल दिया था, वी विल मीट अगेन टुमारो... गा रहा था। गाते हुए वह अपनी आवाज़ और लहज़ा बदल देता। ऐसा लगता, सचमुच अपनी प्रेमिका के सामने बैठा गा रहा है।

फिर वह स्थिर बैठ गया। उसे जैसे कुछ ध्यान आया। उसने किरदार से पूछा, "हेव यू गॉट दि लाइटर सर?"...नहीं है तो कोई बात नहीं। मेरे पास माचिस है।" इतना कहकर युवक ने विल्स किंग साइज़ निकाली। सुलगाई। तीली को घुमाकर सामने फेंका। सिगरेट का कश लिया। धुआँ छोड़ा। फिर गाने लगा—इट इज़ दि बेस्ट टाइम टू लव!

किरदार युवक को भौंचक नजरों से देखता रहा। अचानक पूछ बैठा, "पढ़ते हो?"...अफकोर्स!" युवक ने उत्तर दिया। उत्तर में अतिरिक्त आत्मविश्वास था और सिगरेट का धुआँ भी..."कौन सी क्लास में हो?" किरदार ने फिर पूछा।

"प्लस टू।" युवक ने बेफ़िक्री से कहा।

"ट्रेन से जाते हो स्कूल?" किरदार ने फिर सवाल किया

लड़का हँस पड़ा। बोला, "नो सर! ट्रेन से स्कूल नहीं। स्कूल तो मेरा उधर सामने है...उधर माता सुन्दरी रोड़ पर।...ट्रेन में ट्रेवल करना इज़ ज़स्ट ए फ़न। आई रियली इंजाय।...खिड़की वाली सीट। सिगरेट के पफ़ चेंज़ होते सीन। यू नो? जैसे एम टीवी का विज़न मिक्सिंग होता है...कुछ-कुछ वैसा। ब्रिज। फ़्लाई ओवर। व्हइकल्ज।...गाड़ी चलती रहती है...झोपड़ियाँ, पॉश कॉलोनियाँ...गाड़ी चलती रहती है। स्टेशन। फिर मूवमेंटस। एवरी मोमंट ऐ चेज़।...ए न्यू सीनेरियो।...सर, आपको अच्छा नहीं लगता ट्रेवल करना?"

"अच्छा लगता है लेकिन?"

"सर डोंट माइण्ड! आज आप मेरे साथ ट्रेवल कीजिए। यू विल फील रियली

एंथ्याज़िस्टिक।"

"आज तुम स्कूल नहीं गए?" किरदार ने पूछा।

"गुड क्वश्यन! बट नो कमेंट्स!" युवक बोला।

"आज तुम्हारा स्कूल जाने का मूड नहीं होगा?" किरदार ने उसे कुरेदना चाहा।

"मूड...सर ऐसा ही समझ लीजिए।...सर, हमारी सरकुलर आ रही है। आप तैयार हो जाइए सर। चढ़ने वालों और उतरनेवालों में धींगामुश्ती हो जाती है।...आई इंजाय दिस धींगामुश्ती...सर, ट्रेन रुकती भी बहुत कम है...कुल आधा मिनट।"

"लेकिन टिकट?" किरदार ने समस्या ज़ाहिर की।

"सर, मज़ा विदाउट टिकट ट्रेवल करने का है। थ्रिल बना रहता है।...सस्पेंस!...सर बिना टिकट यात्रा करने वाला आदमी कितना चौकन्ना होता है, जस्ट इमेजिन!...आई आलवेज़ ट्रेवल विदाउट टिकट!...पता है कैसा महसूस करता हूँ? सीन कॉनरी की जैसे कोई सस्पेंस फिल्म देख रहा हूँ...वही सीन कॉनरी-जेम्सबाण्ड वाला।...बाद में तो रोगरमूरे, डिमोथी बगैरा भी आए और अभी...।"

"अंग्रेज़ी फिल्मों की अच्छी-ख़ासी जानकारी है तुम्हें।" किरदार के सवाल में व्यंग्य था। जिसे युवक नहीं पहचान पाया था।

"नॉट ओनली मी...मेरी क्लास के सभी स्टूडेंट्स को है।...बट सर, ट्रेन?

युवक ने किरदार को अन्यमनस्क देखा तो बोला, "सर, आप ऐज में मुझसे बड़े हैं। ईवन देन,...आई विल एप्रिशिएट युअर कम्पनी...रियली सर! मुझे कम्पनी चाहिए।...सर, आपकी लुक अच्छी है।...आप स्मार्ट हैं और हैण्डसम भी। इसलिए आपसे कह रहा हूँ।...अदर वाइज़।"

"तुम अपनी उम्र के लड़कों के साथ सफ़र करते तो अच्छा था।" किरदार ने उसे टालना चाहा।

"यू आर राइट सर!" उसने कहा, "बट यू नो?...हमउम्र के लड़के डोमिनेट करने की कोशिश में रहते हैं...फिर आप भी तो यंग हैं।...सर, मैंने एक लैसन में पढ़ा था कि बेस्ट मैन इज़ ही, हू इज़ बिफ़ोर यू।"...सर, आप मेरे लिए बेस्ट मैन हैं।" लड़के ने कहा।

किरदार ने लड़के को देखकर मुस्कराया। उसने कहा कुछ भी नहीं। कुछ सोचते हुए बोला, "लेकिन टिकट...?"

"सर, डोंट वरी। मेरे पास सफीशेंट अमाउण्ट है। पकड़े गए तो मज़ा आएगा। पूरे कम्पार्टमेंट में पापुलर हो जाएँगे हम!...सर, हमारे टाइम में पापुलेरिटी की बहुत वैल्यू है।"

"समझदार हो।" किरदार ने मुस्कराते हुए कहा।

"थैंक्यू सर!...लेकिन देखिए सर...सामने से ट्रेन आ रही है।

❑❑

वे दोनों ट्रेन में थे—ई.एम.यू. यानी सरकुलर ट्रेन में। ट्रेन में बहुत भीड़ थी। लड़के ने किरदार को आश्वस्त करते हुए कहा, "सर, सिर्फ तीन स्टेशन तक भीड़ रहेगी। पटेल नगर पूरा कम्पार्टमेंट खाली हो जाएगा। सर, आप हैंगर को मज़बूती से पकड़े रहिए। ट्रेन बहुत फास्ट चलती है। झटके से रुकती है। यही तो खूबी है ई.एम.यू. की।...चलना स्पीट सें रुकना स्पीड से।...आईएम क्रेज़ी अबाउट स्पीड!"

...ट्रेन मिन्टो ब्रिज, नई दिल्ली, सदर बाज़ार किशनगंज और दयाबस्ती स्टेशनों पर रुकी। दया बस्ती से उसने टर्न लिया और कुछ ही देर में वह पटेल नगर स्टेशन पर रुकी। पटेल नगर के बाद दोनों को खिड़की वाली, आमने सामने की सीटें मिल गई थीं। लड़का बाहर देखता रहा। इस बीच उसने सिगरेट सुलगाई। कश लेता। बाहर के दृश्यों को आत्मसात करता। किसी तसव्वुर में डूबा प्रतीत होता था।

पिछला कम्पार्टमेंट शायद भजन कीर्तन का था। बेसुरे भजनों के शब्द और मंजीरे, करताल की आवाज़ें भी इस सफ़र में बिखर रही थीं।

कम्पार्टमेंट में ताश खेलने वालों, अख़बार पढ़ने वालों, मूँगफली बेचनेवालों, पॉलिशकरने वालों की बहुत सारी आवाज़ें थीं। किरदार सोच रहा था कि वह कितनी सारी आवाज़ों के बीच है। जैसे आवाज़ों का शहर साथ-साथ चल रहा हो। या कि आवाज़ों का शहर दौड़ रहा हो—साथ-साथ।

"सर, आप बोर तो नहीं हो रहे?" लड़के को जैसे ध्यान आया कि वह किसी के साथ यात्रा कर रहा है।

"नहीं।" किरदार ने कहा।

"माई प्लैज़र।"उसे फिर कुछ ध्यान आया। बोला, "सर, मेरी स्मोकिंग से आप डिस्टर्ब तो नहीं हो रहे?"

इस बीच लड़के ने सिगरेट के धुएँ को मुँह के अन्दर बहुत सारा इकट्ठा किया, उसे छत की तरफ उगल दिया। धुआँ, इधर-उधर मँडराने लगा। ट्रेन पटरियों पर दौड़ती रही। लोग ताश खेलते रहे। पॉलिशवाला छोकरा, लोगों के जूते पॉलिश करता रहा।...धुआँ, सामनेवाली सीट पर बैठी लड़की तक पहुँचा उसने मुँह बिचकाया। हाथ से धुएँ को हटाने की कोशिश की। थोड़ा खाँसी। तिलमिलाई। फिर कराहती-सी आवाज़ में बोली, 'प्लीज़ डोंट स्मोक।"

"इज दिस रिक्वेस्ट...अर आर्डर?" लड़के ने बड़ी निस्संगता से पूछा।

लड़की ने कोई जवाब नहीं दिया। लड़के ने सिगरेट का गहरा कश लिया।

धुआँ छोड़ा। धुआँ लड़की तक पहुँचा। वह फिर खाँसी इस बार लड़के ने सॉरी फील किया। सिगरेट को खिड़की से बाहर फेंका। लड़की ने कृतज्ञभाव से देखा। थैंक्स कहा। लड़का गर्व से किरदार को देखने लगा। फिर उसने बैग में से वॉकमैन निकाला। कानों पर फिट करने लगा था कि किरदार ने पूछा, "आज तुम पिकनिक मनाने के मूड में नज़र आते हो?...शायद इसलिए स्कूल नहीं गए...?"

'नहीं सर, वो बात नहीं।...स्कूल न जाने का रीज़न कुछ और ही है।" लड़के ने सहज भाव से कहा।

इस बीच उसने दो च्युइंगम निकाले। एक किरदार को देते हुए बोला, "लीजिए सर!" इतना कहकर दूसरे च्युइंगम उसने अपने मुँह में डाल लिया। फिर बड़े सहजभाव से बोला, "मुझे स्कूल से चार दिन के लिए सस्पेंड कर दिया गया है।"

किरदार ने प्रश्नवाचक दृष्टि से लड़के की ओर देखा। लड़के के चेहरे पर अफ़सोस की एक लकीर तक नहीं थी। बस इतना ज़रूर हुआ कि वह च्युइंगम चबाने लगा था।

ट्रेन चलती रही। लड़का खिड़की से बाहर देखता रहा। कुछ देर बाद बोला, "सर, आप सोच रहे होंगे कि मैं सस्पेंड क्यों हुआ?...सोच रहे हैं न आप! आई टेल यू!...थ्री डेज़ बैक...हमारी इंगलिश की क्लास थी। टीचर पोएट्री पढ़ा रहे थे। कीट्स की पोएम थी। किसी फ्रेज़ पर वे रुककर स्टूडेण्ट्स की तरफ देखते हुए बोले, "यंग बायज़।..वेल, टेलमी!...इस क्लास में ऐसा कौन-सा लड़का है, जिसने अब तक किसी लड़की को 'किस' नहीं किया?"

"सर, वो मैं था!...अकेला मैं! जिसने किसी लड़की को 'किस' नहीं किया था।...मैं खड़ा हुआ तो पूरी क्लास मुझ पर हँस पड़ी।...सर, लड़कियाँ तक मुझ पर हँसी। टीचर भी हँसा। सर, बहुत भद्द पिटी मेरी। खूब चोप्सी हुई।" लड़का चुप हो गया।

"फिर?"

"फिर क्या सर! अगले दिन मैंने अपनी क्लास की सबसे स्मार्ट लड़की रीता को एम्ब्रेस किया। और फिर उसे मैंने कई बार 'किस' किया।

"ज़बरदस्ती तो अच्छी बात नहीं।" किरदार ने कहा।

"एक्ज़ेक्टली सर! ज़बरदस्ती अच्छी बात नहीं है।...बट सर, वन थिंग नोट इट। कोई पिछड़ा हुआ नहीं बनना चाहता। मैं क्यों बनता?"

"लड़की का आलिंगन लेने और उसे चूमने का तुम्हें कोई पछतावा नहीं हुआ?" किरदार ने पूछा।

"नॉट एट आल सर! यू नो!...माई क्लास मेट्स ने मुझे कंग्रेट्स किया।"

"लेकिन इस घटना को लेकर तुम्हें स्कूल से चार दिन के लिए संस्पेंड तो

कर कर दिया गया।''

''टू हैल विद सस्पेंशन!...आई डैम केयर!'' लड़के ने लापरवाही से कहा।

ट्रेन दौड़ती रही। दोनों ख़ामोश हो गए। दोनों खिड़की से बाहर देखने लगे। दोनों सोचने लगे। दोनों को सरकुलर ट्रेन का सफ़र अच्छा लग रहा था।

सरकुलर ट्रेन दौड़ती रही। बरार स्केयर से आगे मोती बाग सफदरजंग तक की यात्रा आनन्ददायक रही। दोनों तरफ चट्टानें, हरियाली, फ़्लैट्स, फाइव स्टार होटल।

किरदार जिस बात को बड़ी देर से सोच रहा था, अन्ततः उसने कह दी। ''अगर तुम सस्पेंड न हुए होते तो इस समय कक्षा में होते...पढ़ रहे होते।''

''सर इमोशनल मत होइए। इमोशनल लोग मुझे अच्छे नहीं लगते। यू नो...सबका अपना-अपना लाइफ़ स्टाइल है। नो बॉडी बादरज़।...कोई दख़ल नहीं देता।''

''बुरा लगा?''

''नो सर! बुरा क्यों लगेगा? इस जर्नी में आपने मुझे कम्पनी दी।...बुरा क्यों लगेगा? रादर, आई एम थैंकफुल टू यू...लो सर, लाजपत नगर आ गया। यहाँ से फिर भीड़ बढ़ने लगेगी। निजामुद्दीन से तो रेले का रेला चढ़ेगा। वैसे निज़ामुद्दीन स्टेशन मुझे अच्छा लगता है...आपको भी शायद अच्छा लगे।''

''चार दिन बाद जब तुम स्कूल जाओगे...शर्मसारी तो होगी।'' किरदार ने सहानुभूति जताते हुए कहा।

''शर्मसारी किस बात की सर?...मेरे फ्रेंड्स मेरा वेलकम करेंगे।''

''जिस लड़की को तुमने चूमा वह तुमसे नफ़रत करने लगेगी।...कभी बात नहीं करेगी तुमसे।''

किरदार की बात सुनकर लड़का ठट्ठाकर हँसा। हँसते-हँसते बोला, ''सर, आप हमारे टाइम के लाइफ स्टाइल के बारे में कुछ नहीं जानते।...स्कूल से सस्पेंड होने के अगले दिन उस लड़की,...वही रीटा, उसने मुझे फोन किया। सारी फील किया। उसने यह भी कहा कि अगले वेलेंटाइन डे पर वह मुझे ग्रीट करेगी...गुलाब के फूल प्रजेंट करेगी।''

किरदार अकबकाया-सा लड़के की बात सुनता रहा। लड़के ने बात बदलते हुए कहा, ''सर, आपने एक बात नोट की होगी...लेटरीन जाना यहाँ के लोगों का 'बिग-एंटरटेनमेंट' है।...सर है कि नहीं? जिसे देखो पटरी के पास बैठा है। खुले में बैठकर निवृत्त होता है आदमी, शहर का सबसे बुरा सीन पेश करता है।...कौन समझाए?...निकम्मे, जाहिल गन्दे लोग...।'' लड़का गुस्से में आ गया था।

सरकुलर ट्रेन प्रगति मैदान स्टेशन पर रुकी थी। लड़का किरदार को समझा रहा था कि यहाँ ट्रेन अक्सर रुक जाती है। आगे प्लेटफ़ार्म खाली नहीं होते, इसलिए।...लाइन क्लीयर नहीं मिल पाती। उसने बताया कि इसके बाद फिर वही तिलक ब्रिज स्टेशन होगा। जहॉ से यात्रा शुरू की थी।

तभी उस डिब्बे में दो छोटे बच्चे चढ़े। उनके कपड़े फटे-फटे, मैले-कुचैले थे। एक लड़का था। एक लड़की। दोनों कम उम्र के थे। यही कोई आठ-नौ साल के होंगे। लड़के के हाथों में सस्ते किस्म का हारमोनियम था। हारमोनियम की पट्टी को उसने गले में डाल रखा था। ऐसा लगता था जैसे उसने हारमोनियम गले में लटका रखा है। पहले तो लड़का माता की 'भेंटें' गाता रहा। फिर उसने फ़िल्मी गाने गाए। फिर माता की भेंटें गाई। लड़की भी उसके साथ-साथ गाती रही। लड़की के हाथ में दो ठीकरियाँ थीं। गाते हुए वह उन ठीकरियों को बजाने लगती। ठीकरियों की आवाज़ का साथ देने के लिए छोकरा हारमोनियम बजाने लगता। लेकिन गाने के सुर और हारमोनियम के स्वर, कभी मेल नहीं खाते थे।

फिर आख़िरी गाना पूरा हुआ। हारमोनियम बन्द हुआ। मरियल-सी, दुबली-पतली लड़की के साँस फूल गए थे। गले की नसें खिंच गई प्रतीत होती थीं। लगता था गाना गाकर वह थक गई है।

लड़के ने इशारा किया और वह कटोरा लेकर पूरे डिब्बे का चक्कर लगा आई। लेकिन अफ़सोस इस बात का था कि उसके कटोरे में किसी ने एक सिक्का तक नहीं डाला था। लड़की रूआंसा होकर कम्पार्टमेंट के फ़र्श पर बैठ गई थी। बेशक बहुत सीटें खाली थीं। इसके बावजूद, कोई डर था कि वह कम्पार्टमेंट के फ़र्श पर बैठी थी।

भीख न मिलने के कारण लड़का गुस्से में था। वह भी लड़की के साथ आ बैठा था और कुछ बुदबुदा रहा था। उसने लड़की को गाली दी। गाली सुनकर लड़की भी उससे उलझ गई। लड़का और ज़्यादा गुस्से में आ गया। उसने हारमोनियम का कोना लड़की की पीठ में दे मारा। लड़की बिलबिला उठी। वह गुस्से में था। बोलता गया।" तूने बेसुरा गाया। इसलिए किसी ने पैसे नहीं दिए।" लड़की रो पड़ी। रोते हुए बोली, "जैसे आता था, वैसे गा दिया... कोई पीसे न दे तो मैं क्या करूँ?"

लोग उनके झगड़े को देख-सुन रहे थे। हँस रहे थे। उनका झगड़ा, जिसमें लड़की रो भी रही थी। मनोरंजन था।

लड़का फिर गुर्राकर बोला, "बैठी क्या है? उठ चल। किंपारटमेंट बदली करते हैं।"

"मेरा जी खराब हो रहा है।" लड़की कातर स्वर में बोली।

"तेरे जी को निकाल के फेंक दूँगा।" लड़के को बहुत गुस्सा आ गया।

इस बीच किरदार के साथ बैठे, स्कूल से सस्पेंड हुए लड़के ने अपने पर्स में से पाँच का नोट निकालकर, लड़की को बुलाया, "ये ले। तूने बहुत अच्छा गया है। नीचे उतर के चाय पी लियो।"

"थैंक्यू सॉब।" लड़की बोली। अब वह हँस रही थी। पाँच का नोट उसके हाथ में था। वह फिर वहाँ जा बैठी, जहाँ पहले बैठी थी। जहाँ उसका भाई बैठा था। जहाँ हारमोनियम रखा था।

पाँच के नोट को देखकर उसके भाई का गुस्सा भी ख़त्म हो गया था। वह लड़की को शाबासी दे रहा था।

"इमोशनल तो तुम भी हो।" किरदार ने हँसते हुए कहा।

लड़का भी हँसा। थोड़ा झेंप भी गया था शायद। हँसते हुए बोला, "इमोशंस की बात छोड़िए।...वह तो हम सब कुछ-न-कुछ होते ही हैं...इंण्डियन हैं न! इसलिए।...बट सर! आपका तिलक ब्रिज स्टेशन आ गया।...दो घण्टे पहले हमने यहीं से जर्नी स्टार्ट की थी।...सरकुलर की यही तो खूबी है सर! दिल्ली का साईट सीन भी करा देती है। और वहाँ पहुँचा देती है, जहाँ से चले थे।

तिलक ब्रिज स्टेशन के प्लेटफ़ार्म पर उतरकर लड़के ने किरदार से हाथ मिलाया। मुस्कराया। बोला, "हैव ए गुड डे सर!...सी यू!...टेक केयर!"

लड़का चला गया। दूर जाकर उसने कैप को एक बार फिर सिर पर रखा। पलटकर किरदार को देखा। हाथ हिलाया वहीं से वह मुस्काया। फिर भीड़ में खो गया।

❑❑

किरदार तिलक ब्रिज स्टेशन पर खड़ा है। अकेला है। अकेला आदमी सोचने लगता है। ऊबने लगता है। वह साथीपन चाहता है। लेकिन दिल्ली की यही तो खूबी है, वह भटकने के लिए लम्बी सड़कें देती है। सोचने के लिए अकेलापन!

किरदार तिलक ब्रिज स्टेशन से बाहर आ गया था। फिर उसी बाबर लेन से होते हुए सफ़दर हाशमी मार्ग पर चलते हुए श्रीराम सेंटर के सामने ठिठका। दिन के वक़्त श्रीराम सेंटर ख़ामोश-ख़मोश होता है। सेंटर में उसने माकूल-सी जगह ढूँढ़ी। बाहर, कैण्टीन में काफी सारी मेज़-कुर्सियाँ खाली थीं। कहीं भी बैठा जा सकता था। ऊपर, पहली मंज़िल पर किसी नाटक की रिहर्सल चल रही थी।

वह चाय का एक कप लेकर माहौल का जायज़ा लेता रहा। सामने की दो टेबलों को घेर का युवक युवतियाँ बैठे थे। रंगकर्मी थे। उनमें उत्साह था। कुछ कर गुजऱने की तमन्ना थी। वे अपने-अपने हिस्से के संवाद बोलते थे। हँसने लगते।

संजीदा हो जाते। वे एक्टिंग करते। गाने लगते।

किरदार चाय के घूँट भरता रहा। उनकी बातें सुनता रहा। मन-ही-मन मुस्कराता रहा। किसी-किसी वक़्त वह घास की बड़ी-सी पट्टी को देख लेता। माली ने घास को बड़े जतन से तराशा था। वह अब भी क्यारी के एक नुक्कड़ में बैठा चाय पी रहा था। घास की पट्टी के साथ-साथ फूलों की क्यारी थी। डेहलिया के सैकड़ों फूल थे।

किरदार को अचानक चित्रकार लड़की का ध्यान आया जो रवीन्द्र भवन में मिली थी। जिसने फिर आने के लिए किरदार को आमन्त्रित किया था।

रवीन्द्र भवन के प्रसाधन में वह निवृत्त हुआ और नहाने जैसा कर्मकाण्ड भी किया।

वह गैलरी में दाखिल हुआ और जहाँ लड़की छोटी-सी मेज़ के सामने बैठी थी, वहाँ जा पहुँचा। लड़की थर्मस में से चाय निकालकर कप में डाल रही थी।

किरदार को उसने देखा। मुस्कराई। किरदार भी मुस्कराया। लड़की ने किरदार को पहचान लिया था। सामने पड़ी खाली कुर्सी पर बैठने का संकेत किया।

किरदार को देखकर मुस्कराई। कहा, "आप चाय पीएँगे?" जवाब की प्रतीक्षा किए बग़ैर साथ रखे खाली कप में चाय डालने लगी। अचानक ठिठकी। उसने अपने हाथों की ओर देखा। सोचा, कुछ ख़्याल आया। झटपट दस्ताने उठाए। पहनने लगी। किरदार उसको देखता रहा था। उसके द्वन्द्व को समझ रहा था। मन-ही-मन मुस्करा रहा था। लड़की के हाथों को थामते हुए बोला, "नहीं, दस्ताने मत पहनें।"

लड़की किरदार को देखती रही। उन क्षणों में संवेदना थी। उन क्षणों में मौन था, जो निरर्थक नहीं था।

"तो?" लड़की ने पूछा। आवाज़ बहुत गहराइयों से बाहर आई हो जैसे।

"अपने इन्हीं हाथों से...इन्हीं संवेदनशील हाथों से चाय डालो।...दस्तानों का आवरण व्यर्थ है।"

लड़की मुस्कराई। किरदार ने देखा लड़की की मुस्कान के साथ-साथ, आँखें आर्द्र हो गई हैं। उसकी मुस्कान समाप्त नहीं हुई थी। चाय डालते-डालते रुकी, थर्मस को पकड़े रही। किरदार को देखते हुए बोली, "मुझे भी अपने इन हाथों पर गर्व है।" उसने अपने झुलसे हुए हाथों को देखा। पता नहीं क्या सोचते हुए बोली, "लेकिन लोग...।"

"लोगों की फ़िक्र करती हैं आप?"

वह चुप रही। उसने इस बीच थर्मस में पड़ी बाकी चाय कप में डाली। कप उठाया, किरदार के सामने रखा। फिर वह अपने हाथों को देखकर बोली, "लोगों की फ़िक्र...नहीं। उस ढंग से मैं लोगों की फ़िक्र नहीं करती कि तनाव पैदा हो।

या मेरी चेतना पर कोई घाव बने।"

वह चुप हुई। किरदार के हाथ में चाय का कप था। वह चाय पी नहीं रहा था। उसे देख रहा था।

"मेरे हाथ," लड़की ने चुप को तोड़ा, "मेरे हाथ मेरे वजूद का हिस्सा हैं।...ये मेरे हाथ हैं...मेरा अभिमान हैं ये।...हाथ श्रम का प्रतीक होते हैं और सृजन का भी। लेकिन...अवेचतन में...।" लड़की कहते-कहते रुक गई।

किरदार चाय ख़त्म कर चुका था। बोला, "मेरा विचार है, जब लोगों के पास अपने लिए विचार करने लायक कुछ नहीं होता तो वे दूसरों पर टिप्पणी करते हैं।"

"आप ठीक कहते हैं।" लड़की मुस्कराई।

"मैं आपके इन चित्रों को एक बार फिर देखने की आप से अनुमति चाहूँगा?" किरदार बोला।

लड़की हँस पड़ी। कहा, "अनुमति लिखित में या मौखिक?"

इस बात पर किरदार भी हँसा।

फिर गम्भीर होकर बोली, "आप ज़रूर देखिए।...सम्भव है, आपके देखने में कुछ ख़ास अर्थ निहित हो।"

"यह भी सम्भव है, मेरा देखना सिर्फ़ देखनाभर हो।" जैसे समन्दर को हम खारे पानी का बहुत बड़ा तालाब कहें।"

"आप ऐसा नहीं कह सकते।" स्त्री किरदार को देखते हुए बोली। ज़रा-सा मुस्कराई।

"चित्रों को आपने बहुत कुछ दिया है।"

"नहीं! चित्रों को कुछ नहीं दिया मैंने। देने का भाष्य तलाश किया है मैंने। स्त्री ने कहा।

"किसलिए?" किरदार ने पूछा।

"इसलिए कि...।" वह कुछ सोचती रही," वही चीजें हमेशा हमारे साथ रहती है, जो हम दूसरों को दे देते हैं।"

"आप अच्छा बोलती हैं।"

"सिर्फ़ अच्छा बोलती हूँ?" स्त्री ने मुस्कराते हुए कहा।

"नहीं, आप स्वयं अच्छी हैं...या कहूँ कि बहुत अच्छी हैं।"

स्त्री मुस्कराती रही। उसकी मुस्कान अच्छी थी।

"अच्छा एक बात बताइए...चित्रों की व्याख्या नहीं होती न!"

"होती भी है और नहीं भी होती।" स्त्री ने कहा।

"इस उत्तर का क्या अभिप्राय हुआ?"

"कुछ भी।" लड़की मुस्कराई।

"आपके द्वारा बनाए इन चित्रों को मैं नहीं समझ पाया।...यह अन्धेरे में बैठी स्त्री।...दूसरा, बच्चे का आसमान की ओर उठा हाथ।...फर्श पर गिरी आँखें। जूते के नीचे दबा हाथ...जैसे कोई विद्रूपता हो...कोई असंगत जिसे आप दिखाना चाहती हों...।"

स्त्री ने दीर्घ श्वास लिया। बोली कुछ भी नहीं सोचती रही। डूब गई हो कहीं जैसे। या जैसे अन्धेरे में बैठी स्त्री के पास चली गई हो।

किरदार ने उसके मौन में कोई हस्तक्षेप नहीं किया था। वह प्रतीक्षा करता रहा। लड़की के उत्तर की। उसने अपना प्रश्न दोहराया भी नहीं था। बस सर को झुकाए बैठा रहा कुछ देर, न बेचैनी न व्याकुलता। केवल प्रतीक्षा। लड़की के उत्तर की।

"इन चित्रों के विषय में किसी ने कोई जिज्ञासा प्रकट नहीं की। सबने रिमार्क्स ज़रूर किए हैं। प्रश्न नहीं किए। आपने प्रश्न किए हैं। आपके प्रश्न मुझे अच्छे लगे हैं। लेकिन इन प्रश्नों से मैं उद्वेलित भी हुई हूँ।" चुप रहने के बाद स्त्री बोली।

किरदार चुप होकर उसकी बात सुनता रहा।

इस बीच स्त्री ने थर्मस को उठाकर, साथ पड़ी तिपाई पर रखा। फिर दोनों कप भी रखे। ऐसा लगता था इन्हें रखते हुए वह कुछ तलाश भी रही है।

"आपके प्रश्न से मैं इसलिए उद्वेलित हुई हूँ कि इन चित्रों के ज़रिए...बल्कि अपने प्रश्नों के जरिए, आप मेरे निजी, बेचैनी भरे संसार तक चले आए हैं...इन चित्रों के पात्र...।" स्त्री ने गहरी साँस ली, "रियली, इन चित्रों के पात्र बहुत करीबी हैं।...यूँ समझो कि मेरा संसार बहुत छोटा है...त्रिभुज के आकार-सा। ये पात्र त्रिभुज की भुजाएँ हैं।" स्त्री ने कहा चुप हो गई।

किरदार भी मौन रहा। लेकिन एक अन्य प्रश्न उसके मन में कौंधता रहा, संसार का आकार त्रिभुज जैसा क्यों? वृत्त जैसा क्यों नहीं? लेकिन प्रश्न पूछना उसे बेमानी लगा। वह स्त्री की चुप में शामिल होकर, चुप को ज्यादा संजीदा बनाता रहा।

"आप मिलना चाहेंगे इन पात्रों से?" अचानक स्त्री बोली।

किरदार ने सर उठाकर स्त्री को देखा। इससे पहले की वह कुछ कहता। स्त्री ने कहा, "पाँच बजे चलेंगे।"

"कहाँ?" भौंचक-सा बोला किरदार।

"मेरे आवास पर।...मैं वाइंडअप करती हूँ। थोड़ी जल्दी निकल चलेंगे। इस बीच आप चाहें तो थर्मस में पड़ी चाय पी सकते हैं या यहीं बैठे रहें...जैसा आप

उचित समझें।" स्त्री ने कहा जैसे सारे प्रोग्राम की रूपरेखा बनाने का ज़िम्मा इस लड़की का हो।

किरदार हतप्रभ था। स्त्री उत्साहित होकर चीजें समेटने में जुटी थी। किरदार था कि स्त्री की भावनाओं को समझने का प्रयास कर रहा था। ऐसा लगता था, वह स्त्री अपनी धुन में डूबी है। किरदार उसे देख रहा था और वह बहुत मासूस लग रही थी।

किसी-किसी वक़्त ऐसा भी लगता था जैसे वह अपने किसी बीहड़ में भटक गई है। फिर वह लौट आती मुस्कराने लगती।

वह थर्मस और कप वाश बेसिन से धो आई। झोले में डाले। विज़टर बुक बन्द की। बन्द करके मुस्कराई। कहा, "सबसे बड़े विज़टर तो आप थे। जिन्हें अपने घर लिए जा रही हूँ।

ऑटो में बैठने के बाद किरदार ने स्त्री से पूछा, "आपके घर में कौन-कौन हैं?"

स्त्री ने हल्की-सी मुस्कान के साथ कहा, "भरा-पूरा घर है...मैं हूँ कमरे हैं। फर्श है, छत है, खिड़की खोलूँ तो आसमान दिखाई देता है। बाहर नीम का वृक्ष है जिसके पत्ते टूटकर, खिड़की से कूदकर अन्दर चले आते हैं। चिड़िया भी आ जाती है। एक बार तो एक बच्चे की पतंग कटकर, कमरे में चली आई थी। मैंने बहुत समय तक उस पतंग को सँभाले रखा। एक दिन पानी गिर गया उस पर। फट गई।"

किरदार भौंचक-सा देखता रहा। सोचता रहा यह स्त्री है या पहेली।

"सबसे बड़ी बात, "स्त्री ने अपनी बाक़ी बची बात कही, "मेरे साथ मेरा एकान्त है।" स्त्री ने किरदार को देखा। हँस पड़ी।

किरदार अवाक् था। समझ नहीं पा रहा था कि क्या कहे? किसी-किसी वक़्त वह ऑटो से बाहर देख लेता जो फिरोजशाह रोड के साफ-सुथरे रास्ते से जा रहा था।

"पता नहीं क्या सोच रहे हैं आप?" स्त्री ने झोले को को ऑटो की सीट पर रखा। कहा, "लेकिन मेरा अनुभव यह है कि एकान्त विरोधी बन जाए तो जीने नहीं देता। साथी बन जाए तो वह सबसे अच्छी कविता बन जाता है—सबसे अच्छा मौसम भी।"

ऑटो एक कॉलोनी से गुज़र रहा था। तीन मंजिला फ्लैटों वाली कॉलोनी और कॉलोनी में पॉकेट वन, टू, थ्री...।

स्त्री ने ऑटो रुकवाया। पैसे चुकता करके किरदार की ओर देखते हुए बोली, "आइए!...दिल्ली में अधिकांश फ्लैट हम शक्ल होते हैं...इनके अन्दर घर हम

अपने-अपने ढंग से बनाते हैं।''

''आपने घर का सृजन किया होगा।'' बहुत देर बाद किरदार बोला। जरा-सा मुस्कराया। लड़की भी हँसी।

थोड़ा-सा पैदल चलने के बाद लड़की अपने फ्लैट के पास पहुँची। ताल खोला। कमरे के अन्दर पहुँची। अभी उसने बत्ती नहीं जलाई थी। तब तक किरदार भी कमरे में अन्दर आ चुका था।

''आप चाहें तो अन्धेरे का लाभ उठा सकते हैं।'' स्त्री ने जानबूझकर कहा। जैसे वह पूरे मर्द समाज की ज़हनियत पर चोट कर रही हो।

''लाभ!...लाभ का जहाँ तक प्रश्न है, वह तो उजाले में भी उठाया जा सकता है।'' किरदार ने संजीदगी से कहा। स्त्री द्वारा बोला गया वाक्य उसे चुभ गया था। उसने अपनी बात जारी रखते हुए उसने कहा, ''लेकिन लाभ शब्द क्रूर है...विश्वास टूटा तो न आप मरेंगी न मैं! लेकिन हम दोनों के बीच कोई चीज़ मरेगी ज़रूर।''

''मुझे आप पर बेहद भरोसा है साथी।'' स्त्री ने लाइट ऑन करते हुए, गम्भीरता से कहा, ''आप पर विश्वास न करती तो आपको साथ क्यों लाती?''

''साथी?'' किरदार ने स्त्री की ओर देखते हुए कहना चाहा

''आप!''

''नाम अच्छा है।'' किरदार मुस्कराया।

''आप चाहें तो मेरा नाम भी साथी रख सकते हैं।'' इस बार स्त्री मुस्कराई। दोनों एक साथ हँस पड़े।

स्त्री में अचानक कुछ परिवर्तन आ गया। वह घरेलू स्त्री बन गई। उसने तत्परता-सी दिखाते हुए किरदार से कहा, ''आप बैठिए...अभी अपना फ्लैट दिखाती हूँ...फिर खिचड़ी बनाऊँगी। खिचड़ी बहुत टेस्टी तो नहीं होती। पर जिस दिन मेरा काम करने का मन नहीं होता, मैं खिचड़ी बना लेती हूँ। रोटी-सब्जी के झंझट से मुक्ति।...खिचड़ी आप खा लेते हैं न?...पारूल और गंगू खा लेते हैं। उन्हें अच्छी लगती है।'' स्त्री बिना रुके बहुत सारी बातें कह गई।

''पारुल और गँगू...मैं समझा नहीं।'' किरदार अचकचाया।

''अभी समझ जाएँगे...उनसे मिलेंगे अभी।...उन्हीं से मिलवाने ले आई हूँ आपको।

इस बीच स्त्री ने खिचड़ी बनाई। खिचड़ी की प्लेट को उठाया।

स्त्री का फ्लैट ग्राउण्ड फ्लोर पर था। स्त्री किरदार को इसी फ्लैट के ऊपर बने फ्लैट पर ले आई थी। फ्लैट का दरवाज़ा खुला था। स्त्री ने कमरे के अन्दर प्रविष्ट होते हुए कहा, ''मैं हूँ पारुल!''

"तुम आ गई सुमन।" पारुल ने कहा। किरदार को पता चला कि स्त्री का नाम सुमन है।

"तुम्हारे साथ भी कोई आया है?" पारुल ने पूछा। अभी तक का वार्तालाप अन्धेरे कमरे में हो रहा था।

"हाँ, मेरे मित्र हैं।...कहो तो लाइट जला दूँ?"

"मुझे देखना चाहते हैं?" पारुल ने पूछा।

"नहीं मिलना चाहते हैं।" सुमन ने कहा।

"मुझे झेल सकेंगे?"

"ऐसा मत कहो पारुल!" ऐसा कहकर सुमन ने लाइट जला दी। रोशनी से कमरा भर गया। लेकिन किरदार सामने बैठी आकृति को देखकर चौंक गया। झुलसे हुए, जले हुए चेहरेवाली एक स्त्री कुर्सी पर बैठी थी। चेहरे का मांस गलकर या पिघलकर, यहाँ-वहाँ चिपक गया था। माथे के ऊपर जहाँ से बालों की शुरुआत होती है, बाल वहाँ से सरककर कहीं पीछे चिपक गए थे। नाक थोड़ा मुड़ गया था। आँखों के नीचे गड्ढे उभर आए थे। पलकें इस तरह झुलसी थीं कि उन पर दोबारा बाल नहीं उगे थे।

यह दृश्य विचलित कर देनेवाला था। स्त्री मुँह छुपाए बैठी थी। स्त्री जिसका नाम पारुल था, उसने किरदार को अभी तक नहीं देखा था। शायद वह, किसी के आने पर इसी तरह सिर झुकाए बैठी रहती हो। किसी को देखना, या नज़रें मिलाना उसके बस की बात न रही हो।

किरदार स्त्री को देखकर अस्थिर हो उठा था। बेचैन। नहीं, बेचैन बहुत छोटा शब्द है। स्त्री के चेहरे को एकटक देख रहा था। जैसे स्त्री की वेदना को आत्मसात् कर रहा हो।

"अगर तुम्हारे मित्र मुझे देख चुके हों तो लाइट ऑफ कर दो सुमन! पारुल के शब्द घायल थे। वे सूखे हुए थे। जैसे किसी उजाड़ से होकर निकले हों।

सुमन गरजकर बोली, "नहीं करती लाइट ऑफ! उजाले में रहना सीख पारुल!...उजाला तुझे खा नहीं जाएगा। अन्धेरे में बैठकर, कब तक एस्केप करती रहेगी?"

पारुल चुप बैठी रही। उसी मुद्रा में, सिर झुकाए। सुमन उसके सामने खड़ी थी। और थोड़े फासले पर किरदार खड़ा था। किरदार अभी तक विचलन की किसी अवस्था में था।

"दिन भर कुछ खाया था?" सुमन ने प्रश्न किया वह इसका उत्तर भी जानती थी कि पारुल ने दिनभर कुछ नहीं खाया होगा। खिचड़ी की प्लेट थमाते हुए बोली, "मरने से पहले मरने की कोशिश ठीक नहीं पारुल!..जीवन को नष्ट करने का

कोई अर्थ नहीं।...अच्छा छोड़। ले खिचड़ी खा। मेज़ पर रखी खिचड़ी की प्लेट उठाकर पारुल को देते हुए सुमन बोली। थोड़ा रुककर उसने कहा, "चाय बाद में।...और हाँ...साँरी पारुल आज तेरे साथ नहीं खा पाऊँगी।...मेरे मित्र साथ हैं न!"

पारुल चुप रही। खिचड़ी की प्लेट को थामे रही। एक बार ऐसा लगा जैसे वह सिर उठाकर, किरदार को देखना चाहती है। लेकिन ज़रा-सा सिर उठा। जैसे उसका पूरा शरीर काँप गया हो। बस इतना।

तीनों चुप रहे कुछ देर। वह ख़ामोशी अजीब थी। दुःख का वृतान्त पढ़ती। मौसम को उदास-उदास बनाती। शब्दों को छीनती। चुप रहने के लिए विवश करती।

पारुल ने सुमन से आग्रह किया कि वह लाइट ऑफ कर दे। वह थोड़ी सुविधा में रहेगी और आगंतुक भी। लेकिन सुमन ने बिजली जलती रहने दी।

किरदार चुपचाप पारुल के पास चला गया। बहुत आहिस्ता से उसने पारुल के कन्धे पर हाथ रखा। पारुल सिहर उठी। उसका पूरा शरीर काँप गया। वह बेचैन हो उठी।

किरदार ने खिचड़ी की प्लेट अपने हाथ में ले ली। खिचड़ी का चम्मच भरकर पारुल से बोला, "लीजिए।"

पारुल ने आवाज़ सुनी। सिर अभी झुका हुआ था उसका। खिचड़ी का चम्मच उसके सम्मुख था, जिसे वह देख सकती थी। उसकी आँखें भीग गईं। इस घर के लोगों के अतिरिक्त यह कोई पहला इन्सान था जो जले हुए चेहरे वाली स्त्री के इतने करीब खड़ा था।

वह रुक-रुककर बोली, "मन करता है आपका आभार व्यक्त करूँ।"

"आप खिचड़ी का चम्मन मुझसे लेकर खाना शुरु करेंगी तो मेरा मन भी करेगा कि आपका आभार व्यक्त करूँ।" किरदार ने कहा।

पहली बार पारुल ने अपने सिर को थोड़ा-सा उठाया। थोड़ा-सा देखा किरदार को। किरदार के हाथ से चम्मच लिया उसने। प्लेट में रख लिया। लरज़ती हुई आवाज़ में बोली, "आप बुरा मत मानना जी, अभी खा लूँगी।"

सुमन ने किरदार को चलने का संकेत करते हुए कहा, "पारुल, गँगू के पास हो आऊँ, वह इन्तजार कर रहा होगा?"

"हाँ...हो आओ तुम!...प्यार करना उसे मेरी तरफ से!" पारुल ने कहा।

दरवाज़ा मूँदकर दोनों सीढ़ियाँ उतरने लगे। बीच में रुककर सुमन ने कहा, "तुम्हारे सामने पारुल खा न पाती। इसलिए चलने का संकेत किया।"

"अच्छा किया...वे सहज नहीं हो पा रही थीं।" किरदार ने कहा।

"अच्छा एक बात बताओ साथी।...तुमने पारुल से पूछा नहीं कि इसका चेहरा

इतना ज़्यादा विकृत कैसे हो गया?''

''जान-बूझकर नहीं पूछा। पूछता तो सम्भव था कि पारुल अतीत की डरावनी स्मृतियों को फिर जीने लगतीं।''

''तुमने ठीक सोचा। लेकिन स्मृतियों से तो वह जैसे-तेसे पिण्ड छुड़ा भी ले।...अपने वर्तमान का क्या करे?...वह क्या कम भयावह है?'' सुमन बोली।

किरदार उसे देखता रहा। गहरी साँस लेकर बोला, ''तुम्हारी पेंटिंग में स्त्री थी, यही पारुल!''

''हाँ यही।'' सुमन ने कहा। किरदार को देखते हुए वह फिर बोली, ''तुम शायद नहीं सोच सकते कि वह कितनी खूबसूरत थी? कॉलेज में सौन्दर्य प्रतियोगिता हुई थी, और यह पारुल दूसरे नम्बर पर रही थी...वह एक समय था। एक समय यह है कि पारुल अपने चेहरे को स्वयं बर्दाश्त नहीं कर पाती। कितनी क्रूर विडम्बना है...इसे नियति मानूँ या भाग्य...या महज़ संयोग?'' सुमन दुःख कतार स्वर में बोली। गहरी साँस लेकर चुप रह गई। सीढ़ी के रेलिंग को पकड़कर खड़ी रही।

''कैसे हुआ यह सब?'' किरदार ने पूछा।

''यह हादसा तीन साल पहले का है।...एक अमीरज़ादे की सनक है...यह दुर्घटना!...नए-नए, बल्कि हमारे समय के अमीर, हर चीज को हासिल करना अपना अधिकार समझते हैं। किसी स्त्री का इंकार सहन नहीं कर पाते। ब्रेक-फ्री जीवन, अवरोधकों को तोड़ डालता है...अमीरज़ादे ने पारुल के साथ रात गुज़ारने की इच्छा ज़ाहिर की थी। पारुल ने इन्कार कर दिया था...अमीरज़ादे ने कहा कि खूबसूरत औरतें बिकाऊ माल होती हैं। वह किसी भी कीमत पर उन्हें खरीद लेता है। पारुल गुस्से में आ गई। उसने ज़ोर का थप्पड़ मारा उसके गाल पर। थप्पड़ एक प्रतीक था कि स्त्रियाँ बिकाऊ माल नहीं होतीं।'' सुमन बोलते-बोलते चुप हो गई।

किरदार बोला, ''पारुल ने अच्छा किया।...लेकिन उसका परिणाम...।''

''अमीरज़ादे ने बदला भी लिया तो कितना घातक।...कितना मर्मान्तक!...वह पारुल को गोली मारकर खत्म भी तो कर सकता था। तब भी उसका कुछ नहीं बिगड़ना था। तब भी कानून उसका कुछ नहीं बिगाड़ सकता था...लेकिन वह तो चाहता था कि पारुल एक बार नहीं मरे। रोज़ाना मरे। हजारों-लाखों बार मरे। तिल-तिलकर मरे।...उसने तेज़ाब का आधा गिलास, पारुल के मुँह पर फेंका और टहलता हुआ चला गया। वह चला गया और पीछे छोड़ गया एक ऐसी पारुल जो अपना चेहरा देखकर खुद डरने लगी। उजालों से डरने लगी। लोगों से डरने लगी...वह रोज़-रोज़ मरती है साथी!...वेदना, दुःख-विषाद...बहुत मामूली शब्द हैं। उसके अन्दर एक बीहड़ है, हाहाकार करता। और बाहर, शब्द तक नहीं निकलते उसके मुँह से।...हम सब अकेले हैं साथी।...लेकिन उसका अकेलापन कैसा है, ज़रा

सोचकर देखो?'' कहते-कहते सुमन का गला रुँध गया।

दोनों सीढ़ियों के बीच जो खुली-सी जगह थी, वहाँ खड़े थे।

कुछ विचार करते हुए किरदार ने पूछा, ''लेकिन पारुल तुम्हारे पास, यहाँ...?''

''मेरे पास!...नहीं, मेरे पास नहीं रहती। अपने घर में रहती है।...हम तीनों स्त्रियाँ...।''

''तीनों?'' किरदार ने चौंकर पूछा।

''अभी नीमा से मिलवाऊँगी तुम्हें।...पारुल के विषय में बता रही थी मैं।...पारुल के हादसे से उसके माँ-बाप सहन नहीं कर पाए। अकाल मृत्यु को प्राप्त हुए दोनों।...एक भाई है। विवाहित है। यहीं, दिल्ली में रहता है। उससे पारुल का विद्रूप चेहरा देखा नहीं गया। उसकी पत्नी और बच्चों ने भी कहा कि पारुल सामने हो तो वे कुछ खा-पी नहीं सकते।''

''ओह...।''

''मैं पारुल को अपने साथ ले आई।'' सुमन बोली।

''अच्छा किया तुमने...बहुत अच्छा किया...लेकिन केस नहीं दर्ज किया उस आदमी के विरुद्ध?'' किरदार ने पूछा।

''केस...? दो साल बाद तो केस की हीरिंग शुरू हुई।...फिर तारीख...फिर अगली डेट...। मैं जानती हूँ, होगा कुछ भी नहीं।...निचले स्तर पर कोर्ट-कचहरी में भी बड़ा भ्रष्टाचार है।'' दुःखी स्वर में सुमन बोली। रुकी। फिर कहा, ''धनवान लोग अपने बचाव के सैकड़ों तरीके निकाल लेते हैं। कभी-कभी तो ऐसा प्रतीत होता है, जैसे यह दुनिया धनी लोगों के लिए बनी है।...लेकिन फिर देखती हूँ कि सम्पन्न लोग अपनी सम्पन्नता से दुःखी हैं...उनके दुःख हमसे भिन्न हैं लेकिन हैं ज़रूर।''

''एक-न-एक दिन तेज़ाब डालने वाला वह गुण्डा...हाँ उसे गुण्डा ही कहूँगा, ज़रूर पकड़ा जाएगा।'' किरदार ने सुमन को आश्वस्त करना चाहा। लेकिन सुमन के अनुभव कुछ और थे। यथार्थ से टकराते हुए।

''शायद कभी न पकड़ा जाए।'' उसने किरदार की ओर देखते हुए कहा। उसके स्वर में निराशा से अधिक तल्ख़ी थी, आप नहीं जानते। अब तक चार पेशियाँ हुई हैं। वह अमीरज़ादा चाहता तो न भी आता। वकीलों के ज़रिए अगली डेट मिलती रहती। केस यूँ ही सरकता रहता। लेकिन वह आता है। हर पेशी में आता है। बी.एम.डब्ल्यू कार में आता है। उसके साथ गनमैन होता है। कोट में जब वह पहुँचता है। बी.एम.डब्ल्यू कार का दरवाज़ा खुलता है। चार वकील कतारबद्ध खड़े होते हैं। वह भयमुक्त होता है डरी हुई हम होती हैं हम दोनों...मैं ओर नीमा। पारुल हमारे साथ नहीं आती।

"सच कह रही हो तुम! जीवन के रास्ते आंतक के जंगल से होकर गुज़रें तो भयभीत होना स्वाभाविक है।...हमारे समाज की संरचना सम्भवतः गलत ढंग से हुई है।"

"ख़ैर छोड़िए! ये सब चीज़ें जीवन से जुड़ी हैं। आख़िर ऐसे डरावने समय में भी पारुल मैं और नीमा जीवित हैं। जीवित हैं, इसलिए संघर्ष है। संशय है।...उम्मीद भी है। बेशक उम्मीद बहुत कम है...लेकिन है ज़रूर। भावुक होकर हम रो तो सकते हैं। लेकिन रोना अन्ततः हमें कमज़ोर ही बनाता है। रोने से कुछ हासिल भी तो नहीं होता।" सुमन ने कहा। मुस्कराने का प्रयास किया।

"तुम बहुत अच्छा सोचती हो।" किरदार ने भी मुस्कराते हुए कहा।

धीरे-धीरे वे ग्राण्ड फ्लोर तक आ गए थे। कमरे का दरवज़ा खुला था। वे दो थे। बैठे थे। जैसे प्रतीक्षा में हों। वे दो और स्त्री और लड़का।

सुमन लड़के की ओर देखते हुए बोली, "यही है गँगू। फिर सुमन स्त्री की ओर मुख़ातिब होकर बोली, "नीमा मेरे मित्र हैं। इन्हें साथ ले आई हूँ।...सोचा अपने परिवार से मिलवा दूँ।"

"स्त्री यानी नीमा उठ खड़ी हुई। मुस्कराई। हाथ जोड़कर अभिवादन किया। बैठने के लिए कहा, बोली, "बहुत अच्छा किया सुमन इन्हें ले आई।"

नीमा सुन्दर थी। मुस्कराते हुए लगता था, कुछ उदासी उसकी मुस्कान में भी शामिल है।

"खिचड़ी बनाई है?" नीमा ने पूछा।

"हाँ बनाई है।...मैं अभी ले आती हूँ।...और हाँ तू चाय बना दे। मैं पारुल को ऊपर दे आऊँगी।" सुमन तब तक गँगू के पास चली गई। गँगू ने उसे देखा। अजीब ढंग से हँसा, "माँ ऽऽऽ।" उसके कण्ठ से अजीब तरह की आवाज़ निकली। वह उठने की कोशिश करने लगा। लड़खड़ाया। उठा। "माँ ऽ ऽ ऽ! अच्छी माँ!" वह बोला। धीरे-धीरे आगे बढ़ा। सुमन से लिपट गया। सुमन ने कसकर उसे अपने साथ चिपका लिया। उसे सहलाया। पुचकारा। उससे बातें करने लगी। हँसने लगी। उसके साथ खेलने लगी। वह कुछ देर के लिए सबकुछ भूल गई।

किरदार देखता रहा। इस दृश्य को देखता रहा। बच्चा मानसिक रूप से अव्यस्थ था। शरीर के सन्तुलन को भी वह कायम नहीं रख सकता था। वैसे वह गोरा था। बाल भूरे रंग के थे। विकलांग और मेंटली रिटार्टेड होने के बावजूद नीमा ने उसे बहुत अच्छे कपड़े पहनाए थे। वह साफ-सुथरा था लेकिन किसी-किसी वक़्त वह मुँह से लार बहाने लगता। नीमा उसका मुँह रूमाल से तुरन्त साफ कर देती। वह हँस पड़ता। वह दस-बारह साल का होगा या इससे कुछ बड़ा।

इस बीच सुमन खिचड़ी को एक कटोरदान में उठाकर ले आई थी। पास

की एक कुर्सी पर बैठ गई थी। कटोरदान को उसने मेज पर रखा। फिर किरदार को देखने लगी जो अब भी गँगू को देख रहा था।

"तुम्हें शायद अच्छा नहीं लग रहा?" सुमन ने किरदार से पूछा।

"नहीं, ऐसा तो नहीं। लेकिन यह बालक...?" वह कुछ कहते-कहते रुक-सा गया।"

"मेंटली रिटार्टेड है।...इसका शरीर उसके मस्तिष्क की बात को समझ नहीं पाता। इसलिए बोलने चलने में इसे असुविधा होती है।" सुमन ने कहा।

"इसे मैं तुम्हारी सहेली का दुर्भाग्य ही कहूँगा कि उसने विकलांग बच्चे को जन्म दिया।" किरदार ने कहा। उस वक़्त नीमा शायद रसोई में चली गई थी।

"मेरी सहेली नीमा ने इसे जन्म नहीं दिया।"

"तो?"

"हम तीनों ने मिलकर इस बच्चे को गोद लिया है।" सुमन ने कहा।

"गोद लिया है आपने?...विकलांग बच्चे को गोद?...स्वस्थ बव्चा भी तो गोद लिया जा सकता था।" किरदार ने कहा। वह तीनों स्त्रियों की बेवक़ूफ़ी पर तरस खा रहा था।

"आपको अब तक मैं सुलझा हुआ, विचारवान मनुष्य समझ रही थी साथी...लेकिन आप भी अन्य लोगों की तरह सोच रहे हैं कि जो स्वस्थ, सुन्दर, स्मार्ट हैं, केवल वही जीने के अधिकारी हैं।"

किरदार चुप रहा। उसे अपनी ग़लती का पछतावा हो रहा था। सुमन के एक वाक्य ने न सिर्फ़ उसकी आँखें खोल दी थीं, उसे पश्चाताप करने के लिए विवश भी कर दिया था। वह चुपचाप सिर झुकाए बैठा रहा। आँखें मिलाने की हिम्मत खो चुका हो जैसे।

गँगू अपनी धुन में बोल रहा था। हँस रहा था। नीमा अभी रसोई में थी। किरदार ख़ामोश था।

"हम तीनों स्त्रियाँ किसी स्वस्थ सुन्दर बच्चे को गोद ले सकती थीं। जो बड़ा होता तो हम उसमें अपनी सुरक्षा को महसूस करतीं। वह और बड़ा होता तो हम उसमें अपना और उसका भविष्य देखते।...लेकिन गँगू जैसे बच्चों का क्या हो?...क्या वे मर जाएँ या मार दिए जाएँ?" सुमन ने कहा। उसके चेहरे पर तनाव और बेचैनी की लकीरें उभर आई थीं।

"मुझे क्षमा कर दीजिए। मेरा मन्तव्य दरअसल वह नहीं था जो आप समझ रही हैं।" किरदार बोला।

"नहीं साथी, मैं तुम्हें ग़लत नहीं समझ रही। लेकिन तुमसे इतनी अपेक्षा ज़रूर करती हूँ कि तुम सामान्य लोगों की तरह मत सोचो।" सुमन बोली।

वह उठी गँगू के पास जा बैठी। गँगू उसे देखकर हँस पड़ा। हाथ फैलाया। सुमन ने अपना हाथ आगे बढ़ा दिया। दरअसल, वह हाथ मिलाना चाहता था। सुमन समझती थी अपने हाथ में सुमन का हाथ पाकर, वह हँसा। बेशक उसकी हँसी बेतरतीब थी। लेकिन सुमन और नीमा को वह हँसी बहुत अच्छी लग रही थी।

हँसते-हँसते गँगू बोला, ''माँ ऽ ऽ ऽ अच्छी माँ'' सुमन ने भाव-विभोर होकर उसका माथा चूम लिया।

गँगू किरदार की ओर देखते हुए बोला, ''अं...क...।'' वह शायद अंकल कहना चाहता था। लेकिन 'ल' वर्ण उसके कण्ठ में अटक जाता था।

किरदार ने उसकी तरफ देखा। देखता रह गया। गँगू अब भी अंकल कहने का प्रयास कर रहा था। मुस्करा रहा था। किरदार, गँगू की तरफ देखकर मुस्कराया। वह जानता था कि उसकी मुस्कान कोई अर्थ नहीं रखती।

''मैंने नीमा के बारे में कुछ भी नहीं बताया न तुम्हें!'' सुमन को जैसे याद आया। गँगू को पुचकारते हुए वह वहाँ से उठी। किरदार के पास रखी कुर्सी पर बैठते हुए बोली, ''मेरी सहेली नीमा बहुत खिलंदड़ी और खुशबाश हुआ करती थी। अब तुमने देखा है उसे! कितनी संजीदा नज़र आती है।...समय मनुष्य की अवस्था ही नहीं, स्वभाव तक बदल देता है।...कहाँ-से-कहाँ पटक देता है।'' गहरी साँस लेकर सुमन ने कहा, ''विवाह हुआ था नीमा का। स्टेट्स में। घरवालों के लिए यह बहुत बड़ी बात थी। हर मिडल क्लास इण्डियन की यह धारणा है कि अमरीका में सुख-ही-सुख है।...नीमा के परिवार ने भी यही समझा था। लेकिन शादी के बाद पता चला कि लड़के ने तो एक शादी वहाँ भी कर रखी है।''

''ओह बुरा हुआ यह तो।...सरासर धोखेबाज़ी।'' किरदार बोला।

''बुरा न नीमा के परिवार का हुआ न धोखेबाज़ लड़के का...बुरा हुआ तो सिर्फ नीमा का।...यहाँ पी.जी.टी. ग्रेड की टीचर थी। बहुत अच्छी सेलरी। स्कूल में बहुत सम्मान।...वहाँ नौकरानी की तरह रखा गया। इतना आतंक पैदा किया कि बेचारी भूल गई कि अमेरिका में किसी की पत्नी बनकर आई है।...फिर वह एक बच्चे की माँ बनी। लगा कि हालात सुधरेंगे। पर कहाँ? बच्चा बीमार हो गया। अस्पताल में एडमिट कराया गया। लेकिन नीमा के लिए यह बन्दिश थी कि वह अपने बच्चे को नहीं देख सकती थी।''

सुमन चुप हो गई। किरदार अवाक्-सा उसे देखता रहा। वह जैसे अपने आपको संयत कर रही थी। कुछ देर चुप रहने के बाद बोली, ''आखिर बच्चा मर गया।''

''ओह!'' किरदार के कण्ठ से अनायस आवाज़ निकली।

"बच्चे की मृत्यु और नीमा...नीमा पूरी तरह टूट गई। वहाँ हालात बदतर होते गए। किसी तरह, वहाँ कुछ लोगों की मदद से भारत लौटी।...यहाँ बहुत कुछ बदल चुका था। परिवार ने उपेक्षा दिखाई। भाइयों ने अपनी-अपनी विवशता।"

"फिर?" किरदार ने पूछा। कहा, "नीमा तो सकते में आ गई होगी।"

"नीमा को मैं ले आई।" दीर्घ श्वास लेकर सुमन ने कहा, "पारुल यहाँ। पहले से थी। फिर नीमा...और इस तरह, हम तीन स्त्रियों का एक परिवार बन गया।"

"आत्मीय परिवार!" किरदार मुस्कराया।

"हाँ...शायद!...फिर हम तीनों ने गँगू को गोद लिया और बच्चे की कमी पूरी हो गई।" सुमन ने कहा थोड़ा मुस्कराई थोड़ी आँखें सजल हो गई उसकी। बोली, "अजीब लगेगा हमारा परिवार लोगों को।...विकलांग गँगू। जले हुए चेहरेवाली पारुल, अतीत के दंश लिए, बहुत गुमसुम रहनेवाली नीमा और मैं...जिसके हाथ काले स्याह हैं..."

"...लेकिन मन उज्ज्वल!" सुमन की बात काटते हुए किरदार बोला।

"हमारा परिवार, बीमार आहत और दुःखी लोगों का परिवार है।" सुमन बोली।

"ऐसा मत कहिए।...आपका परिवार अच्छे लोगों का, ख़ूबसूरत दिलवालों का परिवार है।" किरदार ने कहा।

इस बीच नीमा चाय ले आई। चाय के कप मेज पर रखते हुए उसने कहा कि वह पकौड़े तल रही थी, इसलिए देर हो गई। फिर वह बोली कि पारुल को बुला आती है। सुमन ने उसे रोका और कहा कि शायद उसके मित्र को पारुल के साथ चाय पीना कठिन हो।...उन्हें शायद पारुल का बीच में बैठना अच्छा न लगे। इस बात को सुनकर किरदार बहुत संजीदा हुआ। कहा कि अस्पृश्यता का वह विरोध करता है। पारुल जिस सदमे से गुज़र रही है, वह बहुत बड़ा है। उसे अकेला और तिरस्कृत करना, न केवल अमानवीय होगा। बल्कि क्रूर भी होगा।...पारुल बीच में होगी तो उसे अच्छा लगेगा।...बहुत अच्छा लगेगा। उसने फिर कहा कि यदि उसके बैठने से वातावरण तनावपूर्ण हो गया हो तो वह चला जाता है।

नीमा चाय के कप रखकर किरदार के पास ही खड़ी थी। थोड़ा-सा मुस्कराते हुए बोली, "हमारे इस छोटे से परिवार में कोई किसी से नाराज़ नहीं होता। सुमन किसी को नाराज़ होने ही नहीं देती।...इसकी बातों का बुरा मत मानिए।...जाने की बात छोड़िए...वैसे हम सब, चले जाने के लिए ही तो आते हैं। आप बैठिए...आप बेवजह उठ खड़े हुए...आज रात हम सब इकट्ठे बैठकर, जागकर, बातें करते हुए

चाय पिएँगे...रात पूरी रात, इसी तरह गुज़ारेंगे।"

नीमा की बात सुनकर किरदार मुस्कराया। बैठ गया। किरदार के कन्धे पर हाथ रखते हुए सुमन बोली, "साथी, मैं तुम्हें आहत नहीं करना चाहती थी...लेकिन मेरे मन में एक बात यह ज़रूर आई कि सभी सौन्दर्यप्रेमी होते हैं। शारीरिक विद्रूपता कोई पसन्द नहीं करता।...तुम्हें दुःख हुआ हो तो मैं खेद प्रकट करती हूँ।"

किरदार ने सुमन के हाथ को अपने हाथ में भरकर कहा, "आप बहुत अच्छी हैं।"

कुछ पल ख़ामोशी छाई रही। गँगू की आवाज़ें बिखरती रहीं कुछ-कुछ देर बाद।

नीमा अचानक बोली, "मुझे बहुत पहले की बात याद आ रही है। जब हम घर में छोटे-भाई बहन थे। माँ अँगीठी जलाती। अँगीठी के पास टाट बिछाती। हम सब भाई बहन और पिताजी बैठते। चारों ओर हम सब देर रात गए बैठे रहते। रेवड़ियाँ खाते, गन्ने चूसते, मूँगफलियाँ, गज्जक, गुड़गट्टा...गुड़धानी...आधी-आधी रात तक जागते। पिता जंगलात ऑफ़िसर थे। जंगलों के किस्से, जंगली जानवरों की बातों। शिकार की बातें...जंगलों में गुज़ारी डरावनी रातों की बातें। बातें थीं कि ख़त्म ही नहीं होती थीं। और अब...अब...।" नीमा की आवाज़ टूटने लगी।

सुमन झटपट उठी। नीमा को गले लगाते हुए बोली, "पगली है पगली!...ऐ नीमो! आज रात हम फिर वही बातें करेंगे।...सारी रात जागेंगे।...कुछ भी ख़त्म नहीं हुआ।...समझे! फिर वह किरदार से बोली, "पार्टनर, आज रात हम सब जागकर गुजारेंगे। रात को जीएँगे हम।...अपने दुःखों पर हँसेंगे। सुखों की विचित्र-सी भूमिका पर हैरान होंगे।"

नीमा पारुल को नीचे ले आई थी। वह सहज नहीं हो पा रही थी। सिर झुकाकर बैठना जैसे उसकी आदत में शुमार हो गया था।

पारुल, सुमन, नीमा, गँगू और किरदार...सभी रात भर जागते रहे। चाय बिस्कुल और जीवन के संस्मरण।

गँगू के जीवन में थोड़े-से शब्द थे। वह जब तक जागता रहा उन्हीं शब्दों को दोहराता रहा, माँ...अच्छी माँ!...माँ चीजी!...बाबा अच्चा!...अंकि...अच्चा

लगता था रात किसी फ़कीर की झोंपड़ी है, जहाँ सबके सब अपने दुःख-सुख की रामनामी के साथ उपस्थित हैं...उन सबके दुःख यकसाँ थे। सुख यकसाँ थे। दुःख किसी धन की तरह नहीं था कि उसका बँटवारा होता।...वे सब एक साथ उदास हो जातीं। एक साथ हँसने लगतीं। किरदार ने पारुल को भी दो-तीन बार मुस्कराते हुए देखा। उसे सुखद आश्चर्य हुआ।

शायद आधी रात गुज़र चुकी थी। तीनों स्त्रियाँ अपनी-अपनी आत्म-कथाएँ,

छुपाने के बावजूद बयान कर चुकी थीं।

किरदार उनके बीच अजनबी था। लेकिन वह हैरान था कि उसे अजनबी नहीं समझा गया था। साथी समझा गया था। वह हैरान इस बात पर भी था कि दिल्ली जैसे महानगर में जहाँ अफरातफरी मची है, प्रतिस्पर्द्धा ने सबको बदहवास दौड़ में शामिल कर लिया है, लोग गणित की किताब होते जा रहे हैं और स्वार्थ की जमा-घटा में मशगूल हैं, वहाँ एक ऐसा छोटा-सा विश्व भी है, जहाँ स्त्रियाँ स्वयं आत्मकथाओं और किंवदंतियों जैसी हैं। उसने महसूस किया कि एक का वर्तमान दूसरी का हो जाता है। एक की वेदना, दूसरी आत्मसात कर लेती है। इनके दुःख और सुख में फ़र्क करना कठिन है। जो दुःख है, वही सुख भी है। और सुख?...सबसे बड़ा सुख यही कि वे तीनों साथ-साथ हैं।

रात बहुत गुज़र चुकी थी। चराग, धुएँ की चादर लपेटकर सो गए थे। अवसाद, किसी सैलाब की तरह कमरे में फैल गया था। गँगू सो गया था। तीनों स्त्रियाँ जाग रही थीं। जाग रही थीं उनकी वेदना और जाग रही थीं उनकी स्मृतियाँ...अतीत...! और जाग रहा था वर्तमान।

नीमा ने बहुत होले से, झिझकते हुए कहा, "पारुल, एक निवेदन करूँ?"

पारुल ने नीमा की तरफ देखा। चुपचाप देखा।

"कोई गीत सुनाओ पारुल!...तुम बहुत अच्छा गाती हो...'हीर' का कोई अंश या कुछ और...। अगर तुम्हारा मन हो तो?" नीमा ने बड़ी विनम्रता से कहा।

पारुल ने नीमा के हाथ पर हाथ रखा। किरदार देखता रहा। पारुल पहली बार बहुत सहज नज़र आई थी तनाव रहित। सामान्य सरल स्त्री-सी। कहा उसने, "मन!...मेरा मन? मेरे मन की बात छोड़ो नीमा!...मेरा मन क्या तुम दोनों के मन से अलग है?...तुम्हारा मन है तो ज़रूर सुनाऊँगी।"

किरदार ने महसूस किया तीनों अपने लिए नहीं, दूसरे के लिए जी रही हैं। वे तीनों एक-दूसरे की बात का सम्मान करतीं। तीनों, एक-दूसरे के मन के अनुभव को महसूस करतीं। तीनों की जीवनशैली विचित्र थी करुणा से भरी।

"मेरी एक अरज है जी!...लाइट ऑफ कर दो।" पारुल बोली।

कुसुम उठी उसने कमरे की लाइट ऑफ कर दी। कमरे में अन्धेरा हो गया। सब अन्धेरे में समा गए।

अचानक अन्धेरे की गुफा और ख़ामोशी की गहराई से आवाज़ निकली, दर्द आमेज़ और ज़ख़्मों से भरी आवाज़। उदासियों के बीहड़ से होकर आती आवाज़ आवाज़ पारुल की थी—

साथी में मरूँ तो मेरी मौत पर/मत होना उदास/ख़बर मत करना मेरे वीरों को/पिता तो पहले ही छोड़ गए यह संसार/अपनी लाडली को नष्ट होते/देख सकता

है कौन पिता/...साथी, मैं मरूँ तो समझना कि कोई बदज़ेब खण्डहर गिर गया/कोई वीरानी हो गई तहस-नहस/...साथी, मैं मरूँ तो मेरी कब्र को मत बनवाना पक्का/सोचना/मिट्टी थी। मिट्टी में मिल गई।...साथी, कब्र में सोई मैं/तुम्हारी दराज़ उम्र का करती रहूँगी निवेदन...

गीत थमा तो लगा कोई सुबक रहा है। शायद ख़ामोशी की आवाज़ हो या शायद किरदार का वहम हो।

किरदार का हाथ स्विच पर जा लगा। रोशन हो गया कमरा। किरदार ने देखा तीनों स्त्रियों की आँखों में आँसू थे। पता नहीं, वे अपने लिए रो रही थीं या दूसरे के लिए। जैसे यह रोने का उत्सव हो। जिसे वे तीनों मना रही थीं।

स्त्रियाँ सो गई थीं। गँगू सो गया था। रात गुज़रते-गुज़रते गुज़र चुकी थी। देर रात तक जागी स्त्रियाँ, सुबह होने से बेख़बर थीं। एक सोफे पर, एक कुर्सी और एक चटाई पर सो गई थी। तीनों जैसे स्त्रियाँ न हो, गठड़ियाँ हों। तीनों को जैसे बहुत थोड़ी-सी जगह की दरकार थी। सोई हुई स्त्रियाँ, ऐसा प्रतीत होता था जैसे दुःख के सपने देख रही हैं। ऐसा लगता था जैसे वे सोई नहीं हैं, शरणार्थी हो चुकी नींद का कोई घर ढूँढ़ रही हैं।...वे तीनों स्त्रियाँ, जैसे अपना विश्व खोकर किसी दूसरे विश्व में चली गई हों। इस विश्व का विषाद, किसी छाया की तरह, उनके चेहरों पर मौजूद था।

वे सोई हुई थीं। लगता था, वे सोते-सोते मुस्करा रही हैं। ऐसा भी लगता था जैसे वे अपनी मुस्कान, किसी अज्ञात स्थान पर रखकर भूल गई हैं, और उसे ढूँढ़ रही हैं। वे मुस्करा नहीं रही थी। सिर्फ मुस्कराती हुई प्रतीत होती थीं। अपनी अदृश्य-सी मुस्कान को उदासियों के शहर से खरीदा हो जैसे उन्होंने। उन तीनों ने...वे तीन! तीन स्त्रियाँ महानगरीय़ चालाक सभ्यता की ख़ामोश प्राथनाएँ हो जैसे।...जैसे उन्हें जीना आता हो। साथ मिलकर। साथ रहकर। खिचड़ी बनाकर। खाकर। थोड़ी-थोड़ी खुशियों को बाँटकर।

ऐसा लगता था, वे तीनों जैसे एक शहर के अहंकार से बेसरोकार हों। या जैसे वे शहर की सर पटकती काली आँधी के मिज़ाज को खूब समझती हों, कहती कुछ न हों। चुप रहती हों। अपने संसार में, वृत्त में।

पूरा घर खुला छोड़कर, वे तीनों सोई हुई थीं। ऐसी चैन की नींद जैसे बरसों बाद उन्हें हासिल हुई हो। पूरा घर खुला था। वे सोई हुई थीं। चाहे कोई पूरा घर लूटकर ले जाए। ले जाए तो ले जाए। लेकिन क्या कोई उनकी जीवनशैली चुराकर ले जा सकता है? सामान तो बेशक कोई उठा ले जाए, क्या कोई उनका घर ले जा सकता है?

किरदार खड़ा सोच रहा है। दहलीज़ पर खड़ा किरदार। उन्हें देखता। विस्मित

होता। मुस्कराता, उदास होता, जाने की तैयारी में, न जाने की इच्छा में, बँधा हुआ, किसी अदृश्य संसार से, उन्हे देखता। निरन्तर। एकटक।...जैसे वे तीनों ज़िन्दगी कर खूबसूरत पाठ हों। जैसे वह, सोई स्त्रियों को देख न रहा हो। पढ़ रहा हो उन्हें...कभी वे वृतान्त जैसी लगतीं तो कभी दन्त-कथाओं जैसी।

किरदार सोई हुई तीनों स्त्रियों को देर तक देखता रहा। उन्हें जगाए या सोया रहने दे। सोचता रहा। दहलीज़ में खड़ा। दहलीज़ में बँटा। मन-ही-मन कामना करता रहा। तीनों के लिए सुख की कामना। फिर जैसे अमूर्तन में उसने तीनों स्त्रियों के माथे को चूमा हो। गँगू को सहलाया हो।

लेन से होते हुए मुखय सड़क पर आ गया था किरदार!

शहर ख़ामोश था। सड़कें खाली थीं। हवा मन्द-मन्द बह रही थी। सड़क के दोनों तरफ वृक्ष थे। उसने ग़ौर से देखा। कितनी सारी किस्में थीं वृक्षों की...अमलतास, सेमल, शीशम, नीम, शहतूत, इमली, गुलमोहर, टेसू...।

उनींदी दिल्ली कितनी शर्मीली, संकोच में डूबी नज़र आती थी। कारें, स्कूटर निकलते तो हस्तक्षेप-सा होता। ख़ामोश वातावरण में ख़ामोशी ने जैसे चौंककर देखा हो। शोर से सिहर उठी हो जैसे। संगीत टूटा हो जैसे। यतिभंग।

बस स्टाप था। स्टाप के शेल्टर पर विज्ञापन था। रात को विज्ञापन चमक उठता था। विज्ञापन में युवा स्त्री थी। युवा पुरुष था। एक बालक था। एक खूबसूरत फ़्लैट था। एक छोटी कार थी। स्त्री-पुरुष की पत्नी थी। हँस रही थी। पुरुष स्त्री का पति था उसके बहुत करीब खड़ा हँस रहा था। बालक दोनों की सन्तान था—वह भी हँस रहा था...वह बिल्कुल नए, विकसित परिवार का आधुनिक मॉडल था। हँसता खेलता, सुख-सुविधा से भरपूर, संक्षिप्त परिवार!...न माँ न बाप, न दादा न दादी!...न भाई न अन्य कोई सम्बन्धी!...बहुत छोटा परिवार! अपनी खुशियों में मस्त! अपने स्वार्थ में मग्न!...अपनी प्राइवेसी में जीता-सुखी सन्तुष्ट परिवार।

बस आई। लगभग खाली थी। नेहरू प्लेस की बस थी।...किरदार को न स्थानों से अभिप्राय था न दिशा विशेष से। वह बस में बैठ गया। बस फर्राटे से चली ओर उसने कुछ देर बाद नेहरू प्लेस टर्मिनल में किरदार को ला खड़ा किया।

किरदार एक खाली, ख़ामोश सड़क पर चल पड़ा। वह अब भी उन स्त्रियों के विषय में सोच रहा था। उनका संसार अकेलेपन का संसार था। लेकिन उन्होंने सहारों की याचना नहीं की थी। अपना एक संसार बनाया था। जैसे वे दुःखी होने के बावजूद एक-दूसरे को जीवन की शुभकामनाएँ बाँट रही हों, ऐसा लगता था।

❑❑

नेहरू प्लेस! गगन चुम्बी अट्टालिकाएँ। टर्मिनल। थोड़ा आगे चलकर श्मशान घाट।

जीवन की अन्तिम यात्रा का साक्षी। उसके बाद झोपड़ियाँ। गिरती-पड़ती। कच्ची-पक्की सड़ांध मारती नालियाँ। संकरी गलियाँ। छोटी-छोटी दुकानें...ज़िन्दगी जीते या ज़िन्दगी से लड़ते लोग। या फिर लड़कर थक चुके लोग! इसके बावजूद नाउम्मीद कोई नहीं था। शायद यही वजह थी कि मर्द काम पर निकल रहे थे। स्त्रियों ने भी अपने काम-धन्धे सँभाल लिए थे।

अचानक किरदार को महसूस हुआ जैसे किसी ने पीछे से कंकर मारा है। किसने मारा होगा कंकर? किरदार सोचने लगा। उसने पीछे मुड़कर देखा। थोड़ी दूर पर एक छोटा-सा बच्चा जिसने चड्ढी पहन रखी थी। सिवा चड्ढी के, उसके बदन पर कोई वस्त्र नहीं था, किरदार को देखकर हँस रहा था। कंकर उसी ने मारा था। बच्चे को खुशी इस बात की थी कि उसका निशाना सही लगा था। यह उसकी शैतानी थी। मासूम-सी शैतानी। यह उसका सम्वाद भी था। एक अजनबी से, संवाद! सड़क से गुज़रते एक आदमी से संवाद!...परिचय का तरीका कितना मौलिक था! कितना अद्भुत! कितना अप्रत्याशित!

किरदार मुड़ा। बच्चे की तरफ लौटा। किरदार को अपनी तरफ आता देखकर, बच्चा सहम गया। इससे पहले कि वह भागकर, झोपड़ियों में कहीं गुम हो जाता। किरदार ने उसे उठा लिया। उसके माथे को चूम लिया। उसके मैले गिच्च सिर में अपनी उँगलियाँ घुमाता रहा। बच्चा पहले सहमा हुआ था। लेकिन इस दुलार पर वह सामान्य हो गया। जब वह आश्वस्त हो गया कि अजनबी के साथ सगापन कायम हो गया है तो वह धीरे-से बोला, "चीजी!" किरदार मुस्कराया सामने की छोटी-सी दुकान से बिस्कुल का पैकेट लेकर बच्चे के हाथ में दिया। चल पड़ा। मुड़कर देखा। बच्चा एक हाथ में बिस्कुल का पैकेट थामे, दूसरे हाथ को हिलाकर 'टाटा' कर रहा था।

किरदार को महसूस हुआ कि एक पल में प्यार की दुनिया बनी थी और फिर वह उस दुनिया को छोड़कर जा रहा है।

❑❑

लोटस टेम्पल की चारदीवारी। बहुत बड़ा गेट! गेट के भीतर प्रविष्ठ होकर ठगा-सा देखता रहा किरदार! दूर तक घास का मैदान! हरी दूब। छोटी-छोटी क्यारियाँ, फूल झरने, असीम शान्ति और लोटस टेम्पल! सफेद कमल के फूल जैसा।...या जैसे धरती के हाथ। आसमान की ओर। प्रार्थना की मुद्रा में। प्रार्थना-शान्ति के लिए। विश्व शान्ति के लिए। युद्धों से उक्ताए तंग आ चुके संसार को अब शान्ति की सबसे बड़ी ज़रूरत है।...लोटस टेम्पल...शान्ति की प्रार्थना! या वास्तुशिल्प में रची गई शान्ति की कविता!

बाहर, निरन्तर, एकटक देखते रहने से ऐसा प्रतीत होता था जैसे संगमरमर की सफेद पत्तियाँ न हों, धरती की कोख से उम्मीद और विश्वास का फूटता कमल हो।

टेम्पल का भीतरी आकार गुम्बदनुमा था। टेम्पल ज़रूर था लेकिन मूर्तियाँ नहीं थीं। यह मन्दिर, प्रार्थनाओं का मन्दिर था। शुभाकामनाओं का मन्दिर था। धर्मों के प्रति आस्थावान और मनुष्यता को सम्मानित करता एक विलक्षण मन्दिर!

बहुत बड़ा हॉल था। करीने से बैंच बिछे थे। सामने डायस था। माइक था। ख़ामोशी थी।...यहाँ के कर्मचारियों का केवल एक निवेदन था कि बातचीत न करें। बाहर, पूरी दुनिया बातचीत के लिए थी। यह स्थान प्रार्थनाओं के लिए था। जिसके पास कोई प्रार्थना नहीं थी। उसके लिए मौन भी एक प्रार्थना की तरह था।

हॉल में थोड़े से लोग थे। स्त्री-पुरुष। युवक-युवतियाँ। कुछ वृद्ध।

बिल्कुल खाली और कोने में रखे एक बैंच पर युवक-युवती बैठे थे। वे प्रेमी-प्रेमिका थे। प्रेम करने वालों के चेहरों पर अजीब-सा सुख विराजमान होता है। बेशक दोनों की आँखें नम थीं। वे लोगों की प्रार्थनाएँ सुनते। उनकी आँखें सजल हो जातीं। जैसे आँखों में तैरता पानी, प्रेम का पानी हो।

कोई कह रहा था, कीचड़ पर गिरकर भी धूप मैली नहीं होती।...यह समय पछतावों के लिए नहीं। यह समय, अपनी पहचान का समय है....

युवक ने युवती को देखा था। दोनों मुस्कराए थे। दोनों ने एक-दूसरे के हाथों को कसकर पकड़ लिया था।

वायलिन बजाने के लिए उठा था कोई! उसने पूरे हॉल में नज़र दौड़ाई। वायलिन को गर्दन और ठुड्डी के बीच रखने से पेशतर उसने ईसा को याद किया जो करुणा का मसीहा था। जो प्रेम के सबक सिखाता था।

ईसा को याद करते हुए, उसने बैंचों पर बैठे तमाम लोगों का धन्यवाद किया। कहा कि उन्होंने शब्दों में प्रार्थना व्यक्त की। वह संगीत में ईश्वर का धन्यवाद करने लिए मंच पर आया है। फिर उसने कहा कि वह बिल्कुल आख़िर में बैठ खूबसूरत युवक और युवती को शुभकामना देते हुए प्रार्थना का संगीत प्रस्तुत कर रहा है।

वायलिन के सुर गुम्बदनुमा हॉल में गूँजते रहे। हॉल में ख़ामोशी थी। स्तब्ध थे सब! एकाग्र होकर सुनते रहे वायलिन के स्वर! संगीत और प्रार्थना।

किरदार आख़री बैंच पर देर तक बैठा रहा। वायलिन का संगीत समाप्त हुआ। वायलिन मास्टर ने झुककर सबका अभिवादन किया। मंच छोड़कर अपनी जगह पर चला गया।

लोग बड़ी ख़ामोशी के साथ उठे। युवक-युवती भी उठ खड़े हुए। किरदार

भी उठा। हाल से बाहर निकले। सीढ़ियाँ उतरकर, विशाल प्रांगण में आ गए थे।

युवक-युवती आहिस्ता-आहिस्ता चल रहे थे। गेट के पास कॉफी शॉप थी। दोनों ने कॉफी ली। किरदार की इच्छा नहीं थी। लेकिन अपने खालीपन से बचने के लिए उसने भी कॉफी ले ली थी।

लड़की कॉफी का कप लेकर, युवक को देखते हुए कह रही थी, "मेरे सब ख़त फाड़ देना।"

"तुम्हारे बाद, तुम्हारे खतों में तुम्हें तलाश करूँगा।"

"फंतासी ज़िन्दगी का सच नहीं होती।"

"जानता हूँ।" लड़का दीर्घ श्वास लेकर बोला।

"जीवन विडम्बनाओं का दूसरा नाम है।"

"हम जीवित तो रहेंगे...लेकिन कितना कुछ नष्ट हो चुका होगा हमारा?" लड़का बोला।

"प्रेम की असफलता, मन पर गहरे निशान छोड़ जाती है।" लड़की ने कहा।

"तीन दिन बाद तुम्हारा विवाह है।...मैं तुम्हारे विवाह में नहीं आऊँगा।"

"मैं भी यही चाहूँगी कि तुम मत आना।"

"लेकिन सुबह जब सबकुछ निपट जाएगा।" मैं खाली-खाली शामियाने में खड़ा...।"लड़का आगे बोल नहीं पाया था। उसका गला रुँध गया था।

लड़की ने लड़के के मुँह पर हाथ रखते हुए कहा, "शादी मेरी किसी से भी हो देव!..प्रेम मैंने तुमसे किया है। तुमसे अलग हो जाऊँगी...तुम देखना देव! तुम्हारी स्मृतियों में मैं कितना ज़्यादा प्रवेश कर गई हूँ।"

लड़के ने लड़की के हाथ को चूमा।

दोनों अलग-अलग रास्तों पर चले गए थे। प्रेम जीवित हो उठा था।

❑❑

लोहे के बड़े फाटक से बाहर आकर किरदार एक वृक्ष के नीचे खड़ा सोच रहा था कि किधर जाए और कैसे जाए?

दिल्ली में, कुछ साल पहले तक 'लिफ़्ट' लेने का रिवाज़ था। ऐसी जगहों, जहाँ डी.टी.सी. की बसें नहीं मिलती थीं, या ऐसी जगहों पर जहाँ डी.टी.सी. की सर्विस अच्छी नहीं थी, लोग स्कूटर वालों और कारवालों से ख़ास मुक़ाम पर खड़े होकर, ख़ास तरह का संकेत करते हुए लिफ़्ट' माँगते। स्कूल, कॉलेज के लड़के-लड़कियाँ निस्संकोच, कारवालों से लिफ़्ट माँगते, 'बाबू' वर्ग स्कूटर वालों से...ऐसा नहीं होता था कि इधर संकेत किया, उधर लिफ़्ट देने के लिए वाहन रुका। लेकिन ऐसा ज़रूर था कि पाँच-सात मिनट की कसरत के बाद, कोई-न-कोई

स्कूटर, कोई-न-कोई कार रुक जाती। और फिर अनजान लोग, एक ही सफ़र के मुसाफ़िर हो जाते। कई बार सफ़र बिना कोई बात किए गुज़र जाता तो कई बार ऐसा भी होता कि बातें चल निकलतीं। सफ़र जारी रहता, बातें भी। बातें निकलती तो फिर दूर तक जातीं। रिश्ते बनते। फिर मिलने के वादे होते। हाथ मिलते। दिल मिलते। गर्मजोशी। तपाक। नाम पते बदले जाते। फोन नम्बर लिखे जाते। तब मोबाइल फोन इजाद नहीं हुआ था। फोन भी कम थे। लोग फोन करने से ज़्यादा बेहतर, आमने सामने मिलना समझते थे।

लिफ़्ट, अब लिफ़्ट का रिवाज़ ख़त्म-सा हो गया है। लिफ़्ट माँगनेवाले पता नहीं कहाँ चले गए? लिफ़्ट देनेवालों ने, और बहुत सारी चीज़ों की तरह, लिफ़्ट देना भी बन्द कर दिया। लोग अपने जीवन में किसी का हस्तखेप सहन नहीं करते। तब, जीवन तो था, इतना 'प्राइवेट' नहीं था। अब है। 'प्राइवेसी' एक रोग की तरह है। उसने पूरे समाज को इकाइयों में बदल दिया है। लोगों के दिलों में सिर्फ़ अफ़सोस रह गया है, इमदाद का तत्व ख़त्म हो गया है...दूसरी बात यह भी है कि कौन किस पर भरोसा करे? क्यों करे?...महानगर ने अपने नागरिकों को अच्छी तालीम यह भी दी है कि प्रत्येक व्यक्ति पर शक तो करो। विश्वास मत करो। हर क्षेत्र 'बॉच नेबरहुड' क्षेत्र है। संशय, महानगरीय सभ्यता की सबसे बड़ी पैदावार है। संशय की फ़सल को सबने काटा हैं फ़ासले रखकर मिलने की तरकीब इसी शहर की है। इस शहर ने, लिफ़्ट माँगने और लिफ़्ट देने के बीच जो अज्ञात सम्बन्धों की जीवन्तता थी, उसे छीन लिया।...कैसा ज़माना आ गया है, कोई किसी से कुछ नहीं माँगता। एक ज़माना था, जब मोहल्लों में लेन-देन के सिलसिले, जीवन की तरह मौजूद थे। लोग चाय बनाते तो पड़ोस के घर से चायपत्ती माँग लाते। मेहमान आता चारपाई माँग लाते। शादियों में जाते तो दूसरों से कपड़े, जूते माँग लेते...जवान छोकरे, जवान छोकरियों से दिल माँग लेते। माँगने के लिए जब कुछ न होता तो लोग फ़ुरसत में ख़ुदा से, सबके लिए दुआएँ माँग लेते। माँगना तब बुरा नहीं लगता था। माँगने में भी अधिकारों की गुँजाइश थी। माँगना, दरहक़ीकत रिश्तों को जिन्दा रखना था।

अचानक एक दुपहिया स्कूटर किरदार के पास आकर रुका। स्कूटरवाला बोला कि इधर बस-वस कुछ भी नहीं मिलेगी। बस की इन्तज़ार में खड़े हो तो कोई दूसरी चीज़ तलाश करो। थ्री व्हीलर ले लो। लेकिन सी.एन.जी. के कारण थ्री व्हिलर वाले बहुत पैसे माँग लेते हैं। उसने फिर अपने स्कूटर की तरफ इशारा करते हुए कहा कि वह सफ़दरजंग अस्पताल जा रहा है उधर चलना चाहो तो वहाँ ड्राप कर दूँगा। किरदार सहर्ष सहमत हो गया। टू व्हीलर वाले ने, अपनी टाँगों के पास स्कूटर के हुक में लटका, हेलमेट उतारकर देते हुए कहा कि वापसी पर उसे किसी रिलेटिव

को लेकर आना है इसलिए हेलमेट उठा लिया। वरना तो वह किरदार को नहीं बिठाता। दूसरी सवारी का हेलमेट न हो तो खामखा क्लेश करते हैं पुलिसवाले। चालान ठोंक दें क्या पता?

किरदार की, जैसे मन माँगी मुराद पूरी हो गई हो। उसे यही तो चाहिए था। हेलमेट लगाकर बैठना उसके लिए नया अनुभव था। हेलमेट सुरक्षा कवच था। दूसरी बात यह भी थी कि हेलमेट लगा लेने के बाद कोई किसी की पहचान में नहीं आता था। दिल्ली में दो तरह के संकट थे—एक था न पहचाने जाने का दूसरा पहचाने जाने का। पार्टियों में लोग इस अदा से प्रविष्ठ होते थे कि वे पहचाने जाएँ। पहचान, दरहकीकत अपने होने का सबूत थी। अस्तित्व! यानी पहचान! पार्टियों में उपेक्षित व्यक्ति सबसे ज़्यादा त्रस्त और डरा हुआ नज़र आता था। दिल्ली की पार्टियाँ, आदमी के क़द और उसकी पहचान को शीशे में उतार देती थीं—पानी की तरह!

इसके बावजूद, मध्यम वर्गीय लोग अपनी पहचान को छुपाकर रखते थे। वे अपनी इसी में भलाई समझते थे।

हेलमेट में चेहरे छुप जाते थे। आदमी बेपर्दा नहीं होता था। पर्दादारी बनी रहे—यह शहर इस तरह का मुहावरा और शऊर अता करता था।

नेहरू प्लेस, लेडी श्रीराम कॉलेज लाजपत नगर, मूलचन्द और साउथ एक्स से होते हुए स्कूटर वाले ने सफ़दर जंग अस्पताल के सामने स्कूटर रोका। दोनों ने अपने-अपने हेलमेट उतारे। एक-दूसरे को देखा हाथ मिलाए। स्कूटर वाले ने स्कूटर स्टार्ट किया। दोनों के हाथ हिले और फिर स्कूटर वाला ओझल हो गया।

किरदार, सफ़दरजंग अस्पताल टर्मिनल के पास खड़ा था। बहुत बड़ा चौराहा था। फ्लाई ओवर का निर्माण था। जगह-जगह खुदाई सीमेंट के पिलर। लोहे के मज़बूत सरिये, सीमेंट, कंस्ट्रक्शन, निरन्तर काम।

टर्मिनल। वाहनों की भीड़, शोर, प्रदूषण, गर्द, तनाव, चिल्ल-पों, लोग, तनावग्रस्त, शिथिल।

सड़क पार, दूसरी तरफ ऑल इण्डिया मेडिकल इंस्टीस्ट्यूट, यानी एम्स, बीमार लोग, फुटपाथ पर पसरे, ज़िन्दगी से बेदखल होते। धीरे-धीरे! खाँसते, थूकते, कराहते, बदहाल, बेकैफ़, व्याकुल!

किरदार अभी तक अन्य दिल्ली देखता आया था। दिल्ली में एक अन्य दिल्ली!...आलीशान इमारतें, खूबसूरत साफ सड़कें, सम्पन्नता, अभिजाज्यता, सुख, केवल सुख, आनन्द, केवल आनन्द।...दिल्ली या आनन्द उद्योग?...सम्पन्न, निस्संग स्नॉब दिल्ली! दुःख, शोक, उदासी से परे तटस्थ!...अपने सुखों से ऊबी हुई दिल्ली।

एक कोने में बहुत बड़ा कम्प्यूटर बोर्ड था। देश की जनसंख्या को दर्शाता,

बोर्ड बन्द हो चुका था। उसकी सीमा सौ करोड़ के आँकड़े तक थी। सौ करोड़ की आबादी के बाद-कम्प्यूटर बोर्ड हाँफ गया था। बन्द हो गया था।

लोग हर शय को उचटती नज़र से देखते थे। इस तरह, उचटती नज़र से देखने के वे आदी हो चुके थे। आगे बढ़ जाना लोगों की फ़ितरत में शुमार होता गया था। ऐसा धीर-धीरे हुआ था। रफ़्ता-रफ़्ता! एक ज़माना पहले ऐसा नहीं था। लोग अपने पुराने हुक्के की नली को इस तरह पकड़ते जैसे दोस्त से हाथ मिला रहे हों। लोग अपने पुराने, फट चुके जूते को फेंकते वक्त यादों में डूब जाते कि जूता कब ख़रीदा, कि जूते को किस-किसी मोची ने मरम्मत की, कि जूते में निकली कील ने पाँच को कहाँ-कहाँ से काटा कि जूता पैरों का दोस्त था, सफ़र में हमसफर...

किरदार सफ़दर जंग टर्मिनल यानी सफ़दरजंग अस्पताल के बाहर अकबकाया हुआ खड़ा था। उसके सामने दृश्य थे। टुकड़े-टुकड़े दृश्य, बदहवास, बेतरतीब...जैसे एक दरिया हो। अपनी दिशाएँ भूल बैठा हो। कई दिशाओं में बह रहा हो। लोग थे। उनका होना था। वे अपने होने से सन्तुष्ट थे।

किरदार वाहनों को देख रहा था। टर्मिनल। अस्पताल। निर्माणाधीन फ्लाई ओवर। सड़क पर टीन की चादरों से डाइवर्शन। कम चोड़ी सड़क। ज़्यादा वाहनं ब्लू लाइन बसों का अपना निज़ाम। अपना साम्राज्य।...सरकती हार्न बजाती, रुकती, धुआँ छोड़ती, ब्लू लाइन बसें। कोई आढ़ी, कोई तिरछी।...हर बस का ड्राइवर, गुस्सैल मुद्रा में व्यू मिरर से देखता। गालियाँ बकता। बस को सरकाता, धप्प की आवाज़ आती। बस रुकती, धप्प की आवाज़ पर बस सरकती। हर बस का यही नाटक! हर बस के ड्राइवर-कण्डक्टर की यही भूमिका।

बसें, पटरी के साथ दूर तक लाइन बनाकर, बल्कि लाइन को तोड़कर, दूर तक खड़ी थीं। पहले पटरी थी। पटरी उखड़ चुकी थी। मिट्टी के ढेर थे। जहाँ मिट्टी नहीं थी कतारबद्ध पेशाब करते लोग थे। सफ़दरजंग अस्पताल की यह दीवार थी। जहाँ पेशाब की दुर्गन्ध थी। उसके साथ छोले-भटूरे की रेहड़ियाँ थीं। चाय के खोखे थे। पानी वाली रेहड़ियाँ थीं। लोग छोले-भटूरे समोसे खा रहे थे। दुर्गन्ध से निस्संग थे।

एक खेल था। ब्ल्यू लाइन बसों के बीच ड्राइवर-कण्डक्टरों के बीच। छोले-भटूरे बनाने वालों और खाने वालों के बीच हवा और दुर्गन्ध के बीच!

यह सफ़दरजंग अस्पताल के बाहार का परिदृश्य है। तनाव पैदा करता है। अस्पताल के अन्दर की राम जाने। बाहर का परिदृश्य देखकर, बाहर से आया साधारण मनुष्य चकरा जाए। राजधानी, यानी शहरे दिल्ली के दो नामी गिरामी अस्पतालों के बाहर का दृश्य इतना बीमार है, कि स्वयं इस दृश्य का उपचार ज़रूरी है।

सब इस दृश्य का हिस्सा हैं। इसलिए कोई भी इस दृश्य के विषय में नहीं सोचता। अस्पतालों के डॉक्टर इधर से नहीं निकलते। यह बीमार रास्ता जैसे कि सिर्फ़ बीमार लोगों के लिए हो।

सभी बसें 'स्टार्ट मुद्रा' में खड़ी थीं। ड्राइवर, बसों को स्टार्ट रखते आईने में जो कि ऐन बस की छत के पास होता था, अपनी साँवली, डरावनी शक्ल देखते। मुद्राएँ बनाते। बस स्टार्ट रहती।

❑❑

वह जेजे कॉलोनी नाँगलोई की बस थी। स्टार्ट थी। स्टार्ट हो चुकी बसें जुगाली करती प्रतीत होती थीं।

रचना का किरदार इस बस में पिछले दस मिनट से बैठा था। दस मिनट से बस तीन गज़ सरकी थी। इन दस मिनटों में दहाड़ते हुए टु-इन-वन ने पाँच गाने फेंके थे। सभी गाने स्थूल थे। एक गाने में रहस्यवाद था। आखिर चोली के पीछे है क्या? ड्राइवर-कण्डक्टर इस रहस्य को सुलझाने की कोशिश में, कामुक नज़र आने लगे थे।

हर बार ऐसा लगता कि बस चल पड़ेगी। हर बार एक फुट चलती। 'स्टिल' की मुद्रा में आ जाती। ड्राइवर स्टीरिंग पर अपने हाथ रखे रखता। स्टीरिंग को वह ढोलक की तरह बजाने लगता। हाथों की हल्की-सी थाप। और इधर कण्डक्टर की सीटी। बस चलती।...बस रुकती। चलना रुकना जैसे जश्न हो....सवारियों का तनाव, ड्राइवर-कण्डक्टर के लिए 'मजे' की तरह था।

इस बीच दो नारियल के 'पीस' बेचनेवाले, दो लड़के सस्ते पेन बेचनेवाले और एक कम्पनी की मशहूरी के लिए पेचकस का सेट पाँच रुपए में बेच गया था।

इस बीच दो लड़कियाँ आईं और वे दोनों ड्राइवर की सीट के सामने वाली लम्बी सीट पर बैठ गईं थीं ड्राइवर को उनका आना अच्छा लगा था। वह मुस्कराया। वे मुस्कराई। दोनों लड़कियाँ, उस ड्राइवर के मिज़ाज, लहजे, तेवर, सोच, और ख़ित्ते के लिहाज़ से मेल खाती थीं। रंगत में ड्राइवर आबनूसी किस्म का था तो लड़कियाँ साँवली।

ड्राइवर ने उन लड़कियों के आने की खुशी में अपनी कमीज़ उतार दी थी। उसने बाज़ू की मछलियों को फड़काया। लड़कियाँ मुस्कराईं। मुस्कराने में प्रशंसा का भाव था। लड़के के चेहरे पर गर्व की अनुभूति थी। उसने लड़कियों के आने की खुशी में कैसेट बदल दी थी। पंजाबी पॉप दहाड़ने लगा। पंजाबी पॉप ने इन दिनों प्रेम की सूक्ष्म अनुभूति को स्थूल-इश्क में बदल दिया है। और दिल है कि

टोटे-टोटे होने लगा है।

ड्राइवर ने अपने बाजू की मछलियों को फड़काते हुए पिछले दिनों घटित चाकूबाज़ी की वारदातों का विस्तार सहित, चटखारे लेकर वर्णन कर रहा था। लड़कियों ने उसे शहीदाना अन्दाज़ में देखा था और उसने तीन बार आँख मारी थी। लड़कियाँ मुस्कराई थीं। शरमाने का नाटक किया था।

बस में सिटिंग फुल हो चुकी थी। बैठे हुए लोग उक्ता चुके थे। अपनी सीटों पर बैठे-बैठे कसमसा रहे थे। बोल रहे थे, "अरे चलाओ भई!" चलाओ अब तो।"

ड्राइवर अपनी मस्ती में था। कण्डक्टर ने बोलने वाली सवारियों को धमकाते हुए कहा था, "शराफ़त से बैठे रहो। जल्दी है तो उतर लो।...जी करेगा, तब चलाएँगे।

बस चली। रफ़्तार पकड़ी बस ने। बस इतनी तेज़ चली कि ऐसा लगा, बस अपनी भूमिका भूल गई है और हवाई जहाज़ बन गई है।

धप्प की आवाज़ उभरी। कण्डक्टर ज़ोर से चिल्लाया, "शमशेरे...अबे ओ शेरे! गाड़ी रोक!...सवारी आ रही है।"

बस अभी सफ़दरजंग इमजेंसी गेट के पास ही पहुँची थी। बस झटके से रुकी। इस बीच रेड लाइट हो गई। ड्राइवर कण्डक्टर में थोड़ा 'मीठा-सा' तकरार हो गया। दोनों ने एक-दूसरे को माँ-बहन की गालियाँ दीं

इस बीच ग्याहर-बारह साल का लड़का अपनी बीमार और बूढ़ी माँ के साथ भागता-हाँफता, बदहवास-सा आया। इसी अवस्था, या इससे ख़राब अवस्था में उसकी माँ थी, बस के डण्डे को पकड़कर चढ़ने की कोशिश करने लगी। बस के अन्दर बैठे, उक्ताए हुए लोग, बीमार औरत को चढ़ता देखते रहे। वह चढ़ नहीं पा रही थी। जैसे-तैसे उसके लड़के ने उसे खींच-खाँचकर चढ़ाया। बीमार औरत चढ़ते-चढ़ते बेदम हो गई थी। बस के अन्दर किसी डण्डे को पकड़कर, दुहरी-सी होकर दम साधने लगी।...लड़का भी तब तक बस में चढ़ चुका था। वह पूरे साज़ो-सामान के साथ बड़ी मुश्किल से गिरता-पड़ता, बस में चढ़ा। वह अपनी माँ के पास, परेशान हाल खड़ा हो गया। उसके पास दो झोले, पानी की बोतल, एक पोलीथीन का बैग (पन्नी) जिसमें माँ की दवाएँ थीं, गुलूकोज़ का डिब्बा, अखबार में लिपटे, एक्सरे, तौलिया वगैरा थे। ऐसा लगता था लड़के की माँ अभी-अभी अस्पताल से डिस्चार्ज होकर आई है।

लड़का कण्डक्टर के पास जाकर बोला, "मेरी माँ बीमार है।"

"पूरी इण्डिया बीमार है।" कण्डक्टर ने बेरुखी से कहा। फिर लड़के की ओर देखते हुए बोला, "बीस रुपए लिकाड़।"

लड़का कण्डक्टर को देखता रहा। जैसे टिकट में कुछ रियायत लेना चाहता

हो।

"चार नम्बर जाएगा न!" कण्डक्टर ने हड़काते हुए लहजे में कहा।

"हाँ!" लड़के ने हाँ में सिर हिलाया।

"बीस तकाजा कर ले। दस-दस के दो टिकट!" कण्डक्टर के लहज़े में कोई परिवर्तन नहीं आया था।

लड़के ने जेब से बीस का मुड़ा-तुड़ा फटा हुआ-सा नोट निकाला। कण्डक्टर की तरफ बढ़ाया। कण्डक्टर ने नोट देखा। उलटा-पुलटा। बोला, "चूतिया समझ रखा है क्या? फटा हुआ नोट दे रहा है। दूसरा दे नोट!..ये नीं चलेगा।"

"दूसरा।" लड़का अपनी जेब टटोलते हुए बोला,"और नहीं है। माँ कसम!" उसकी आवाज़ में सहमापन था। माँ की कसम खाते हुए उसे माँ की याद आई। उसने पलटकर देखा। माँ खाँस रही थी। खाँसती जा रही थी। उसकी खाँसी छूटती तो ऐसा ही होता था। खाँसी छूटती तो पूरे आवेग से छूटती।

लड़के की माँ जहाँ खड़ी थी। उसके पास सीट पर एक जेंटलमैन बैठा था। बिज़नेस इण्डिया पढ़ रहा था। उसके कपड़े उसकी अभिजात्यता की प्रस्तुति थे। वह स्वयं गोरा-चिट्टा खूबसूरत था। जब से लड़के की बीमार माँ उसके पास आकर खड़ी हुई थी। वह असुविधा महसूस करने लगा था। और अब, जब से बीमार औरत ने खाँसना शुरू किया था, वह घबरा उठा था। विचलित हो रहा था। सोच रहा था कि ऐसी खाँसी टी.बी. के मरीज़ की होती है।...दमे के मरीज़ की होती है...कैंसर के मरीज़ की होती हैं...इंफ़ेक्शन हो सकता है। इस विचार पर वह सतर्क हो गया। उसने मुँह फेर लिया। मुँह पर रुमाल रख लिया। गोल्डन फ्रेमवाला, रेबैन का चश्मा, नाक पर चढ़ाकर फिर बिज़नेस इण्डिया पढ़ने लगा।

किरदार ने बीमार औरत को हाँफते खाँसते देखा। उसने बूढ़ी, बीमार औरत के लिए सीट खाली कर दी। बीमार औरत बैठ गई। अभिजात व्यक्ति ने राहत की साँस ली। बीमार माँ के लड़के ने बस के आख़िर में रखा सामान माँ के पास रख दिया।

बीमार औरत की खाँसी थम गई थी। लेकिन थकान, कमज़ोरी और बदन दर्द से वह बहुत परेशान नज़र आती थी। लड़का माँ की हालत से परिचित था। माँ की दशा देखकर मन-ही-मन वह घबराया हुआ था। वह अपनी माँ के पास खड़ा, माँ के कन्धे को दबा रहा था। माँ दर्द से परेशान थी। कराह रही थी।

इस बीच कण्डक्टर ने दो, दस-दस के टिकट लड़के को दिए। लड़के ने मन मारकर टिकटें जेब में रख लीं। खड़े-खड़े कुछ देर बाक़ी बचे पैसों का मीज़ान लगाता रहा। उसने जान-बूझकर पचास का नोट और एक दस का नोट दूसरे जेब में रख लिए थे। फटा हुआ बीस का नोट निकाल गया था, इस बात की तसल्ली हुई

थी लड़के को। लेकिन टिकटों पर बीस रुपए ख़र्च करके वह अफ़सोस की मुद्रा में खड़ा था। लेकिन इस अफ़सोस से ज़्यादा उसे अपनी माँ की चिन्ता थी। वह बार-बार अपनी माँ को देखता। उसका हाल पूछ लेता। "कुछ खाएगी?" या कुछ पीएगी? जैसे प्रश्न करके माँ को हौसला देता। बस झटके से रुकती। झटके से चलती। ओवरटेक करते हुए, ड्राइवर बस को ऐसे घुमाता कि बस हिचकोला खा जाती। इस हिचकोले पर भी माँ कराह उठती। लड़का घबरा जाता।

कण्डक्टर के साथ उसके तीन टपोरी किस्म के लड़के बैठे थे। जो निरन्तर बोल रहे थे। हँस रहे थे। बीड़ियाँ फूँक रहे थे। बस रुकवानी होती तो कण्डक्टर के साथ वे तीन भी ऊँची आवाज़ में बोलते। उनमें से एक मुँह में उँगलियाँ डालकर सीटी बजाता। सीटी की तीखी आवाज़ पर बस की सवारियाँ चौंक पड़तीं।

बीमार औरत का लड़का खड़ा हुआ था। मन-ही-मन वह चाहता था कि उसे सीट मिट जाए। वह खुद थका हुआ और शिथिल प्रतीत होता था। उद्विग्न और व्याकुल लगता था। वह दुबला-पतला, उनींदा-सा नज़र आता था। ऐसा भी लगता था जैसे उसका जूता उसके पाँव में चूभ रहा है। वह एक पाँव रखता तो दूसरा उठा लेता। दूसरा रखता तो पहला उठा लेता। लड़का अपनी स्थिति से लाचार और दुःखी था। माँ की बिगड़ी हुई हालात से चिन्तित! उसने एक बार होले से कहा था, मेरी माँ बीमार है। लेकिन लड़के की आवाज़ की तरफ किसी ने भी ध्यान नहीं दिया था।

मोती बाग के स्टाप पर बस रुकी। सवारियाँ चढ़ीं। एक लड़के ने कहा, "स्टाफ!" 'स्टाफ' प्रतीकात्मक शब्द था। जिसका मतलब कुल मिलाकर यह था कि वह टिकट नहीं लेगा। तीनों टपोरी खड़े हो गए। वे इस मुद्रा में खड़े हुए कि 'स्टाफ' कहने वाले लड़के के साथ अगर चाकूबाजी न भी हुई तो घूंसेबाज़ी ज़रूर हो जाएगी।

लड़के ने ज़रा से तकरार के बाद हथियार डाल दिए। टिकट ले ली। फ़साद टला। तीनों टपोरी कण्डक्टर को घेरकर बैठ गए। एक खड़ा रहा। बस चलती रही।

लड़के की बीमार माँ ने पानी-पीने की इच्छा ज़ाहिर की। लड़के ने मिल्टन की बोतल उठाई। हिलाकर देखा। खाली थी। कण्डक्टर से बड़ी आज़िज़ी से बोला, "माँ के लिए पानी लाना है।" तब तक धौला कुआँ का स्टाप आ चुका था। कण्डक्टर ने दयाभाव दिखाते हुए कहा, "जा मर! जल्दी आइयो।"

लड़के के उतरने सवारियों के चढ़ने के बीच थोड़ी हरकत, थोड़ी धींगा मुश्ती थोड़ी चखचख हुई। लड़का स्टील का खाली गिलास और पचास का सिक्कां हाथ में लिए, बस से नीचे उतर गया। पानी वाली रेहड़ी से पानी लिया। पचास का सिक्का रेहड़ी पर फेंककर पलटा। बस की ओर भागा। लेकिन जब तक लड़का

बस का हैण्डिल पकड़ता, बस चल पड़ी। एक हाथ में पानी का भरा गिलास, दूसरे हाथ से बस का हैण्डिल पकड़ने की कोशिश, पैरों में चुभता जूता। शोर मचाता कण्डक्टर-भाग! साले भाग, तेज़ भाग। खिलखिलाते चम्पू। घबराती हुई माँ। बीमार आवाज़ में बोलती हुई, "बस रोको भइया!...अरे बस रोको!"

बस रुकी! लड़का बस में चढ़ा। भीड़ को पार करता माँ तक पहुँचा। माँ की आँखों में आँसू अटके हुए थे। लड़का पानी का आधा गिलास दिखाते हुए माँ से बोला, "येई रै गया है" माँ पानी पीने लगी तो लड़के ने उसे रोककर पानी में गुलुकोज़ मिला दिया।

बस के एक कोने में किरदार खड़ा था। उसके आगे, उसके आसपास बहुत सारे लोग खड़े थे। उसे मालूम नहीं हो पा रहा था कि क्या-क्या हो रहा है? सवारियाँ आँखों देखा हाल प्रस्तुत कर रही थीं। और अपनी-अपनी तरह की टिप्पणियाँ भी।

धौला कुआँ से बस बरार स्केयर तक फर्राटे से चली हिचकोले खाती, धुआँ निकालती, हार्न बजाती...।

लड़के की माँ ने जैसे-तैसे पानी पीया। गिलास लड़के को दिया। लड़के ने गिलास झोले में रखते हुए माँ को देखा। महसूस किया कि माँ की तबियत बिगड़ रही है। लड़का माँ को देखे जा रहा था। माँ हिचकियाँ ले रही थी। एक हिचकी के साथ, लड़के की माँ ने उल्टी कर दी। बिल्कुल अपनी सीट के आगे। गुलुकोज वाला पानी निकला और फिर बाकी खाया-पिया। माँ निढ़ाल हो गई। लड़का घबरा गया। डर गया। वह माँ की बिगड़ी हुई हालत को देख रहा था और उल्टी को भी। दोनों बातें उसे परेशान कर रही थीं।

बस में खड़े हुए, बैठे हुए लोगों को खराब लगा। उन्होंने मुँह बिचकाए। छितर गए। दूर जा खड़े हुए फिर अपने-अपने कमेंट्स दिए। फिर सबने कहा, "गन्दे लोग!"

कुछ लोग समझदारी का सबूत देने लगे। उन्होंने जेब में तहकर रखे गए रुमाल निकाले। नाक पर रख लिए।

बस में एक हादसा हो गया था। ड्राइवर शमशेर और कण्डक्टर जगतार की बस में हादसा हो गया था। एक बूढ़ी बीमार औरत ने बस के अन्दर उल्टी कर दी थी।

कण्डक्टर अपनी सीट से उठा। टपोरी भी उठ खड़े हुए। कण्डक्टर गुस्से में आ चुका था। अपनी सीट के पास खड़े होकर गरजा, "साले, नास कर दिया बस का।...कमीन के बीज! जित बैठेंगे, उत हगना-मूतना शुरू!...उल्लू के पट्ठे तेरी माँ बिमार थी वो मत न चढ़ाया होता।...रूट खराब कर दिया म्हारा! कौन चढ़ेगा म्हारी बस में ईब?"

"मिट्टी डाल देता हूँ इस पर।" लड़के ने धीरे से, सहमी हुई आवाज़ में कहा।

लड़के की बात को अनसुना करते हुए, कण्डक्टर के साथ खड़ा, कण्डक्टर का चम्पू बूढ़ी बीमार औरत के कन्धे को झकझोरते हुए बोला, "बाहर मूं करके उल्टी नी कर सकती थी तूं?"

उसने बूढ़ी बीमार औरत को झकझोरा तो वह एक तरफ लुढ़क-सी गई। लड़का पलभर देखता रहा। चम्पू का माँ को झकझोरना और माँ का लुड़कना। बस यही वक़्त था। अप्रत्याशित। अनहोनी। लड़का कण्डक्टर के चम्पू से भिड़ गया। गुत्थम-गुत्था हो गया। चम्पू एक पल को तो समझ ही नहीं पाया था कि यह पिद्दी ऐसा भी कर सकता है। एक पल बाद वह सँभला उसने लड़के को अपने कब्ज़े में किया। कण्डक्टर के तीनों टपोरी, गुण्डा टाइप लड़के थे। लड़ना झगड़ना, मार-पीट सब जानते थे। ऐसे पिद्द को काबू करना उसे ज़रा-सा मुश्किल नहीं लगा था। लेकिन इस लड़को को अलग करके, टपोरी इतने गुस्से में आ गया था कि उसने ज़ोरदार थप्पड़ लड़के के मुँह पर मारा। लड़का चक्कर खाकर बस की सवारियों पर जा गिरा। जैसे-तैसे उठा। वह रो रहा था। उसकी माँ कराह रही थी। सवारियाँ ख़ामोश थीं।

किरदार पीछे खड़ा था। उसे स्थिति का पता चला। वह थोड़ा आगे आ गया।

कण्डक्टर इत्मीनान से खड़ा था। उसका एक चम्पू उसे समझा रहा था, "उस्ताज़, उतार फेंक सालों को...देक नीरा बुढ़िया की हालत सीरेस है। मर-मरा गई तो बस थाने में बन्द हो जाएगी।"

दूसरा बोला, "उस्ताज़ सीटी मार! रुकवा दे बस! बोल दे शमशेरे को।...बीमार सवारी नीं चाइएँ।...टोटा कोन्या सवारियों का।"

बस माया पुरी चौक से निकल चुकी थी। राजा गार्डन का स्टाप दूर था। ड्राइवर ने गाड़ी एक साइड में जाकर रोक दी।

"नीचे उतर।" कण्डक्टर बोला।

"नई उतरता।...टिकट ले रखी है।" लड़का सहमी हुई आवाज़ में बोला।

"सराफ़त से कै रे हैं। उठा अपनी माँ को। टेम जाया मत कर। म्हारा भेजा खराब हो गया तो समझ ले बस...।"

"मैंने टिकट ले रखी हैं।"

"टिकट की बत्ती बणा ले। नीचे उतार।" टपोरी बोला

किरदार ने बीच बचाव करने की कोशिश की। एक टपोरी आँखें तरेरकर बोला, "म्हारा आपसी मामला है।...और ये देक...।" टपोरी ने बड़ा-सा चाकू निकाला। फिर जेब में रख लिया। फिर कहा, "रामपुरिया का मूँ बन्द है। खैर मना। मूँ खुल जाए तो खलास!"

इस तकरार में एक अन्य घटना घट गई। कण्डक्टर ने लड़के की माँ के पास रखा सामान, बस से बाहर सड़क पर फेंक दिया। लड़का अपना सामान उठाने बस के नीचे उतरा-झटपट! वह उतरा तो कण्डक्टर के साथ खड़े दो चम्पुओं ने लड़के की माँ को गठड़ी की तरह उठाया। नीचे जाकर बिठा दिया। दोनों झटपट बस में चढ़े। सीटी दी। बस चलने को हुई। किरदार टपोरी को छोड़कर नीचे उतर गया। चखचख व्यर्थ थी। जिनके लिए तकरार था, उन्हें नीचे उतारा जा चुका था।

लड़का खड़ा था। उसकी माँ पटरी पर बैठी थी। सामान पड़ा था। बिखरा-बिखरा-सा।

धूप थी। बेबसी का आलम था। अपमानित होने का अवसाद था। ग़रीबी का मलाल था। कुछ न कर पाने की हताशा थी। दोनों माँ-बेटा ग़मज़दा थे। मायूस। शिथिल। असहाय। अकबकाय। रूआँसा।

माँ की आँखों में आँसू तैर रहे थे। वह आँसू पोंछती। आँसू फिर उमड़ पड़ते। बीमारी और ग़रीबी आदमी को कमज़ोर बना देती हैं। लड़का माँ के पास जाकर बोला, "रो नई माँ और कई सारी बसें हैं।" इतना कहकर वह बस स्टाप को देखने लगा। उसे पीठ में दर्द महसूस हुआ। थप्पड़ खाने और सवारियों पर लुड़कने से, पता नहीं कहाँ-कहाँ चोट लगी। अपने हाथ से पीठ को सहलाने की कोशिश की।

तभी उसके कन्धे पर किसी ने हाथ रखा। लड़का चौंक गया। पलटकर देखा। किरदार खड़ा था। इसी आदमी को लड़के ने बस में भी देखा था। लड़का किरदार को देखता रहा। किरदार ने कहा, "बहादुर बच्चे हो।...ऐसे शहर में बहादुरी बहुत ज़रूरी है।"

लड़के की आँखें छलक पड़ीं। अब तक उसने अपने आप पर काबू कर रखा था। किरदार ने उसकी पीठ थपथपाई। लड़के को सारा दृश्य एक बार फिर याद आ गया। भर्राई आवाज़ में बोला, "मेरा बस चलता तो कण्डक्टर के बच्चे की खाल उधेड़ देता।"

लड़का गहरे विषाद में था। कुछ न कर पाने की हताशा उसके चेहरे पर नज़र आती थी।

"तुम में बहुत हौसला है।" किरदार ने कहा।

"लड़के ने किरदार को सवालिया नज़र से देखा। उसकी आँखें अब भी भीगी हुई थीं।

"तुमने लड़ने की कोशिश की। चार लोगों से अकेले भिड़ना कोई मामूली बात नहीं।"

"उन लोगों ने मेरी माँ की बेइज़्ज़ती की थी।"

"हाँ, कोई भी हिम्मतवाला बच्चा अपनी माँ की बेइज़्ज़ती सहन नहीं कर

सकता।...मैं तुम्हें शाबासी देता हूँ।" किरदार ने कहा। लड़के की आँखों में फिर पानी तैर गया। किरदार ने उसे गले से लगाया।

वे बस स्टाप तक आए। वही ब्ल्यू लाइन बस। माँ बेटा उस बस में चढ़े। कुछ विचार करने के बाद किरदार भी उस बस में चढ़ गया। बस भरी हुई थी।

कण्डक्टर लेडीज सीट खाली करते हुए बोला, "सरम नीं आती। बुजरग बीरबानी खड़ी है। तू बैठा है मजे में। उठ ले।"

बीमार बूढ़ी औरत बैठ गई।

लड़के ने दो-दो के दो टिकट लिए। बेशक टिकट पाँच-पाँच था। कण्डक्टर जानता था। चुप रहा। बस फर्राटे से चली। राजा गार्डन, ई.एस.आई. डिस्पेंसरी पंजाबी बाग पीरागढ़ी के बाद चार नम्बर। दोनों उतरे। चले गए।

❑❑

चार नम्बर! नाँगलोई। जैसी शक्ल सूरत वाली जे.जे. कॉलोनी! पच्चीस-पच्चीस गज़ में बने मकान। मकानों में ढेर सारे प्राणी, बच्चे, बड़े, माँ-बाप, अशिक्षा, दुर्दशा। ग़रीब का अभिशाप।

किरदार जहाँ खड़ा था वह मेन रोड था। सामने डी.टी.सी. का डिपो। इधर, ढाबे। टी-स्टाल। दूकानें..दूर तक शोरोशर। ग़र्दो-गुबार। एक-दूसरे से टकराती आवाज़ें, आवाज़ें इतनी ज़्यादा कि पूरी कॉलोनी, आवाज़ों का जंगल प्रतीत होती। ग़र्द के बगूले उठते। शोर को अपने में जज़्ब कर लेते।

डिपो से थोड़ी दूर तूड़े से भरी ऊँट गाड़ियाँ खड़ी थीं। ऊँट और बैल खुले खड़े, चारा खा रहे थे। थोड़ी दूर, एक तूड़े से भरा ट्रैक्टर उलट गया था। सड़क पर तूड़ा फैल गया था। यातायात अवरुद्ध हो गया था। वाहनों की कतारें। वाहनों के हार्न वाहनों का धुआँ। वाहनों के जल्दी निलकलने का कम्पीटीशन।...कोहराम-सा मच गया था।

रुक रुककर हवा चलती। ग़र्द और धुएँ के साथ-साथ, सड़क पर फैले तूड़े के तिनके भी उड़ते। चेहरे पर चिपकते। आँखों में चुभते।

इसके बावजूद सब अपने-अपने धन्धे में व्यस्त थे। जैसे ग़र्द सामान्य हो। जैसे तूड़े से भरे ट्रैक्टर का उलट जाना भी सामान्य घटना हों। जैसे शोर भी सामान्य जीवन का हिस्सा हो। असामान्य था सब! लेकिन जीवन में इतना रच-पच गया था कि सब सामान्य हो गया था।

एक छोटा-सा टैंट गढ़ा था। वहाँ से निरन्तर आवाज़ें आ रही थीं। आवाज़ें टेप की हुई थीं। टेप रिकार्डर से निकल रही थी। खानदानी हकीम का टैण्ट था यह। या कहा जाए कि दवाखाना। टैण्ट के बाहर जड़ी-बूटियों की थैलियाँ, कतारबद्ध

रखी थीं। शीशियाँ थीं। खरल था। पुड़ियाँ थीं। इन सबके बीच स्वयं हकीम साहब विराजमान थे। उसके कान में मुकरियाँ। आँख में अंजन। मुँह लाल। रंग साँवला था। उसके सिर पर बड़ा-सा पग्गड़ था। घनी काली मूँछें थीं। टेप की हुई आवाज़ों को रिकार्डर उगल रहा था—शर्तिया इलाज!...हर बीमारी की जड़ी-बूटियों से शर्तिया इलाज!...दमा, बाय, गैस, गठिया, वात खाँसी, कैंसर, लुकेनिया, लुकेमिया...धात, नामर्दी शीघ्र पतन...स्वप्नदोष...जैसी बीमारियों का इलाज गारण्टी के साथ होता है। सादा कोर्स दो महीने...डीलेक्स कोर्स बीस दिन..कीमत...।"

किरदार अचकचाया खड़ा था। उसे कुछ समझ नहीं आ रहा था कि क्या करे? कहाँ जाए? शोर, ग़र्द, तूड़ा...आवाज़ें। बसें, हार्न, लोग।...दिमाग चकरा गया था उसका।

सामने एक छोटा-सा टेण्ट था—बहुत छोटा। टेम्परेरी मन्दिर! माता की तस्वीर, धूप, अगरबत्ती। लाल कपड़े, फूल, माला और लाउडस्पीकर!...माँ भगवती का जागरण था जो पन्द्रह दिन बाद होना था। लेकिन लाउडस्पीकर पर माँ राणी की भेंटें अभी से जारी थीं। एक थाली रखी थी जिसमें चिल्लर था। नोट थे। यानी जागरण के लिए दान/चन्दा इस थाली में डालें श्रद्धालुगण!

खानदानी दवाखाने का लाउडस्पीकर और माँ की भेंटों को वातावरण में मिश्रित करता लाउडस्पीकर—दोनों में कम्पीटीशन हो जैसे। या फिर दोनों में दोस्ती हो कि मिलकर इस कॉलोनी का जीना हराम करेंगे।

खानदानी दवाखाना के पचास गज़ के फासले पर एक और दूकान थी। नहीं, दूकान नहीं क्लीनिक था। वहाँ भी नामर्दी, स्वप्नदोष, घात, शीघ्रपतन के अतिरिक्त, बिना औलादवालों को औलाद देने की गारण्टी शुदा ईलाज था। निल (शून्य) कीटाणू (शुक्राणु नहीं) पैदा करने की भी यहाँ 'दवा' उपलब्ध थी। ईलाज भी तीन तरह का था—सामान्य, डीलक्स, लक्ज़री।

किरदार भौंचक था। हैरान था। सोच रहा था—क्या यह भी दिल्ली का हिस्सा है?

मीट की तीन दूकानें थीं। बकरों की टाँगें और चिकन टँगे हुए थे। जैसे कलैण्डर टँगे हों।...मीट की इन दूकानों के साथ कलेजी और सींक कबाब की शॉप थी, जो अभी बन्द थी। दो ढाबे थे। ढाबे के अन्दर भी लोग बैठे थे और बाहर भी टेबलें, कुर्सियाँ बिछी थीं। उनके साथ गहरी नाली थी। उसके ऊपर फट्टे रख दिए गए थे। लेकिन नाली की बदबू, नाली के होने का ऐलान थी।

यहाँ शराब पीना मना है—ऐसा 'स्लोगन' दोनों ढाबों पर लिखा था। लेकिन शराब पीकर बैठना और खाना मना नहीं था। अभी दिन का वक़्त था—लंच के आसपास! लोगों ने 'पीनी' शुरू दी थी।

ढाबों के कुछ फासले पर पेशाब घर था। पेशाबघर में बदबू थी जो ढाबों तक चलकर नहीं तो हवा के साथ उड़कर ज़रूर आती थी। पेशाबघर में एक टूटी थी। टूटी तो गायब थी। पाइप से पानी बह रहा था। पानी, पेशाबघर की सफेद टाइलों से होकर, नीचे पेशाबघर की नाली में जा रहा था। पेशाबघर की दीवारों पर इश्तहार थे। इश्तहारों में गुप्त रोगों की लम्बी फेहरिस्त थी और उनके ईलाज का शर्तिया ऐलान था।

लोग समझदार थे। विवशताएँ मनुष्य को समझदार बना देती हैं। विकल्प मुहैया कराती हैं। जुगाड़ उपलब्ध कराती हैं।

ढाबे से जस्ती का गिलास उठाते। पेशाबघर में पाइप से बहते पानी को गिलास में भरते। इस अन्दाज़ और इस सावधानी से भरते कि उसमें शराब मिलाने की गुंजाइश बनी रही। अण्टी में फँसा पव्वा निकालते। इस बीच, पेंट की ज़िप खोलते। पेशाबघर में पेशाब करते और दारू पीते लोग!...दृश्य अद्भुत था।...एक जाता। फिर दूसरा...फिर तीसरा। वे जितनी देर में पेशाब करते। उतनी देर में दारू गटक लेते। ज़िप बन्द करते। खाली गिलास के साथ और खाली पव्वे के साथ ढाबे की तरफ लौटते। बीच में गहरी नाली पड़ती। पव्वा उसमें फेंकते। वैसे ढाबेवाले ने पव्वा फेंकने की एक माकूल जगह तय कर रखी थी। सौ-पचास पव्वे से भी दस-बीस की दिहाड़ी बन जाती। ढाबा तो अपनी गति से चलता रहता था।

पेशाब घर और ढाबों के बीच, बर्फ का डिपो था। पटरी पर बर्फ़ की सिल्लियाँ और उनपर लिपटे टाट! दारूबाज़, पेशाब में जाने से पहले, पचास पैसे की बर्फ ले लेते। गिलास में डालते। फिर पानी शराब!

इस मंज़र को हैरानकुन नज़रों से किरदार देख रहा था।

जहाँ बाज़ार ख़त्म होता था, वहाँ से कॉलोनी शुरू होती। संकरी गलियाँ। डेढ़-दो कमरोंवाले छोटे-छोटे घर। गलियों में बैठी औरतें। बतियाती। झगड़ती। नंग-धड़ंग घूमते छोटे बच्चे। जुओं से भरे सिर को खुजाते। खेलते।...स्वछन्द घूमते सुअर। मुर्गियाँ। कुत्ते।...जगह-जगह कूड़े का ढेर। अजीब-सी गन्ध! खरोड़े और बकरों के सिरों को भूने जाने से उठती गन्ध। बालों के जलने और माँस के सड़ने की गन्ध!...जगह-जगह उड़ते पोलीथीन जलते हुए पोलीथीन। गँधाता धुआँ। निश्चिन्त लोग!

किरदार फिर ढाबों को देखने लगा था। भिनकती मक्खियाँ। मेज़ों पर मक्खियाँ। कुर्सियों पर मक्खियाँ। छोकरों के पोचों में लिपटी मक्खियाँ। सब्ज़ी की प्लेटों और थाली पर मक्खियाँ।...मस्ती में खाते। ऊँचा बोलते लोग। नशे में बहक! बहक में आकर ख़ुद को बादशाह समझते और पूरी दुनिया को अपनी जेब में रखते लोग!

पूरा मंजर व्यस्त था। पेशाब घर व्यस्त था। लोग व्यस्त थे। जड़ी-बूटी से इलाज करनेवाला ख़ानदानी दवाखाना व्यस्त था। ढाबे व्यस्त थे।...छोकरे व्यस्त थे। सभी व्यस्त थे। बस्ती अस्तव्यस्त थी—इतने व्यस्त थे सभी!

सड़क पर फैले तूड़े को तीन मज़दूर बोरों में भर रहे थे। तूड़ा दूर-दूर तक फैल गया था। तिनके बता रहे थे कि उनकी भी हैसियत है। हवा उनसे खेल रही थी। या फिर उन्हें मनुष्य के जीवन में हस्तक्षेप करने के खेल सिखा रही थी।...एक संकेत यह भी था कि हर शख़्स की औक़ात तिनके जैसी है। मृत्यु उड़ाकर ले जाएगी, पता भी नहीं चलेगा।...लेकिन ज़िन्दा इन्सान मृत्यु के विषय में बहुत कम सोचते हैं। या तब सोचते हैं जब किसी अपने के शव को कन्धा दे रहे हों।

जहाँ ढाबे थे उससे कुछ दूर एक नीम का घना, उम्रदराज़ दरख़्त था। उसके नीचे एक चबूतरा था। चबूतरे पर मोची बैठा था। पुराने जूते गाँठते-गाँठते, वह खुद भी पुराने, फटे हुए जूते जैसा नज़र आता था।

किरदार मोची के पास चबूतरे पर जा बैठा। मोची ने उसे हैरान नज़रों से देखा। नए जूते पहनकर कोई मोची के पास जा बैठे, मोची तो हैरान होगा ही।

दोनों कुछ देर चुप बैठे रहे। मोची से रहा न गया। पूछा लिया, "कोई तुरपाई वगैरा कराणी थी क्या?"

"चाक गिरेबाँ सीते हो?" किरदार ने पूछा।

"मसखरी करणें निकले हो सेठ!" मोची ने फीकी हँसी हँसकर कहा।

"नहीं भाई, मसखरी नहीं।...इस शहर में घूमते हुए बल्कि यूँ कहूँ कि भटकते हुए ऐसा लगता है जैसे दिल चिर-सा गया हो।"

"सेठ! लोग इस शहर में भागे चले आते हैं। ये शहर तो अपने, नए मिज़ाज का शहर है। बाहर के लोगों को रास नहीं आता तो गालियाँ देते हैं।...मुझे देख सेठ!...बाप इसी चबूतरे पर बैठकर जूतियाँ गाँठता था। वो मर गया। अब मैं येई काम कर रहा हूँ।...मेरा इस शहर से रिश्ता?" वह फीकी हँसी हँसा। किरदार को देखते हुए बोला, "न शहर से कोई रिश्ता बन सका न लोगों से।" उसने गहरी साँस लेकर कहा, "रिश्ता बना लोगों के फटे हुए जूतों से।...गालियाँ दूँ तो किसे दूँ?"

सेण्डिल में कील ठोंककर उसे पेटी के ऊपर रखते हुए वह कहीं अतीत में खो गया। किरदार उसकी तरफ देखता रहा। फिर किरदार की नज़र मोची के हाथ पर गड़ गई। मोटी-काली उँगलियाँ। जगह-जगह कटी हुई। फटी हुई। हाथ में दरारें। हथेली पर सैंकड़ों काली, अमिट लकीरें।...किरदार सोचने लगा—कम्बख़्त ने हज़ारों फटे हुए जूतों की तुरपाई की, अपनी फटी हुई उँगलियों की सिलाई भूल गया।...मोची के कपड़े भी, मोची की उँगलियों की तरह थे। बेतरतीब। अधफटे। चिथड़े।

मैले।...वह भारी भरकम शरीर था। सिर के बाल उड़े हुए। कान में बीड़ी को ऐसे रखा हुआ था उसने जैसे स्कूल में पुराने ज़माने के मास्टर पेंसिल रखा करते थे।...मोची का रंग काला था। चेहरा गोल-मटोल। गाल लटके हुए। आवाज़ भारी। खुरदरी।

अतीत से वर्तमान में लौटते हुए मोची ने गहरी साँस ली। दूर, निगाह डालते हुए बोला, "जब मैंने यहाँ बैठना शुरू किया था न, तो यहाँ, आसपास कुछ भी नहीं था। फिर भी लगता था बहुत कुछ है।...बेचैनी नहीं थी।...खुला-खुला, खाली-खाली था सब!...दूर तक खाली मैदान!...लेकिन फिर भी दिल वीरान नहीं होता था।...अब देखो तो। कितना कुछ है। लेकिन सब बेगाना।...दिल है कि वीरान!"

"मुझे एक रात बसर करनी है। कोई माकूल ठौर-ठिकाना मिल जाए तो?" किरदार ने सकुचाते हुए कहा।

"ज़माने के ऐसे रंग उभरे हैं कि दिल किसी पर ऐतबार नहीं करता।...लेकिन बिना ऐतबार किए कोई जी भी कैसे सकता है?...तू रात को मेरे ठीये पे आ जाइयो।...गली नम्बर तीन...मकान नम्बर चार सौ अट्ठाइस!...घूम फिर ले अभी।...पूरा दिन पड़ा है।...यहाँ, चबूतरे पे बैठना चाहे तो तेरी मरजी।" मोची ने कहा।

किरदार ने उसका शुक्रिया अदा करते हुए कहा कि वह रात को उसके घर आ जाएगा। इतना कहकर वह चबूतरे से उठा और चल पड़ा। मोची मन ही मन मुस्कराया। किरदार को जाते देखता रहा फिर सेण्डिल की मरम्मत में जुट गया।

किरदार बस स्टॉप के पास से गुज़रा। भीड़ देखकर ठिठक गया। भीड़ में कई सारी, बेतरतीब, गुस्सैल, ऊँची, खरखरी आवाज़ें सुनाई दे रही थीं—"मार देंगे।...काट के फेंक देंगे।" तीन जेबकतरों ने एक आदमी को पकड़ रखा था। तीनों गुस्से में थे। वे जबड़े भींचकर बोल रहे थे। उनकी आँखें लाल, मिज़ाज गर्म और हरकतें डरावनी थीं। आदमी सहमा हुआ था। उसका कुसूर यह था कि उसने अपनी जेब कटते हुए देख ली थी और शोर मचाने लगा था। जेब कतरे उसे बस से नीचे घसीटकर ले आए थे। तीनों ने मिलकर बहुत मारा था उसे। भीड़ सिर्फ देख रही थी।

किरदार मेन रोड छोड़कर, चार नम्बर कॉलोनी के भीतर जाती सड़क पर आ गया था। कुछ युवक खड़े थे। बड़े विनीत स्वर में दान माँग रहे थे। एक भिखारी मर गया था। उसका पार्थिव शरीर पटरी पर रखा था। उसके दाह-संस्कार के लिए चन्दा इकट्ठा करना परोपकार का काम था।...सवाब का काम था। किरदार के मन में उन युवकों के प्रति कृतज्ञता के भाव उमड़ पड़े। किरदार सोचते हुए जा

रहा था कि इस शहर में अभी इन्सानियत ज़िन्दा है। मरी नहीं।

पीछे सच्चाई ने आकर किरदार के कन्धे को थपथपाया। क़िरदार चौंक गया। सच्चाई ने कहा, "तू जो सोच रहा है, वह गलत है। ये नौजवान भिखारी की लाश को रेहड़ी में डालकर ले आए हैं। लाश के ज़रिए भी धन्धा किया जा सकता है इस शहर में।...लोग धर्म भीरू हैं। ज़िन्दा आदमी के लिए कुछ दें न दें, लाश के लिए दे देंगे।...लाश का संस्कार ज़रूरी होता है।...शाम तक ये लड़के छः-सात सौ कमा लेंगे। इससे ज़्यादा भी हो सकते हैं।...कुछ पुलिसवालों को देंगे। कुछ इस भिखारी की लाश फूँकने में खर्च आएँगे। बाक़ी...शाम की पार्टी खूब जमेगी।

किरदार ने सच्चाई को हैरान नज़रों से देखा। कहा, "तू बोलती क्यों नहीं?

"झूठ मुझसे ज़्यादा ताकतवर हो गया है। कौन सुनता है मेरी?...यह मेरी विडम्बना है।...और यह मेरे जीवन का सच!" सच्चाई की आँखें भीग गईं। वह चली गई। किरदार उसे जाते देखता रहा। वह जाते-जाते लौट आई। किरदार हैरान हो गया। डर गया। सच्चाई अकेली थी। पूरा शहर हंगामों से भरा। सच्चाई अकेली। पूरा शहर झूठ के साथ। सच्चाई अकेली।...किरदार सोचने लगा—कहीं सच्चाई समर्थन माँगने तो नहीं आई?...सच्चाई की अपनी आवाज़ इतनी कमज़ोर हो गई है। कहीं ऐसा तो नहीं कि अपनी आवाज़ के साथ वह किसी और की आवाज़ मिलाना चाहती हो। कहीं वह इसलिए तो नहीं लौट आई कि वह बहुत ज़्यादा ताक़तवर हो चुके झूठ से डर गई हो।

"यूँ अचानक चले जाना मुझे अच्छा नहीं लगा।...जा रही हूँ। मुमकिन है, फिर कहीं मुलाकात हो।" सच्चाई चली गई। इस बार वह पलटकर नहीं आई। क्या जाने वह कहाँ गई हो? क्या जाने वह किसी नेता की कनीज़ बन गई हो। किसी साहुकार या सेठ की बाँदी बन गई हो।...क्या जाने वह किसी जंगल की तरफ रवाना हो गई हो।

सच्चाई का इस तरह अकेला पड़ जाना और बहुत ज़्यादा निराश हो जाना, किरदार को दुःखी कर गया था। कुछ देर वह विचारों में खोया रहा। फिर एक गली में मुड़ गया।

गली संकरी थी। मकानों का सहन नहीं था। गली, गली की तरह भी थी और सहन की तरह भी। कुछ कदम आगे जाकर किरदार ने जो दृश्य देखा तो देखता रह गया। उसका दिल धक्क रह गया। वह हतप्रभ-सा खड़ा रहा। मकान के बाहर गली में एक आदमी एक छोटी-सी बच्ची को पीट रहा था। पीटनेवाला आदमी, बच्ची का बाप था। लकड़ी ने कोई अपराध नहीं किया था। उसने बस इतना किया था कि अपनी गुल्लक छुपाकर रख दी थी। बाप की जेब में पैसे नहीं थे। उसे पैसों की ज़रूरत थी। उसे दारू की तलब लगी थी। लड़की ज़िद पर थी।

बाप अपनी ज़िद पर था। लड़की रो रही थी। सिसक रही थी। सिसकते हुए कह रही थी कि वह अपनी गुल्लक नहीं देगी। लड़की की माँ दोनों को गालियाँ दे रही थी। आस-पड़ोसवाले अपने घरों में टी.वी. देख रहे थे। लड़की का पिटना कम मनोरंजक। टी.वी. में मनोरंजन ज़्यादा था। इसलिए लोग टी.वी. देख रहे थे।

लड़की का बाप लड़की को पीटता। हाँफता। गालियाँ देता। पैसे माँगता। लड़की रोती। दहाड़ती। और इसी रोने दहाड़ने में कह देती—नहीं दूँगी। बाप का गुस्सा प्रचण्ड हो उठा था। वह लड़की का गला दबाता चला गया था। इतना ज़्यादा कि लड़की तड़फड़ाने लगी। आखिर लड़की पराजित हो गई। उसकी ज़िद टूट गई। उसने सुबकते हुए, ज़ार-ज़ार रोते हुए, गुल्लक बाप के हाथ पर रख दी। और बिस्तर पर गिरकर फूट-फूटकर रोने लगी।

बाप ने गुल्लक को फ़र्श पर पटका। रेज़गारी फैल गई। गुल्लक टूट गई। बाप ने रेज़गारी बटोरी। जेब में ठूँसी। रफ्फू-चक्कर हो गया। लड़की फूटी हुई गुल्लक को और ठीकरियों को देखती रही। रोती रही। उसकी माँ उसे गालियाँ देती रही। लोग टी.वी. देखते रहे।

एक घटना घटी। एक बच्ची की गुल्लक टूटी। एक बच्ची का दिल टूटा। एक बच्ची का छोटा-सा सपना टूटा। मासूम-सी उम्मीद टूटी।...लोग टी.वी. देखते रहे। लोग टी.वी. के विज्ञापनों में खोए रहे। बच्ची हिचकियाँ लेती रही। लोग हास्य सीरियल देखकर हँसते रहे।

शाम ढल चुकी थी। दड़बेनुमा घरों में उजाला हो चुका था। जिस बच्ची की गुल्लक को उसके बाप ने तोड़ा था, उसके मन में ज़रूर अँधेरा होगा।

घरों के नक़्शे और ग़रीबी के नक़्श, कमोबेश एक जैसे थे।

❑❑

रात काफी हो चुकी थी। उसे कॉलोनी के विषय में कोई जानकारी नहीं थी। गली नम्बर तीन में वह अन्दाज़े से प्रविष्ठ हुआ था और चार सौ अट्ठाइस नम्बर का घर ढूँढ़ रहा था। वह थोड़ा घबराया हुआ भी था कि अगर मकान न मिला तो रात कहाँ गुज़ारेगा।

किरदार ने अनुमान लगाया कि चार सौ अट्ठाइस नम्बर का मकान यही होगा। थोड़ा आगे-पीछे, इधर-उधर नज़र दौड़ा लेने के बाद और आश्वस्त होने के बाद, उसने उस मकान के दरवाज़े पर दस्तक दी।

भीतर से आवाज़ आई, "अन्दर चले आओ भाई जान! कब से तुम्हारा इन्तज़ार कर रहा हूँ।"

किरदार कुछ सोचता रहा। लेकिन असमंजस में पड़ गया। उसे यह आवाज़

कोई दूसरी आवाज़ महसूस हुई। मोची की आवाज़ तो खरखरी, भारी और खुरदरी थी।...यह आवाज़ साफ़, बा सलीका थी।

किरदार कुछ सोचता रहा। लेकिन सोचते-सोचते उसने किवाड़ को धकेल-सा दिया।

वही तो हुआ, जिसकी आशंका थी मन में। तख़्तपोश पर, कोई आदमी था जो बैठा था। मुस्करा रहा था और किरदार को बैठने के लिए कह रहा था। किरदार भौंचक खड़ा था।

आदमी अपनी रौ में बोल रहा था, "तशरीफ़ रखिए भाईजान!...आपका ही तो इन्तज़ार था।"

"मेरा इन्तज़ार?" किरदार चकित था।

"आपका इन्तज़ार!" आदमी शब्दों पर जोर देते हुए बोला।

"लेकिन मैं...।" किरदार ने अपनी स्थिति स्पष्ट करने की कोशिश करनी चाही। लेकिन आदमी किरदार की बात काटते हुए बोला, "आप...आप हैं।...ग़ैर नहीं। लेकिन शर्मसारी का बायस यह है कि आज ही घर में बोरिया न हुआ!"

किरदार दरवाज़े को पार करके, कमरे में थोड़ा अन्दर आ चुका था। आदमी अजीब लगा और उसकी बातों में गर्मजोशी थी।

"कुछ ठीक-ठीक बन्दोबस्त भी नहीं जहाँ आपको बिठाने के लिए कहूँ।" आदमी बोला।

"उसकी कोई बात नहीं।" किरदार ने कहा। इस बीच उसने कमरे का थोड़ा-सा मुआयना भी कर लिया था।

"बेशक ऐसी चीजों से कोई फ़र्क नहीं पड़ता। एक झोंपड़ी में पाँच फ़कीर सो जाते हैं। या सो सकते हैं। लेकिन बहुत बड़े मुल्क में भी दो बादशाह नहीं रह सकते।"

"आप ठीक कहते हैं।" किरदार दो कदम आगे बढ़ा। उसे तख़्तपोश पर बैठा हुआ आदमी दिलचस्प मालूम हुआ। दो कदम आगे जा चुकने के बाद उसने कहा, "बाहर की दुनिया सचमुच बहुत डरावनी है।"

"बाहर की दुनिया?...नहीं जनाब! हमारे अपने अन्दर की दुनिया कहीं ज़्यादा बेगानी हुई है। हमदर्दी के ख़्याल लावारिस हुए हैं।...यही दौर है जिसमें हर शख़्स, खुद से बेदख़ल हुआ है।...एक शेर याद आ रहा है।" आदमी ने किरदार की जानिब देखा। जैसे शेर कहने से पहले के मंज़र का जायज़ा ले रहा हो।"

"आप शेर सुना रहे थे।" किरदार ने कहा।

"शेर यूँ हैं," आदमी बोला। और फिर शेर सुनाने लगा।

मेरा अज़्म इतना बलन्द है कि पराए शोलों का डर नहीं
मुझे ख़ौफ़ आतिशे-गुल से है, वो कहीं चमन को जला न दे।

"आप बहुत दानिशमन्द, ज़हीन और शायराना मिज़ाज के इन्सान लगते हैं भाईजान!" किरदार ने कहा। फिर थोड़ी हल्की आवाज़ में बोला, "फिर भी आप ऐसी जगह पर रहते हैं।"

"सारी जगहें, इस ज़मीन का हिस्सा हैं।"

"लेकिन जेंटरी का फ़र्क होता है।" किरदार ने अपनी बात कहनी चाही।

"फ़र्क ग़रीबी पैदा करती है।...चूँकि ग़रीबी आदमी की ज़िन्दगी को बेपर्दा कर देती है।" आदमी बोला।

किरदार उसे देखता रहा। सोचता रहा कि क्या कहे?

"एक बात आपने महसूस की होगी," आदमी ने अपना हाथ उठाया। उँगली के इशारे से बोला, "अमीर लोगों के घरों के दरवाज़े हमेशा बन्द रहते हैं। बन्द दरवाज़ों वाले घरों के अन्दर जो कमरे होते हैं। वो भी बन्द रहते हैं।...एक वक़्त ऐसा आता है कि हर अमीर, बज़ाते-ख़ुद, बन्द कमरा बन जाता है।"

"अमीरों से आप खासे रुष्ट हैं।...चिढ़े हुए हैं।"

"नहीं, कोई चिढ़ नहीं। आपने जेण्टरी की बात की। मैं थोड़ा तफ़सील में चला गया।...बहरहाल, आप सामने पड़ी कुर्सी पर बैठिए।...आप खड़े क्यों हैं अभी तक?" आदमी बोला। उसकी आवाज़ में सादगी थी। जज़्बा भी था।

"बात दरअसल यह थी कि मैं आपके घर गलती से आ गया। मुझे जाना मोची के घर था।...नम्बर की पहचान गलत हो गई। थोड़ा अँधेरा था। मकान नम्बर भी साफ-साफ नहीं लिखे गए।" किरदार ने सफाई देनेवाले लहज़े में कहा।

मोची शब्द पर तख़्तपोश पर बैठे आदमी ने सिर हिलाया। फिर बड़ी संजीदगी से बोला, "मोची को अपने घाव सीने नहीं आए। अपने घाव सी सकता तो अच्छा था। बीवी थी, घर छोड़कर कहीं और जा बैठी।...लड़का था एक...वो मर गया। रह गया अकेला मोची। पुराने जूते...पुराना दर्द...पुरानी खाँसी और पुराना पड़ चुका अकेलापन!" आदमी ने दीर्घ श्वास लिया। तख़्तपोश पर ज़रा करवट बदली। कुछ सोचता रहा। उठा। स्टोव को हिलाकर देखा। आश्वस्त हुआ कि उसमें तेल था। दो कप चाय बनाकर मेज पर रखते हुए बोला—चाय शायद तुमसे न पी जाए। न दूध, न चीनी।"

"मुझे यकीन है," किरदार ने आदमी को देखते हुए कहा, "चाय अच्छी होगी।"

"कैसे?"

"जिसमें मेज़बान ने, दूध-शक्कर के बदले अपनी मुहब्बत मिला दी हो, वो चाय कैसे ख़राब हो सकती है?"

"ज़र्रानवाज़ी है। वरना... ।" मेज़बान बोलते-बोलते रह गया।

"वरना क्या?" किरदार के मन में उत्सुकता जागी।

"वरना...दूध शक्कर के अलावा, मुहब्बत भी बहुत कम रह गई है मेरे पास।"

"मेरा ख़्याल है मुहब्बत करनेवालों के पास मुहब्बत कम नहीं होती।" किरदार बोला।

"शायद ऐसा ही हो।" मेज़बान बोला।

दोनों चाय पीने लगे।

कमरे में मद्धम-सी रोशनी थी—ज़र्द, बीमार रोशनी। रोशनी इतनी कम कि दोनों ने अभी तक्क एक-दूसरे की शक्ल को मुकम्मल तौर से नहीं देखा था। ऐसा लगता था जैसे दो मनुष्य नहीं, दो आकृतियाँ चाय पी रही हों।

अचानक दोनों चुप हो गए। बातें ख़त्म हो गईं या फिर मेज़बान कहीं यादों में खो गया। कमरे में रोशनी इतनी ज़र्द थी, जैसे रोशनी को ख़िज़ाँ ने अपनी गिरफ़्त में ले लिया हो। जैसे रोशनी के बदले, रोशनी के ज़र्द पत्ते झर रहे हों।

मेज़बान बोलता तो लगता कोई आकृति बोल रही है। पीली रोशनी के बीच आवाज़ अपनी जगह बनाती हुई निकलती। फिर कहीं विश्राम करने लगती।

"खानें के लिए कुछ नहीं है।...एक ड़िब्बे में चने रखे हैं।...अगर खाना चाहो तो।" मेज़बान ने कहा। फिर जैसे तय कर लिया कि मेहमान को कुछ नहीं खाना। खाने की बात का ध्यान करते हुए वह बोला, "मुझे तो बहुत कम भूख लगती है।...पूरा-पूरा दिन, बिना खाए गुज़र जाता है।...दुनिया का सबसे बोरिंग काम खाना बनाना है और फिर उसे खाना।

किरदार चुपचाप काली चाय पीता रहा। मेज़बान अपनी स्मृतियों में भटकता रहा, "बचपन और जवानी के दिन भी क्या खूब दिन थे।...बहुत खेलता था मैं। बहुत भूख लगती थी मुझे। रात को उठ-उठकर कपड़े में लिपटी रोटियाँ निकालता। खा जाता। रोटी पर नमक डालता और रोटी बहुत स्वाद लगती।...अब स्वाद मर गए हैं।...भूख भी कम लगती है।" गहरी साँस ली उसने। ख़ामोश हो गया।

"आप बहुत अच्छे मेज़बान हैं...बहुत अच्छे इन्सान भी।" किरदार ने कहा।

"आपका नज़रिया अच्छा है।...वरना मैं... ।" कहते-कहते वह थम-सा गय। फिर बोला, "तुम्हारे सोने के लिए मेरे पास कोई माकूल बिस्तर भी नहीं है।"

"मेरी चिन्ता न करें।"

"कैसे न करूँ?...बहुत मुद्दत से मैं इस इन्तजार में था कि कोई मेहमान आए।...मेहमान आया भी। लेकिन क्या ख़ूब नज़ारा है। घर में न दूध, न शक्कर

न बिस्तर...।"

"आपका घर इतना अच्छा है कि इन चीज़ों की जरूरत महसूस नहीं हो रही।"

"फिर भी।"

"फिर भी क्या?"

"आप तख़्तपोश पर सो जाएँ। मैं फर्श पर पसर जाऊँगा।...मुझे जमीन पर सोने की आदत है।" मेज़बान बोला।

"मैं जमीन पर सो जाऊँगा।"

"आप जमीन पर सोएँगे।...मैं इस बेचैनी में सारी रात जागता रहूँगा।"

"ठीक है, मैं तख़्तपोश पर सो जाऊँगा।" किरदार ने कहा।

फिर दोनों ने जगह बदल ली।

किरदार ने तख़्तपोश पर बैठते हुए कहा, "मेज़बान, तुम्हारी मेहमाननवाज़ी का शुक्रिया।...तुमने यह भी नहीं पूछा कि मैं कौन हूँ?"

"हम दरियाओं से कभी नहीं पूछते कि वो कहाँ से आए हैं।...वो जहाँ से भी आए हों।...हमें उनका आना अच्छा लगता है।" मेज़बान बोला। मुस्कराया। बहुत धुँधली-सी आकृति मुस्कराती हुई महसूस हुई।

सुबह जब किरदार उठा उसने देखा मेजबान सोया हुआ है। काली, फीकी चाय पीकर, खाली पेट मेज़बान, सोया हुआ था। कितना शान्त, कितना सन्तुष्ट लगता था वह!

किरदार का मन कर रहा था ज़मीन पर सोये मेज़बान को देर तक देखता रहे। वह उसे देर तक देखता रहा। फिर बाहर गली में आ गया।

❑❑

नौ सौ चौदह नम्बर की बस है। वैसे यह बस नांगलोई, लोकेश सिनेमा के सामने से चलती है। लेकिन एक स्पेशल बस डिपो से चलाई गई है। किरदार इस खाली बस को देखकर चढ़ गया और एक सीट पर बैठ गया।

बस चलने में अभी वक़्त है। रोज़ाना, इस बस से सफ़र करनेवाले लोगों को पता है कि कब बस चलेगी। लोग आ रहे हैं। बैठे रहे हैं। लेडीज़ सीटों के अतिरिक्त पीछे की अधिकांश सीटों पर स्त्रियाँ बैठी हैं। इस बात पर चकित हुआ जा सकता है कि सभी स्त्रियाँ, मेड सर्वेंट हैं। घरों में 'माई' का काम करती हैं। सभी स्त्रियाँ बातूनी हों, ऐसा नहीं है। लेकिन लगभग सभी बोल रही हैं। कुछ चुप हैं। जैसे वे सबकी बातें सुन रही हों। जैसे वे सुनने के लिए बैठी हों।

सभी स्त्रियाँ सामान्य नक़्श की हैं। चेहरे मोहरे, कपड़े और बातों से भी वे

साधारण नज़र आती हैं। विशिष्ट बात उनमें कुछ भी नहीं। सिवा इसके कि दो-तीन स्त्रियों ने बीड़ी सुलगाई है और गहरे कश लिए हैं। या फिर, सिवा इसके कि कुछ एक पानबहार गुटखा के पाउच खोलकर, बहुत सारा मिश्रण, मुँह के ने हवाले किया है।

ज़्यादातर बात करनेवाली स्त्रियों की बातें अपनी मालकिन, उसके घर तथा उसके आदमी को लेकर हैं। अपनी मालकिन से अधिकांश स्त्रियाँ (जिन्हें मालकिनें माई कहती हैं) खुश नहीं हैं। उनकी बातों में अगर मालकिन नहीं थी तो फिर केरोसिन की लम्बी लाइन का वृतान्त था। महँगाई का ज़िक्र था। पड़ोस की उन लड़कियों का ज़िक्र था जिनके इश्क भी अपनी कालोनी के बीच हीरो दिखाई देते छोकरों के साथ चल रहे थे। स्त्रियों के हाथ खुरदरे थे। कई-कई घरों में झाड़ू, बर्तन और पोचा लगाने के काम से उनके हाथों में खुररापन आ गया था। हँसने और बातें करने के बावजूद उनके चेहरे पर तनाव मौजूद था। वे ऊँचा बोलतीं। किसी-किसी वक्त झगड़ भी पड़तीं। ज़्यादातर अधेड़ नजर आती थीं। शायद ग़रीबी, वक़्त की मार और काम के तनाव ने उन्हें समय से पहले अधेड़ अवस्था तक पहुँचा दिया हो। कुछ युवा भी थीं। कुछ शादीशुदा लेकिन जवान।

फिर वे किसी तारा नाम की लड़की की बात करने लगे थे। वह लड़की जिस 'अरोड़ा सॉब' के घर काम करती थी। वहाँ घड़ी गुम हो गई थी। शक की सुई तो तारा की तरफ घूमनी ही थी। चोर हमेशा घर का नौकर ही होता है। तारा को झिड़कना और एक दो हाथ रख देना तो रोज़मर्रा की बात थी। लेकिन अब तो घड़ी गुम हुई थी। तय कर लिया गया था कि घड़ी तारा ने चुराई है। पहले धमकाया। पुलिस में रिपोर्ट करने की धमकी दी। फिर उसे बाँध दिया। खूब मारा। लातों-घूँसों से मारा। बालों से खींचा। फर्श पर पटका। तारा ने घड़ी चुराई होती होती तो बताती। पिटती रही। बिलखती रही। गिड़गिड़ाती रही। मारनेवाले मारते रहे। तारा के रोने-पीटने को उन्होंने नौटंकी समझा।

दोनों मियां-बीवी इस जुगत में थे कि किसी तरह तारा सच उगले। आदमी ने चिमटा उठाया। गैस पे तपाया। इतना कि वह लाल सुर्ख़ हो गया और फिर दाग दिया पीठ पर, पेट पर।

तारा भी इसी बस में आती थी। दुखी रहती थी बहुत। लेकिन चेहरे पर शिकन तक न आने देती। हमेशा हँसती रहती। बाप मर गया। माँ को गठिया। घर तो चलाना था। सारी ज़िम्मेदारी उसी के सर।...बेचारी तारा। पड़ी है बिस्तर पर। हाथ पे पलस्तर चढ़ा है। पीठ और पेट पर घाव बन गए हैं।

ड्राइवर आया। बोला, "बस का गेयर खराब हो गया है।...नहीं जाएगी।"

बस में भगदड़-सी मच गई। लोग उठने लगे। नीचे खड़ी अन्य बसों में चढ़ने

और सीट हासिल करने की मारामारी हो गई। लोग इस तरह उतरने में और लपककर दूसरी बस पकड़ने में हुनरमन्द थे। बस के कुछ अगले गेट से उतरने लगे कुछ पिछले। कुछ देर अफ़रा-तफ़री का माहौल रहा। बस खाली हो गई। बस से आख़िरी उतरनेवाला किरदार था।

किरदार नीचे उतरकर, नीम के पेड़ के नीचे खड़ा सोचता रहा कि कौन-सी बस पकड़े। बस कहीं की हो—यह गरज़ नहीं थी। सीट मिल जाए यह ज़रूरी था।

डी टी सी की लिमिटेड बस थी। कुछ सीटें खाली थीं। बस शिवाजी स्टेडियम तक की थी। किरदार एक खाली सीट पर बैठ गया। उसने इधर-उधर देखा। जायज़ा लिया। आश्वस्त हुआ।...बस में बैठे लोगों की बातचीत से यह अहसास होता था कि वे रोज़ाना इसी बस में अपने दफ़्तरों तक पहुँचते हैं। वे दिल्ली के होने के बावजूद, दिल्ली के नज़र नहीं आते थे। उनकी बातों में महानगरीय छद्मभरी विनम्रता नहीं थी। अक्खड़पन था। वे सभी स्वभाव से फ़क्कड़, खिलंदड़े और ख़ुशबाश नज़र आते थे। जैसे वे देहात के हों। दिल्ली से सटे हुए देहातों से।

यह बस दिल्ली की अन्य बसों से भिन्न थी। जो आदमी बस में चढ़ता—राम-राम भाइयो, कहता। कुछ सुनते, कुछ अनसुना कर देते। कुछ जवाब देते। कुछ हँस पड़ते। ऐसा लगता जैसे बस के अन्दर कोई गाँव बसा है। कोई पंचायत जमी है। ऐसा लगता था सब को एक दूसरे के नाम ही याद नहीं, गाँव, घर, खेत, रिश्तेदारी वगैरा—सबकी जानकारी है।...उन्हें बिना किसी चुटकुले के ठहाके लगाना आता था। वे बात करते। हँस पड़ते। हँसी थमती। फिर हँसी के फव्वारे छूटते।...कुछेक बस के अन्दर ताश खेल रहे थे। ताश खेलते-खेलते वे भी लोगों की बातों में शरीक हो जाते। फिर ठहाका फूटता। ठहाके में सब शामिल हो जाते।

किरदार को इस बस में बैठना अच्छा लगा था। अब तक वह जहाँ गया, जहाँ बैठा, जिससे भी बात की—सब दुखी नज़र आए। लेकिन इस बस के लोग ठहाके लगाते हुए नज़र आए। वे जी खोलकर हँसते थे। बिना बात हँसते थे। ऐसा तो नहीं कि वे सबके सब सुखी होंगे। दुख उनका भी पीछा कर रहे होंगे। लेकिन दुखों से दोस्ती गाँठकर, वे हँसना जानते थे। उनकी बातें चुटीली थी। व्यंग्य उनकी बातों में था। वे एक-दूसरे को छेड़ रहे थे। और हँस रहे थे।

फिर एक आदमी ने बीड़ी का बंडल निकाला। बीड़ी सुलगाई। ऐसा लगा जैसे बीड़ी पीना छूत का रोग है। सबने अपने अपने जेब से बीड़ी के बंडल निकाले। बीड़ियाँ सुलगाईं। बीड़ी पीने लगे। धुआँ बस में फैल गया। उन्हें धुएँ की परवाह नहीं थी। वे मस्ती में थे। बीड़ी पीना जैसे सामूहिक त्यौहार हो। वे उसे मना रहे थे। एक ने लोक गायक पंडित लखमी की रागनी गानी शुरू की थी। दूसरे ने

माचिस को हाथ में पकड़ा और उँगलियों से ताल देने लगा। वातावरण में रागनी गूँजने लगी।

ताश। ठहाके। बीड़ी। धुआँ। रागनी।

किरदार हैरान था। वह सुखद आश्चर्य में डूबा था। फिर ड्राइवर सीट पर बैठा तो लोग उससे मजाक करने लगे। वह हँसने लगा।

लेकिन कई बार बहुत ज़्यादा खुश नजर आनेवाले लोग, रंगे-हाथों पकड़े जाते हैं। उदासी के सिक्कों की चोरी करते हुए।

किरदार की अगली सीट पर बैठा आदमी। ठहाके लगाकर हँस रहा था। लगता था वह दुनिया का सबसे ज्यादा सुखी इंसान है। लगता था जैसे उसे कोई दुख नहीं। यह भी लगता था जैसे वह चिन्ताओं की ग़र्द कहीं पीछे झाड़ आया है।...वही आदमी, वही जी खोलकर, ठट्ठाकर हँसनेवाला आदमी, अनायास ख़ामोश हो गया था। जैसे किसी ने उसके ठहाके छीन लिये हों या फिर वह हँसना भूल गया हो। या जैसे किसी ने उसके ठहाकों के थान को बीच में से काट दिया हो। वह एकदम चुप हो गया। जड़!

"क्या हुआ?" उसके साथ की सीट पर बैठे यात्री ने पूछा। दोनों एक दूसरे को जानते थे। साथ-साथ दफ्तर जाते थे।

उसने दीर्घ श्वास लेकर लेकर कहा, "मेरी बारह साल की बेटी है। बीमार है।...उसे ब्लड कैंसर है।"

"ओह!...भगवान भला करे।"

"आज उसका जन्मदिन है।" आदमी ने कहा। उसकी आवाज़ रंजीदा थी, "आज शाम को वह अपना जन्मदिन मनाएगी। उसने जल्दी आने के लिए कहा है।...मैं जल्दी घर जाऊँगा। तीन-चार बजे।...टेबल को खाने-पीने के सामान से भर दूँगा।...आज वो अपना जन्मदिन मनाएगी।...लेकिन अगला जन्मदिन शायद वो न मना पाए।" वह ख़ामोश हो गया। उसकी आँखों में उदासी के काले साये छा गए। वह उदास हो गया। उसका चेहरा दरका हुआ महसूस होता था।

साथ बैठे उसके दोस्त ने उसके कन्धे को थपथपाया। दोनों चुपचाप बैठ गए। बस चल पड़ी।

किरदार सोचने लगा। यह शहर भी दरके हुए चेहरों का शहर है। हजारों ज़ख़्म। लेकिन ज़ख़्मों पर खूबसूरत, रेशमी पट्टियाँ!

बस लिमिटेड थी। किसी-किसी स्टॉप पर रुकती। लोग चढ़ते। भीड़ बढ़ती। बस में बैठे लोग नहीं चाहते थे कि लोग चढ़ें। लेकिन लोगों का चढ़ना जारी रहा। लाल बत्ती पर वाहन रुकते। धुआँ निकलता रहता। शोर पूरे वुजूद के साथ मौजूद रहता। आसमान फीका, नीला नजर आता। रेड लाइट के पास दरख़्तों के पत्ते,

मुरझाए, झुलसे हुए, और गर्द आलूद नज़र आते।

किरदार अचानक चौंक गया। उसकी दायीं तरफ, खिड़की के पास बैठा आदमी हँस रहा था। किरदार ने उसकी तरफ देखा। वह सचमुच हँस रहा था। अकेले आदमी का अपने आप हँसना चौंकाता है। अकेला आदमी हँसते हुए पागल और रोते हुए ग़मज़दा नज़र आता है। भीड़वाले शहर में, अकेला आदमी हँसते हुए, अजीबोग़रीब लगता है।

लेकिन वह हँस रहा था। उसके दाँत बेशक पीले और मसूढ़े उभरे हुए थे। इसके बावजूद, उसकी हँसी बीमार हँसी नहीं थी। बेशक दिलकश भी नहीं थी। वह हँसता तो ऐसा महसूस होता जैसे उसकी हँसी का थोड़ा-सा हिस्सा, उसकी मूँछों में अटक गया है।

पता नहीं, वह दूसरों पर हँस रहा था या अपने आप पर? वह शहर पर हँस रहा था या शहर के लोगों पर?...अजीब बात थी, जब सबने हँसना बन्द कर दिया तो वह हँसने लगा था।

इस शहर में वह शायद अकेला इन्सान था जो हँसते हुए थका नहीं था। और लोगों के पास सीमित हँसी थी। वे उसे हँस चुके थे। ख़त्म कर चुके थे। न चुटकुले बचे थे न हँसी। लेकिन वह चुटकुलों का मोहताज नहीं था। वह अकारण हँस रहा था। उसे हँसना आता था। हँस रहा था।

शहर के लोग कम हँसते थे। या नहीं हँसते थे। उनकी हँसी डरी हुई हँसी थी। वे कैलकुलेटरों में बदल चुके थे। लोग गणित की किताबों में बन्द हो गए थे। लोग उदासी के हंगरों पर टँगे हुए नज़र आते थे। लोगों के जीवन में आतंक, किसी चोर दरवाज़े से घुस आया था।

ऐसे शहर में जहाँ लोग बौराये, अकबकाए और हड़बड़ाए हुए थे। जहाँ चीजें ब्रांडों में बदल रही थीं–नैतिकता हो या नाम, धर्म हो या देह!...लोग चिढ़े हुए थे। भागे हुए थे। अस्त-व्यस्त थे।

ऐसे मरते हुए शहर में एक आदमी हँस रहा था। वह खिड़की से बाहर देखते हुए, धुएँ, शोर, प्रदूषण को सहते हुए, हँस रहा था।...वह दूकानों के साइन बोर्ड पढ़ता और फिर हँस देता। वह ऋषियों की तरह खड़े नीम के दरख़्तों को देखता और हँस पड़ता। वह लोगों को खरीदारी करते देखता, हँस पड़ता। वह बस के अन्दर, खड़े हुए, बैठे हुए लोगों को देखता, हँस पड़ता। और तो और, वह अपने पुराने, कहीं-कहीं से फट चुके कपड़ों को देखता, तो हँसने लगता।

हँसी के मामले में, वह बस में बैठे तमाम लोगों से सम्पन्न था। वह हँसी क्रिएट करना जानता था।

किरदार से रहा नहीं गया। बेवजह का हँसना, और इतनी देर तक हँसते

चले जाना, हैरत में डालता था। इतनी हँसी कहाँ से ला रहा है यह आदमी। जबकि खुशियों के स्रोत सूखते जा रहे हैं, यह आदमी हँसता जा रहा है।...किरदार, एकटक, हँसते हुए आदमी को देखता रहा। उसने हँसते हुए आदमी से पूछा, "तुम इतना ज़्यादा कैसे हँस लेते हो?"

"मेरे अन्दर बहुत सारी हँसी है...न ख़त्म होनेवाली।"

"किस बात पर हँसते रहते हो?"

"मैं अपनी बेवकूफ़ियों को याद करके हँसता हूँ।" उसने कहा। हँसने लगा। वह सचमुच, बेवकूफ़ लगने लगा था।

"लेकिन," किरदार ने शंकित होकर पूछा, "बेवकूफ़ियों पर कोई कितनी देर तक हँस सकता है?"

"उम्रभर!"

"उम्रभर कैसे?"

"चूँकि बेवकूफ़ियाँ, आदमी हमेशा करता रहता है।...मिसाल के तौर पर...।" वह कहते-कहते रुका किरदार को देखने लगा। किरदार उसकी तरफ सवालिया नज़र से देख रहा था कि वह क्या बोलता है? कौन-सी मिसाल देता है।

"आप कोई मिसाल दे रहे थे।" किरदार ने उसे याद दिलाया। वह हँसने लगा।

अपनी हँसी को स्थगित रखते हुए बोला, "मेरे घर में चोरी हो गई। चोर सारा सामान उठा गए। चोरी क्यों हुई? इसलिए कि घर में सामान था।...इसलिए हुई कि मैंने घर को मालगोदाम बना रखा था।...घर में सामान न होता तो चोर क्या करने आते? सामान था, इसलिए चोरी हुई। इसलिए हुई न?...चोर का क्या कसूर?...मेरी बेवकूफ़ी थी, सामान से घर भर लिया।"

"तो तुम्हें लुट जाने पर हँसी आती है?"

"हाँ आती है। इसलिए आती है कि अब ज़्यादा लुटने की चिन्ता नहीं रही।...मैं चिन्ता मुक्त हो गया।"

"कोई और चिन्ता पैदा हो जाएगी।" किरदार ने कहा।

"चिन्ता तब पैदा होगी, जब मैं भी इस शहर के लोगों की तरह बेवकूफ़ी करूँगा।...फिर मेरे पास हँसने की माकूल वजह होगी।...मेरी अपनी मूर्खताएँ...बेवकूफ़ियाँ।" वह हँसने लगा।

"वह तो ठीक है कि बेवकूफ़ियों पर तुम हँसते हो...अपनी बेवकूफ़ियों पर।...लेकिन लोग क्यों नहीं हँसते तुम्हारी तरह?" किरदार ने पूछा।

"वो समझते हैं कि वो बहुत कुछ जानते हैं। यह जानने का बोझ उन्हें हँसने नहीं देता।...असल बात यह है कि वो कुछ नहीं जानते।" उसने कहा। ठट्ठाकर

हँसा। पता नहीं वह क्या सोचकर हँसा। पता नहीं वह किस पर हँसा? अपने आप पर...या लोगों पर?

"तुम...बहुत जानते हो।" किरदार की आवाज़ में व्यंग्य छुपा था।

"नहीं, मैं उनसे ज़्यादा साफ़गो हूँ।...मैं जानता हूँ कि मैं कुछ भी नहीं जानता।...और जब कुछ भी नहीं जानता तो इसका मतलब हुआ कि मैं मूरख हूँ।...और जब मूरख हूँ तो फिर मैं कहीं भी, किसी पर भी हँस सकता हूँ।...जैसे अब हँस रहा हूँ। उसने ठहाका लगाया।

"तुम सचमुच जीनियस हो।" किरदार ने कहा।

किरदार की बात पर वह कहकहे लगाते हुए बोला, "यही तो सिफ़्त है इस शहर की।...जिसको बेवकूफ़ कहना हो, उसको जीनियस कह देते हैं।" उसने कहा। हँसता रहा।

एक यात्री ने दूसरे से पूछा, "बेटे का कुछ पता चला?"

"नहीं!" उसने बुझी हुई आवाज़ में कहा। नहीं कहकर वह कहीं खो गया। मायूसी उसके चेहरे पर नज़र आने लगी थी। आँखों में बियावान का शून्य अटक गया हो जैसे! फिर गहरी साँस लेकर बोला, "गुम हुए बच्चे कहाँ मिलते हैं?"

"कहीं पता किया?"

"जहाँ-जहाँ जिसने बताया। वहाँ गया। पीर-फ़कीर ज्योतिषी सब पूछ लिए।" उसने कहा।

पहला यात्री चुप बैठा रहा। बस चलती रही। दूसरा यात्री पता नहीं क्या सोचते हुए बोला, "बात बनी नहीं।"

पहले यात्री ने कहा, "उम्मीद बनी रहे तो बात बन जाती है।"

दूसरे ने उसकी तरफ देखे बिना कहा, "किसी ने बताया कि रिमांड होम में पता करो।...वहाँ गया। लड़का वहाँ भी नहीं था। लेकिन अजीब बात हुई। कोई और बच्चा आकर मुझसे लिपट गया। रोने लगा। फिर वो सिसकने लगा। कभी मेरे घुटनों में सिर छुपा लेता। कभी मुँह उठाकर मुझे देखने लगा।...मैं क्या बताऊँ? अजीब दर्दभरा मंजर था। बच्चे को पुचकारते-पुचकारते मैं ख़ुद रोने लगा।"

दूसरा यात्री बोलते-बोलते ख़ामोश हो गया। बड़ी गहरी साँस ली उसने। सिर को झटका। कहा, "दिल्ली के पार्कों, बरामदों, पेशाबघरों की दीवारों पर गुमशुदा बच्चों के इश्तहार चिपके नज़र आते थे। उचटती-सी नजर डालता था। कभी पढ़ता नहीं था।...अब मेरा बच्चा खो गया है तो एक-एक इश्तहार पढ़ता हूँ।...मैंने अपने बच्चे के गुमशुदगी के इश्तहार नहीं छपवाए। फिर भी दीवारों पर चस्पाँ गुमशुदगी के इश्तहार अब ज़रूर पढ़ता हूँ।" बोलते-बोलते उसकी आवाज़ डूबने लगी। वह पतझड़ के मारे दरख़्त की तरह नज़र आने लगा। अपने हाथों की उँगलियों को

एक दूसरे हाथ में खोंसते हुए, फिर खोलते हुए कुछ सोचने लगा। जैसे किसी गहरी वेदना में डूबा हो। किसी गहरी कशमकश से गुजर रहा हो। उसने कहा, "गुम हुए बच्चों के बारे में पहले मैं कभी नहीं सोचता था कि घर से बेघर होने के बाद वे कहाँ जाते होंगे? कहाँ रहते होंगे? कौन से स्टेशन पर उतरते होंगे? क्या खाते होंगे?...अब मेरा लड़का गुम हुआ है न, यही बातें सोचता रहता हूँ।...कपड़े पहनते वक़्त उसका खयाल आता है कि उसके पास कपड़े होंगे भी या नहीं? जो कपड़े उसने पहने थे, वो कितने मैले हो गए होंगे? शायद फट भी गए हों?...रोटी खाऊँ तो उसका ध्यान आता है। क्या पता वह भूखा पड़ा हो किसी फुटपाथ पर।"

गहरी साँस ली उसने। उँगली के पोर से आँख के कोने में ठिठके आँसू को पोंछा। खिड़की के बाहर देखने लगा। पहले यात्री ने दो बीड़ियाँ सुलगाईं। एक बीड़ी दूसरे यात्री को देते हुए बोला, "भगवान पर भरोसा रखो।...मिल जाएगा आपका बेटा।" बीड़ी का कश लिया उसने। दूसरे ने भी बीड़ी का गहरा कश लिया। धुआँ छोड़ते हुए बोला, "भरोसे के तार कच्चे होते हैं भाई।...भरोसा पुराना पड़ जाए तो तार टूटने लगते हैं।"

दोनों आदमी बीड़ी पीने लगे। बस ईस्ट पटेल नगर के चौराहे से गुजर रही थी। फिर शंकर रोड आ गया था।

कोई यात्री पीछे मुड़कर दूसरे यात्री से बोला, "आज से तीस-पैंतीस साल पहले का ज़माना याद है।...बस रोज़ाना इसी शंकर रोड से गुज़रती है और में रोजाना उन दिनों को याद करता हूँ। तब बसें कहाँ थीं?...बहुत कम थीं। चार्टेड बसों के बारे में तो किसी ने सोचा तक नहीं था।...सब लोग साइकिलों से दफ्तर जाते थे। गर्मी, सर्दी, बरसात—हर मौसम में साइकिल!...ज़रा याद करो जयव्रत! हजारों साइकिल होते थे—कतार में। पैडल मारते। हाँफते। पसीना बहाते।...एक दूसरे से राम-राम करते।...घंटी बजाते। साइकिल तब सचमुच शान की सवारी थी।...कोई नई साइकिल खरीदता तो लोग हसरत से उसकी नई साइकिल देखते। गद्दी को छूते। घंटी बजाते। उसकी सुरीली आवाज़ सुनते।...शंकर रोड की चढ़ाई चढ़ते हुए दम लगाना पड़ता। उतराई अच्छी लगती। राहत मिलती।...जयव्रत! याद है। एक बार तेरी साइकिल गिर पड़ी।...तड़ातड़ बीसियों-पचासों साइकिलें गिरती चली गईं।...इतनी पास पास चलती थीं साइकिलें। एक गिरी तो दूसरी गिरी...फिर लाइन लग जाती।...जयव्रत! दिन मुश्किल के थे वो।...लेकिन अच्छे थे। याद आते हैं।" यात्री पुराने दिनों को याद करता।

"वो तुम्हारी जवानी के दिन थे।" जयव्रत ने कहा।

"नहीं, जवानी नहीं। सादगी के दिन थे।" पहला बोला।

बस चलती रही।

किरदार के साथ बैठा आदमी अब भी हँस रहा था। किरदार की तरफ देखते हुए बोला, "जब मेरा बाप मरा। मैं तब भी हँसा।"

किरदार ने चकित होकर उसे देखा।

"वह अठासी की उम्र में मरा। शमशान में जब लोग उसकी लाश पर लकड़ियाँ रख रहे थे। मैं हँस रहा था। वो बेवकूफ़ था। इतनी लम्बी उम्र जीया। क्या किया? कुछ भी नहीं। कितना अप्रासंगिक हो गया था वो।...समाज के लिए बिलकुल ग़ैर-ज़रूरी।...अप्रासंगिक आदमी, मरने से बहुत पहले मर जाता है।" उसने कहा। हँसने लगा।

शिवाजी स्टेडियम पर बस ख़त्म हुई। सभी सवारियाँ उतर गईं। छितर गईं। सबको जाने की जल्दी थी।

किरदार फ़ुरसत में था। इसलिए बस से उतरकर स्टेडियम की पटरी पर खड़ा इधर-उधर देख रहा था—क्लॉक टावर रेस्तरां। लेडी हार्डिंग कॉलेज। मद्रास होटल और आगे जाकर कनॉट प्लेस।

❑❑

किरदार शिवाजी स्टेडियम से बाहर निकला। मद्रास होटल के बगल से होते हुए सड़क पार कर गया। उसे रास्तों के विषय में कोई जानकारी नहीं थी। वह बरामदे से न जाकर, मेरीना होटल के पिछवाड़े से निकला। चलते-चलते पालिका बाजार के पास पहुँच गया। ऊपर पार्क था। पार्क के बीचों बीच बहुत बड़ा फव्वारा था। किरदार पार्क को देखकर खुश हुआ। वह जब पार्क पहुँचा तो फव्वारे के साथ-साथ संगीत भी बजने लगा था। वह मन्त्रमुग्ध-सा खड़ा रहा।

यहाँ घास थी। धूप थी। छाँव थी। संगीत था। फव्वारे की हल्की-सी बौछार थी। फूलों की भीनी-सी खुशबू थी। खुशगवार मौसम था। बेशक फूल उजड़ चुके थे। लेकिन कुछ अब भी थे।

पार्क में लोग ताश खेल रहे थे। कुछ वे लोग भी थे जो पास के दफ्तरों से आकर यहाँ पसरे हुए थे। आराम कर रहे थे। आराम, उनके जीवन का सबसे बड़ा सुख था, जिसे वे हासिल कर रहे थे। कई हॉकर थे—पेप्सी कोक बेचते। चने बेचते। छोले भटूरे बेचते।...पालिशवाले। गोल गप्पेवाले। तेल मालिश वाले।

कनाट प्लेस का नक़्शा खूबसूरत था। वृत्ताकार कनाट प्लेस। और उसके पास थोड़ा ऊँचाई पर पार्क। कनॉट प्लेस के बरामदों में घूमते हुए, शापिंग करते हुए लोगों के लिए पार्क बैठने की नहीं, लेकिन देखने की अच्छी जगह थी। साधन-सम्पन्न लोग पार्क में बैठना अपनी शान के ख़िलाफ समझते थे। बैठने के लिए कई अन्य खूबसूरत स्थान थे। होस्ट था। यूनाइटिड कॉफी हाउस था। पिज्जा

हट था। टी जी आई फ्राइडे था। कोविल था।...पार्क उन लोगों के लिए था जो मध्यम वर्गीय थे। जो फुरसत में थे। जिन्हें अपनी प्राइवेसी से कोई लेना-देना नहीं था।

किरदार ने फव्वारे के नीचे बने स्नानगृह में स्नान किया। कपड़े बदले। बौद्ध भिक्षुओं जैसे कपड़े पहनकर वह मन ही मन मुस्कराया। थोड़ा विचलित भी हुआ। दुविधा ने उसे घेर लिया। फिर उसने अपने आपको समझाया—कपड़े केवल नश्वर शरीर को ढकने का साधनमात्र होते हैं। एक प्रयोग ही सही। कुछ दिन साधारण मनुष्य बनकर घूम लिए। आज फ़कीर बनकर देख लो।

किरदार का विचलन ख़त्म हुआ।

झोला लटकाकर वह धीरे-धीरे पार्क की पगडंडी पर चलते हुए पार्क के रेलिंग के पास आ गया।

वह याद करने लगा। कुछ दिन पहले वह यहीं कहीं, आसपास था। अंडरग्राउण्ड पालिका बाज़ार। पार्किंग और पार्किंग के ऊपर पार्क। जहाँ वह कुछ देर बैठा रहा था।

रेलिंग के पास खड़ा सड़क से गुज़रते वाहनों को देखने लगा। सड़क भी गोलदायरे में घूम जाती थी—पार्क के साथ-साथ!

एक तेज़ रफ़्तार जिप्सी गुज़री-खुली छत वाली जिप्सी। हवा को चीरती। सड़क को रौंदती। रॉक संगीत को उगलती-उछालती।...जिप्सी के पीछे बड़े अक्षरों में लिखा था—डेंजरस!

जिप्सी गुज़र गई। लेकिन एक शब्द 'डेंजरस' किरदार के ज़ेहन में गूँजता रहा।

कुछ लम्हें बाद एक बाइक गुज़रती है। बाइक हवा से बातें करती, वक़्त की रफ़्तार को पछाड़ती। बाइक पर बैठे नौजवान ने लैदर की जैकेट लैदर की पेंट पहनी थीं। आँखों पर डार्क कलर का चश्मा। बाल छोटे। क्रू कट। बाइक उड़ती-सी चली गई। बाइक के पीछे लिखा था—किस मी!

थोड़ी देर बाद एक और जिप्सी गुज़रती है। वही दमख़म। वही अन्दाज़। वही उत्तेजना। वही रोमांच।...खुली छत। नौजवानों का झुण्ड! कहकहाता। गाता। मुँह बिचकाता। सम्पन्नता के स्पेलिंग चबाता। स्नॉबरी के घूँट पीता। बेफ़िक्री को थूकता। उनके जिम में तराशे हुए जिस्म। दहकते जिस्म। फड़कती मछलियाँ बाजुओं की। उन्होंने साइड से गुजरती कार को ज़ोर की गाली दी—"बास्टर्ड।"..."ब्लडी बिच!" और जिप्सी के पीछे लिखा था है शक्ति तुम्हारे पास तो ज़माना देगा साथ!

किरदार हतप्रभ था। इस मैट्रो से। मैट्रो धमाके से। मैट्रो स्टाइल से। हेकड़ी से। इन इबारतों से जो ख़तरनाक संकेत देती थीं।

किरदार सोचने लगा—आख़िर क्या ज़रूरत है ऐसे स्लोगन लिखने की? कौन हैं ये?...मैट्रो की व्यवस्था को चुनौती देते। नया मैट्रो बनाते। अपने ढंग का-डेंजरस!

अभी वह सोच रहा था कि कुछ और कारें गुज़री थीं। उनके पिछले शीशों पर लिखा था—'मलहोत्राज़!' 'सचदेवाज़'...'यादवज़'।

किरदार का माथा ठनका। सारा चक्कर पहचान का है। अस्तित्व का है। इस शहर में कोई किसी को नहीं पहचानता। यह सब पहचान बनाने की मैट्रो शैलियाँ हैं। कि देखो दिल्ली वासियों जो अभी-अभी मलहोत्राज़...सचदेवाज़ की ओपल और फोर्ड गाड़ियाँ गुज़री हैं, ये उन्हीं की हैं, जिन्होंने लाखों क़रोड़ों कमाए हैं।...हम वही हैं! वही! नवधनाड्य! नवकुबेर!...मल्होत्रज़!...सचदेवाज़! कपूरज़!

दिल्ली ने सबको एक जैसा बना दिया था। सब एक जैसे लगते थे। नव कुबेरों को यह बात अखरती थी। वे भिन्न होना चाहते थे। भिन्न दिखना चाहते थे। वे एक जैसे होने के बावजूद, एक जैसे नहीं रहना चाहते थे। उन्होंने भी मनुष्य को मरते हुए और कंज़्यूमर को पैदा होते देखा था। इसी ने पहचान की ऐसी-तैसी कर दी थी। सब उपभोक्ता थे। खरीदते खाते लोग!

शायद यही वजह थी कि अपनी सम्पन्नता पर रीझता, और फूला न समाता वर्ग अलग नज़र आने की पूरी कसरत में जुटा था। वह वर्ग डिज़ाइनरों से 'डिज़ाइन' कराए गए कपड़े पहनता। वह वर्ग मँहगे पेन, मँहगे इत्र और मँहगे जूते पहनता। वह वर्ग ऊँगलियों में मँहगी अँगूठियाँ डालता।...वह वर्ग इस गुमान में था कि मँहगा पहनना, उन्हें 'मास' से अलग कर देगा।

लोग भ्रम में रहते। मुग़ालते पालते। गुमान पैदा करते। ऐसा करते-करते कई बार ऐसा भी हो जाता कि वे खुद को चुटकुला बना डालते। उन्हें इल्म न होता।

जब इन नव कुबेरों के लाडले अपनी जिप्सियों के पीछे 'डेंजरेस' लिखवा रहे थे। बाइकों के पीछे 'किस मी' लिखवा रहे थे। कारों के पिछले शीशों पर 'ओए-ओए' लिखवा रहे थे तो खुशी अनुभव कर रहे थे कि उन्होंने इस शहर को न सिर्फ नई शब्दावली दी है बल्कि अपने होने का अहसास भी कराया है। अपनी शख़्सियत, अपना रुतबा, कारों, जिप्सियों के पीछे लिखे स्लोगनों से, इबारतों से कराया जाने लगा था।

लेकिन नव कुबेरों के लाडले, यप्पी टाइप बच्चे तब घबरा गए, बौखला गए, बौरा गए, जब उन्होंने कुछ 'अन्य वाहनों पर अन्य स्लोगन, अन्य इबारतें पढ़ी-छोरा जाट का।...छोटा गूजर का।...'बच के रहियो'। अपनी औकात देख!

ये वाहनों के पीछे लिखे स्लोगन, बदलती जीवन शैली के प्रतीक थे।

इसी तरह एक बार, पूसा के पास, दो वाहन ज़रा-सा टकरा गए। दोनों ताव खा गए। न कोई झुकने को तैयार न अपनी ग़लती मानने को।...इससे पहले कि

पुलिस पहुँचती। फैसला खुद कर लिया गया। एक दौड़कर अपनी कार तक गया। रिवाल्वर उठाया। दूसरे की कनपटी पे रखा। दबा दिया रिवाल्वर का घोड़ा। बंदा ढेर हो गया। संकट समाप्त! अकड़नेवाले की अकड़ ख़त्म! उसने रिवाल्वर को चूमा। अपनी कार को देखा जिसपर ज़रा सा डेंट पड़ गया था। फिर कार में बैठा। म्यूज़िक सिस्टम। रिक्की मार्टिन। रफ़्तार। हेकड़ी। न चिन्ता न पश्चाताप!

❑❑

कपड़े बदलकर, झोला लटकाकर, पार्क की रेलिंग के पास खड़ा किरदार, किसी भिक्षु जैसा लगता था। वह अब तक सड़क पर दौड़ते वाहनों के पीछे लिखी इबारतों को पढ़ता रहा था। हैरान होता रहा था। सोचता रहा था कि जीने की परिभाषा बदली है या भाषा के संस्कार? सोचता रहा था कि लोग ऐसे शब्द क्यों ढूँढ़ने लगे हैं, जिनमें संगीत सूख गया हो। जो पत्थर की तरह उछलकर चोट पैदा करते हों।...वह सोचता रहा था कि लोगों के जीवन में हेकड़ी किन रास्तों से होकर आई है?...शब्द इतने खुरदरे, इतने बेसलीका क्यों हो गए हैं?

वह खड़े-खड़े न जाने क्या-क्या सोचता रहता। अचानक उसकी नज़र थोड़ी दूर, रेलिंग के साथ लगे कट आउट पर चली गई। कट आउट को देखकर किरदार चकित हुआ। यह आश्चर्यजनक बात थी कि लोग चकित नहीं हो रहे थे। लोग कटआउट को सरसरी दृष्टि से देखते हुए चले जाते। किरदार हैरान था। कट आउट की मुद्रा पर हैरान था। उसकी क़द पर हैरान था। वह जिस स्थान पर था, उस बात पर भी हैरान हुआ जा सकता था।...वह हर वक़्त मुस्कराता हुआ नज़र आता। इतना ज़्यादा कोई कैसे मुस्करा सकता है?...वह हमेशा हाथ जोड़ने वाली मुद्रा में नज़र आता।...इधर शहर में जब, शब्दों के भीतर की संवेदना सूखने लगी थी, शब्द खोखले, बासी और ऊबाऊ होने लगे थे, शब्द अपनी विनम्रता और नॉद नष्ट कर चुके थे—एक कटआउट टीक प्लाई, लकड़ी और गत्ते का बना कटआउट, किसी राजनेता के चित्र में अवतरित हुआ कट आउट—हमेशा हाथ जोड़ने वाली मुद्रा में नज़र आता था।...यह मुद्रा आकर्षित करती थी। और डराती भी थी।

कट आउट की ख़ूबी यह थी कि उसे जिधर से देखते, वह उधर से लोगों को देखता हुआ नज़र आता। जिधर से देखते, उधर से मुस्कराता नज़र आता। लोग मुस्कराते वह मुस्कराता। लोग उदास होते, कट आउट फिर भी मुस्कराता। मौसम का उस पर कोई असर नहीं था। कुदरत की आपदाओं से वह तटस्थ था। गुजरात और उत्तरकाशी के भूचालों से कट आउट निरपेक्ष था। कट आउट को मेधा पाटेकर के आन्दोलन से भी कोई वास्ता नहीं था। उसे डूब क्षेत्र के विस्थापितों की वेदना से भी कोई गरज़ नहीं थी।...वह राजनेता का कट आउट था। सिर्फ़

मुस्कराना जानता था। मुस्करा रहा था। जैसे कागज़ी फूल मुस्कराते हैं हर मौसम में वैसे!

कट आउट सैंट्रल पार्क की रेलिंग के साथ लगा था। जनपथ के ऐन सामने।...कट आउट के साथ, दो और भी कटआउट थे। लगता था, वह कटआउटों की कोई बस्ती है—छोटी-सी बस्ती! जहाँ सदैव, तृप्त भाव से, विनम्रता के वर्क चेहरे पर चस्पां किए, हँसते रहना या मुस्कराते रहना, एक जीवन शैली है।...कट आउटों की बस्ती, लुटियन्स की बस्ती (दिल्ली) से बहुत मेल खाती थी।

कोई कहीं भी खड़ा होता, पालिका पार्किंग के पास, झटपट सेवा के पास, क्नाट प्लेस के एफ़ ब्लॉक में या फिर जनपथ सब-वे के पास-कट आउट हर जगह से हाथ जोड़कर खड़ा दिखाई देता।

किरदार को संकोच हुआ। एक सवाल भी पैदा हुआ उसके मन में। कितने बेमुरव्वत हैं ये लोग! उसके नमस्कार का एक बार भी जवाब नहीं दिया किसी ने। यह अत्याचार है। सामने खड़ा कट आउट नमस्कार करता रहे और कोई उसका जवाब तक न दे। सब बेहिस होकर, आ जा रहे हों।

एक छोटे कट आउट की एक टाँग टूट गई थी। लोग कहते हैं आँधी में टूटी। आँधी कहती है मैं तोड़ती तो पूरे कट आउट को तोड़ती। कट आउटों की पूरी बस्ती को तोड़ती।...एक कट आउट की सिर्फ टाँग ही क्यों तोड़ती?

आँधी का तर्क वाजबी है। किसी असमाजिक तत्व ने कट आउट की टाँग तोड़ दी होगी।...असमाजिक तत्वों ने भी बड़ी उग्र प्रतिक्रया ज़ाहिर की है। कहा है कि वे टांग तोड़ने में विश्वास नहीं करते। वे आदमी के क़द को छः इन्च छोटा कर देते हैं। या फिर देसी कट्टे से शरीर में चार पाँच सुराख़ कर देते हैं।...उनकी बात ग़लत नहीं।

ऐसा लगता है, छोटे कट आउट की एक टाँग कमज़ोर होगी, टूटकर गिर पड़ी अपने आप!...शायद यही वजह है कि देश दौड़ नहीं रहा। छोटे राजनेता के कट आउट की एक टाँग टूट गई हो तो देश कैसे दौड़ सकता है? वह दौड़ नहीं सकता। वह चल भी नहीं सकता। वह जैसे तैसे चल रहा है, शुक्र इसी बात का है।

सिरफिरे लोग कहते हैं देश चल नहीं रहा। वहीं खड़ा है, जहाँ उसे खड़ा नहीं होना चाहिए था। वह जहाँ खड़ा है, वहाँ खड़े होकर अपनी प्राचीनता के गौरव की तलाश में जुटा है। और तो और वह ढह चुकी बाबरी मस्जिद के नीचे झाँक कर किसी मन्दिर की खोज में व्यस्त है। अगर वह मन्दिर मिल गया तो यकीनन विकास की नई मंज़िलें तय करेगा।

एक पागल आदमी कट आउट के सामने से गुज़रा। उसकी नज़र कट आउट

पर पड़ी तो वह खूब हँसा। देर तक, ऐसा लगता रहा, कट आउट और पागल (या नीम पागल) मिलकर हँस रहे हैं। अचानक नीम पागल (या पागल) की नज़र जब कट आउट के जुड़े हुए हाथों पर गई तो वह अपने आप पर शर्मसार हुआ। उसने झट अपने हाथ टटोले। शुक्र था कि पागल को अपने हाथ जल्दी मिल गए। उसने अपने दोनों हाथों को अपनी मैली किच्च, कमीज़ से साफ किया और फिर कट आउट के सामने खड़ा हो गया हाथ जोड़ कर!

कट आउट और नीम पागल, दोनों ने एक दूसरे के आगे हाथ जोड़ रखे थे। यह विचित्र और सचित्र मंज़र था।

❑❑

कनाट प्लेस मसरूफ़ था। उसकी कायनात मसरूफ़ थी। लोग मसरूफ़ थे। वाहन दौड़ रहे थे। पैदल चलने वालों के लिए जगह कम बची थी। पैदल चलने वाले डरे-डरे लगते थे। वे वाहनों के बीच में से जगह बनाकर निकल रहे थे। दूकानें, खरीदारों से भरी थीं। रेस्तराँ भी लोगों से भरे थे। किसी को फ़ुरसत नहीं थी कि वह उस नीम पागल को देखता जो कटआउट के सामने हाथ जोड़कर खड़ा था। अगर कोई उससे सवाल करता कि उसने कट आउट के सामने हाथ क्यों जोड़े तो वह बड़ी समझदारी से जवाब देता–क्योंकि कट आउट ने मेरे आगे हाथ जोड़े, इसलिए!

कट आउटों को लगाने का भी एक पवित्र किस्सा है। कट आउट का स्थान तांत्रिकों और पहुँचे हुए पुजारियों के गहन विमर्श के बाद तय किया गया। कट आउट बनाने से पूर्व, प्लाइवुड पर गंगा जल छिड़का गया। उसे दोष मुक्त, ग्रह मुक्त, प्रेत मुक्त किया गया। मन्त्रोचार किया गया। मौली बाँधी गई। इस तरह कट आउट पूरे धार्मिक अनुष्ठान से निर्मित किया गया।

कट आउट का स्थान निश्चित हो जाने के बाद जब कट आउट लगाया जा रहा था तो थोड़ा-सा विघ्न पड़ गया। एक मज़दूर के हाथ में बल्ली लगाते वक़्त कील चुभ गया। एक के अँगूठे पर हथोड़ी जा लगी। एक मज़दूर सीढ़ी समेत, रेलिंग के पास जा गिरा।

बाक़ी सब कुशल रहा।

कट आउट की यात्रा भी भव्य रही। खुली मेटाडोर में जब कट आउट को डालकर छुटभैये निकले तो गगन-धरा नारों से गून्ज उठे। कट आउट की यात्रा, शोभा यात्रा में बदल गई।

इस दौर में जब लोगों के पास हाथ मिलाने की फ़ुर्सत नहीं बची थी, कट आउट में खड़ा नेता, 'निरन्तर नमस्कार' की मुद्रा में था।

किरदार रेलिंग के पास खड़ा, नेता की 'निरन्तर नमस्कार' मुद्रा को देख रहा था। किरदार के पास तभी एक दानिशमन्द आकर खड़ा हुआ और बोला कि यह नमस्कार तो महज़ एक मुद्रा है। और जो मुद्रा है, वह असल नहीं होती। किरदार ने कहा कि यह नमस्कार एक अभिव्यक्ति है। दानिशमन्द ने थोड़ा आक्रामक लहज़े में कहा कि कट आउट की मुद्रा, अभिव्यक्ति नहीं, छद्म है।...छद्म सच नहीं होता। किरदार ने कहा कि झूठ और सच के बीच एक हाइफ़न का फ़ासला रह गया है। और वह हाइफ़न भी अक्सर मिटा हुआ-सा नज़र आता है। कई बार तो झूठ, सच के कपड़े पहनकर, बाज़ार, कोर्ट-कचहरी, स्कूल, कॉलेज घूम आता है। कोई पहचान नहीं पाता।

दानिशमन्द ने कहा, "यही तो मैं कह रहा था कि कट आउट की मुद्रा महज़ एक छद्म है। फिर उसने जोड़ा कि इस शहर के बाशिन्दे भी कट आउटों की तरह लगते हैं। फ़र्क इतना है कि शहर के बाशिन्दे, साँस लेते कटआउटों जैसे हैं।

दानिशमन्द के चले जाने के बाद, नीम पागल फिर कट आउट के पास आ खड़ा हुआ। इस बार नीम पागल गुस्से में था। कट आउट को देखते हुए बोला, "बस कर अब! बहुत हो गई नमस्ते-शमस्ते!...तू दिनभर हाथ जोड़कर खड़ा रहेगा तो क्या मैं भी खड़ा रहूँगा हाथ जोड़कर?...तू खाली होगा। मैं नहीं। न! बिल्कुल नहीं।...ज़रा भी नईं! बोत काम हैं मेरे को। बोत काम! पैले तो वो उधर, हाँ वहाँ जाकर पानी पीना है।...पानी!" इतना कहकर उसने कट आउट के सामने हाथ से ओक बनाई। जैसे प्याऊ पर पानी पी रहा हो। फिर उसने ऐसे सिर हिलाया जैसे प्याऊ वाले को कह रहा हो, बस और नहीं पीना। फिर उसको गुस्सा आ गया। उसने कट आउट को भद्दी-सी गाली दी। फिर बोला, "हाथ मत जोड़ मेरे आगे! रोटी दे! रोटी!...रात से लेके अब तक कुछ भी नहीं खाया। भूका हूँ। तेरे हाथ जोड़ने से मेरा पेट नहीं भरने वाला! समझे!"

रोटी की बात पर नीम पागल की पीली, बीमार आँखों में नमीं फैल गई। चेहरे पर भूख का पहाड़ उग आया। चेहरा, चेहरा कहाँ था? हड्डियों का जंगल था।

नीम पागल को रोटी चाहिए थी। कट आउट मुस्करा रहा था। यही भेद था। यही रहस्य! कर आउट स्थिरप्रज्ञ था। पागल पानी पीने, टूटी की तरफ जा रहा था। पानी से भूख नहीं मिटती फिर भी!

कट आउट अब भी मुस्करा रहा था।

❑❑

किरदार पार्क से बाहर आ गया। कुछ देर पालिका बाज़ार के बाहर खड़ा रहा। वैसे पालिका बाज़ार फ़ुरसतयाफ़्ता लोगों के लिए बेहतरीन जगह है। गोल दायरे

में घूमते रहो। शोकेस में सजी वस्तुएँ देखते रहो।...किरदार कुछ देर खड़ा रहा फिर सड़क किनारे छोटी-सी पटरी पर चलते-चलते उसने जनपथ का सबवे पार किया। सबवे कभी खाली, शान्त हुआ करते थे। एक आध गार्ड घूमता हुआ नज़र आ जाता था। अब तो सब वे भी छोटा मोटा बाज़ार दिखाई देते हैं।

पुरानी इण्डियन ऑयल बिल्डिंग के बाहर रेलिंग के पास खड़ा हो गया। रेलिंग के साथ-साथ, तख़्तपोशों पर सामान अटा था। दूकानें कहाँ-कहाँ प्रविष्ठ नहीं हुईं? घरों के कोनें बाक़ी बचे हैं। वरना तो पार्क, मैदान, पटरी सड़क-हर कहीं दूकानें!...आगे-आगे दूकानें। पीछे-पीछे खरीदार! दूकानें जानती हैं। वे जहाँ जाएँगी। खरीदार वहाँ आएगा। खरीदना अब महज़ आदत ही नहीं, जीवन शैली भी बन गई है।...रेलिंग के साथ जगह खाली होती थी। नीम का पेड़ होता था। छाँव होती थी। खुली, खुली जगह!...अब सारी जगहें भर गई हैं। जहाँ दूकानें नहीं। वहाँ पार्किंग है। या दूकानें या कारें। बेचारा पैदल आदमी!...कारों और दूकानों के बीच अपने गुज़रने के लिए संकरी गलियों का सृजन करता।

कई सारे नख़्लिस्तान बिछे थे। नख़्लिस्तानों में लोग मग्न थे। खुश थे। उत्साहित थे। स्त्रियाँ मेंहदी लगवा रही थीं। कुछ स्त्रियाँ ब्यूटी पार्लरों से फेशियल वगैरा करवा कर निकलतीं तो अतिरिक्त आत्मविश्वास में होतीं।

युवकों के झुण्ड थे। मिनी मार्किट और इंडियन ऑयल भवन (पुराना) के आसपास लोग-ही-लोग थे। जैसे कोई मेला लगा हो। युवक बेशक अपनी-अपनी मण्डलियों में थे। लेकिन उनकी नज़रें सामने से गुज़रती युवा लड़कियों पर थीं। बेशक लड़कियाँ भी कनखियों से युवकों को देख लेती थीं। फिर लापरवाह नज़र आने की कोशिश करतीं।

सामने 'डी पॉल' था। युवक युवतियों में डी पॉल की क्रेज़ थी। क्रेज इसलिए नहीं कि इसके मालिक का व्यवहार अच्छा था। वह सड़ियल किस्म का आदमी था। इसकी कॉफी, कोल्ड कॉफी, पैटी भी बाकी दुकानों जैसी थी। बात दरअसल यह थी कि युवक-युवतियों का झुण्ड यहाँ हर वक़्त खड़ा नज़र आता। कॉफी, कोल्ड कॉफी या सेवन अप' ये सब तो बहाना मात्र था। हक़ीकत तो युवा तरंग युवा उमंग और जोश की थी। कोल्ड कॉफी पीते हुए कोई हँस सकता था। साथ खड़ी युवती की स्लीवलेस शर्ट और 'लो कट' ब्लाउज़ को देख सकता था। भीतर बजते म्यूज़िक सिस्टम पर थिरक सकता था। दोस्तों के बीच गप्पबाज़ी कर सकता था। यानी वह बहुत कुछ कर सकता था।

किरदार विचार मग्न था। वह जनसमूह को देख रहा था। वह उस मनुष्य को देख रहा था जो निरा उपभोक्ता नज़र आता था। इच्छाओं का खेल था। ऐसा लगता था जैसे वह इच्छाओं की मण्डी में आ गया है।

उसके बौद्ध भिक्षुओं जैसे कपड़े थे। शहर में किसी बौद्ध भिक्षु का होना अजीब नहीं होता। सामान्य घटना होती है। लेकिन युवकों की एक मण्डली जो फ़्लावर शॉप के पास खड़ी थी, किरदार को देखकर हँसी। एक ने अजीब-सा मुँह बनाया। फिर दूसरे ने। फिर सबने आपस में कोई संकेत किया। फिर एक बोला, "इट्ज़ डिफ़रेण्ट!" बाकी सब हँस पड़े। उन्हें यह टिप्पणी अच्छी लगी।

किरदार भी उनकी हँसी में शामिल हो गया। वे चौंक गए। जिसको चिढ़ा रहे हैं, वह भी उनकी हँसी में शामिल हो रहा है। वह किसी 'चटनी' के विज्ञापन जैसा डिफ़रेण्ट है और हँस रहा है।

'जस्ट सी, दिस ब्लडी इज़ लाफ़िंग।" एक ने कहा। बाक़ियों ने सुना। किरदार का उनकी हँसी में शामिल होना, उन्हें ख़राब ही नहीं बहुत बुरा भी लग रहा था।

"यार, कुछ दिन पहले मैंने चिड़ियाघर में एक गैंडे को हँसते देखा था। वह भी इसी तरह हँस रहा था।" दूसरा बोला। दूसरे का बोलना सबको अच्छा लगा। वे सब हँसे। समवेत! उनकी भाषा का स्तर अब इसी तरह गिर चुका था। इसलिए दूसरे साथी द्वारा बोली गई भाषा में उन्हें कोई ख़राबी नज़र नहीं आई थी।

किरदार अब भी मुस्करा रहा था। नौजवानों का झुण्ड आवेश में आने लगा था। सामने खड़ा आदमी किसी बात पर चिढ़ता ही नहीं। वे सब मस्ती में थे। उनकी जिप्सी में ढाई हज़ार वॉट का म्यूज़िक सिस्टम दहाड़ रहा था। वे थिरक रहे थे। नाच रहे थे। सामने खड़े किरदार को, जिसने भिक्षुओं वाले कपड़े डाल रखे थे, 'डिफ़रेण्ट' समझ रहे थे। उसे चिढ़ा रहे थे। लेकिन वह चिढ़ नहीं रहा था।

युवकों ने बातचीत का स्टाइल बदला। एक नौजवान किरदार के कपड़ों को छूकर, मुस्कराते हुए बोला, "आप जेण्टलमैन नहीं लगते।"

"तुम्हें टेलर जेण्टलमैन बनाता है, मुझे नैतिकता।" किरदार ने कहा। उसकी आवाज़ साफ थी। वह मुस्करा रहा था।

नौजवान किरदार के जवाब पर खीझ गया। फिर बोला, "आज कौन-सी तारीख है?"

"महत्व तारीख का नहीं, समय का होता है...कि हमने समय का कितना सदुपयोग किया।"

फिर रुककर किरदार बोला, "काल का महत्व होता है।"

"लेकिन आप तो भूतकाल के भूत नज़र आते हैं।" नौजवान बोला। बाक़ी ठ्ठाकर हँस पड़े। उनकी हँसी में किरदार भी शामिल हो गया।

युवकों को लगा कि वे फिर ठगे गए। उनको चुप देखकर किरदार मुस्कराते हुए बोला, "वर्तमान हमारे पास रहता ही कहाँ है?...उसे हम बहुत जल्दी ख़त्म

कर देते हैं।...समय का धनी कोई भी नहीं होता।''

युवकों को किरदार निरन्तर, निरूत्तर करता जा रहा था। वे एक्शन पेक्ड ड्रामा चाहते थे। कि सामने खड़ा आदमी बौखला जाए। चिढ़ जाए। झपट पड़े।

एक नौजवान को कुछ सूझा। उसने जेब से एक पिन निकाली। शिष्ट भाषा में बोला, ''आप महान हैं आचार्य! आपके चरणस्पर्श करता हूँ।'' इतना कहकर वह किरदार के पैरों की तरफ झुका और उसने ऑलपिन किरदार के पाँव में गढ़ा दी। खड़े होकर किरदार की तरफ देखा। उसके चेहरे पर न क्रोध था न पीड़ा।

युवक किरदार को देख रहा था। किरदार मुस्करा रहा था। किरदार युवक के मन की अवस्था भाँपते हुए बोला, ''दोस्त, पिन चुभने का कष्ट नहीं हुआ मुझे। कष्ट तुम्हारी भूमिका पर हुआ।

''मेरी...मेरी भूमिका क्या थी?'' थोड़ा बौखलाकर युवक बोला। वह पराजित-सा नज़र आता था।

किरदार हँस दिया। युवक के कन्धे पर हाथ रखते हुए बोला, ''निराश हो गए?...अगर मैं पीड़ा से छटपटाता तो तुम्हें आनन्द आता...यही न?''

युवक चुप खड़ा रहा। बाक़ी युवक भी चुप थे। लेकिन बौखलाए हुए थे। किरदार से उन्होंने ख़ुद पंगा लिया था। लेकिन अब वे चाहते थे कि सामने खड़ा, प्रवचन झाड़ता, भिक्षु जैसा नज़र आता आदमी चला जाए...यहाँ से टल जाए।

शायद यही सोचकर या फिर काफी देर से ऊबकर एक नौजवान ने कुछ हँगामा ख़ेज़ करने का सोचा। जिसमें रोमांच हो। शोहरत हो। ज़िन्दादिली हो। मर्दानगी का प्रदर्शन भी हो।

उस नौजवान ने दिल में कुछ तय किया। दूर से आती एक युवती को देखा। वह सुन्दर थी। उसमें आकर्षण था। स्त्री जब पास से गुज़रने लगी तो नौजवान ने, जो ताक़तवर था और दुस्साहसी भी, युवती को दबोच लिया। युवती छटपटाई। लोग तमाशाई बन गए। युवती ने अपने आपको युवक की बाहों से मुक्त कराने का भरसक प्रयास किया। वह युवक से उलझा रही थी। छटपटा रही थी। उसके चेहरे पर तनाव था। उसकी साड़ी का पल्लू ढलक गया था। सीने के उभार दिखाई देने लगे थे। दूकानदार एकटक उस दृश्य को देख रहे थे। वे मन-ही-मन चाहते थे कि किसी तरह युवती का ब्लाउज़ फट जाए। और वे सुन्दर युवती के यौवन को भरपूर निहार सकें...तृप्त हो सकें।

युवती कसमसा रही थी। अपनी पूरी ताक़त लगाकर युवक से भिड़ रही थी। लेकिन युवक बलिष्ठ था। युवती का सारा विरोध व्यर्थ जा रहा था।

साड़ी का पल्लू ढलक जाने के बाद युवक ने युवती के उभारों को देखा। युवक की नज़रों में वासना का धुआँ फैल गया था। वह अपना हाथ युवती के

ब्लाउज़ के भीतर करना चाहता था। अभी उसने अपना हाथ युवती के ब्लाउज़ पर रखा ही था कि किरदार ने उसकी कलाई को सख़्ती से पकड़ा और इतनी ज़ोर से दबाया कि युवक कराह उठा। उसे दर्द हो रहा था। वह छटपटा रहा था। किरदार ने अब भी उसकी कलाई को ताक़त के साथ पकड़ रखा था। इतनी ताक़त के साथ कि युवक जो बलिष्ठ था, अपनी कलाई नहीं छुड़ा पा रहा था।

युवती अपने अस्त-व्यस्त कपड़ों को ठीक करने लगी थी।

किरदार ने युवक की कलाई को छोड़ा। एक ज़ोर का थप्पड़ युवक के गाल पर मारा और फिर चल पड़ा।

वह कुछ दूर गया था कि उसे युवती की आवाज़ सुनाई दी। वह रुकने के लिए कह रही थी। वह अस्थिर थी। बेचैन और अपमानित! बहुत शिथिल और अवसाद से घिरी! उसकी आँखें नम थीं। गला भर्राया हुआ। उसने किरदार के पास पहुँचकर कहा, "आपने बहुत बड़ा जोखिम उठाया।"

"जोखिम कैसा?"

"जीवन का।"

"जीवन तो जाना है।...हम सबके पास रिटर्न टिकट होता ही है।" किरदान ने कहा।

स्त्री चुप रही। किरदार के साथ चलती रही। वह अब भी डरी हुई नज़र आती थी।

"आप बेहद तनाव में हैं।" किरदार ने कहा।

"हाँ!...मैं बहुत ज़्यादा विचलित हूँ।"

"कमज़ोर पड़ने का अहसास हमें अस्थिर बनाता है।...क्षोभ पैदा करता है।"

"भरे बाज़ार में मेरा अपमान हुआ है।" स्त्री के स्वर में पीड़ा थी।

"दरअसल, पूरा बाज़ार नपुंसकों का बाज़ार था।...कायरों और खोखले लोगों का।...अगर किसी में मनुष्यता जीवित है तो वह भी अपने आपको अपमानित महसूस कर रहा होगा।"

"आप न होते तो...।" स्त्री कहते-कहते रुक गई।

"जिसे जहाँ होना होता है, वह वहाँ होता ही है।"

"मैंने ऐसा नहीं सोचा था।"

"शरीर ईश्वर की रचना ज़रूर है लेकिन शरीर के माध्यम से जाना गया सच अधूरा होता है। देह खोखले अभिमान का प्रतीक है। आप देखो और सोचो। वे गुण्डे जो आपको निर्वस्त्र करने का प्रयास कर रहे थे, देह उनके पास भी थी।...चोर उच्चके, लम्पट और धूर्त लोग भी एक अदद देह रखते हैं।"

"तो?" युवती हतप्रभ थी।

“हम चीज़ों को आत्मा की आँख से देखें तो पूर्णता को महसूस करेंगे।”

“मैं समझी नहीं।”

“बून्द अपनी दीवारों में सिमटी है। वह क़ैद में है। अपनी देह की क़ैद में।...अपनी दीवारों की क़ैद में।...समन्दर पूर्ण है।...क्योंकि वहाँ शरीर नहीं। शरीर नहीं तो दीवारें नहीं। दीवारों का बन्धन नहीं।”

“अब मैं सहज होने का प्रयास कर रही हूँ।”

“मैं देख रहा हूँ। मुझे अच्छा लग रहा है।”

“मैं आपके साथ-साथ चल रही हूँ।...मेरा आपके साथ-साथ चलना हस्तक्षेप तो नहीं?”

“मित्रता हस्तक्षेप नहीं होती।”

“धन्यवाद...।” स्त्री ने कहा। फिर कुछ सोचते हुए बोली, “आपको किस नाम से पुकारूँ?”

“नाम...मेरा कोई नाम नहीं। फिर भी आप चाहें तो मुझे 'किरदार' नाम से बुला सकती हैं।

“किरदार?”

“नाम अच्छा नहीं लगा?”

“नहीं...वो बात नहीं। किरदार नाम थोड़ा भिन्न है।”

“यानी कि डिफरेण्ट।” किरदार ने कहा। हँस दिया। युवती भी हँसी। युवती की हँसी भली थी। हँसते हुए वह और भी आकर्षक लगती।

किरदार और युवती साथ-साथ चलते रहे। अचानक युवती ने कहा, “आपने मेरा नाम नहीं पूछा।”

“पूछना चाहिए था न!” किरदार मुस्कराया।

“मेरा नाम कीर्ति है...कीर्ति आनन्द!”

“बहुत अच्छा नाम है।...लेकिन आप चल कहाँ रही हैं?”

“आपके साथ!...जहाँ आप जा रहे हैं।

“मैं...।” किरदार कुछ सोचते हुए बोला, “कीर्ति, आपको बड़ा विचित्र लगेगा कि मैं कहीं जा नहीं रहा। सिर्फ समय व्यतीत कर रहा हूँ।...यूँ समझो कि परिवेश से परिचय...परिवेश से जान पहचान।”

“आप एक नए परिवेश से जान पहचान करना चाहेंगे?...मेरे पास एक विवाह का निमन्त्रण पत्र है। आप मेरे साथ चलें।”

“अनचाहे मेहमान की तरह।”

“नहीं, ऐसा कुछ नहीं। आप मेरे साथ रहेंगे...सम्मानित मेहमान की तरह।” युवती ने सहज भाव से कहा। थोड़ा हँसी।

किरदार को चुप देखकर वह बोली, "आप जब असहज होने लगेंगे तो हम लौट आएँगे।...वैसे निमन्त्रण पत्र भी दो लोगों के लिए है।"

"अरे! यह बात तो आप ऐसे कह रही हैं जैसे हम कोई नाटक देखने जा रहे हों और आपके पास नाटक के दो टिकट हों।" किरदार ने हैरानी जताई।

"ऐसा ही समझिए।" युवती बोली। कार्ड को पर्स में से निकालकर दिखाते हुए कहा, "यह देखिए। साफ लिखा है—फार टू पर्सन्स...वैसे कार्ड कीमती है।...मार्किट वैल्यू है इसकी।...मेरी एक सहेली ने तो इसे फ्रेम करवा लिया है।...एक दूसरी सहेली मैरिज अटैण्ड करने के बाद इस कार्ड को सेल कर देगी। खरीदनेवाला तीन हज़ार देने को तैयार है।"

"तीन हज़ार!...निमन्त्रण पत्र के तीन हज़ार!"

"हाँ, तीन हज़ार!"

"आपके समय में...आपके शहर में, निमन्त्रण पत्र भी बिकेंगे ऐसा तो मैंने सोचा भी नहीं था।"

"बहुत बड़े चित्रकार ने निमन्त्रण कार्ड के लिए पेंण्टिग बनाई है।...उसे डिज़ाइन भी किया है।...कार्ड है भी ग्रेसफुल!"

"ग्रेसफुल और मार्किट वैल्यू!...ग्रेसफुल और बाज़ार।...मुझे तो विरोधाभास नज़र आता है।"

"यह समय विरोधाभासों का समय है।" युवती ने कहा।

"मुझे तो ऐसा भी लगने लगा है कि यह समय दूसरों को ख़र्च करने का है...।"

"...और ख़त्म करने का भी।" युवती ने किरदार की बात को छीनते हुए बात पूरी की। थोड़ा-सा हँसी।

किरदार ने मुस्कराते हुए युवती की ओर देखा। वह किरदार को देखते हुए बोली, "इधर हर चीज़ का व्याकरण बदला है। दोस्ती की पहली शर्त यह है कि कोई किसी पर विश्वास न करें।"

"लेकिन विश्वास कभी मरते नहीं कीर्ति!...इतनी छीना झपटी के बावजूद, कोई विश्वास हे जो जीवित रखता है। कोई उम्मीद है जो जीवन की डोर को टूटने नहीं देती।"

"आप ठीक कहते हैं। जीवन जीने के लिए हैं।...लेकिन कभी-कभी लगता है जीवन एक डरावने सपने जैसा है। और कमज़ोर की इस संसार में बहुत कम जगह रह गई है।...यह बेचैनी है और यही बेचैनी व्याकुल बनाए रखती हे।"

"बेचैन मनुष्य ही कुछ नया करते रहे हैं।...नए समाज का सृजन।" किरदार ने कहा।

"ऐसे विकट और संवेदनशून्य दौर में कोई चाहे तो मेरी पूरी उम्र छीनकर ले जाए।...लेकिन उन थोड़े से लम्हों को छोड़ जाए जो मेरे बेहद निजी और अंतरंग हैं।" युवती ने कहा।

किरदार बड़ी संजीदगी से बोला, "तुम्हारी बात मार्मिक है कीर्ति! लेकिन पुरुष समाज, स्त्री की सबसे पहले उसकी अंतरंगता छीनता है।"

"क्या हम ज़्यादा सीरियस नहीं हो गए किरदार!" कीर्ति ने कहा। मुस्कराने की कोशिश की। किरदार भी मुस्कराया।

कीर्ति ने ऑटो लिया। किरदार को उसने बैठने के लिए कहा। ख़ुद बैठते हुए बोली, "अभी काफी समय है। मैं आपको एक और जगह ले चलती हूँ। आपको परेशानी नहीं होगी।"

"ठीक है मैं चलने के लिए तैयार हूँ।"

❑ ❑

पंजाबी बाग क्लब के सामने दूर तक फैले मैदान और उसमें बने क़िलेनुमा पण्डाल के सामने जब किरदार खड़ा हुआ तो हैरत में डूब गया। उसने पूछ ही लिया, "क्या शादियाँ अब क़िलों में होने लगी हैं?"

"नहीं। यह कपड़े का बना पण्डाल है। पण्डाल क़िले की 'लुक' देता है। अब इसी तरह के पण्डाल बनाए जाते हैं। युवती ने कहा।

"ऐसा क्यों?"

"शायद इसलिए कि हर मनुष्य में एक शासक भी ज़िन्दा होता है। वह सत्ता के खेल खेलना चाहता है।...यह क़िलेनुमा पण्डाल, लड़की के पिता की कोई दमित भावना है। वैसे वह बहुत बड़ा प्रापर्टी डीलर है। बिल्डर है।...बड़ा प्रापर्टी डीलर, हमारे समय का बड़ा आदमी होता है।" युवती ने कहा। वह मुस्कराई। उसकी बात में व्यंग्य छुपा था।

किरदार उसकी बात सुनता रहा।

वह फिर बोली, "क़िले के भीतर आप देखेंगे कि आप एक नई दुनिया में प्रवेश कर गए हैं। ऐसा नहीं लगेगा कि आप किसी ग़रीब मुल्क में हैं। पण्डाल के अन्दर एक दूसरा विश्व होगा। एक नया देश। सुविधाभोगी, साधन सम्पन्न लोगों का देश। हर शय पर सम्पन्नता के चिन्ह होंगे।"

"आप ऐसी जगह क्यों लाई हैं मुझे?"

"नए परिवेश से परिचय...जान पहचान!...वहाँ, जनपथ पर भी आप नए परिवेश से जान-पहचान कर रहे थे न?"

"इसमें आपका व्यंग्य तो नहीं छुपा?" किरदार मुस्कुराया। स्त्री भी मुस्कराई।

बहुत बड़ा गेट था। जैसे कि क़िलों के गेट होते थे। दो सन्तरी थे। जैसे कि क़िलों के बाहर, चाक-चौबन्द सन्तरी हुआ करते थे। एक स्टेनगनधारी भी मौजूद था। स्टेनगनधारी किसी का सुरक्षागार्ड था किसी नेता का या फिर किसी तस्कर का।

वे दोनों अन्दर प्रविष्ठ होने लगे तो सन्तरियों ने रोक दिया। दोनों न गाड़ी से उतरे थे न अभिजात नज़र आते थे। उन बेचारों की यही तो ड्यूटी थी कि जो रंग, रूप और पहनावे में सामान्य नज़र आए, उसे 'क़िले' के बाहर रोक दिया जाए।

स्त्री ने तत्काल पर्स खोला। निमन्त्रण पत्र निकाला। दोनों संतरी पीछे हट गए। सॉरी फ़ील की।

वे अन्दर प्रविष्ठ हुए। किरदार ठगा-सा देखता रहा। करीब आधा किलोमीटर क्षेत्र में फैला शामियाना। कालीन। कुर्सियाँ। इत्र की महक। फव्वारे। रोशनियों का जगमग संसार। वर्दीधारी। वेटर। आर्केस्ट्रा।...एक तरफ बार! देसी-विदेशी शराबें। शराब सर्व करती ख़ूबसूरत युवतियाँ। मुस्कराती। स्टेज थी। भव्य। नाचती हुई स्त्रियाँ। वह कत्थक जैसी कोई चीज़ थी। लेकिन आर्केस्ट्रा की धुन पर जो युवक युवतियाँ नाच रहे थे, उसमें उत्तेजना थी। वे आपस में लिपट जाते। गालों से गाल भिड़ा लेते।

किसी को कोई जल्दी नहीं थी। सब इत्मीनान में थे। सभी क़ीमती पोशाकों में थे। सभी, गोरे-चिट्टे। भरे-भरे शरीर और भरे भरे चेहरों वाले। उनके पर्स भी भरे हुए थे और शरीर भी।...स्त्रियाँ, लम्बी छरहरी थीं। सब-की-सब स्त्रियाँ ब्यूटी सैलूनों से सज संवर कर इस समारोह में शामिल हुई थीं।

सब तृप्त थे। खाए हुए। अघाए हुए। लेकिन उनकी आँखों में आदिम भूख थी। ख़ूबसूरत स्त्रियाँ जैसे उनकी आँखों का निवाला हों। वे अभिजात थे। अहंकारी और स्नॉब! लेकिन भीतर से वे डरपोक थे।...अधिक सम्पन्नता मनुष्य को डरपोक बना देती हो शायद!

पण्डाल का बहुत सारा हिस्सा ऐसा भी था जो खुला था छत विहीन! वहाँ खड़े होकर सितारों भरे आसमान को देखा जा सकता था। वहाँ खड़े होकर, घूँट-घूँट स्कॉच पी जा सकती थी। वहाँ खड़े होकर संगीत सुना जा सकता था और नृत्यांगनाओं की भंगिमाओं को महसूस किया जा सकता था।

गोल मेजें थीं। उनके गिर्द कुर्सियाँ थीं। लोग टुकड़ियों में खड़े थे। लोग समूहों में बैठे थे। दो-दो चार-चार! बहुत धीमे-धीमे बातें करते। बिज़नेस। शेयर। टेंडर। नयी कारों की बातें। नयी इक्वेशन की बातें। नए अफ़ेयर की बातें।

सबके हाथों में गिलास थे—साफ़्ट ड्रिंक्स। हार्ड ड्रिंक्स! वे गिलासों को थामे

हुए, कभी-कभी 'पेय' का घूँट भर लेते। उनकी ऊँगलियों में हीरे की अंगूठियाँ चमकतीं। उनकी कलाई में राडो, या रोलैक्स घड़ियाँ चमकतीं। उनके जेब में मोंटब्लांक पेन चमकते। उनके आलीशान सूट उन्हें भव्य बनाते। उनकी देह से ब्रूट, पोयज़न जैसे इत्रों की खुशबू आकर्षित करती। ऐसा लगता था, वे किसी विवाह के समारोह में शरीक होने नहीं आए।...वे सम्बन्धों का 'गोल्फ़' खेलने आए हैं।...ऐसा भी लगता था जैसे यह विवाह समारोह नहीं, अमीरी का जलसा है।...शोमेनशिप है!

जिस लड़की की शादी थी वह स्वयं बहुत लम्बे, फैले पण्डाल में, युवक युवतियों के किसी झुण्ड में शामिल थी। जैसे वह स्वयं भी एक 'गेस्ट' हो।...दुल्हा-दुल्हन वाली कुर्सियाँ खाली थीं। लड़की का पिता कहाँ था, इसकी जानकारी किसी को नहीं थी।

पण्डाल दूर तक फैला हुआ था। पण्डाल भव्य था। रोशनी। फूल। इत्र। कालीन और ख़ूबसूरत लोग! पण्डाल बहुत बड़ा था। लोग कम थे। पण्डाल के काफी हिस्से खाली थे। लेकिन खालीपन भी भव्य था। खालीपन रहस्य पैदा करता था। भव्यता का अपना तिलिस्म था। पूरा पण्डाल एक तिलिस्मी नगरी प्रतीत होता था।

पण्डाल में करीब सौ तरह की वस्तुएँ थीं—खाने-पीने की! लेकिन खाते हुए बहुत कम लोग नज़र आते थे। पीते हुए ज़्यादा। उच्च वर्ग की यही तो ख़ासियत होती है वह हड़बड़ी में नहीं होता। वह खाने की चीज़ों पर टूट नहीं पड़ता।

पण्डाल के बाहर गुब्बारे वाला खड़ा था। उसने अपनी लाठी के साथ, बड़े-बड़े गुब्बारे बाँध रखे थे। कुछ बच्चों ने गुब्बारे खरीदे थे। वे पण्डाल के अन्दर गुब्बारों के साथ खेलने लगे थे।

स्टेज पर नृत्यांगनाएँ कत्थक नृत्य कर रही थीं।...कुछ दूरी पर आर्केस्ट्रा उत्तेजक धुन फेंक रहा था। युवक युवतियाँ नाच रहे थे।

ग्रुप में खड़े लोग भीड़ नहीं लगते थे। वे सब भीड़ का विलोम थे। जहाँ भीड़ होने लगती। लोग छितर जाते। ताकि भीड़ न लगें। ताकि भीड़ न बनें। वहाँ कोई भी शख़्स भीड़ नहीं बनना चाहता था। पण्डाल इतना बड़ा था कि वह भीड़ को छितरा कर उसे ख़ासियत प्रदान करता था।...वहा खड़े सभी लोग विशिष्ट थे। चूँकि वे सम्पन्न थे। चूँकि वे भीड़ नहीं थे। वहाँ खड़े सभी स्त्री-पुरुषों को विशिष्ट होने और विशिष्ट नज़र आने का सलीका मालूम था।...वे मँहगे इत्र, मँहगी पौशाकें, मँहगे जूते, मँहगी घड़ियाँ पहनते थे—इसलिए वे अपनी विशिष्ट छवि बना सकते थे।

एक कोने में किरदार खड़ा था और उसके साथ कीर्ति! बेशक कीर्ति

आमन्त्रित थी, इसके बावजूद वह इस सम्पन्नता के पाखण्ड में अस्थिर महसूस कर रही थी। किरदार मुस्करा रहा था। उसके लिए यह कौतुक कथा जैसा था।

कुछ युवक गुब्बारे खरीद लाए थे। वे स्त्रियों की तरफ गुब्बारे उछालते। रोमांचित होते। फिर नज़दीक जाकर सॉरी फील करते। मन ही मन शायद स्त्रियाँ भी चाहती हों कि उनकी तरफ गुब्बारे उछलते रहें।

एक युवक ने एक बड़े-से गुब्बारे के धागे को पकड़ा। दूसरे ने लाइटर की लौ गुब्बारे को दिखा दी। ज़ोर का धमाका हुआ। लोग चौंक गए।...लोग चौंकें। लोग आकर्षित हों। लोग विस्मित हों। लोग भयभीत हों—यही मंशा थी। पूरी हुई। फूले हुए गुब्बारे को लाइटर की लौ का स्पर्श, बिलकुल नए मिज़ाज का खेल था। चल निकला था।

आर्केस्ट्रा जारी था। उत्तेजक नृत्य जारी थी। कत्थक भी जारी थी। दूर कहीं ग़ज़लसरा, लकदक सफ़ेद कपड़े पहने, शाल ओढ़े, कई तरह की मुख मुद्राएँ बनाता ग़ज़ल गा रहा था। ग़ज़ल में स्त्री थी। ग़ज़ल में सौन्दर्य था। शृंगार था। अश्लीलता थी। ग़ज़ल में हुस्न का दरिया था। ग़ज़ल में नंगई थी। ग़ज़ल में सब था। ग़ज़ल नहीं थी।

लोग अश्आर पर वाह-वाह कर रहे थे। उनकी कल्पनाओं में देह सुख था—स्त्री देह सुख!

शराब सर्व करती युवतियाँ ताज़ादम नज़र आती थीं। वे कामुक नज़र आती थीं। कामुक नज़र आना या होना ज़रूरी था। अचार, चटनी, मुरब्बे और पापड़ बनातीं घरेलू स्त्रियाँ उबाती हैं। बोर करती हैं। वे अनाकर्षक और ठण्डी होती हैं। शराब सर्व करती युवतियाँ, मुस्कराती हुई, चंचल, शोख और सनसनी पैदा करती थीं। नवधनाड्य युवकों को शराब के गिलास पेश करते हुए, ऐसा लगता वे स्वयं को पेश कर रही हैं। वे उनके हाथों को छू लेतीं। सेक्सी नज़र से देखतीं। साड़ी के पल्लू को नीचे ढलका देतीं। युवक प्रसन्न होते। मुस्कराते। कुछ जुमले। कुछ फ़िकरे-सेक्सी आबोहवा में पले। रचे। बसे।...स्त्रियों को कोई चूम लेता। छू लेता। गाल से गाल लगा लेता—वे प्रतिवाद नहीं करतीं थीं।

ग़ज़ल बह रही थी। नृत्य बह रहा था। शराब बह रही थी। सेक्स बह रहा था। हुस्न बह रहा था।

खुशबुओं और इत्र से नहाए माहौल में सभी के चेहरों पर उत्साह, उमंग और मुस्कान की चाँदनी थी। जो भी गुज़रता अपने साथ खुशबू का सैलाब लेकर गुज़रता। नए ब्राण्ड का प्रफ़्यूम। नए ब्राण्ड के लोग! सम्पन्न! विशिष्ट! अभिजात! स्नॉब! अहंकारी! बेफ़िक्र! बेहिस! बेमुरव्वत!

बहुत कुछ उपस्थित था। मेज़बान उपस्थित नहीं था। मेज़बान कहीं अन्यत्र

व्यस्त था। या फिर उसे अपने मेहमानों की चिन्ता न रही हो। मेहमानों को देखकर भी ऐसा लगता था जैसे वे मेज़बान के लिए प्रतीक्षारत नहीं हैं। ऐसा लगता था जैसे किसी को किसी की आवश्यकता नहीं है। आवश्यकता थी मुस्कराते रहने की। किसी के साथ शामिल होने की। अकेला खड़े होना यहाँ त्रासद था। विवशता थी कि कोई अकेला नज़र नहीं आना चाहता था। वास्तविकता थी कि अपने भीतर से सब अकेले थे। अकेला खड़ा आदमी आत्मग्लानि में डूबा महसूस होता था। जैसे वह सारे रिश्ते दफ़ना के यहाँ चला आया हो। वैसे सच यह था कि रिश्तों को लाश बनाकर वह दफ़ना चुके थे। जो शेष था वह समीकरण था। गणित था। बिज़नेस टेक्टिस थे। ये लोग इन्हीं चीज़ों को 'रिश्ते' कहने लगे थे।

औपचारिकता भी यहाँ एक 'डिश' की तरह थी। अनौपचारिक होने के बावजूद सभी औपचारिक थे। बेतक़ल्लुफ़ होने का एक ख़तरा यह भी था कि कोई कमज़ोरी ज़ाहिर हो जाती। अपनी कमज़ोरियाँ छुपाए रखना ज़रूरी था। इसलिए तक़ल्लुफ़ की दीवार खड़ी करना जरूरी था।

पहले उन्होंने मरीचिकाएँ बिछाईं। फिर उन्होंने मरीचिकाओं को, वास्तविकता में बदलने का रूमान रचा।...यही रूमान यहाँ था। पण्डाल के नीचे! सम्पन्नता की सर्कस जैसा। जहाँ स्त्रियों की गरिमा नहीं थीं। वे 'कंनीज़ें' थीं। वे जिन्स थीं। कनीज़ों को हिदायत थी कि भद्रजन उन्हें छू सकते हैं। चूम सकते हैं। गिलास उठाते हुए अपनी गाड़ी का नम्बर बता सकते हैं। भद्रजन की बदतमीज़ी को वे सम्पन्नता का आधुनिक खेल समझें।...विडम्बना थी, स्त्रियाँ ऐसा समझ भी रही थीं।

लोग फ़ासलों में खड़े थे। कम कम। कुछ-कुछ। तराशी हुई भीड़। कहीं-कहीं। न होने जैसी भीड़। बदहवासी रहित। बेचैनी से बाहर। ज़िन्दगी के भीतर। स्वयं पर मुग्ध। आत्ममुग्ध।

तभी एक घटना घट गई। एक साहबज़ादा बाहर आया। उसे कुछ नया करने का सूझा। फेंटास्टिक! सुपर्ब!...बाहर खड़े गुब्बारेवाले को वह देखता रहा। देखा उसने बाक़ी चीज़ों की तरफ भी होगा। लेकिन गुब्बारेवाला उसे ज़्यादा पसन्द आया। ग़रीब। फटेहाल। सांवला। दुबला-पतला छोकरा। गुब्बारेवाला!

गुब्बारेवाले के पास जाकर अमीरज़ादा कुछ देर खड़ा रहा। फिर, आव देख न ताव, गुब्बारेवाले के सारे गुब्बारे छीनकर, वह पण्डाल के भीतर भागा। उसे देखकर संतरी मुस्कराए। वह भीतर भाग गया।

बिल्कुल इसी वक़्त गुब्बारेवाला सम्भला। कुछ देर तक तो वह समझ ही नहीं पाया था कि हुआ क्या? गुब्बारेवाले के हाथ में खाली डण्डा रह गया था। उसने डण्डे को पटका। भीतर पण्डाल की तरफ भागा। वह इतनी तेज़ भागा कि सन्तरी

रोकने के बावजूद उसे रोक नहीं पाए। वह रोता-बिलखता, पण्डाल के भीतर भागे जा रहा था।

यह विचित्र दृश्य था। अति सम्पन्न, अभिजात, विशिष्ट और सुसभ्य लोगों के बीच निपट गंवार, जाहिल, अनपढ़, दरिद्र, फटेहाल और रोता हुआ गुब्बारेवाला, इधर-उधर भाग रहा था। मुस्कराते लोगों के बीच उसका रोना मनहूस प्रतीत होता था। भद्रजन विचलित हो रहे थे। जैसे पण्डाल में, गुब्बारेवाला न दौड़ रहा हो, प्लेग दौड़ रहा हो...टी.बी. दौड़ रही हो...हैज़ा दौड़ रहा हो। उनका विचलित होना वाजबी था। उन्होंने ग़रीबी और ग़रीब, दोनों, दूर-दूर से देखे थे। इतने पास से गुब्बारेवाले का होना, विचलन पैदा करता था। शुक्र था, उनमें से किसी ने उल्टी नहीं की थी।

पण्डाल का वातावरण जो अब तक शान्त सौम्य और कुलीन था, उसमें रूकावट आ गई थी। थोड़ी हलचल मच गई थी। गुब्बारेवाला दौड़ रहा था। गरीब गुब्बारेवाला। किसी महामारी जैसा! कुलीन लोगों के पण्डाल में।

आगे-आगे गुब्बारेवाला था। पीछे-पीछे, हाथ में डण्डा लिए सन्तरी!

अचानक अमीरज़ादा नज़र आ गया था। गुब्बारों का गुच्छा उसके हाथ में था। गुब्बारे उसके हाथ से ऊपर थे। पण्डाल की छत की ओर! वह भाग रहा था। उसके पीछे-पीछे गुब्बारेवाला था। अमीरज़ादा मज़े में था। वह हँस रहा था। दौड़ रहा था। ठहाके लगा रहा था। गुब्बारेवाला सहमा हुआ था। डरा हुआ था। लेकिन अपने गुब्बारों के लिए अमीरज़ादे के पीछे भाग रहा था।

ऐसा नहीं कि अमीरज़ादे के पास पैसे नहीं थे। उसका पर्स नोटों से भरा हुआ था। गुब्बारे छीनकर भागने में रोमांच था। एडवेंचर था। वीरता थी।—वह इन चीज़ों को हासिल कर रहा था।

भागते-भागते अचानक गुब्बारेवाला, कुलीन घराने की किसी शिष्ट, विशिष्ट स्त्री से टकरा गया। स्त्री के हाथ में ब्लडीमैरी का गिलास था। वह छिटक गया। कालीन पर दूर जा गिरा। स्त्री के साथ खड़े उसके पुरुष मित्र के लिए संवेदना ज़ाहिर करने का यह माकूल अवसर था। उसने अवसर को जाने नहीं दिया। उसका भरपूर लाभ उठाया। गुब्बारेवाले को पकड़ा और तड़ातड़ थप्पड़, लातें, घूँसें मारने शुरू किए। गुब्बारेवाला बिलबिला उठा। कराहते हुए जैसे तैसे उठा ही था कि बहुत सारे अमीरज़ादे जिन्होंने जिम में अपने शरीर तराशे थे और दिल को 'मार्बल' की तरह बनाया था, आगे आए। एक ने गुब्बारेवाले को अपने सामने खड़ा किया। उसके नंगे पैर पर अपना जूता रखा और इस तरह मसला जैसे सिगरेट को मसलते हैं। गुब्बारेवाला चीख पड़ा। वह चीखा तो किसी ने उसका मुँह बन्द करते हुए उसके जबड़े को बेरहमी से भींच दिया और परे ढकेल दिया। गुब्बारेवाला खुद को

सम्भाल नहीं पाया और कुर्सियों के बीच उलझ गया। पास खड़े एक नौजवान ने नफ़रत से मुँह बिचकाया और जूते का ठुड्डा उसके घुटने पर मारा। गुब्बारेवाले को बेइन्तहा दर्द हुआ और वह इस तरह रो उठा जैसे बकरा रोता है और बेतरतीब आवाज़ निकालता है—कटने के वक़्त!

लातें, घूँसें, थप्पड़, अपमान और तिरस्कार! बहुत कुछ था गुब्बारेवाले के लिए। उसने उठने की कोशिश की। उठा नहीं गया। चलने की कोशिश की। चला नहीं गया।

सन्तरी ने उसे उठाया। बाहर लाकर पटक दिया। गुब्बारेवाला अपने खाली डण्डे के पास सिर झुकाए बैठा रहा—घुटनों में सिर देकर! टप-टप आँसू बहाते हुए।

पण्डाल के भीतर पहले जैसा वातावरण था। सुख। आनन्द। वैभव। हँसी। व्यंजन। शराब। कुलीनता। अहंकार। खुशबू। स्त्रियाँ। रक़्स! आर्केस्ट्रा! उत्तेजना!

गुब्बारेवाला सिसक रहा था। एक आवारा कुत्ता, दुम हिलाता उसके पास आ खड़ा हुआ था।

किरदार जो पण्डाल के एक कोने में स्त्री के साथ खड़ा इस घटना से बुझ-सा गया था। बोला, "क्या अब भी आपका मन यहाँ रूकने को कर रहा है?"

"नहीं।" स्त्री ने कहा। दोनों पण्डाल से बाहर आ गए।

❑❑

बाहर आकर किरदार ने देखा गुब्बारे वाला, अपने डण्डे को घिसटाता, लंगड़ाता हुआ जा रहा था। डण्डे को घिसटाना और उसका चलना ऐसा था जैसे कोई शहर बदर होने के बाद चलता है। जैसे कोई ठगे जाने के बाद चलता है। जैसे कोई बहुत असहाय और कमज़ोर पड़ जाने के बाद चलता है।...वह ऐसे चल रहा था।

दोनों उसे जाते हुए देखते रहे। स्त्री ने पर्स में से निमन्त्रण पत्र निकाला। उसके कई सारे टुकड़े करके हवा में उछाल दिए।

"क्या यह प्रतिवाद है?" किरदार ने पूछा।

"नहीं! मेरी निजी प्रतिक्रिया है।...एक बेहद दुर्बल आवाज़ जो किसी तक नहीं पहुँचेगी।"

"फिर?"

"उस आवाज़ को मेरी आत्मा ज़रूर सुनेगी।"

"तुम संवेदनशील हो कीर्ति!...ऐसे अनुभव ने तुम्हें ज़रूर अस्थिर किया होगा।"

"मेरे लिए ये अनुभव नए नहीं हैं।"

"तुम जानती हो फिर भी ऐसे आयोजनों में शामिल होती हो।"

"हाँ!...मैं देखना चाहता हूँ कि कुलीनता का नाटक करने वाले लोग, गिरने पर उतार जाएँ तो कहाँ तक गिरते हैं।"

वे दोनों रिंग रोड पर आ गए थे। स्त्री ने एक ऑटो रुकवाते हुए कहा, "सी एन जी से चलने वाले ऑटो शोर कम करते हैं...इसका श्रेय सुप्रीम कोर्ट को जाता है।...आप बैठिए।"

किरदार ने सवालिया नज़र से स्त्री को देखा। उसने मुस्कराते हुए कहा, "आप मेरे घर चल रहे हैं।"

"आपके घर?"

"मेरे घर!"

"एक अपरिचित को आप अपने घर लिए जा रही हैं?"

"अब आप अपरिचित कहाँ रहे...मित्र हो गए।...वैसे आपको तो नए परिवेश से परिचित होने का शौक़ था।...मेरे घर चलिए। शायद वहाँ भी किसी नए परिवेश से आपका साक्षात्कार हो।" युवती ने कहा। मुस्कराई। इस बार उसकी मुस्कान चुभती हुई थी। किरदार उसे देखकर अचम्भित रह गया।

ऑटो चल पड़ा। अचानक युवती ने पूछा, "भिक्षु का क्या अर्थ होता है?"

"जो अपने आपको खो देता है, वह भिक्षु होता है।"

किरदार के उत्तर को सुनकर स्त्री मुस्कराई। फिर कहा, "जो मैं सोच रही हूँ, आपभी शायद वही सोच रहे हैं?"

"समारोह के विषय में?"

"हाँ...इसी समारोह के विषय में।"

"सोच रहा हूँ कि समर्थ व्यक्तियों का संसार कितना निश्चिन्त और क्रूर होता है।"

"समर्थता अपराध बेशक नहीं। लेकिन जो असमर्थ है, उसकी गरिमा नष्ट क्यों हो?"

"तुम ठीक कहती हो कीर्ति! मनुष्य की गरिमा को नष्ट करने वाले लोग, सम्पन्न बेशक हों, सरल नहीं होते। क्रूरता उनके भीतर छुपी रहती है।"

ऑटो चलता रहा। वे दोनों ख़ामोश हो गए। एक समय के बाद दिल्ली ऊँघने लगती है। दिल्ली, पूरी तरह से सोती कभी नहीं। महानगर, पूरी तरह कभी नहीं सोते। सड़कें खाली खाली थीं। महानगर की वीरान, खाली सड़कें डराने लगती हैं। बेशक मरकरी रोशनियों की दूधिया, सफेद चादर, सड़कों पर बिछी रहती है।

माहौल शांत और सुकून भरा था। हवा में शीतलता थी।

युवती ने एक गेट के पास स्कूटर रुकवाया। किरदार ने महसूस किया, स्त्री कुछ तनाव में है। तनाव के बावजूद, उसने मुस्कराने की कोशिश की। गेट खोलते

हुए वह बोली, "आइए! भीतर आइए!...इस घर में आपका भव्य स्वागत है।" वह मुस्कराई। फिर कहा, "अगर कुछ बातें ख़राब लगें तो समझना उनपर मेरा वश नहीं था।"

"ऐसा?"

"हाँ...कुछ कुछ ऐसा!"

वह छोटा सा ख़ूबसूरत घर था। कमरे के भीतर रोशनी थी। कांच की खिड़की से रोशनी नज़र आ रही थी। सन्नाटा हर कहीं था। बाहर, भीतर। बगीची। हरी दूब। गार्डन लाइट। क्यारियों के पास रखे गमले। लेकिन वे लगभग खाली थे। फूलों का मौसम धीरे-धीरे ख़त्म हो रहा था।...गुलमोहर का पेड़ था। माधवी लता की बेल थी। माधवी लता के फूल, गुच्छों में फूल रहे थे। भीनी-सी खुशबू, वातावरण में फैल रही थी। गेट से लेकर बरामदे तक सीमेंट का पक्का फर्श था। लाल पत्थर की टुकड़ियों की पगडंडी थी जो बरामदे तक जाती थी। एक तरफ गैराज था। गैराज बन्द था। शायद भीतर कार खड़ी हो।

बरामदे में मद्धम-सी रोशनी थी। कुछ कुर्सियाँ दीवार के साथ-साथ रखी थीं। कुर्सियाँ बैंत की थीं। उनके ऊपर दीवार पर पेंटिंग टँगी थी।

किरदार ने अन्दाज़ा लगाया कि इस घर में कोई दूसरा भी है जो शायद जाग रहा है। या फिर जागकर इन्तज़ार कर रहा है।

बरामदे के पास पहुँचकर स्त्री ठिठक गई। किरदार भी रुक गया। स्त्री सोच में उलझी रही कुछ क्षण। मुस्कराई। फिर चल पड़ी। बरामदे के अन्दर जाकर, कमरे का दरवाज़ा खोलते-खोलते वह ठिठक गई। तनाव स्पष्ट रूप से उसके चेहरे पर था। उसने किरदार को देखा। फीक-सी मुस्कान। उलझन। द्वन्द्व। उहापोह!...अन्ततः उसने कमरे के दरवाज़े को धकेला। दरवाज़ा खुल गया।

एक गरजती-सी आवाज़ सुनाई दी, "ब्लडी बिच, कहाँ मर गई थी?"

यह सर्वथा अप्रत्याशित था। किरदार चकित-सा खड़ा स्त्री को देख रहा था। उसकी विचित्र स्थिति थी। दोनों, कमरे के अन्दर बैठे उस पुरुष को देख रहे थे जिसने अभी-अभी गाली दी थी। जिसने शराब के गिलास को मेज़ पर रखा हुआ था। मेज़ पर प्लेट में चिकन रोस्टेड भी रखा था। सिगरेट का पैकेट और लाइटर भी पड़े थे।

उसने शराब का घूँट भरा। मुँह बिचकाया। गाली दी—हरामज़ादी!...कुतिया!

किरदार को ख़राब लग रहा था। स्त्री शान्त थी। अभी वह कमरे में प्रविष्ठ नहीं हुई थी। दहलीज़ के पास खड़ी थी। किरदार समझ नहीं पा रहा था कि क्या करे? स्त्री एकटक अब पुरुष को देख रही थी जो कमरे में बैठा शराब पी रहा था। हिकारत से स्त्री और किरदार को देख रहा था।

"कहाँ-कहाँ...किस-किस के साथ सोकर आई है।"

"केशव! अपनी ज़बान सँभालो।...जो जी में आए बोल देते हो।" स्त्री बोली। लेकिन उसका स्वर संयत था।

किरदार ने कमरे में बैठे आदमी को देखा। चौंक गया। अब तक वह टेबल की दूसरी तरफ बैठा था। उसके बारे में अनुमान नहीं होता था कि वह चेयर पर बैठा है या व्हील चेयर पर।...उसने अपने हाथों से व्हील चेयर को थोड़ा घुमाया। टेबल की साइड में आ गया। कीर्ति के प्रतिवाद से वह आग-बबूला हो उठा था। गिलास में पड़ी शराब का बड़ा-सा घूँट भरकर, तल्ख़ी से बोला, "मैं अपनी ज़बान को सँभालूँ...व्हट दि ब्लडी हैल!...मैं सँभालूँ? और तू...मज़े लूटती फिरे...।"

"केशव!" स्त्री चीखी।

केशव ने प्लेट में रखा लेग पीस उठाया और कीर्ति पर दे मारा। कीर्ति ने अपने आपको बचाने की कोशिश की ज़रूर। लेकिन लेग पीस उसके माथे पर जा लगा।

कीर्ति ने अपना माथा साफ नहीं किया था। निर्निमेष ताकती रही केशव को।

"ऐसे मत देख!" दहाड़ा केशव!...ऐसे देखना मुझे अच्छा नहीं लगता।...आँखें नीची कर...नीच औरत!"

"नीच मैं कि तुम!" कीर्ति की आवाज़ में वेदना थी।

"मुझे नीच कहती है...मुझे?" केशव ने शराब का गिलास कीर्ति की तरफ फेंका। गिलास कीर्ति के पाँव को छीलता दूर जा गिरा। फर्श पर किरचें फैल गईं।

कीर्ति के पाँव से रक्त की धार बहने लगी। कीर्ति ने न अपना माथा पोंछा न पाँव! किरदार को देखकर मुस्कराने की कोशिश की। मुस्कान बहुत झीनी, पतली, फीकी और पतझड़ की मारी प्रतीत होती थी।

यह कैसे नए परिवेश से परिचित करा रही थी कीर्ति! निरन्तर अपमानित होती कीर्ति, जैसे कीर्ति न हो, कोई प्रश्न हो सुलगता हुआ प्रश्न! कि देखो किरदार, बाहर खूबसूरत, आकर्षक और खिलखिलाती स्त्रियाँ, अपने घरों में यूँ भी तिरस्कृत और अपमानित होती हैं। कि देखो किरदार, हमारा तो विश्व ही ऐसा है...जहाँ धैर्य रखना और सब्र करना सिखाया जाता है।

किरदार असमंजस में था। क्या करे? कीर्ति ने उसे अपने निजी, व्यक्तिगत और जटिल जीवन के बीच लाकर खड़ा कर दिया था। उसके पैर से ख़ून रिस रहा था। माथे पर लेग पीस का कुछ मसाला लगा हुआ था। वह शान्त थी। जर्जर-सी मुस्कान उसके होठों पर थी। जैसे वह इस दृश्य से बाहर हो।...परिदृश्य से बाहर!...अपमानित होती कीर्ति कोई और हो और वह किरदार के सामने खड़ी कीर्ति

कोई और!...केवल सूत्रधार!

"अन्दर आइए श्रीमान! अन्दर, कमरे में।" कीर्ति ने किरदार को एक बार फिर कहा।

"कौन है यह भिखमंगा?...क्यूँ आया है यहाँ?...क्या आज रात इसके साथ...।" केशव गरजकर बोल रहा था। आख़िरी वाक्य उसने बीच में छोड़ दिया था।

कीर्ति उसे आहत दृष्टि से देखने लगी थी। उसने गहरी साँस लेकर कहा, "बहुत फ्रस्ट्रेटिड हो केशव!...ब्रहुत ज़्यादा!...जब भी बोलते हो, बुरा बोलते हो।...कीचड़ उछालना तुम्हारा शगल है।...वैसे इतना तो मैं भी जानती हूँ कि नालियों से कभी खुशबू नहीं आती।"

"बको मत!...नॉनसेंस!" केशव ने मेज़ पर पड़े दूसरे गिलास को उठाया। बोतल में पड़ी शराब से पैग तैयार किया। घूँट भरा। कुछ बुदबुदाया।

किरदार केशव को देख रहा था। केशव अगर खड़ा हो सकता तो ऊँचा, लम्बा, खूबसूरत आदमी नज़र आता। उसकी आँखें कुछ नीली थीं। माथा चौड़ा, चेहरा लम्बा, गोरा, बेतरतीब बढ़ी हुई दाढ़ी बिखरे हुए सिर के बाल, आँखों में लाली, हिकारत, चेहरे का बदलता रंग—हर पल!...उसके हाथ भारी और उँगलियाँ मोटी थीं।...वह अपनी टाँगें गँवा चुका था। टाँगों के साथ-साथ वह अपना धैर्य, विश्वास और सन्तुलन भी गँवा चुका था। वह विकलांग हो चुका था। व्हील चेयर पर बैठा केशव, ऐसा लगता था, जैसे पूरे संसार से बदला ले रहा हो।

व्हील चेयर पर चादर थी, जो उसकी कटी हुई टाँगों को छुपा रही थी।

कमरे में किताबों का शेल्फ था। टू इन वन। मेज़। फिर एक कोने में छोटी-सी गोल मेज़ और उसके इर्द-गिर्द चौकियाँ। गणपति और नटराजन की मूर्तियाँ। बया का खाली घोंसला जो दीवार पर टँगा था। दो फ्रेम जड़ी तस्वीरें—कीर्ति की दूसरी केशव की।

"एक जमाना पहले मैंने तुमसे पूछा था कि यह भिखारी कौन है?" केशव की आवाज़ में तिरस्कार था।

"मेरा अतिथि!...वैसे एक बात बताओगे केशव?...भिखारी कौन नहीं है?" कीर्ति की आवाज़ में दृढ़ता थी।

"फिलॉसफ़ी मत झाड़ो। यह घर है। केशवनाथ का घर!...रेलवे प्लेटफ़ार्म नहीं, अंडरस्टैंड!"

"अंडरस्टैंड!...वैसे रेलवे प्लेटफार्म पर इन्तज़ार करते लोग भी तो अतिथियों की तरह होते हैं...थोड़ी देर का आतिथ्य!" कीर्ति ने कहा। ज़रा-सा मुस्कराई।

केशव तिलमिला गया। अपने एक हाथ को कुर्सी की हत्थी से उठाते हुए

बोला, "इसे कहो मेरे सामने से हट जाए...चला जाए यहाँ से।"

"ये यहाँ रहेंगे। यहीं, बिलकुल यहीं।" कीर्ति की आवाज़ में आवेश था। ऐसा आवेश पहली बार महसूस किया था किरदार ने। उसने धीमी आवाज़ में कहा, "कीर्ति, मैं चला जाता हूँ यहाँ से।...मेरे कारण तुम बेहद तनाव में हो।...मेरा चले जाना ही उचित है।"

"ऐसा मत कहें। आपका इस तरह चले जाना मुझे और मेरे मन को दुखी करेगा।...आप जाएँ नहीं।" कीर्ति विनीत स्वर में बोली। किरदार को देखने लगी। किरदार मुस्कराया। बोला, "ठीक है, नहीं जाता। उसकी बात सुनकर स्त्री आश्वस्त हुई।

"क्यों आया है यह भिखारी इस घर में?" केशव गरज रहा था।

"मेहमान क्यों आते हैं घरों में केशव?" कीर्ति की आवाज़ में आत्मविश्वास था।

"स्टेटस भी देख लिया करो।" केशव बोल रहा था।

"किसका?...आपका या मेहमान का?...स्टेटस की बात तुम्हारे मुँह से अच्छी नहीं लगती केशव!"

"तुम मेरा मज़ाक उड़ा रही हो।"

"नहीं, तुम्हारे आचरण पर शर्मसार हो रही हूँ।"

"मैं तुम्हारा गला दबा दूँगा।"

"मुझे मुक्ति मिल जाएगी केशव!...वैसे रोज़ाना तुम यही तो करते हो...कल तो मैं अकेली आई थी। दफ़्तर में देर हो गई थी। लेकिन तुमने कुछ का कुछ समझा। सारे दरवाज़े बन्द कर दिए। मैं बाहर बरामदे में बैठी रही रातभर। ...ज़रा सोचकर देखो कैसा लगता है? एक स्त्री अपने घर के बाहर बरामदे में बैठी रहे, दरवाज़े खुलने की इन्तज़ार में...पूरी रात। दरवाज़ा खटखटाते हुए उसके हाथ दुख जाए लेकिन दरवाज़े न खुलें।...ज़रा सोचकर देखो...क्या यह गला घोटने से कम है?"

इस बीच किरदार बरामदे में आकर बैठ गया था। सामने की दो कुर्सियाँ खाली थीं। बरामदे में झरने की तस्वीर थी। नीचे लिखा था–बहते रहना जीवन है।

ठीक ही लिखा है–किरदार सोचने लगा। जो नहीं बहना जानते। ठहरे हुए तालाब जैसे हो जाते हैं। तालाब का ठहरा हुआ जल सड़ने लगता है। केवल क्या ठहरे हुए तालाब जैसा नहीं होकर रह गया? अगर दुर्घटना में उसकी टाँगें न चली गई होतीं तो उसका संसार कुछ और होता। ऐसा तो न होता। विकलांगता ने इसकी सहजता और सन्तुलन को छीन लिया है। कमरे का भूगोल। टेबल। शराब।...व्हील

चेयर और कीर्ति को अपमानित करने का सुख।...सुख या कुंठा!

किरदार बहुत देर तक सोचता रहा। फिर आसमान को देखने लगा। चाँद को देखने लगा। ऐसा लग रहा था जैसे चाँद, सितारों को अपने पास बिठाकर, कोई पुराना किस्सा सुना रहा है। किरदार चाँद को देखता रहा। हजारों सालों बाद भी चाँद वैसे का वैसे। कभी पुराना नहीं लगा। आसमान की चादर हमेशा साफ नज़र आती है—कभी नीली, कभी काली। कभी सुर्ख़। कभी बादलों जैसी।

एक बार किरदार के मन में आया। चुपचाप उठे। गेट खोले। बाहर चला जाए। लेकिन इस तरह चुपचाप चले जाना क्या कीर्ति को अच्छा लगेगा?...कीर्ति क्यों? उसके अपने मन को अच्छा लगेगा?

तभी कमरे में से निकलकर कीर्ति बाहर आई। बड़ी विनम्रता से बोली, "आपको बुरा लगा होगा?"

"नहीं कीर्ति! तुम्हारे प्रति मन में आदर बढ़ गया।" किरदार ने कहा।

"आप मेरे सम्मानित मेहमान हैं और आपका अपमान... ।" कीर्ति के स्वर में वेदना थी।

"मान अपमान कुछ नहीं होता कीर्ति! सिर्फ स्थितियाँ हैं। मन को बहलाने की बातें हैं।"

"आपको बरामदे में बैठना पड़ा।"

"अच्छा ही हुआ कीर्ति! बरामदे में बैठकर चाँद से बातें करना रहा।"

"मैं कुछ समझी नहीं।...चाँद से बातें?"

"हाँ...चाँद से बातें! यानी ईश्वर से बातें।" यानी मैं प्रार्थना करता रहा।"

"आप उलझा रहे हैं मुझे।" कीर्ति मुस्कराई।

"ईश्वर से बातें करना...ईश्वर की प्रार्थना करना ही तो होता है।...मैं वही करता रहा।" किरदार ने कहा। मुस्कराया।

किरदार की बात पर कीर्ति ने उसे आदरभाव से देखा। मुस्कराने लगी।

"तुम केशव को खाना खिला रही थीं?" किरदार ने कहा।

"आपने कैसे जाना?" कीर्ति चौंक गई।

"तुम्हारे चेहरे पर असीम शान्ति है कीर्ति।...आँखों में करुणा।...कुछ देर पहले वाला तनाव छंट चुका है। यक़ीनन तुम अच्छा काम करके आई हो।...यक़ीनन, तुम साधना में थीं।" किरदार के शब्दों में गम्भीरता थी।

"आपने ठीक अनुमान लगाया। केशव भूखा था। वह भूखा हो तो मैं विचलित हो जाती हूँ। पीने को उसके पास बहुत शराब थी। खाने को एक लेग पीस था जो उसने मेरी तरफ उछाल दिया था।" कीर्ति कह रही थी।

अब तक वह खड़ी थी। एक कुर्सी खींचकर बैठते हुए बोली, "आपको क्या

बताऊँ? वह मेरा बहुत तिरस्कार करता है। बहुत ज्यादा अपमान!...एक दिन मैंने सामान बाँध लिया अपना। मैंने कहा कि मैं जा रही हूँ।...भौंचक-सा देखता रहा केशव मुझे। फिर कहा—जाओ! ज़रूर जाओ। लेकिन एक-दो दिन बाद आओगी यहाँ...मेरी लाश उठाने।...मैं उसे देखती रही। उसने मेरी कलाई पकड़कर, मुझे बिठाते हुए कहा—ज़रा सोचो कीर्ति!...मेरा जीवन क्या है?...कुर्सी पर पड़ा एक जीवित शरीर हूँ मैं।...कितना लिमिटेड है मेरा संसार!...तुम हो तो लगता है, इस संसार में भी काफी कुछ है।...तुम्हारे जाने के बाद क्या बचेगा?''

''फिर?'' किरदार के मुख से एक शब्द निकला।

''फिर मैंने अपना सारा सामान खोल दिया। सारे कपड़े वापिस टाँग दिए अलमारियों में।''

''तुमने बहुत अच्छा किया कीर्ति!'' किरदार ने कहा।

''हाँ...शायद!...लेकिन जीवन बहुत जटिल हो गया है मेरा। केशव को समझना बहुत मुश्किल होता है। पहले तिरस्कार करता है। फिर दूसरे कमरे में जाकर फूट-फूटकर रोता है।...पहले मुझे तोड़ता-फोड़ता है। फिर जोड़ने की कोशिश करता है।''

''तुम्हारी सहनशीलता...तुम्हारा धैर्य आश्वस्त करता है कीर्ति।'' किरदार ने कहा।

किरदार की बात सुनकर गम्भीर हो गई कीर्ति। कुछ सोचते हुए उसने कहा, ''जिसे आप धैर्य या सहनशीलता कह रहे हैं...वह एक लाइफ स्टाइल भी तो हो सकता है।'' किरदार को देखती रही कुछ पल कीर्ति। फिर कहा, ''केशव जब मेरा अपमान कर रहा होता है तो मैं सोचती हूँ कि व्हील चेयर पर बैठा वह व्यक्ति कितना विवश है।...मैं सोचती हूँ कि विनम्रता के सारे ढोंग तोड़कर क्या पता केशव अपने अधिकार जता रहा हो।''

''कीर्ति, पहले मैं सोच रहा था कि यहाँ आकर मैंने गलत किया। लेकिन अब सोचता हूँ, यहाँ न आता तो एक अनुभव से वंचित रह जाता।'' किरदार ने कहा।

''अनुभव?''

''हाँ। एक स्त्री का अद्‌भुत संयम।...औदात्य!...और सृजन जैसा जीवन शिल्प!'' किरदार ने कहीं गहरे डूबते हुए कहा।

''पता नहीं यह क्या है?...औदात्य?...नहीं। ऐसा कुछ भी नहीं। लेकिन अब केशव के साथ रहने का निश्चय कर लिया है। मैं जानती हूँ, केशव एक बीहड़ को जन्म दे चुका है अपने भीतर।...लेकिन मैं यह भी जानती हूँ कि मैंने उसे छोड़ दिया तो उसका क्या होगा?...वह जी नहीं पाएगा। इसलिए...।'' कीर्ति कहते-कहते

रुक गई। उसकी आवाज़ स्पष्ट थी। न द्वन्द्व न कोई पश्चाताप।

किरदार ने चुप रहना बेहतर समझा। वह कीर्ति को देखता रहा। कीर्ति कुछ पल चुप रही। फिर अपनी बात जारी रखते हुए उसने कहा, "केशव की दुनिया मुझसे शुरू होकर, मुझ पर ख़त्म होती है।...ऐसे में मैं उसे छोड़ने की कैसे सोच सकती हूँ।...मैंने एक बात आपको नहीं बताई अभी तक।...हम दोनों ने प्रेम विवाह किया था। दो साल हुए शादी को। यह हादसा हो गया केशव के साथ। मैं बार-बार सोचती हूँ, क्या कटी हुई टाँगों वाला व्यक्ति प्रेम करने योग्य नहीं रहता?...क्या केवल स्वस्थ लोगों के बीच प्रेम सम्भव है?...नहीं न!...कटी हुई टाँगों वाला केशव अप्रिय हो जाए। क्योंकि उसकी टाँगें नहीं रहीं।...कितनी क्रूरता है इस विचार में? मैं ऐसा सोचकर काँप जाती हूँ।"

❑❑

पाठकगण, आप मेरी इस बात से सहमत हों या न हों, लेकिन मुझे ऐसा लगता है कि हम एलबम में पड़ी बूढ़ी तस्वीरों में उतर जाएँ तो वे धीरे-धीरे कहानियों में बदल जाती हैं। तस्वीरों को लगातार देखते रहें तो वे चुपचाप, दृष्टि के किसी कोने को पकड़कर, अतीत की सरहद पर छोड़ आती हैं।...अतीत जैसे वक़्त के दरिया की, बह चुकी हजारों-लाखों लहरें! अतीत जैसे किसी वापिस न आनेवाले दोस्त का नाम!...अतीत जैसे धूल अटी यादों की किताब।

हम एलबम क्या खोलते हैं कि रेशा-रेशा, टुकड़ा-टुकड़ा कतरा-कतरा, वक़्त का कायदा खुलता है। वक़्त का कायदा जिसका न आदि न अन्त।

एलबम की बूढ़ी तस्वीरों में गर्क होना, स्मृतियों के दश्त में भटकने जैसा है।...लौटते हैं जब वर्तमान में तो दिन का बहुत सारा हिस्सा लुढ़क चुका होता है।

ग़रीब आदमी, दिन को पुरानी, कम हवावाली फुटबाल की तरह लुढ़काता है। किक मारता है। दिन की गेंद थोड़ी दूर उछलती है। दिन जैसे गुज़रता है, जैसे कोई शैतान बालक, खाली डिब्बे को पाँव की ठोकर से लुढ़काता चलता है।

अमीर लोगों की बात दूसरी है। वे दिन को 'गोल्फ़' की तरह खेलते हैं—धीरे-धीरे। सलीके से। धैर्य से। इत्मीनान के साथ। रुक-रुककर। किसी सुकून के साथ। लयात्मक!

अमीर लोगों की बात छोड़िए। हम जैसे लोगों के लिए दिन की अहमियत खाली डिब्बे जैसी होती है।

मेरी रचना के किरदार ने खाली डिब्बे में बहुत कुछ भर लिया है। शहर का कूड़ा-कबाड़ा।...अब वो साहित्यकार तो था नहीं कि चीजों को तरतीब देता।

सिलसिलेवार रखता। मैं तो कहूँगा कि किरदार ने अब तक जो किया-कराया है, वह और कुछ नहीं। बेतरतीब शहर की बेतरतीबियाँ हैं। बहरहाल...

बात की शुरुआत एलबम से की थी। भटकते हुए मैं कहीं का कहीं पहुँच गया।...पाठकगण, अगरआप मेरी बेतरतीब बातों से चिढ़ न रहे हों तो एक सवाल पूछूँ? मैं जानता हूँ, मेरे सवालों में नासमझी ज़्यादा होती है। इसके बावजूद सवाल तो सवाल ही होते हैं।...मैं यह सवाल पूछना चाहता था कि आखिर हम हैं क्या? नहीं, किसी चिन्तक के नज़रिए से नहीं, आम आदमी के दृष्टिकोण से बताइए।...आपका नज़रिया जो भी हो, मुझे तो लगता है हम सब गुज़िश्ता वक़्त की एलबमें हैं। शायद मेरा नज़रिया नेस्टालजिक हो।...आप अपनी जगह सही हैं कि मनुष्य महज़ एलबम नहीं हो सकता। लेकिन स्मृतियों की कई सारी एलबमें, उसके अन्दर जरूर होती हैं।

...और इस दिल्ली की एलबम।...खोलो तो क़िले! खोलो तो मकबरे। खोलो तो स्मारक।...खोलो तो बुर्ज़!...खोलो तो मीनारें! और इनके भीतर नामुराद इतिहास! साज़िशों, षड्यन्त्रों, युद्धों, हत्याओं की ग़मज़दा कहानियों को उगलता।

किरदार, दिल्ली के इतिहास से ज़रा बचकर निकला है। वर्तमान से टकराने की कोशिश की है उसने। सिर्फ़ कोशिश।...भला उत्तरआधुनिक होते वर्तमान को समझना और फिर पकड़ना क्या आसान है?

आपको शायद ऐसा लगे कि किरदार की कोशिशें एब्सर्ड हो गई हैं।...मुझे भी ऐसा लगता है। लेकिन आप ही बताइए।...क्या दिल्ली सुसंगत नज़र आती है? नहीं न!

मैंने किरदार से पूछा, "अनुभव कैसे रहें?" वह ग़मज़दा होकर बोला, "बाक़ी सब कुशल है। लेकिन अधिकांश लोग नाराज़ मुद्रा में मिले हैं।" शायद वो दुखी हैं, इसलिए। या फिर ज़्यादा सुखी हैं।"

सुख की बात बेमानी लगती है। सुख के पड़ोस में जब दुख ने अपना डेरा डाल रखा हो, तब कौन कमबख़्त कहेगा कि वह सुखी है। इस शहर में हर शख़्स परेशान-सा क्यूँ है? शायर ने यह मिसरा, शहरे-दिल्ली को नज़्र किया होगा—मुझे ऐसा प्रतीत होता है। दिल्ली जैसे शहर के तेवर देखकर ही तो एक ज़माना पहले हमारे अज़ीम शायर फ़रमा गए—मीर साहब सँभालिए पगड़ी! यानी, दिल्ली में पगड़ी उछलने का ख़ौफ़ तारी रहता है। बेशक महारानी ऐलिजाबेथ जब जन्तर-मन्तर से गुज़री तो अपने नाक पर इत्र सना रूमाल रखकर, नाक चढ़ाकर, शहरे दिल्ली को नवाज़ा—कितना गन्दा शहर है। उन दिनों जन्तर-मन्तर कई आन्दोलनकारियों का हैड आफिस बन गया था। दिन रात डेरा जमा रहता। खाना-पीना और विसर्जन!

दिल्ली की शोहरत दूरदराज़ तक फैल चुकी है। विलियम मर्सर ने जो कि

एक रोज़गार कम्पनी में सलाहकर हैं, दुनिया के 215 बड़े शहरों पर तबसरा करते हुए कहा है कि दिल्ली रिहायश के लिए नकारा शहर है। मर्सर साहब के अपने मापदण्ड हैं। लेकिन दिल्ली के बाशिन्दों से पूछकर देखिए कि क्या वो दिल्ली छोड़ना चाहते हैं? कोई तैयार नहीं होगा साहब। इसी गुलमोहर के लिए जीना और इसी गुलमोहर तले मरना।—कौन जाए ज़ौक अब दिल्ली की गलियाँ छोड़कर!

इसके बावजूद दिल्ली भरोसेमन्द शहर नहीं रहा। पता नहीं कौन-सी स्कूल बस, खुद अपने स्कूल के बच्चे को रौंद दे? पता नहीं कब ट्रैफ़िक जॉम हो जाए। पता नहीं कब कोई झण्डे-तख्तियाँ उठाए रैली निकल पड़े। पता नहीं कब कौन अगुवा कर लिया जाए? कौन युवा लड़की, कब उठाकर डाल दी जाए खुली जीप में और पुलिस जिप्सी ऊँघती रहे। पता नहीं कब हैज़ा फैल जाए और कब प्लेग?...दिल्ली, संशय पैदा करती है। घर से तो निकले सही-सलामत।...लेकिन सही-सलामत लौटेंगे, इसका भरोसा किसी को नहीं होता।...शायद यही वजह है कि हर शख़्स अगर गुस्सैल नज़र आता है तो हर शख़्स अपने भीतर से डरा-डरा भी है।

पाकठगण, क्या मैं आपसे एक सवाल कर सकता हूँ? आप कहेंगे, कुछ लोग कुछ नहीं करते। सिर्फ़ सवाल करते हैं। आपकी बात में वज़न है। लेकिन सवाल मुझे बेचैन कर रहा है। हम सबके जवाब अलग-अलग हो सकते हैं। सवाल वही तहदार होते हैं जो कई सारे जवाब अपने अन्दर छुपाए रखते हैं।

क्या कहा आपने? यही कि मैं फिलासफ़ी न झाड़ूँ। सीधे-सीधे सवाल करूँ। वैसे यह सवाल नहीं। दो स्थितियाँ हैं। आपके टी.वी. के दो चैनल हैं (वैसे यह बात मैं मानता हूँ कि सिर्फ दो चैनलों वाला ज़माना कब का गुज़र गया) एक चैनल पर माइकल जैक्सन है। थ्रिल है। नृत्य है। रोमांच है। जादुई करिश्मा है। जैक्सन का स्त्रीनुमा चेहरा है। उसके घुँघराले लम्बे बाल हैं। जोशीला संगीत है। सैक्सी गीत और तिलिस्मी संगीत!...दूसरी और एक वृत्तचित्र है। अकाल पीड़ित बस्ती है। भूख है। ऐड़ियाँ रगड़ते, तड़पते, मरते लोग हैं। वीरानी है। दूर तक वीरानी। नीचाट। मरे हुए पशु।

आप कौन-से चैनल का बटन दबाएँगे?

आप सोच में डूब गए न! दरअसल यह सवाल नहीं। नंगा चाकू है। एक ओर माइकल जैक्सन। फड़कता संगीत। मस्ती। अर्धनग्न स्त्रियाँ। फ्लड लाइट। पचासों कैमरे। आपको इंवाल्व करते। दूसरी तरफ भूख से तआरुफ़!

यही तो फर्क है। दीदादानिस्ता यथार्थ को झेलना पड़ता है। माइकल जैक्सन को रैलिश किया जाता है।

दिल्ली का सूरते-हाल भी कमोबेश यही है। या झेलना या रैलिश करना।

महानगर का रोज़नामचा भी कमोबेश यही है—या ठगना।...या ठगे जाना।...कुछ प्रपंच हमने किए। कुछ हमारे दोस्तों ने। कुछ रिश्ते बनाए। कुछ पुरानी कमीज़ की तरह उतार दिए। सिलसिला चलता रहा। दूसरों के दुखों से कन्नी काटते निकल गए।...अपने ग़म का भजन-कीर्तन करते रहे।

दुख की बात चली है। दुख की बात पर मुझे एक फ़कीर की बात याद आती है। एक बार मैं पटरी पर खड़ा, अपनी कट चुकी जेब का मातम मना रहा था। सारा शहर मस्त था। अपनी चाल में चल रहा था। मैं उदास था। परेशान था। अपने नुकसान को याद करता तो ग़मज़दा हो जाता। मन करता रोऊँ। कहीं अकेले में बैठकर ज़ार-ज़ार रोऊँ।

वहाँ से गुज़र रहे एक फ़कीर ने मेरी अवस्था देखी। जाते-जाते वापिस मुड़ा मेरी बाजू पकड़कर, झटककर, झिंझोड़कर, मेरा मखौल उड़ाते हुए बोला, "हँस बेवकूफ़, हँस! ज़ोर से हँस! अपनी परेशानियों पर हँस। अपनी बेवकूफ़ियों पर हँस।...वक़्त पर हँस। अपनी उम्र पर हँस।...हँसना सीख।...अगर अब नहीं हँसेगा तो बुढ़ापे में क्या हँसेगा। आखिरी उम्र में तो हँसने के लिए यूँ भी कुछ नहीं रहता।"

फ़कीर की बात से आप सहमत नहीं दिखाई देते। आदमी की जेब कटे और वो हँसने लगे। यह फ़कीराना और कबीराना ठाठ बेशक हो, दानिशमंदी तो कतई नहीं।

लेकिन एक बात जरूर है साहब। अपनी फटी जेब पर न सही, अपने फटेहाल पर हँसने की तौफ़ीक पैदा हो जाए तो इस दिल्ली का हर शख़्स कबीर न बन जाए!

सिर्फ हँसना ही नहीं, अपने साथ बात करने का हुनर आ जाए तो रिश्तेदारियों के सारे प्रपंच खत्म हो जाएँ।

हमकलाम होना हुनर नहीं, फ़न है साहब! दरख्त को देखते-देखते ऐसा महसूस होने लगता है जैसे दरख़्त हमकलाम हो रहा हो। ख़ामोशी की भी एक भाषा होती है। बेशक वह दरख़्तों, आसमानों और पहाड़ों के पास होती है।...बाज़ार से गुजरते हुए हम किसी ने हमकलाम हों या न हों, अपनी खाली जेब से हमकलाम हो जाते हैं।...यहाँ तक कि जूते के अन्दर पाँव को चुभता कील भी हमकलाम होता है हमारे साथ।

लेकिन बारहवाँ खिलाड़ी किसी के साथ हमकलाम नहीं होता। वो अपने साथ होता है। ग्राउंड के बाहर खड़ा वह खिलाड़ी, दुनिया का सबसे बेचैन आदमी होता है।

दिल्ली शायद बारहवें खिलाड़ियों की दिल्ली है। सब बेचैन! सब व्याकुल! सब व्यग्र! किस्मत की गेंद का इन्तज़ार करते।

किरदार कई दिन तक भटकता रहा। दिल्ली। दिल्ली की तहज़ीब। दिल्ली के लोग।...आबोहवा।...मिज़ाज़।

यायावरी!...इस यायावरी में हाथ क्या आया? कुछ भी नहीं। या बहुत कुछ।...वैसे एक बात ज़रूर है। यायावरी या आवारगी अपने आपमें में एक फ़न है।

किरदार मुद्दतों इसी आवारगी में मशगूल रहा। लोग...लोगों के दुख!...लोगों की छोटी-छोटी दुनियाएँ। उन दुनियाओं से टकराना...किसी नए कथानक में उतरना...

अन्ततः किरदार अपनी रचना में लौट आया। उसे आना ही था।

❑❑